성령세례

D.M. 로이드 존스 著
정 원 태 譯

기독교문서선교회

Joy Unspeakable
The Baptism with the Holy Spirit

By

D. M. Lloyd-Jones

Translated by

Won-Tai Chung

copyright © 2000 by Martyn Lloyd-Jones

Originally published in English under the title as

Joy Unspeakable by Kingsway Publications.

Translated and used by permission of Kingsway Publications,

Lottbridge Drove, Eastbourne BN23 6NT, ENGLAND

All rights reserved.

Korean Edition
Copyright © 2010 by Christian Literature Crusade
Seoul, Korea

"요한이 대답하되 나는 물로 세례를 주거니와 너희 가운데 너희가 알지 못하는 한 사람이 섰으니…나도 그를 알지 못하였으나 나를 보내어 물로 세례를 주라 하신 그이가 나에게 말씀하시되 성령이 내려서 누구 위에든지 머무는 것을 보거든 그가 곧 성령으로 세례를 주는 이인 줄 알라 하셨기에."
―요한복음 1:26, 33―

"예수를 너희가 보지 못하였으나 사랑하는도다 이제도 보지 못하나 믿고 말할 수 없는 영광스러운 즐거움으로 기뻐하니."
―베드로전서 1:8―

소개의 글

침샤추이(Tsimshatsui)의 날씨는 몹시 뜨겁고 찌는 듯한 날씨여서 남지나해(海)로부터 불어오는 미풍이 아니고는 도저히 견딜 수조차 없었다. 나는 보르네오에 선교사로 와 있는 오스트레일리아 영국 교회 목사와 약속이 있었다. 회합이 끝난 후 그는 나에게 "크리스토퍼 씨! 당신의 할아버지가 오순절파가 되었다는 것이 사실이요?"라고 물었다. 그는 캐나다에 있는 친구로부터 들었다고 하면서 그 사실의 진부(眞否)를 알고 싶어했다. 그것은 진실로 뜬소문이었다. 영국에서 캐나다로, 또 보르네오에 있는 오스트레일리아인에게까지 영향을 미친 뜬소문이었다!

얼마 전에 내가 자유 교회 목사를 만난 적이 있는데 그는 나에게 전적 확신을 가지고 말하기를, 나의 할아버지는 근방에 살고 있는 세계적으로 유명한 영국 교회 은사 운동 지도자를 '나쁜 무리 중에 가장 뛰어난 사람' 정도로 간주했다는 것이다. 이 사실들은 나로 하여금 쓴웃음을 짓지 않을 수 없게 만들었다. 똑같은 사람을 놓고 전적으로 상반되는 견해를 가지다니….

'그렇다면 나의 할아버지 로이드 존스와 같은 영계의 거인은 그러한 오해를 받을 수밖에 없구나' 하는 생각이 들었다. 모든 사람들은 로이드 존스에게서 천재적인 면과 탁월한 지도자 됨을 간파하고 자기 자신이 보는 관점대로 주장하기 시작한다. 그러나 아마도 또 다른 이유는 그에게는 다른 사람들은 가지기 어려운 특징들이 결합되어 있기 때문일지도 모른다. 그에게 있어서 설교란 '불붙는 논리, 불을 토하는 이성, 불붙은 사람을 통해서 나오는 신학'이었다. 그는 건전한 교리와 체험을 믿었다. 즉 지성의 사용과 참된 정서의 느낌이 결합되어 있었다. 그는 항상 자신을 '18세기 사람'이라고 피력했다. 이 표현은 자신이 18세기에 일어난 위대한 교리적이며 체험적인 부흥에 강조점을 둔 사람들의 후계자임을 뜻했다. 그는 그가 숭배했던 다니엘 로우렌즈(Daniel Rowlands)와 하웰 해리스(Howell Harris)가 설교했던 곳에서 그리 멀지 않은 곳에서 자라났다. 그 자신이 칼빈의 건전한 교리에 대한 사랑과 감리교 부흥의 불을 결합시킨 '칼빈주의 감리교도들의 후예'로 불려 왔다.

나의 할아버지 – 전세계의 복음적 그리스도인들 사이에서 '그 박사님'으로 불려지던 – 는 전후(戰後) 건전한 강해설교와 하나님의 주권적 능력에 기초한 개혁주의 교리에 대한 흥미를 소생시키는 중대한 역할을 감당하셨다. 이는 대부분 17세기의 위대한 청교도들의 작품과 18세기의 조나단 에드워즈 같은 설교자를 숙독한 데서 비롯한 것이었다(나의 할아버지는 항상 그가 '성경 칼빈주의자'라고 주장하곤 하셨다). 영국의 복음주의가 교리와 지성을 두려워하여 쇠미해졌을 때에 이러한 변화는 마치 신선한 공기가 돌풍같이 밀려옴과 같았다. 그러나 몇 년이 지난 후 박사는 많은 개혁주의 교중들에게 있어 그리스도인의 삶이 무미건조하고 바짝 말라 가고 있다는 것을 깨달았다. 즉 그들의 교리는 건전하다 할지라도, 그들의 매일매일의 신앙 생활은 그리스도인의 생활에 마땅히 있어야 할 성령의 불과 권능의 임재가 없었다.

로이드 존스 목사는 그의 소책자 『우리의 거룩이신 그리스도』(*Christ Our Sanctification*) – 많은 복음주의 계통에서 현존하는 잘못된 완전주의 교리를 논파하기 위해 쓴 글 – 에서는 바울이 에베소서에서 언급한 성령의 인침은 회심과 동시에 일어난다는 견해 – 현재 존 스토트(John Stott) 같은 사람들이 취하는 입장 – 를 피력했다. 1950년대 중반기에 에베소서 강해설교를 시작하면서부터 그는 그의 견해를 바꾸었다. 그는 여전히 완전주의(perfectionism)를 배격했고 죽을 때까지 그리했다. 그러나 그는 성경을 더 깊이 연구한 결과 성령의 인침(the sealing of the Spirit)은 회심과는 명백히 구분된다는 것을 깨달았다. 그는 많은 청교도들의 저술을 읽고, 청교도들 역시 성령의 세례와 회심이 반드시 동시에 일어나는 것이 아니라는 사실을 증거한다는 것을 발견했다. 그리스도인들은 그저 진리를 믿어 아는 데서만 머물러서는 안 되고, 청교도들처럼 날마다 진리의 산 체험, 소위 체험적 진리를 체득해야 할 것이다.

성경의 가르침에 대한 확신과 자기 주위에 있는 많은 그리스도인들의 삶에 점증하는 영적 무기력에 대한 관심으로 인하여 그는 그가 전에 가졌던 견해와 강조점을 변경했다. 그는 점점 더 부흥을 위해 기도해야 하겠다는 부담을 느꼈다. 실로 그 이후부터 부흥에 대한 열망은 그의 남은 사역을 주도하였다. 그는 이 주제가 설교의 중심 주제가 되어야 할 것을 깨달았다. 그 결과로 생긴 것이 바로 이 책이다(저자의 『요한복음서 강해설교』 중의 일부로서 1964-1965년 사이에 행해진 설교를 모은 것이다).

이 설교들은, 피터 루이스(Peter Lewis)가 머리말에서 지적한 것같이, 저자가 성경을 균형 있게 해설하는 능력을 현시하고 있다. 저자는 성령세례를 회심 후에 받는 분명한 체험으로 뜨겁게 확신하고 있다. 그러나 그는 동시에 성령세례는 사람에게 권능으로 충만히 채워서 그리스도의 더 좋은 증인이 되게 하는 것이라는 점도 확신하고 있다. 참으로 그의 설교는 예수 그리스도를 더욱 깊이 아는 지식과 교제가 성령세례의 중심 요건이어야 한다는 것을 강조하는 그리스도 중심의 설교였다. 동시에 그는 모든 성령의 은사가 오늘날에도 존재할 수 있는 것을 믿지만, 성경에 근거하여 어느 한 은사만 가지고 성령세례의 증거를 삼아서는 안 된다고 주장했다. 그는 그의 하나님의 주권에 대한 견해에 일치하게 주장하기를, 우리가 성령세례를 임하게 할 수 없고 하나님께서 홀로 주실 수 있는 것이라고 했다. 이와 같이 그는 개혁주의자(reformed)요 동시에 은사주의자(charismatic)였다.

그렇다면 그 찌는 듯한 오후에 보르네오에 와 있는, 캐나다 친구를 가진 오스트레일리아 선교사에게 무엇이라고 대답하였겠는가? 누구든지 이 책을 읽어 가노라면 대답은 분명해질 것이다. 이제는 누구든지 열린 마음으로 이 책을 읽으면 나의 할아버지가 진실하게 믿었던 것이 무엇이었는가를 스스로 알 수 있을 것이다.

크리스토퍼 캐더우드

머리말

지난 20년 동안 우리는 영국에서 급진적이고도 강력한 두 가지 운동들이 광범위하게 확산되고 있는 것을 보아 왔다. 그 하나는 교리를 강조하고 강해설교를 강조하며 성경에 전적으로 집착하는 개혁주의 운동이고, 또 하나는 성령세례와 은사, 성령의 개인적인 지도에 대한 강력한 인식과 예배 의식의 대담한 독창성을 강조하는 은사 운동이 바로 그것이다.

개혁 교회의 약점늘이란 그의 전통 우선주의, 전도열의 결핍 그리고 진지하게 입증된 건전한 교리에만 만족하고 있는 점들이다. 그 반면에 은사 운동의 약점들이란 자아도취와 때로는 체험을 무비판적으로 받아들이고 즐기는 일, 교리에 대한 흥미의 상실, 교회정치의 유치성 등이다.

최근에 들어와서 양자가 다 상당한 축복들을 깨닫기 시작했다. 그러나 양자가 서로서로에게서 배우지 않는다면 하나님의 책망이 그들의 삶에 임할는지도 모르겠다. 이미 은사 운동의 지도자들도 교리가 소홀하게 다루어지며 멸시를 받는 곳에서는, 성령께서 그의 축복을 거두시고 마귀가 혼란을 심는다는 것을 깨닫고 있는 것이다. 그와 동시에 여러 개혁주의 운동 역시 그 생기를 잃기 시작하고 있다. 그 회중들은 건전한 교리에는 배불러 있지만 체험 면과 자아 표현에서는 막혀 있다. 그들은 교훈을 받기보다 더욱 효과적인 사역을 감당하는 유능한 교중들이 되기를 원한다. 여하튼 개혁파 교회들이나 은사 운동을 하는 교회들이나 그들의 회중들이 무언가 좀더 나은 무엇을 추구하는 열망들을 볼 수가 있다.

다행히도 서로가 서로를 이해하고 '새것과 옛 것'을 서로서로 나누어 가지려는 움직임이 일어나고 있다. 은사 운동을 추구하는 교회에서는 강해 설교와 교회 설교에 대한 새로운 인식이 일어나고 있고, 개혁주의 교회와 모임에서는 더욱더 많은 찬송의 열기와 설교에 대한 즉각적인 반응들이 일어나고 있다. 좀더 깊은 차원의 심오한 영적 체험이 개혁주의 교회와 은사 추구의 교회에서 똑같이 추구되고 향유되어지고 있다. 성경적이고 역사적이고 경험적인 여러 이유 때문에 개혁주의 운동과 은사주의 운동을 근본적으로 다른 것으로 보는 것은 점점 더 불가능할 뿐만 아니라, 심지어 불합리한 것처럼 보이기도 한다. 내가 생각하기에는 이 책만큼 이러한 사실을 만족스럽게 보여 줄 수도 없다고 생각한다.

로이드 존스 목사는 의심할 것 없이 영국에서 일어나고 있는 개혁주의 운동의 지도자이셨다. 그의 런던의 사역은 풍성한 성경적이고 교리적인 설교에 수많은 청중들이 운집했으며, 현대 생활을 심층적으로 분석해서 복음을 적용하였고, 예수 그리스도 임재의 능력을 열정적으로 선포할 때에 놀라운 성령의 기름부음(Unction, 聖油)이 임한 탁월하고 놀라운 사역이었다.

40년대와 50년대 초반에 많은 복음주의자들은 교리를 거의 말하지 않거나 무시해 버렸으며 분열을 조장한다고 위험시하기까지 하였다. 그런 때에 로이드 존스 박사는 사도적 진리를 그 넓이와 깊이대로(하나님의 모든 뜻) 전하는 것은 취사선택할 수 있는 성질의 것이 아니라, 교회 생활의 능력의 생명력 있는 원천이며 그리스도 안에서 하나님의 거룩과 지혜와 공의와 사랑을 끊임없이 나타내는 데 필수불가결의 요소임을 보여 주신 것이다. 그의 영향력과 지도하에 종교개혁자들과 영국의 청교도들에 관한 책이 출판되어 다시 새로운 믿음의 세대들이 막강한 사역을 지속할 수 있었으며, 그 책들 가운데서 휘필드(Whitefield)와 에드워즈(Edwards), 라일(Ryle)과 스펄전(Spurgeon)과 같은 위대한 부흥의 지도자들과 설교자들에 의해 현대 복음주의자들에게 충만한 사역을 할 수 있는 지반이 마련된 것이다.

로이드 존스 목사에게는, 교회사는 하나님의 사역과 함께 살아서 움직이는 역사였다. 그에게 있어서 우리 세대의 운동과 움직임을 평가할 수 있었던 것은 이러한 역사적이고 성경적인 투철한 관점을 가지고 있었기 때문이다. 그에게는 모든 일이 성경에 근거해야 하며, 성경에 있는 것은 하나도 남김없이 발굴되어 적용되어야 했다. 그는 사도 시대의 역사는 그 정수에 있어서 부흥하는 교회의 표준적 역사이며, 심지어 개인 체험에서조차도 오순절의 체험이 과거의 격리된 순간의 체험이 아니라, '너희와 너희 자손들에게' 약속으로 주어진 새롭고도 강력한 차원의 영적 체험으로서 오늘날 우리 모두에게도 일어날 수 있는 것이라고 주장한다.

로이드 존스 목사는 그의 성경에 대한 충성심, 그의 역사 의식, 폭 넓은 독서, 하나님 앞의 심원한 겸비 의식이 그로 하여금 현재 일고 있는 은사 운동의 여러 사실들을 받아들이도록 인도했고, 자신이 서 있는 개혁주의 전통을 포함하여 역사적 복음주의와 은사 운동이 양립할 수 있다는 것을 보게 하였다.

그러나 그는 부흥 운동을 연구하면서 교회는 항상 개혁과 갱신이 필요하다는 것을 깨닫게 되었다. 누구든지 부흥의 역사를 읽어 본 사람은 우리 세대의 영국 교회가 깨닫는 것 이상을 배우게 될 것이다. 부흥이란 하나의 영적 현상으로서 교회에 미치는 영향력은 비교할 수 없을 정도로 심원하고 믹깅하며 일반 민중들을 일깨우는 데 있어서도 깜짝 놀랄 만한 영향력을 미치는 것이다.

개혁주의 운동과 은사 운동의 최선의 요소들이 결합된다면 그 영향력은 가히 폭발적이라고 할 수 있을 것이고 부흥이야말로 그 접촉점에 불을 붙이는 요소라고 할 수 있을 것이다! 위원회가 부흥을 조직할 수 없다. 축제와 연회가 그것을 복사할 수 없다. 우리가 부흥을 만들어 낼 수 없다. 하나님만이 부흥을 내려보내실 수 있다. 사도행전 2장과 그 뒤에 연속되어 일어나는 사도 시대 교회의 역사는 은사 체험과 교리적 통찰력이 결합된 고전적 형태의 부흥이었다는 것을 보여 줄 뿐이다.

전능하신 하나님께서 승귀하신 아드님의 성령을 통하여 이 책뿐만 아니라 로이드 존스 목사의 역사적 사역을 통하여 전수된 많은 책들과 테이프 등을 사용하시어, 이 땅의 수많은 그리스도인들이 더 깊은 이해와 더 심오한 체험으로 하나님의 은혜를 깨닫게 하시옵소서. 그리하여 오늘날의 교회로 하여금 세계적인 부흥에 동참하게 하시어 만국이 하루에 거듭나서, 만민이 하나님의 아들 우리 주 예수 그리스도를 "복되도다"라고 외치게 하소서.

피터 루이스
코너스톤 복음 교회
노팅검

역자 서문

　　우리는 하나님께서 때를 따라 귀한 당신의 종들을 보내어 그 시대에 밝은 빛을 비추어 하나님의 교회를 인도하심을 볼 수 있다. 초대 교회가 기독론 논쟁 시대라면, 교부 시대는 삼위일체 등의 신론 논쟁 시대라고 볼 수 있고, 종교개혁 시대에는 구원론 논쟁 시대이고, 현대는 성령론 논쟁 시대라고 할 만큼 성령론에 관한 논의가 국내외를 물론하고 분분하게 일고 있다. 그 대표적 논쟁은 수로 개혁파 계통의 성령론과 오순절파 계통의 성령론으로서 서로 팽팽하게 맞서 있다고 볼 수 있다. 개혁파의 중요한 가르침은 오순절 성령강림의 단회성과, 오순절에 오신 성령의 인도와 주장을 받고 사는 것을 주장하는 것이고, 오순절파의 가르침은 오순절 성령강림의 계속성과, 오순절은 하나의 교회부흥의 모델이기 때문에 그와 같은 역사는 계속해서 일어날 수 있다는 것을 주장하는 것이다.

　　이러한 때에 20세기 영계의 거성이며 철두철미한 개혁주의자요, 또한 대교회의 목회자요, 역사에 나타난 모든 부흥 사역을 깊이 고찰한 로이드 존스 박사를 통하여 현금(現今)의 성령론을 재정립한 것이 본서라고 할 수 있겠다.

　　독자들이 처음으로 이 책을 대하면 "아, 로이드 존스 박사도 역시 오순절파 성령론을 가지고 있구나!" 하고 속단하기 쉬울 것이다. 그러나 이 저술뿐만 아니라 그의 모든 저술들 속에 나타난 '성령론'을 종합해 보면, 그는 개혁주의 입장에 분명히 서 있으면서(오순절 성령강림의 단회성을 주장하시면서) 또한 오순절 성령강림은 하나님의 교회에 성령의 능력을 부어 주신 성령의 능력세례임을 주장한다.

역자는 로이드 존스 박사의 저술을 숙독하면서 그의 성령론에 깊이 공감을 가진 바가 있었다. 그래서 나의 졸저인 『열정 칼빈주의』(Fervent Calvinism)라는 책의 '성령충만의 사람' 이라는 항목에서 로이드 존스 박사의 성령론을 토대로 하여 성령이 가르치는 참된 성령의 교리가 무엇인지(특히 성령의 세례와 성령의 충만에 대하여)를 정리해 보았다. 역자가 분명히 믿기는, 로이드 존스 박사야말로 개혁주의 입장에서 오순절파의 성령론을 바로 이해하고 소화하고 흡수하여 바르고 참된 성경적 성령론으로 통일한 분이라고 믿는다. 그러나 이 성령론을 바로 이해하기 위해서는 올바른 용어의 사용과 이해가 있어야 하겠기에 역자의 저서『열정 칼빈주의』에서 중요 내용을 발췌하여 독자의 이해를 돕고자 한다.

① **중생**(요 3:3, 5) – 새 생명의 원리를 인간의 영혼 속에 심고 영혼의 주도적 성향을 거룩하게 하시는 하나님의 사역이다.

② **성령의 기본세례**(고전 12:3, 13) (로이드 존스는 고전 12:13에 나타난 성령의 세례를 **성령에 의한 세례**라고 하여 주님께서 친히 주시는 **성령의 능력세례**와 구분하고 있다. 요한복음 1:33 참조) – 거듭난 영혼을 주님의 몸된 교회에 연합시켜(고전 12:13) 예수님을 성령으로 말미암아 주시라고 부르게 하시는 성령의 사역이다. 이런 의미에서 **중생**과 **성령의 기본세례**는 동일한 사건을 각각 다른 차원에서 보는 것이다. 전통적 개혁 교회에서 중생한 자는 **성령의 세례**를 받았다고 말하는 것은 **성령의 기본세례**를 지칭하는 것으로 해석해야 한다.

③ **성령의 생활충만**(엡 5:18) – 거듭나고 **성령의 기본세례**를 받은 자가 "성령을 마음의 중심에 모시고 성령의 인도와 주장을 지속적으로 온전히 받는 것"이다.

④ **성령의 능력세례**(눅 24:49; 행 1:5, 8; 2:1-4) – 신자들이 **성령의 생활충만**한 가운데 살 때 그들에게 특별한 사역을 수행시키기 위하여 능력을 부어 주시는 성령의 사역이다(로이드 존스가 본서에서 **성령세례**라고 말하는 것은 바로 이것을 의미하고, 이것은 승천하신 주님께서 친히 부어 주시며 오

순절뿐만 아니라 교회사를 통하여 계속 부어져 왔으며, 또 계속 부어짐으로써 각 신자와 교회가 부흥될 것이라고 주장하고 있다).

⑤ **성령의 능력충만**(행 2:1-4; 4:8, 31; 7:55) — 특별한 사역과 위기의 때에 **성령의 능력세례**의 결과로 성령의 능력이 충만히 임재한 상태이다.

이상의 5가지 정의를 예수님의 제자들에게서 살펴보면 잘 이해가 된다. 오순절이 되기 전에 제자들은 거듭나(**중생**) 있었다(마 16:16, 17; 고전 12:3). 그들은 이미 **성령의 기본세례**는 받은 것이다(고전 12:3, 13 — 이 구절을 가지고 개혁주의에서는 모든 신자는 다 **성령의 세례**를 받았다고 주장하고, 로이드 존스는 **성령에 의한 세례**라고 주장한다. 문제는 이것을 **성령의 기본세례**라고 칭하면 양자에게 다 해결이 된다). 다음으로, 그들이 마가의 다락방에 모여서 그들의 잘못을 회개하고 "전혀 기도에 힘쓰므로" **성령의 생활충만**을 받는 것으로 볼 수 있다(엡 5:18). 그리고 오순절 날이 이르매 하나님께서 **성령으로 능력세례**를 베풀어 주셨고(행 2:1-3), 그 결과 그들은 **성령의 능력충만**을 받은 것이다(행 2:4, 기타 자세한 것은 『열정 칼빈주의』 42-58쪽을 참조하면 본서의 이해에 큰 도움이 될 것이다).

이상에서 살핀 대로 우리가 로이드 존스 박사의 성령론을 바로 이해하면 각 개인의 심령과 교회에 위대한 부흥의 불이 다시 일어날 것을 확신하게 될 것이다.

바라기는 본서가 성령론 문제로 진통을 겪고 있는 한국 교회에 바로 이용되고 실천되어, 참되고 바른 부흥의 불길이 일어나 우리 한국 교회가 이 영화로운 복음을 온 세계에 전파하여 모든 인류에게 '말할 수 없는 영광스러운 즐거움으로' 채우사 '하나님을 영화롭게 하고 영원히 즐거워하는데' 귀하게 이용되기를 소원할 뿐이다.

끝으로 본서의 번역을 권면해 주신 사단법인 기독교문서선교회 대표 박영호 목사님께 감사를 드리며, 교정에 수고한 CLC 직원들과 전석호 전도사님에게 감사를 드린다.

1985. 11. 25.
정원태 역

차 례

소개의 글
머리말
역자 서문

제1장 성령의 세례와 중생 • 15
제2장 복된 확신 • 33
제3장 우리에게 일어난 어떤 일 • 49
제4장 성령의 충만 • 65
제5장 하나님의 임재 의식 • 82
제6장 기쁨, 사랑 그리고 이해 • 97
제7장 담대히 말하기를 • 114
제8장 성령세례와 성화 • 131

제9장 성령의 인침 • 144
제10장 힘써 구할 가치가 있는 것 • 161
제11장 성령을 받으라 • 178
제12장 성령세례를 구함 • 195
제13장 낙심될 때 • 212
제14장 애통하는 자는 복이 있나니 • 232
제15장 교회와 오순절 • 249
제16장 부흥에 이르는 길 • 265

제 1 장

성령의 세례와 중생

제가 여러분의 주의를 환기시키고자 하는 말씀은 요한복음 1:26, 33의 말씀입니다. "요한이 대답하되 나는 물로 세례를 주거니와 너희 가운데 너희가 알지 못하는 한 사람이 섰으니…나도 그를 알지 못하였으나 나를 보내어 물로 세례를 주라 하신 그이가 나에게 말씀하시되 성령이 내려서 누구 위에든지 머무는 것을 보거든 그가 곧 성령으로 세례를 주는 이인 줄 알라 하셨기에…"라고 기록되어 있습니다. 저는 이 두 구절을 함께 생각하고자 합니다. 이 두 구절을 함께 고찰해 보면 세례 요한은 사람들에게 자기는 그리스도가 아니며, 자기와 그리스도의 본질적인 차이점은 자기는 물로 세례를 주지만 그리스도는 성령으로 세례를 준다는 것을 끊임없이 강조하고 있는 것입니다. 그러면 왜 우리가 이 진술을 주목해야 합니까? 그것은 요한복음 1:16에 "우리가 다 그의 충만한 데서 받으니 은혜 위에 은혜러라"고 기록되어 있기 때문입니다. 이 구절이 우리 그리스도인들이 지향할 목표입니다. 그리스도인이란 그리스도의 충만한 데서 무엇인가를 받은 사람이고 계속해서 받고 있는 사람입니다. 그것이 바로 그리스도인의 생활입니다. 그리고 저는 요한복음서 기자 요한이 이런 삶이 사실화될 수 있고 점점 더 사실화될 수 있는 길은, 우리가 주 예수 그리스도로 말미암아 성령으로 참되게 세례를 받을 때에 우리는 크고도 넘치게 그의 충만함을 받을 수 있다고 말하고 있다는 것을 말씀드리고 싶습니다.

세례 요한 자신이 그의 사역에서 이러한 대조를 분명히 보여 주고 있습니다. 우리가 누가복음 3:1-17을 읽어 보면 요한의 세례와 우리 주님의 세례와의 현저한 차이점들을 볼 수 있습니다. 대략을 잡아서 말씀드리면 그 차이란 종교와 기독교의 차이요, 혹은 좀더 나아가서 말씀드리면 그리스도의 도의 초보에 만족하는 것(히 6:1)과 더 완전한 데 나아가는 것의 차이라고 하겠습니다.

자, 이제 제가 이것을 누누히 강조해서 말씀드리는 것은, 이것은 결코 학술 시험과 같은 성격이 아니며, 참으로 무엇보다도 현재 우리에게 긴급히 필요한 것이라는 사실입니다. 우리는 개인적인 그리스도인들로서도 그것을 필요로 하거니와 현재 우리 주위의 세상의 상태 때문에 더욱 필요로 한다는 것입니다. 만일 우리가 이런 시점에서 인류의 상태에 대해서 책임감을 느끼지 못한다면 우리는 한 가지 말밖에 할 수 없는데, 그것은 우리가 그리스도인이라 할지라도 기껏해야 빈약한 그리스도인이란 사실입니다. 우리가 우리 자신과 우리 자신의 행복에 대해서만 관심을 가지고 사회의 도덕적 상태와 전세계의 비극이 우리를 슬프게 하지 못한다면, 그리고 사람들이 하나님의 이름을 모독하고 죄의 모든 오만불손이 하나님을 거역하는 것을 보고도 우리가 괴로워하지 않는다면 도대체 우리들은 어떠한 존재들이란 말입니까?

그러나 저는 하나님이 그의 아들 안에서 우리가 누리도록 의도한 것을 받기 위하여 용의주도한 관심을 기울여야 한다고 생각합니다. "하나님이 세상을 이처럼 사랑하사 독생자를 주셨으니." 그런데도 우리가 그분이 가능하게 해 주는 것을 받지 않는다면 그것은 하나님께 대한 모독입니다. 그러므로 우리가 우리 개개인의 상태와 필요에서뿐만 아니라, 더욱더 우리 주위 세상의 상태를 위해서도 깊이 새겨 두어야 할 것은 바로 이 진리인 것입니다. 우리는 앞으로 이 진리를 더욱 연구할 것입니다. 또한 저는 가장 크고도 상존하는 위험은, 우리는 우리가 누리도록 의도된 것들보다 더 적은 어떤 것으로 만족해 버리고 마는 것이라는 것을 보여 드리고 싶습니다.

저는 그것을 이렇게 제시하고 싶습니다. 아마도 그리스도인들에게 최대의 위협은 성경을 그들의 체험의 빛에 따라서 이해하려는 위험일 것입니다. 우리는 우리의 체험의 빛에 따라서 성경을 해석해서는 안 됩니다. 오히려 성경의 가르침의 빛에 의하여 우리의 체험을 조사해야 합니다. 기독교회 안에 일어나고 있는 일들에 비추어볼 때 위의 진리는 기본적이며 기초적인 진리이며, 특히 우리 세대를 위하여 절실히 강조해야 할 진리인 것입니다.

제가 보기에는 성경의 가르침과 경험과의 관계 문제에 있어서 잘못되기 쉬운 두 가지 길이 있습니다. 첫번째 위험은 성경을 넘어가거나 혹은 성경에 배치되는 주장을 하는 것입니다. 수세기를 거쳐오면서 그와 같은 주장을 한 사람들이 많이 있었고 지금도 여전히 그러한 주장을 하고 있습니다. 초대 교회 시대에도 그러했지만, 그들만이 유일하게 영감되었다고 주장하는 사람들이 있었습니다. 사도들은 그런 사람들을 거짓 사도들이라고 불렀습니다. 그들은 계시를 받았다고 주장하고, 성경의 가르침에는 관계할 것이 없으며, 그들은 하나님에 의해 직접적으로 영감받았다고 말했습니다.

저는 언젠가 한 사람이 "나는 사도 바울이나 누가 무엇을 말했는가는 전혀 관계하지 않겠다. 나는 다 안다. 나는 체험을 했으니까"라고 말하는 것을 들은 적이 있습니다. 그 사람이 그 같은 말을 하자마자 그는 그의 체험을 성경 위에다 놓고 있는 것입니다. 그것은 광신주의에로의 문을 열어 놓는 것입니다. 참된 신앙의 열정이 아닌 광신주의와 기타 위험 상태로 문을 열어 놓는 것입니다. 이것이 바로 첫번째 위험, 곧 우리의 주관적 체험을 성경 위에 놓는 것입니다.

또 다른 위험은 전통이나 교회의 가르침을 성경 위에 놓는 일입니다. 로마 천주교 이단이 이런 일들을 해 오고 있습니다. 그들은 "전통은 성경과 부합한다"고 말합니다. 그 말은 결국 전통을 성경 우위에 놓는 데로 귀결됩니다. 성경에는 그들이 말하는 소위 동정녀 마리아의 승천이나 동정녀 마리아가 결코 죽지 않았고 장사되지 않았으며 실제로 몸을 가지고 천국에 들어갔다고 가르치는 교리가 전혀 없습니다. 그럼에도 불구하고 그들은 그것을 가르치고 있고 그러한 가르침을 재가(裁可)하는 것은 그들의 교회 권위뿐이라고 주장하고 있습니다. 둘째 위험이 바로 이와 같습니다.

그러나 로마 천주교 이단과 같이 명백한 것은 제쳐놓는다 할지라도 많은 사람, 특히 가장 신령하다고 생각하는 사람들이 그들의 체험에 지나치게 편중하고 성경에도 냉담한 태도로 대하고 있습니다. 초기 퀘이커 교도들이 **내적 광명**(inner light)에 강조점을 두고서 위와 같은 경향으로 흘렀습니다.

그들은 "성경이 무엇이라 말하든지, 우리는 우리에게 직접적으로 계시된 교리를 알고 있다"고 말합니다. 그들 중 어떤 불쌍한 사람은 자기가 성육신하신 그리스도라고 주장하고, 그의 가르침을 믿고 오도된 많은 사람들을 거느리고 말을 타고 브리스톨(Bristol)로 입성한 사람도 있었습니다.

자, 이것이 바로 광신주의(fanaticism)입니다. 우리가 항상 명심해야 할 무서운 위험입니다. 이 위험은 성경과 체험을 분리시키고, 체험을 성경 우위에 놓고, 성경에서 인가되지 않거나 금하는 것을 주장하는 것입니다.

그러나 두번째 위험 역시 우리가 조심해야 합니다. 두번째 위험은 첫번째와 정반대되는 것으로, 극단에서 다른 극단으로 흐르기 쉽습니다. 항상 균형을 유지한다는 것이 얼마나 어려운지요! 이 두번째 위험이란 성경에 제시된 것보다 더 낮은 수준에 아주 만족하고 있는 위험입니다. 곧 성경을 우리의 체험으로 해석하고 성경의 가르침을 우리가 알고 체험하는 수준으로 격하하는 위험입니다. 그리고 저는 현시점에서 볼 때는 이 두번째 위험이 첫번째 위험보다도 더 큰 위험이라고 말하고 싶습니다.

달리 말씀드리면, 어떤 사람은 천성적으로 초자연적이고 비정상적이며 불규칙한 것을 두려워하고 있습니다. 그들은 무질서를 두려워하고 너무 훈련과 예법과 절제에만 관심을 가져서, 성경이 말하는 **성령을 소멸**하는 죄를 지을 수도 있다는 것입니다. 이런 일들이 우리 주위에 많이 있다는 것을 의심할 여지가 없습니다.

사람들은 신약성경을 읽고서 그 가르침을 그대로 취하는 대신에, 그들의 체험의 빛에 비추어 해석하고 그 가르침을 자기들 수준으로 격하시켜 버립니다. 모든 것을 그들이 가지고 있고 그들이 체험한 것에 비추어 해석합니다. 저는 현시점에 있어서 이 책임이 주로 현대 기독교회에 있다고 믿고 있습니다. 사람들은 소위 **열심**이라는 것을 너무 두려워하고 광신주의를 너무 두려워한 나머지, 이런 것들을 피하기 위하여 신약성경에 제시된 것을 직접 대면하지 않고 다른 쪽으로 가고 맙니다. 그들은 그들이 가지고 있는 것과 그들 자신을 규범으로 취하고 만족해 합니다.

저는 이것을 아주 간략하게 이렇게 제시하고자 합니다. 예를 들면 고린도 교회의 생활에 대해서 여러분이 읽은 것과 오늘날의 전형적인 교회 생활을 비교해 보십시오. 여러분은 "아! 그러나 고린도 교인들은 너무 지나친 것이 잘못이야"라고 말할 것입니다. 저도 물론 동의합니다. 그러나 현시점에서 사도 바울의 고린도전서와 같은 편지를 써 보내야 할 교회가 얼마나 된다고 생각하십니까? 여러분의 강조점을 **지나쳤다**는 데만 전적으로 두지 마십시오. 바울은 지나친 점을 교정합니다. 그러나 바울이 허용하고 기피하는 것을 보십시오.

신약성경을 액면 그대로 취하십시오. 신약성경의 그리스도인을 보십시오. 신약성경의 교회를 보십시오. 그러면 여러분은 영적 생명으로 약동하는 것을 보실 것입니다. 물론 과도하게 넘치려는 경향을 띠는 것은 언제나 살아 있기 때문입니다. 무덤에서는 훈련의 문제가 없습니다. 형식적인 교회에는 문제가 그리 많지 않습니다. 문제는 생명이 있을 때 일어납니다. 한 빈약하고 병든 아이는 다루기가 어렵지 않습니다. 그러나 그 어린이가 건강하고 생명과 활기로 가득 차 있을 때는 문제가 생깁니다. 생명과 활기 때문에 문제들이 생깁니다. 초대 교회 문제는 영적인 문제들이었습니다. 영적 영역에서 너무 지나치게 나가려는 위험 때문에 생긴 문제들이었습니다. 누가 오늘날도 그것이 문제라고 말할 수 있겠습니까? 물론 아무도 그렇게 말하지 않을 것입니다. 그 이유인즉, 우리는 모두 우리의 경험의 차원에서 신약성경의 가르침을 해석하려는 경향이 있기 때문입니다. 그렇다면 이것들이 다 두 가지 큰 위험들입니다. 둘 다 나쁘고 똑같이 다 나쁩니다. 물론 지나친 것, 광신주의는 아주 특이하게 다른 사람의 주의를 끕니다. 그러나 그 반대도 똑같이 못지 않게 나쁩니다.

세상에서 아파서 정신착란 상태에 빠진 사람과, 그의 몸과 생명에 필요한 모든 것을 먹어 치우고서 굉장히 비대해져서 마비와 무활동 상태에 빠진 사람 사이에는 많은 차이가 있습니다. 그러나 두 가지가 다 똑같이 나쁘며, 그렇기 때문에 두 가지를 다 경계해야 합니다.

그래서 저는 이 모든 문제를 다룰 때에 기본적인 전제를 제시하고자 합니다. 즉 **모든 것은 성경의 가르침으로 판단되어져야 한다**는 것입니다. 우리는 우리의 생각이나 우리가 좋아하는 것으로 출발해서는 안 됩니다. 우리 중에 어떤 사람은 특별한 것을 좋아하고, 다른 사람은 너무 고상하여 고상한 것만을 문제 삼고 있습니다. 즉 모든 것은 정돈되고 질서가 잡히고 숭고해야 하며, 마치 시계 태엽처럼, 기계처럼 꽉 짜여진 것만을 좋아합니다. 그래서 우리가 만일 우리 자신이나 우리가 좋아하는 것, 우리가 경험한 것으로 출발한다면 우리는 이내 잘못되고 있는 것입니다. 그래서는 안 됩니다. 우리 모두는 신약성경과 그 교훈으로부터 출발해야 합니다.

자! 다행히도 우리에게는 충분한 자료들이 있습니다. 우리가 사도행전에 나오는 두 사건만 보아도(사도행전 18장 후반부와 19장 초반부 - 아볼로의 경우와 바울이 발견한 에베소의 제자들의 경우) 우리는 다음과 같은 사실을 발견할 수 있습니다. 그리스도인의 삶에는 명백한 단계와 계단이 있습니다. 신약성경은 그 사실로 가득 차 있습니다. **그리스도 안에서 어린이들, 젊은 자들, 노인, 은혜와 주를 아는 가운데서 자라 가는 것** 등등의 표현이 있습니다. 그러나 그뿐만 아니라 그리스도인의 삶에 단계가 있다는 것은 길고 긴 기독교회의 역사에서 볼 때도 더욱 지지되고 구현되고 구체화되는 것을 볼 수가 있습니다. 그러나 제가 지금 바로 언급한 경우에서도 볼 수 있는 것과 같이 참으로 차이를 내는 것은 이 성령의 세례 혹은 이 성령을 받음입니다.

저는 몇 가지 원리의 형태로 제가 이해하는 대로의 신약성경의 가르침을 제시하고자 합니다. 요한은 그의 복음서 초반부에서 세례 요한 자신을 포함한 옛 시대와 새 시대를 구분하는 것은 성령의 세례라고 말하고 있습니다. 여기에 첫번째 원리가 있습니다. 우리는 성령의 세례를 받지 않고도 주 예수 그리스도를 믿는 신자가 될 수 있습니다.

그러나 저는 이 사실을 분명히 밝히고자 합니다. 왜냐하면 이 사실이 종종 오해되기 때문입니다. 그리고 제가 보기에는 이것을 바로 이해하는 것이 이 시점에서 신약성경의 모든 해석의 핵심, 혹은 요체(key point)가 된다고 생각합니다. 어떤 현상에 관해서 생각하는 것으로 출발해서는 안 됩니다. 그것에 관해서는 나중에 말씀드리겠습니다. 사람들이 저지르는 치명적인 실수가 바로 이것입니다. 그들은 현상으로 출발합니다. 그들은 그들의 편견과 요점을 가지고 그들의 노선에 따라 시작하고 신약성경의 가르침은 전혀 망각해 버립니다. 절대로 안 됩니다. 우리는 성경의 가르침으로부터 출발해야 합니다.

자, 어떻게 출발할까요? 이렇게 시작합시다. 성령의 사역을 떠나서는 어떤 사람도 그리스도인이 될 수 없다는 것은 분명합니다. 자연적인 사람, 자연적인 마음은 하나님과 원수가 된다고 성경은 말하고 있습니다. 왜냐하면 하나님의 법에 굴복하지 않을 뿐 아니라 굴복할 수도 없기 때문입니다. 사도 바울은 제가 방금 인용한 로마서 8:7의 전 문맥에서 **자연인과 신령한 사람**과의 위대한 구분선을 긋고 있습니다. 그것은 굉장한 차이입니다. 그는 말합니다. 신령한 사람은 **성령에 의해 인도받는** 사람이며 육신을 좇지 않고 영을 좇아 사는 사람입니다. 그러므로 근본적으로는 어떤 사람도 성령의 역사가 없이는 전혀 그리스도인이 될 수 없다는 것을 전제하고 출발해야 합니다. 자연적인 사람은 "하나님과 원수가 되나니 이는 하나님의 법에 굴복치 아니할 뿐 아니라 할 수도 없기" 때문입니다.

다시 고린도전서 2:14에서 사도 바울은 이렇게 설명하고 있습니다. "육에 속한 사람은 하나님의 성령의 일을 받지 아니하나니 저희에게는 미련하게 보임이요 또 깨닫지도 못하나니 이런 일은 영적으로라야 분변함이니라." 동일한 장에서 또한 사도 바울은 그리스도인과 비그리스도인 사이를 구분하고 있습니다. 그는 말합니다. "이 세대의 관원이" – 비록 그들의 지위가 훌륭하고 능력이 뛰어나다고 해도 그리스도인들이 아닙니다. 왜 그렇습니까? 그들은 주 예수 그리스도를 믿지 않았기 때문입니다 – "만일 알았다면 영광의 주를 십자가에 못박지 아니하였을" 것입니다.

그러면 우리는 어떻게 믿으며, 다른 사람은 어떻게 예수님을 믿게 됩니까? 사도는 말합니다. "오직 하나님이 성령으로 이것을 우리에게 보이셨으니 성령은 모든 것, 곧 하나님의 깊은 것이라도 통달하시느니라." 그리고 다시 말하기를, "우리가 세상의 영을 받지 아니하고 오직 하나님께로서 온 영을 받았으니 이는 우리로 하여금 하나님께서 우리에게 은혜로 주신 것들을 알게 하려 하심이라"고 했습니다(고전 2:10, 12).

사도는 우리가 그리스도인이 된 것은 성령이 우리 안에 역사하셨고 우리 안에 빛을 비추시고 지식과 이해력, 곧 믿을 수 있는 능력을 주셨기 때문이라고 말하고 있습니다. 성령의 사역이 없이는 어떤 사람도 믿을 수가 없습니다. 모든 신자 안에는 성령께서 필연적으로 내주하십니다. 이것이야말로 전체 성경의 기본적 진술입니다. 우리의 죄를 책망하시고 우리에게 빛을 비추사 믿을 수 있는 능력을 주시는 분은 성령이십니다. 어떤 사람도 천성적으로는 복음을 믿을 수 없습니다. 전체 성경을 통해서 이것은 가장 기본적인 진리입니다.

그러나 우리는 더 나아가 봅시다. 우리를 거듭나게 하시며 새생명을 주시는 분은 성령이십니다. 그리스도인은 거듭난 사람입니다. 그렇습니다. 그는 **성령**으로 난 사람입니다. 그리고 요한복음에는, 나중에 우리가 살피겠지만 이것에 관한 위대한 교훈이 있습니다. 여러분은 우리 주님의 니고데모에 대한 교훈에서 만인에게 해당되는 교훈을 즉시 발견하실 것입니다. "사람이 물과 성령으로 거듭나지 아니하면 하나님 나라에 들어갈 수 없느니라"(요 3:5). 바로 그것입니다. 이것은 성령의 사역의 결과로 일어나는 어떤 것입니다. 중생은 성령의 사역입니다. 성령의 은밀한 사역입니다. 그것은 체험적인 어떤 것이 아니라 은밀한 사역입니다. 사람은 그에게 그 일이 발생했을 때만 알게 되는 것입니다.

그러나 우리는 로마서 8:9에서 아주 특별한 진술을 보게 됩니다. 이 구절에서 간명하고 단번에, 그리고 영원한 진술을 하고 있습니다. "만일 너희 속에 하나님의 영이 거하시면 너희가 육신에 있지 아니하고 영에 있나니 누구든지 그리스도의 영이 없으면 그리스도의 사람이 아니라." 분명히 누구든지 그가 그리스도인이라면 하나님의 성령이 그 안에 내주하는 사람입니다.

저는 성령의 내주하심이 없으면 누구든지 그리스도인이 아니라는 것을 더욱 분명히 주장합니다. 그러나—여기에 강조점이 있습니다—저는 동시에 여러분은 신자일 수 있고, 성령을 모시고 있으면서도 여전히 성령으로 세례 받지 못할 수도 있다는 것을 주장하고자 합니다. 자, 이것은 중대한 문제입니다. 왜 제가 이것을 말합니까? 제가 몇 가지 이유를 말씀드리겠습니다.

제가 지금까지 말씀드린 모든 것은 우리 안에서 행하시는 성령의 일, 곧 죄를 깨닫게 하시며 빛을 비추시며 거듭나게 하시는 일 등이었습니다. 이런 일들은 성령께서 우리 안에서 행하시는 사역입니다. 그러나 여러분이 요한복음 1장에서 주목하신 대로 세례 요한의 설교에서 분명히 볼 수 있는 바, 성령의 세례란 성령에 의해서가 아니라 주 예수 그리스도에 의하여 행해지는 어떤 것이라는 것입니다. "나는 물로 세례를 주거니와 그는 성령으로 세례를 주시리라." 성령의 세례는 원초적으로는 성령의 어떤 사역은 아닙니다. 그것은 주 예수 그리스도의 사역이십니다. 그것은 주 예수님의 사역, 곧 그가 성령을 통해서 우리에게 하시는 어떤 것 혹은 '특수하게 성령을 우리에게 부어 주심'입니다.

자! 제가 생각하기에는 이 주제는 아주 분명하고 명백한데, 많은 사람들은 여기에 대해서 혼동하고 고린도전서 12:13을 인용하고 있습니다. "우리가 다 한 성령으로(한 성령에 의해서) 세례를 받아…." 물론 우리는 한 성령으로 세례를 받았습니다. 마치 중생이 성령의 사역이듯이 우리가 그리스도의 몸 안으로 세례받는 것 역시 성령의 사역입니다. 그러나 이것은 전혀 다릅니다. 이것은 그리스도께서 우리에게 성령으로 세례를 주시는 것입니다. 그러므로 이것은 그리스도인이 되는 것, 중생, 성령의 내주와는 분명하게 구분되는 어떤 것이라는 것을 말씀드립니다. 저는 이것을 이렇게 표현해 봅니다. 여러분은 하나님의 자녀일 수 있습니다. 그러나 성령의 세례를 받지 못했을 수도 있습니다.

제가 몇 가지 증거를 제시하고자 합니다. 구약성경에 나오는 성도들로부터 그 증거를 제시하겠습니다. 그들은 여러분이나 제가 하나님의 자녀이듯이 하나님의 자녀들입니다. 아브라함은 **믿는 자의 조상**이요 하나님의 자녀입니다. 그것을 증명하기 위하여 수많은 성경구절을 제시할 수 있습니다. 우리 주님 자신이 말씀하셨습니다. "너희들이 아브라함, 이삭, 야곱과 함께 하나님의 나라에 앉을 것이다." 그렇지만 이 유대인들 중에 얼마는 비록 그들이 아브라함을 그들의 조상이라고 뽐내었지만 천국 밖에 있을 것입니다. 그러나 천국에 있다는 것은 아브라함과 이삭과 야곱과 함께 있다는 것을 뜻하는 것입니다.

바울은 갈라디아서 3장에서 모든 믿음의 자녀들은 아브라함의 자녀이며 그는 믿는 신자의 조상이라고 말합니다. 참으로 사도 바울은 이방인의 사도로서 다음과 같은 사실을 강조하고 있습니다. 이방인이 그리스도인이 되었을 때 그들에게 일어난 것은 **성도들과 동일한 시민**, 즉 구약성경의 성도들과 함께 후사가 된 시민이라는 것입니다.

여러분은 또한 에베소서 2:11 이하에 있는 위대한 대조를 기억하실 것입니다. "그러므로 생각하라 너희는 그때에 육체로 이방인이요 손으로 육체에 행한 할례당이라 칭하는 자들에게 무할례당이라 칭함을 받는 자들이라 그때에 너희는 그리스도 밖에 있었고 이스라엘 나라 밖의 사람이라 약속의 언약들에 대하여 외인이요…." 이것이 그들이 처해 있던 운명이었습니다. 그러나 "이제는 멀리 있던 너희가 그리스도 예수 안에서 그리스도의 피로 가까워졌느니라…그러므로 이제부터 너희가 외인도 아니요 손도 아니요 오직 성도들과 동일한 시민이요 하나님의 권속이라." 아브라함, 이삭, 야곱, 모세, 다윗 – 구약의 이 모든 사람들은 하나님의 권속에 속해 있습니다. 우리가 이방인으로서 그리스도인이 되었을 때에 우리는 그들과 함께 동일한 시민이요 하나님의 권속이 된 것입니다.

그리고 나서 이것을 보다 명백히 하기 위해 사도는 에베소서 3장에서 다시 강조하고 있습니다. 그는 비밀에 관한 계시가 그에게 알려졌다고 말합니다. 그것이 무엇입니까? 여기에 그 기록이 있습니다. "이제 그의 거룩한 사도들과 선지자들에게 성령으로 나타내신 것같이 다른 세대에서는 사람의 아들들에게 알게 하지 아니하셨으니 이는 이방인들이 복음으로 말미암아 그리스도 예수 안에서 함께 후사가 되고 함께 지체가 되고 함께 약속에 참예하는 자가 됨이라…." 만일 여러분이 구약 성도들이 하나님의 자녀가 아니라고 생각한다면 전 성경을 부인하는 것이 됩니다. 그들은 하나님의 자녀입니다. 그러나 그들은 성령으로 세례를 받지 못했습니다.

아브라함은 그리스도를 믿었습니다. 우리 주님은 말씀하셨습니다. "아브라함은 나의 날을 보았다." 그는 멀리서 보았습니다. "그리고 그는 즐거워하였습니다." 이 사람들은 그것을 완전히 이해하지는 못했지만 그들로 하나님의 자녀가 되게 하고 믿음의 사람이 되게 한 것은, 그들이 오실 분에 대한 증거를 믿었다는 것입니다. 그리스도 안에 있지 않고서는 누구도 구원받을 수 없습니다. 신·구약성경에 구원의 길은 오직 한 길뿐입니다. 그리스도 안에서, 십자가에 못박히신 분 안에서뿐입니다.

그러나 세례 요한에 관해서는 어떻습니까? 우리 주님은 이것을 아주 명백하게 밝히셨습니다. "여자가 낳은 자 중에 세례 요한보다 큰 이가 일어남

이 없도다"라고 주님은 말씀하십니다. 세례 요한은 하나님의 아들입니다. 그는 하나님의 자녀이지만 아직 요한은 성령으로 세례를 받지 못했습니다. 그럼에도 불구하고, "천국에서는 지극히 작은 자라도 저보다 크니라"고 주님은 말씀하십니다(마 11:11). 천국을 언급하심은 교회까지도 포함하고 계시는 말씀입니다. 곧, 비록 세례 요한이 선지자들 중의 최종 선지자요 하나님의 자녀이며 특이한 하나님의 종이고 그리스도인같이 구원받은 사람이지만, 그는 그리스도께서 주실 성령의 세례를 받은 사람들이 즐길 수 있는 은총들을 향유하지 못한다는 의미입니다.

그리고 여러분은 요한복음 7:37-39에 나오는 가장 중요한 진술을 기억하실 것입니다. "명절 끝날 곧 큰 날에 예수께서 서서 외쳐 가라사대 누구든지 목마르거든 내게로 와서 마시라 나를 믿는 자는 성경에 이름과 같이 그 배에서 생수의 강이 흘러나리라 하시니 이는 그를 믿는 자의 받을 성령을 가리켜 말씀하신 것이라 예수께서 아직 영광을 받지 못하신 고로 성령이 아직 저희에게 계시지 – **주어지지**(흠정역〈A. V.〉) – 아니하시더라."

물론 성령은 항상 계십니다. 여러분은 구약성경에서도 성령에 관하여 읽었습니다. 그러나 이런 방식으로는 아직 주어지지 않았습니다. 이런 방식으로는 오순절 날 주어졌습니다. "예수께서 아직 영광을 받지 못하신 고로 성령이 아직 저희에게 계시지(주어지지) 아니하시더라." 자, 여기에 다시 이 중대한 진술이 나오고 있는 것입니다.

그러나 좀더 나아가서 진술을 추가해 보십시다. 제가 보기에는 이 모든 것은 여러분이 사도행전에 와서 사도들 자신의 경우를 볼 때 더욱 분명해집니다. 확실히 사도들은 오순절 이전에 거듭나서 하나님의 자녀가 되었습니다. 우리 주님께서 이미 말씀하셨습니다. "너희는 내가 일러준 말로 이미 깨끗하였으니"(요 15:3). 요한복음 17장에 나오는 대제사장적 기도에서도 주님은 제자들과 세상을 분명하게 구분짓고 있습니다. "세상 중에서 내게 주신 사람들에게 내가 아버지의 이름을 나타내었나이다 저희는 아버지의 것이었는데 내게 주셨으며 저희는 아버지의 말씀을 지키었나이다 지금 저희는 아버지께서 내게 주신 것이 다 아버지께로서 온 것인 줄 알았나이다 나는 아버지께서 내게 주신 말씀들을 저희에게 주었사오며 저희는 이것을 받고 내가 아버지께로부터 나온 줄을 참으로 아오며 아버지께서 나를 보내신 줄도 믿었사옵나이다 내가 저희를 위하여 비옵나니 내가 비옵는 것은 세상을 위함이 아니요 내게 주신 자들을 위함이니이다 저희는 아버지의 것이로소이다"(요 17:6-9). 요한복음 17장 전 장을 통하여 강조점은 이 사람들이 이미 중생한 사람들이라는 것이며, 주님은 그것을 계속해서 강조하고 있습니다. "나는 아버지께서 내게 주신 말씀들을 저희에게 주었사오며 저희는 이것을 받고 내가 아버지께로부터 나온 줄을 참으로 아오며 아버지께서 나를 보내신 줄도 믿었사옵나이다"라고 말씀하십니다(요 17:8). 이보다 더 명백할 수는 없습니다.

그리고 부활하신 후 우리 주님은 다락방에서 그들에게 **숨을 내쉬며** 가라사대 성령을 받으라고 하셨습니다. 그들에게 성령을 부으신 것입니다. 요한복음 20장에 기록되어 있는 그 사건을 기억합시다. "예수께서 또 가라사대 너희에게 평강이 있을지어다 아버지께서 나를 보내신 것같이 나도 너희를 보내노라 이 말씀을 하시고 저희를 향하사 숨을 내쉬며 가라사대 성령을 받으라." 이 사람들은 신자들일 뿐만 아니라 거듭난 사람들이고 성령이 그들에게 부은 바 된(breathed) 사람들이지만 아직 그들은 성령으로 세례를 받지는 못했습니다.

사도행전 1:4-8에 보면 이 사실이 더욱 분명해집니다. "사도와 같이 모이사 저희에게 분부하여 가라사대 예루살렘을 떠나지 말고 내게 들은 바 아버지의 약속하신 것을 기다리라 요한은 물로 세례를 베풀었으나" - 여기서 다시 말씀하십니다 - "너희는 몇 날이 못되어 성령으로 세례를 받으리라 저희가 모였을 때에 예수께 묻자와 가로되 주께서 이스라엘 나라를 회복하심이 이때니이까 하니 가라사대 때와 기한은 아버지께서 자기의 권한에 두셨으니 너희의 알 바 아니요 오직 성령이 너희에게 임하시면 너희가 권능을 받고 예루살렘과 온 유대와 사마리아와 땅 끝까지 이르러 내 증인이 되리라 하시니라."

이 똑같은 사람들, 이미 신자들이고 거듭난 사람들이며 어떤 의미에서는 이미 성령을 받은 사람들이 성령으로 세례를 받았습니다. 이것이 바로 사람은 주 예수님을 믿는 참된 신자가 될 수 있고 하나님의 자녀이지만 동시에 성령으로 세례를 받지 못할 수도 있다는 제 주장을 입증해 주고 있습니다.

그러나 사도행전 8장에 이르러 더욱 확실한 증거를 찾아봅시다. 거기서는 보다 더욱 분명하게 보여 주고 있습니다. 빌립은 사마리아인들에게 복음을 전하고자 예루살렘에서 사마리아로 갔습니다. 그 기록이 이러합니다. "무리가 빌립의 말도 듣고 행하는 표적도 보고 일심으로 그의 말하는 것을 좇더라…그 성에 큰 기쁨이 있더라"(행 8:6-8). 그 다음에 시몬의 사건이 뒤따라 일어납니다.

그러나 좀더 집중적으로 여기서 일어난 일들을 고찰해 봅시다. "빌립이 하나님 나라와 및 예수 그리스도의 이름에 관하여 전도함을 저희가 믿고…." 자, 이것은 세례 요한의 가르침이 아닙니다. 이것은 성령충만한 오순절 이후의 성령으로 세례를 받은 빌립의 가르침이요 분명한 기독교의 가르침입니다. "빌립이 하나님 나라와 및 예수 그리스도의 이름에 관하여 전도함을 저희가 믿고 남녀가 다 세례를 받으니…"(행 8:12).

그렇다면 여기에 나타난 사람들은 신자들이요, 그들의 믿음 안에서 즐거워하고 있습니다. 그들은 요한의 세례를 받지 않고 **예수 그리스도의 이름 안에서** 세례를 받았습니다. 그러나 사도행전 8:14에 이르면, "예루살렘에 있는 사도들이 사마리아도 하나님의 말씀을 받았다 함을 듣고 베드로와 요한을 보내매 그들이 내려가서 저희를 위하여 성령받기를 기도하니 이는 아직 한 사람에게도 성령 내리신 일이 없고 오직 주 예수의 이름으로 세례만 받을 뿐이더라 이에 두 사도가 저희에게 안수하매 성령을 받는지라"(행 8:14-17). 이 사람들은 이미 십자가에 못박히신 주 예수님을 그들의 구주로 믿는 참된 신자들이었습니다. 그들은 신자들이 되었기 때문에 그의 이름으로 세례를 받았습니다. 그러나 아직 성령으로 세례를 받지는 못했습니다.

우리가 숙고해야 할 다음 경우는 사도 바울 자신입니다. 여기서 제가 여러분에게 상기시키고자 하는 것은 우리는 지금 성경 전체를 쭉 훑어보며 조감하고 있다는 사실입니다. 나중에 우리는 자세한 교훈을 도출해내며 상세하게 고찰할 것입니다. 이 진리는 너무 중대하기 때문에 우리는 우리의 편견이나 우리의 생각이나 우리가 두려워하는 것으로부터 출발해서는 안 되고 성경으로부터 출발해야 합니다.

여러분은 "아! 당신은 방언은 다 옳다고 말씀하신 것이지요?"라고 말할지 모릅니다. 저는 많은 사람이 이미 그렇게 생각한다고 믿습니다. 그러나 잠시 기다리십시오. 적당한 때가 되면 은사 문제는 그때 취급하겠습니다. 여러분은 그것으로 출발해서는 안 됩니다. 그 문제는 이 주제의 종반부에서 다루게 됩니다. 그러나 우리는 마귀가 기회만 있으면 우리를 양극단으로 치우치게 함으로써 성경을 지나쳐 버리게 하지 않는가를 예의 주시해야 할 것입니다.

자, 그러면 바울 자신의 경우를 살펴봅시다. 사도행전 9장에서 살펴봅시다. 그는 다메섹 도상에서 부활하신 주를 만나서 말합니다. "주여! 내가 무엇을 하기를 원하시나이까?" 그는 어린애처럼 연약하게 되었습니다. 의심할 여지없이 그는 그때에 주 예수 그리스도를 믿었습니다. 그는 그분을 보았습니다. 그는 환상 중에 그분을 본 것입니다.

그러나 10절, 11절에 보면 이렇게 되어 있습니다. 아나니아 하는 사람이 주님으로부터 불림을 받습니다. "주께서 가라사대 일어나 직가라 하는 거리로 가서 유다 집에서 다소 사람 사울이라 하는 자를 찾으라 저가 기도하는 중이다 저가 아나니아라 하는 사람이 들어와서 자기에게 안수하여 다시 보게 하는 것을 보았느니라." 여러분이 아시다시피 바울은 장님이 되었습니다. 그리고 15절에 이르면 주님께서 아나니아에게 말씀하십니다 — 아나니아는 가고 싶지가 않았습니다 — "가라! 이 사람은 내 이름을 이방인과 임금들과 이스라엘 자손들 앞에 전하기 위하여 택한 나의 그릇이라 그가 내 이름을 위하여 해를 얼마나 받아야 할 것을 내가 그에게 보이리라 하시니 아나니아가 떠나 그 집에 들어가서 그에게 안수하여 가로되 형제 사울아 주 곧 네가 오는 길에서 나타나시던 예수께서 나를 보내어 너로 다시 보게 하시고 성령으로 충만하게 하신다 하니" (9:15-17).

아나니아는 사울에게 구원의 길을 가르치지 않았습니다. 그는 사울을 고치고 성령으로 충만케 하고 성령의 세례를 주기 위하여 보냄을 받았습니다. "즉시 사울의 눈에서 비늘 같은 것이 벗어져 다시 보게 된지라 일어나 세례를 받고" (9:18). 여러분은 세례받기 전에도 성령을 받을 수 있습니다. 달리 말씀드리면, 물 세례와는 무관하게 세례 전후에도 성령의 세례가 있을 수 있는 것입니다. "음식을 먹으매 강건하여지니라 사울이 다메섹에 있는 제자들과 함께 며칠 있을새 즉시로 각 회당에서 예수의 하나님의 아들이심을 전파하니"(9:19-20). 그렇다면 이와 똑같은 또 다른 놀라운 본보기가 있습니다.

사도행전에서 제가 언급하고자 하는 마지막 예를 들고자 합니다. 비록 제가 쉽게 사용할 수 있는 아볼로의 경우는 사용하지 않으려고 합니다. 제가 보기에는 아볼로에 관한 이야기는 다음의 이야기로 충분한 설명이 될 줄 압니다. 브리스길라와 아굴라는 아볼로에게 무엇인가 부족한 것을 느꼈고 그것을 아볼로에게 말해 주었습니다. 그것이 아볼로를 다른 사람으로 바꾸어 버렸습니다.

그러나 그 사실을 잠시 뒤로 미루고 19장에 이르면, "아볼로가 고린도에 있을 때에 바울이 윗 지방으로 다녀 에베소에 와서 어떤 제자들을 만나" — 여기서 제자라는 인용은 사도행전에서는 하나의 예외도 없이 예수 그리스도를 믿는 신자를 의미합니다 — "가로되 너희가 믿을 때에(믿은 이후에 〈흠정역〉) 성령을 받았느냐?"

좋습니다. 저는 여러분이 말하고자 하는 것이 무엇인지 알고 있으며 여러분의 말씀이 옳습니다. "당신은 흠정역에서 성경을 읽고 있군요"라고 말씀하실 것입니다. 그렇습니다. 여러분은 "그건 바른 번역이 아닌데요"라고 말할 것입니다. 저도 어떤 의미에선 동감입니다. 제가 개정역이나 다른 번역을 읽어드리겠습니다. "너희가 믿을 때에 성령을 받았느냐?" 옳습니다. 물론 바른 번역입니다. 그렇다면 옛 흠정역도 결국 틀린 번역은 아닙니다. "너희가 믿은 이후로 성령을 받았느냐?" 그 번역이 시사하는 바는 여러분은 성령세례를 받지 않고서도 믿을 수 있다는 것과 성령세례는 믿은 이후에 일어날 수 있다는 것입니다.

여러분은 말할 것입니다. "좋습니다. 그러나 다른 번역, 곧 '너희가 믿을 때에 성령을 받았느냐?'가 옳은 번역입니다." 그러나 그 번역 역시 우리가 성령세례를 받지 않고도 믿을 수 있다는 것을 명백히 보여 줍니다.

제가 전에 언급한 바 있는 예화를 들까 합니다. 여러분은 제게 "나는 지난 주에 감기에 걸렸다"라고 말할 수 있습니다. 저는 다시 이렇게 물을 수 있습니다. "당신이 지난 주 감기에 걸렸을 때 온도를 재어보셨습니까?" 그 질문이 무엇을 의미합니까? 그것은 분명히 온도를 재지 않고도 감기에 걸릴 수 있다는 것을 의미합니다. 반면에 여러분이 감기에 걸릴 때 온도를 잴 수 있습니다. 사도가 에베소의 제자들에게 묻는 질문이 이와 같습니다.

사람이 실제로 그의 믿음과 동시에 성령의 세례를 받을 수도 있습니다. 고넬료와 그의 가족의 경우를 살펴봅시다. 사도행전 10장에 보면 베드로가 말하고 있을 때에 성령이 그들에게 임했습니다. 그곳에서는 성령의 세례가 **그들이 믿을 때에 거의 동시에** 임했습니다. 그러나 사도 바울이 묻는 질문은 언제나 동시에 생기는 것은 아니라는 것을 분명하게 보여 줍니다. 성령세례를 받지 않고도 사람은 믿을 수 있다는 것을 명백하게 보여 줍니다. "너희가 믿을 때에 성령을 받았느냐?"

바울은 에베소의 이 사람들이 무엇인가 잘못되어 있다는 것을 분명하게 파악하고 그들이 성령으로 세례받지 못했다는 생각을 굳히고 나서 물었습니다. "너희가 믿을 때에 성령으로 세례를 받았느냐?" 여러분이 보시다시피 개정역(Revised Translation)이나 다른 번역이 좀더 정확할 뿐이지, 결국에는 옛 흠정역(Authorized Version)과 정확하게 일치한다는 것을 볼 수 있습니다.

순전히 언어학적 견지에서 보면 흠정역이 틀린 것 같지만, 자주 이 흠정역 번역자들이 정곡을 찌른 번역을 하여 바른 의미를 드러내 주며 그것을 약간 지나치게 강조함으로써 마치 잘못 번역된 것 같은 인상을 주는 것입니다. 그러나 의심할 것 없이 성령의 세례를 받지 않고서도 신자가 될 수 있다는 것은 확증된 진리임이 분명 확실한 것입니다.

그러나 이 진리가 마땅히 여러분을 만족시키겠지만 만일 그렇지 못하다면 다음을 주목하시기 바랍니다. 사도행전 19:4에서 사도 바울은 이 사람들에게 설교하면서 보다 더 상세한 교훈을 주고 있습니다. 그리고 그 다음에 기록되었습니다. "저희가 듣고 주 예수의 이름으로 세례를 받으니…." 사도는 이 사람들이 참된 신자들임을 보고 참으로 기뻤습니다. 그래서 그는 말합니다. "그러나 너희들은 주 예수 그리스도의 이름으로 세례를 받아야 한다." 그래서 그는 주 예수 그리스도의 이름으로 그들에게 세례를 베풀었습니다.

그들은 참 신자, 하나님의 자녀였습니다. 그러나 아직 성령으로 세례받지를 못했습니다. 19:6에 보면 "바울이 그들에게 안수하매 성령이 그들에게 임하시므로 방언도 하고 예언도 하니…"라고 나옵니다. 자, 여기에 사람이 주 예수 그리스도를 믿는 참 신자이면서도 아직 성령의 세례를 받지 못할 수도 있다는 절대적인 증거가 있습니다. 이 19장 사건은 이 사실을 두번씩이나 증명하고 있습니다. 초반부에 나오는 질문과 그 뒤에 실제적으로 일어났던 일들을 말입니다. 중요한 요점은 차이가 있다는 것, 즉 믿는 것과 성령으로 세례받는 것 사이에는 분명한 구분선이 있다는 것입니다.

그래서 저는 여러분에게 에베소서 1:13에 나오는 마지막 증거를 제시하고자 합니다. 사도 바울은 이곳에서 이방인 그리스도인들이 어떻게 그리스도인들이 되었는가를 회상시키고 있습니다. "그 안에서 너희도 진리의 말씀 곧 너희의 구원의 복음을 듣고 그 안에서 또한 믿어(믿은 후에〈흠정역〉) 약속의 성령으로 인치심을 받았으니 이는 우리 기업에 보증이 되사 그 얻으신 것을 구속하시고 그의 영광을 찬미하게 하심이라"(엡 1:13-14).

여러분은 다시 "흠정역 성경이 다시 똑같은 실수를 반복했습니다"라고 말씀하실 것입니다. 믿은 후에라고 말입니다. 그렇게 해서는 안 된다면 어떻게 해야 됩니까? 자, 개정역은 "또한 믿어 약속의 성령으로 인치심을 받았으니…"로 되어 있습니다. 그러나 여러분이 알다시피 그 구절이 나타내는 진리와 의미에는 하등의 차이도 있지 않습니다. 신자만이 성령의 세례를 받으며, 성령의 인침을 받습니다. "믿어…인치심을 받았으니…."

여전히 똑같은 순서입니다. 믿는 일이 먼저입니다. 그러나 성령으로 세례받는 일은 필연적으로 동시에 일어나는 일은 아닙니다. 같이 일어날 수도 있고 같이 안 일어날 수도 있습니다. 그러나 양자는 분명하게 구별되고 분리된 것입니다. 그래서 사도는 양자를 구분해서 말합니다. "그 안에서 또한 믿어 약속의 성령으로 인치심을 받았으니 이는 우리의 기업에 보증이 되사 그 얻으신 것을 구속하시고…."

그렇다면 우리가 확증하고자 하는 첫번째 큰 진리는 이것입니다. 제가 입증하여 확립시키고자 하는 진리는, 사람은 성령의 세례를 받지 않고서도 거듭난 신자가 될 수 있다는 것입니다. 제가 지금까지 인용한 성경구절들은 아주 분명하게 이 사실을 보여 줍니다. 그러나 수많은 사람들이, 모든 사람들이 거듭날 때에 필연적으로 성령으로 세례를 받았다고 말했고 또 여전히 말하고 있는 것은 이렇게 분명하고 명백한 성경의 가르침을 피상적으로 스쳐 가기 때문인 것입니다.

제 2 장

복된 확신

요한복음 서두에서, 그리스도인은 하나님의 충만함과 은혜 위에 은혜를 받은 사람이라고 말하고 있습니다. 신약은 우리에게 그리스도인이 지녀야 할 상(像)과 모형(模型)을 제시해 주며, 또 이 점에 있어서 우리가 성령세례에 대한 교리를 이해하는 것보다 더 중요하며 핵심이 되는 것이 없다고 분명히 해 줍니다.

이것은 우리가 기독교 구원의 풍성한 축복을 누린다는 것 외에도 지금 우리가 살고 있는 현시점에서 더욱 절실히 요구되고 있습니다. 우리는 기독교회가 다소 불안한 상황에서와 점점 더 명백하게 드러나는 죄와 치욕의 세상에서, 하나님께 대한 불경과 증오 그리고 적대감의 소름끼치는 태도에 대해서 무력한 것을 봅니다. 이러한 세상에 유일한 소망이 있는데, 그것은 교회의 부흥입니다. 그래서 현 시대의 가장 긴박한 요구는 기독교회의 부흥으로서, 이는 그리스도인의 개인 신앙의 부흥을 의미합니다. 교회와 신자는 분리될 수 없으므로, 우리는 교회가 어떻게 일반 사람들에게 영향을 미치는가를 살펴봄으로써 개인에 관해 다루어 보면서 이 문제를 시작해 봅시다.

이 교리를 명백히 하기 위해 저는 다수의 일반 원리들, 즉 명제들을 살펴보라고 제안합니다. 첫째로 우리는 성령세례를 받지 않고도 그리스도인이나 신자가 될 수 있다는 구약과 신약의 가르침에서부터 시작합시다. 여러분 속에 성령을 소유함 없이 여러분은 결코 그리스도인이 될 수 없습니다. 그리스도인은 성령에 의해 태어난 사람으로 성령은 그 사람 안에서 중생의 사역을 이루십니다. "누구든지 그리스도의 영이 없으면 그리스도의 사람이 아니라"(롬 8:9 하반절). 그러므로 그리스도인을 정의하면, 그 안에 성령이 내주하시는 사람을 말하는 것이지 성령세례를 받은 자를 의미하지는 않습니다.

이것은 기본 명제이며 또 가장 빈번히 논쟁되어지는 교리의 국면입니다. 그래서 저는 이것에 대해 좀더 깊이 나아가 보도록 하겠습니다. 만약에 여러분이 성령세례를 받지 않고서는 그리스도인이 될 수가 없다고 한다면, 그것은 사실상 중생과 동의어인 어떤 것으로 그 모든 견해가 변해 버립니다. 제가 왜 이 특별한 일반 원리를 붙들고 있는가 하면, 여러분이 아직 성령세례를 받지 못하였다 할지라도 여러분은 중생할 수 있으며 하나님의 자녀, 즉 진정한 신자가 될 수 있다는 본질적 특징을 아는 것이 매우 중요하기 때문입니다.

이것에 대해 좀더 구체적으로 살펴봅시다. 이제 제가 설명하고자 하는 것은 여러분에게 어떤 부가적인 전제나 논증들을 주어, 왜 우리가 이것을 구별하는 것이 그처럼 중대하고 필수적인가 하는 것을 알아보는 것입니다.

중생과 성령세례를 분리시키는 가르침에 대해 자주 일어나는 논쟁은 다음과 같습니다. "여러분이 붙들고 있는 모든 견해는 언제나 사도행전에 그 기초를 두고 있습니다. 여러분이 사도행전의 역사에서 여러분의 교리를 발견해서는 안 됩니다. 이것은 매우 위험한 일입니다. 여러분은 여러분의 교리를 오직 주님의 가르침과 서신서들의 가르침에서만 찾아야 합니다."

이제 이것에 관해 여러 번 말하였으며 그 대답은 매우 간단합니다. 여러분은 결코 성경의 어느 한 부분도 어느 다른 부분과 대치되도록 해서는 안 됩니다. 이것 아니면 저것임에 틀림없다는 식으로 말해서도 결코 안 됩니다. 오직 옳은 견해는 사도행전과 서신서들의 양자를 다 취하는 것입니다. 성경과 성경을 대치시키는 것, 즉 어느 한 부분의 뜻을 무시해 버림으로써 성경의 다른 부분을 희생시키는 것은 고등 비평적 태도의 특징입니다. 그러므로 이 비평에 대한 근본적 대답이 있습니다.

우리는 거기에다가 그 대답 이상으로 이렇게 말해야 합니다. 사도행전의 주된 목적들 중의 하나 **성부 하나님의 약속**인 성령세례에 관해, 이 약속의 성취를 우리에게 분명히 보여 주려는 데 있습니다. 바로 사도행전 1장에, 우리 주님께서는 부활하시고 승천하시기 직전에, 아직도 그들의 시야가 물질적인 **이스라엘의 왕국 회복**에만 관심을 가지고 있는 그의 제자들을 향하여 친히 말씀하시길, "가라사대 때와 기한은 아버지께서 자기의 권한에 두셨으니 너희의 알 바 아니요 오직 성령이 너희에게 임하시면 너희가 권능을 받고 예루살렘과 온 유대와 사마리아와 땅 끝까지 이르러 내 증인이 되리라"(행 1:7-8)고 하셨습니다.

이 문맥에서 예수님은 물로 세례를 베풀었던 세례 요한의 진술을 인용하시고 성령으로 세례받을 것을 덧붙이셨는데, 사도행전의 남은 부분은 어떻게 이 일이 발생하였는지를 우리에게 말해 주고 있습니다. 2장은 우리 주님께서 예언하신 바대로 초대 교회와 오순절의 120명의 신자 위에 그리고 그 후에 믿은 삼천 명의 신자 위에 어떻게 성령이 실제로 임하셨는가를 말해 주며, 또 계속해서 우리가 이미 살핀 것과 같은 실례들과 예증들을 더욱더 제시해 줍니다.

그러면 이제 이것이 성령세례의 어떤 교리 위에 상당한 근거를 가진다는 것이 확실해졌습니다. 우리는 사도행전에서 어떻게 그 일이 발생하였는지, 또 그것의 결과가 무엇인지, 어떻게 그 사실을 인식해야 하는지 그리고 그 가르침의 근본적이고 중요한 부분이 무엇인지에 대해 듣고 있습니다. 사람들이 와서, "그러나 그것은 당신이 알고 있는 서두에 불과할 뿐이다"라고 말한다면, 이것은 성경이 우리에게 적용되지 못한다고 하는 매우 심각한 비난입니다. 물론 교회 역사상 예외적인 시대가 있기는 했지만, 성경의 어떤 가르침도 우리와 전혀 상관이 없는 예외적인 것이라고 말하는 것은 아주 그릇된 것입니다. 우리가 읽는 모든 성경은 우리 자신들에게 적용되어야 합니다. 그것은 우리가 개인과 또 기독교회에 기대해야 하는 모형, 즉 표준이나 규범의 일종입니다.

이제 제가 의미하고 있는 것의 예를 들어 보겠습니다. 기독교의 부흥이란 무엇을 뜻합니까? 일반적으로 부흥을 정의하는 최선의 것은 교회가 사도행전으로 되돌아가는 것, 즉 일종의 오순절의 재현이라고 말할 수 있습니다. 그것은 성령이 교회 위에 다시금 부어지는 것이라 하겠습니다. 물론 이것은 매우 중대하고 필수적인 교리의 부분입니다.

그러나 좀더 나아가면 — 저에게 이것은 아마도 가장 중요한 요점이 되는데 — 서신서들의 가르침이 언제나 사도행전에 나타나 있는 역사를 전제로 한다는 것을 깨닫지 못하는 것보다 더 치명적인 것이 없다는 것을 알게 될 것입니다. 그러나 어떤 사람들이 과거에도 그랬으며, 또 지금도 그렇게 하려고 노력하고 있는 것은 "당신이 사도행전에서 알고 있는 것은 매우 이례적(異例的)인 것으로 그것은 교회의 시작 때부터 있었습니다. 그러나 그 표준은 서신서들의 가르침에 있습니다"라고 하는 주장입니다.

그들에 대한 저의 답변은 아주 간단합니다. 예를 들면 고린도전서를 살펴봅시다. 그것의 교훈은 분명히 고린도에 있는 교회의 성원들이, 우리가 사도행전에서 읽은 것과 같은 방식으로 성령세례를 받았다고 하는 사실을 기초로 합니다. 우리는 가끔 "여러분은 서신서에서 신자들에게 성령세례를 받으라고 권한 사실을 결코 발견하지 못할 것입니다"라는 말을 듣습니다. 그것이 전적으로 옳으며 그 대답은 명백합니다. 왜냐하면 그들은 이미 성령세례를 받았기 때문에 성령세례를 받으라고 권하지 않았습니다.

그러면 고린도전서 12, 13, 14장의 이 세 장에서 뜻하고 있는 것은 무엇입니까? 그 대답으로 이 세 장은 성령세례를 받은 사람들 사이에서 생긴 모종(某種)의 지나침과 오해들에 대해 다루고 있다는 것입니다. 제가 종종 그것을 다룰 때에, 오늘날 얼마나 많은 교회들이 여러분에게 고린도전서를 쓰도록 요구하는지 여러분은 알고 있습니까? 오늘날 얼마나 많은 교회들이 고린도전서 12, 13 그리고 14장의 교훈을 필요로 하고 있습니까? 그 대답은 **지나치다**입니다. 왜 그렇습니까? 여러분이 알고 있듯이, 교회의 성원들이 성령세례를 받고 나서 사도행전에 기록된 것과 같은 종류의 일이 그들에게도 일어났으며 또 여러 문제들과 고충들이 생겨났기 때문입니다.

그러므로 이것은 분명히 매우 중대한 사건입니다. 그것은 사도행전과 서신서들의 가르침을 구별하고자 하는 이 시도가 완전히 그릇된 것이라고 하는 것을 보여 주었습니다. 서신서들은 대체로 그 일이 발생했던 당시의 상황에서 잘못된 것과 과실들을 옳게 수정하기 위해서 쓰여진 것입니다. 그것은 비단 고린도전서뿐만 아니라, 갈라디아서와 같은 서신서들의 가르침에서도 똑같습니다.

이러한 문제들에 대해서 상당히 최근의 어떤 저자의 말을 인용함으로써 제가 뜻하는 것에 대한 실례를 들어 보겠습니다. 그는 갈라디아서를 다루면서 말하기를, "더욱더 특별한 것에서가 아니라 일반적인 것에서 시작하는 것이 성경 해석의 근본 원리이다"라고 했습니다.

그는 사도행전의 역사가 **특별**하면서도 일반적이며 평이한데, 바로 이 점이 서신서들에서도 발견되어진다고 합니다. 그래서 그는 계속해서, "만약 신약의 특별 교훈과는 별개의 일반 교훈이 성령을 받는 문제에 대하여 고려하고 있는가?"라고 묻는다면, 저는 분명하고 명확하게 대답할 수 있습니다. "우리는 갈라디아서 3:2에서와 같이 '믿음으로 복음을 들음으로 해서' 성령을 받습니다." 즉 좀더 간략하게 말하자면, 갈라디아서 3:14에서와 같이 "믿음을 통하여 성령을 받는다"라고 말합니다. 그것에 관하여 그 저자는 자기의 주장이 확립되었다고 생각합니다. 여기서 그는 우리 스스로 그것을 기대해야 한다고 말합니다. 왜냐하면 우리는 특별하면서도 범상(汎常)한 사도행전의 시대에 살고 있지 않기 때문이라 합니다.

그러면 그가 갈라디아서 3장에서 인용한 구절들을 살펴봅시다. 바울은 말하기를, "오, 어리석은 갈라니아 사람들아, 예수 그리스도께서 너희 가운데서 십자가에 못박히신 것이 너희 눈앞에 밝히 보이거늘 누가 너희로 진리에 복종치 못하도록 너희를 꾀더냐? 내가 너희에게 다만 이것을 알게 하노니 너희가 성령을 받은 것이 율법의 행위로냐, 듣고 믿음으로냐?" 그리고 14절에서 이렇게 말합니다. "이는 그리스도 예수 안에서 아브라함의 복이 이방인에게 미치게 하고 또 우리로 하여금 믿음으로 말미암아 성령의 약속을 받게 하려 함이니라.".

이제 그 저자는 성령을 받는 것, 즉 복음을 믿음으로 성령세례를 받는 것과 중생과 그리스도인이 되는 것을 동일한 것으로 간주하고서, 이것이 정상적 방법이므로 여러분은 믿음으로 성령을 받으라고 말합니다. 그러므로 여러분은 성령세례가 믿음과 중생과는 다른 별개의 어떤 것이라고 말해서는 안 된다고 말합니다. 그러나 매우 흥미롭게도 분명히 그는 5절 말씀을 기억하지 못하고 있습니다. 이제 이것은 사람들이 성령세례와 중생 사이의 차이점을 이끌어 내지 못했을 때에 생기는 혼란의 부류입니다. 갈라디아서 3:5

에서 우리가 발견한 것을 살펴보면, "너희에게 성령을 주시고 너희 가운데서 능력을 행하시는 이의 일이 율법의 행위에서냐 듣고 믿음에서냐?"입니다.

그것이 일반적이고도 정상적인 것입니까? "너희 가운데서 능력을 행하시고", "너희에게 성령을 주시고". 이것은 어떻게 사람이 믿게 되었는지에 관한 정확한 묘사가 아닙니다. 그 사도가 묻고 있는 것은 이것이 아닙니다. 덧붙여 말하자면, 그는 이미 처음 두 장에서 어떻게 여러분이 믿고 또 믿음으로 의롭다 함을 받았는가에 대해 다뤘습니다. 그는 이제 부가적(附加的) 논의를 산출해내고 있습니다. 그는 "여러분이 믿는 것, 즉 할례나 그 외의 어떤 의식(儀式)으로서가 아니라 오직 믿음으로써만 구원받을 뿐이다"라고 말합니다.

그러면 저는 이것에 대해 이같이 묻고 싶습니다. 즉 "여러분이 성령을 받았을 때, 성령이 여러분 위에 임했을 때, 여러분이 성령세례를 받았을 때, 그것이 율법의 행위를 준수한 결과로써였습니까? 아니면 이 모든 것이 그리스도 안에서 하나님께 대한 믿음의 관계에서였습니까?" 물론 그가 말하고 있는 것의 증거는 5절입니다. "너희에게 성령을 주시고 너희 가운데서 능력을 행하시는 이." 우리는 이것이 일반적이며 평이하고 또 보통의 것이라고 말합니까? 그렇지 않습니다. 이 갈라디아 교회는 성령세례를 받았으며 또 성령이 충만하였는데, 이는 기적들이 그 교회 안에서 나타난 것으로 보아 알 수 있습니다. 물론 이것은 모든 순전(純全)한 신약의 교회에도 그러합니다. 고린도 교회뿐 아니라 갈라디아 교회에도 그렇습니다.

다른 말로 저의 요점을 확립해 보면, 여러분이 사도행전의 역사에 비추어서 그와 같이 하지 않는다면, 여러분은 실제로 서신서들의 교훈을 옳게 해석할 수도 없고 또 올바르게 이해할 수도 없다는 것입니다.

지금 우리가 이 모든 문제들을 다루고 있기 때문에, 이후에 우리가 성령세례의 결과를 고려해 볼 때, 성령세례의 주된 결과들과 효력들 중의 하나로 우리는 우리의 구원에 대하여 색다른 확신을 갖는다는 사실을 발견하게 될 것입니다. 오늘날 가장 현저히 요구되는 것은 그들의 구원을 확신하는 그리스도인입니다. 만약 우리가 세상에 맞서 "나는 구원받기를 바라는데 확신이 아니라 소망이다"라고 말한다면, 자신이 침체될 뿐 아니라 다른 사람도 침체시킬 것이고 또 인도할 수도 없게 됩니다. 사도행전 2장이나 그 외의 다른 어디서나 보듯이 신약의 그리스도인들에 관해 그처럼 분명한 것은 그들의 영이 기쁨과 행복 그리고 확신 및 신뢰에 차 있다는 것입니다. 그러나 그들은 그들이 지금 막 투기장에 있는 사자들에게 던져지려 하거나 아니면 죽음에 직면해 있는 듯한 느낌을 받았습니다. 그리고 이것은 항상 교회사에 있어서 종교개혁과 부흥 등의 모든 위대한 시대의 특징이 되었습니다.

그러므로 우리는 이같이 말합니다. 만약 여러분이 성령세례와 주 예수 그리스도 안에서 구원에의 믿음을 동일시한다면, 여러분은 자동적으로 믿음을 얻는 것과 믿음에 대한 확신과의 사이에 아무런 차이가 없다고 말하고 있는 셈이 되고 마는데, 이것은 아주 심각한 문제입니다.

실제로 이것을 구별하지 못한 사람들이 그렇게 말하므로, 저는 다시 한 번 그 저자의 글을 인용하고자 합니다. 그는 "그 결과 하나님의 모든 자녀들이 성령을 소유하였으며, 성령의 인도함을 받고, 또 성령으로 말미암아 그들의 양자됨과 하나님의 사랑을 확신한다"라고 말합니다.

그가 말한 것에 대하여 생각해 봅시다. "하나님의 모든 자녀들이 성령을 소유하며"(이것은 옳습니다), "성령에 의해 인도된다"(그런데 이것이 필연적입니까?), "그들이 양자의 영을 받았으며 하나님의 사랑을 확신한다"(롬 8:15-16; 5:5). 그런데 차이점은 성령을 소유하지 못한 자들이 결코 그리스도께 속하지 못한다는 것입니다.

그러면 여기에서 제가 여러분께 제시하는 질문이 있습니다. 모든 신자들이 이 위대하고 충만한 구원의 확신을 소유했다고 말하는 것이 옳습니까? 로마서 8:15-16을 보십시오. "너희는 다시 무서워하는 종의 영을 받지 아니하였고 양자의 영을 받았으므로 아바 아버지라 부르짖느니라." 바울은 거기에서 이것을 표현하는 말로 아바 아버지라고 하였는데 그것은 우리 인간의 깊은 곳에서 우러나온 본질적 외침입니다. 그리고 그는 계속해서, "성령이 친히 우리 영으로 더불어 우리가 하나님의 자녀인 것을 증거하시나니"라고 말합니다. 그것은 최상의 확신, 즉 절대적 확신으로 아바 아버지라고 하는 영광스런 외침입니다. 우리는 이것이 모든 그리스도인에게 옳다고 믿고 있습니다.

이제 그것의 결과를 살펴봅시다. 여러분 모두는 그 확신을 가지고 있습니까? 여러분은 여러분 속에 **아바 아버지**라고 외치는 이 본질적 외침을 소유했습니까? 여러분은 여러분이 하나님의 자녀인 것과 또 그리스도와 더불어 기업에 참여한 것을 어떤 의심이나 반박 또는 불안이나 망설임 없이 믿고 있습니까? 여러분은 충만한 확신으로 즐거워합니까? 여러분은 이제 이 혼동의 결과를 보게 되는데, 그리스도인으로 간주되는 대부분의 사람들이 전혀 그리스도인이 아니라고 하는 것입니다.

이것은 새로운 사실이 아닙니다. 이는 16세기 말에서 17세기의 초에 싸웠던 어떤 것입니다. 초기 종교개혁자들 중의 어떤 이들은 로마 카톨릭의 거짓된 교훈을 깨뜨리기 위하여, 여러분이 확신을 가지지 못한다면 그리스도인이 될 수 없다고 말하였던 것입니다. 그들이 말한 믿음을 얻는 것과 구원의 확신 사이에는 아무런 차이점이 없습니다. 그러나 신교의 지도자들을 자세히 살펴보면 이것은 아주 잘못된 것으로, 웨스트민스터 신앙고백과 같은 문서와 실로 모든 다른 위대한 고백서에서 우리는 그들이 믿음을 얻는 것과 믿음의 확신 사이에 뚜렷한 차이를 끌어내는 데 매우 신중하다는 것을 발견하게 되는데, 이것은 매우 중요합니다.

성경은 우리가 결코 확신으로 구원받지 못하며, 믿음으로 구원받는다고 말합니다. 달리 말하자면, 자신들이 죄인이며 하나님의 진노 아래 있고, 무력하고 소망이 없다는 것을 보고 알며, 또 심판에 대한 두려움이 있는 많은 그리스도인들이 있습니다. 게다가 선한 삶을 살아 하나님을 기쁘시게 하고 또 그의 요구에 응하며, 정의를 이룩하기 위하여 노력하면서 그들의 남은 생애를 수도원에서 보내지만, 이러한 생활의 결과가 처음 시작 때보다 더 나아진 것이 없다는 것을 깨닫고 결국 오직 믿음 안에서, "나는 주 예수 그리스도께만 온전히 내 자신을 맡깁니다"라고 고백하게 됩니다. 그들은 주님을 믿으며 그에 관한 진리를 믿고 의지합니다. 그러나 그들이 계속 확신으로 구원받는다고 하여 그것을 다시 행하려 함으로써 마귀가 그들을 공격하며, 그들은 두려워하게 됩니다. 그들은 죄로 타락한 자신들이 전혀 그리스도인이 아니라고 느끼지만, "나는 오직 예수 그리스도만을 소유하며 또 그가 나를 위해 죽으셨다는 사실을 믿는다"라고 말합니다.

이제 성경은 이 같은 사람이 그리스도인이지만, 그들은 구원과 믿음의 완전한 확신을 누리지 못하고 있는 그리스도인이라고 말합니다. 그들은 사도 요한이 그의 첫번째 서신을 썼던 사람들과도 같습니다. "내가 하나님의 아들의 이름을 믿는 너희에게 이것을 쓴 것은 너희로 하여금 너희에게 영생이 있음을 알게 하려 함이라"(요일 5:13).

이것에 관하여는 아무 문제가 없습니다. 이것에 대하여 여러 세기 내내 증거했던 성도들이 있는데, 몇 년 동안(심지어 그들의 일생 동안) 그들은 믿었지만 이 확신을 누리지는 못하였습니다. 그들은 확신하지 못하므로 행복하지 못했으며 언제나 되돌아서 "나는 오직 그리스도만을 소유하고 있다"라고 말합니다. 여러분은 이 사람들에게서 시민권(市民權)을 박탈해서도 안 되며, 또 그들이 그리스도인이 아니라고 말해서도 안 됩니다. 그러나 만약 여러분이 하나님의 모든 자녀, 즉 모든 그리스도인이 양자의 영에 의해 하나님의 사랑을 온전히 확신한다고 말한다면, 여러분은 위의 사람들이 결코 그리스도인이 아니라고 말하고 있는 것이 되고 맙니다. 그것은 잘못되었을 뿐 아니라, 그렇게 말하는 것은 매우 잔인합니다. 그렇습니다. 여러분은 확신 없이도 그리스도인이 될 수가 있습니다. 물론 그리스도인이 그 무서운 상태에 있다는 것은 아닙니다. 그것은 때때로 심리적 조건들이나 그릇된 교훈에서 기인됩니다. 믿음을 얻는 것과 믿음의 완전한 확신을 혼동시키는 것은 잘못된 일일 뿐 아니라, 위험한 일입니다.

여러분도 알다시피, 여러분이 이같이 하는 그 순간에 여러분은 곤란에 빠지게 되고 여러분 자신 또한 모순되기 시작합니다. 제가 앞에서 인용했던 그 저자는 계속해서 이같이 말합니다. "때때로 성령은 영광스런 주 예수의 새 언약 사역을 특수하게 행하시는데, 우리가 이 같은 방식으로 행하도록 그리 계시하시고 나타내신다." 그러면서 그는 베드로전서 1:8을 인용합니다. "말할 수 없는 영광스러운 즐거움으로 기뻐하니." 여기서 제가 주목하는 것은 그가 **때때로**란 말을 사용한 것입니다. 때때로 우리는 환상과 계시를 가질 수 있으며 고린도후서 12:1-4에서 바울이 가졌던 것과 같은 체험들을 다소 가질 수 있습니다. 그러면서 그는 이렇게 덧붙입니다. "나는 이러한 일들의 어떤 것도 한순간 부인하지 않지만, 이것들은 평범하고 보편적인 것, 즉 그의 모든 백성들을 위한 하나님의 일반 목적이 아니라, 어떤 사람에게 임하는 성령의 특별하며 예외적인 사역이므로 이것들을 가진 사람들은 마치 그들 자신이 영적 표준인 것처럼 다른 사람에게 이 같은 체험들을 강요해서는 안 된다."

그러면 왜 제가 이것을 강조합니까? 이것이 매우 흥미롭습니다. 저는 그가 말하고 있는 것이, 사람이 말할 수 없는 기쁨으로 즐거워하며 영광의 충만이 예외적이고 드물며 특별한 것으로 그것은 때때로 일어나는 어떤 것이라는 것 때문에 그렇습니다. 그러나 성경이 무엇을 말합니까? 사도 베드로가 누구에게 이 글을 쓰고 있습니까? 그는 베드로전서 1:1에서 이같이 시작합니다. "예수 그리스도의 사도 베드로는 본도, 갈라디아, 갑바도기아, 아시아와 비두니아에 흩어진 나그네 곧 하나님 아버지의 미리 아심을 따라 성령의 거룩하게 하심으로 순종함과 예수 그리스도의 피 뿌림을 얻기 위하여 택하심을 입은 자들에게."

거기서 그는 특별한 그리스도인들에게 편지를 씁니까? 즉 사도들의 형제에게입니까, 아니면 오로지 교회의 지도자들에게입니까? 그가 형제들에게 "이제 너희는 매우 특별한 사람들이다"라고 말합니까? 그렇지 않습니다. 그는 그들의 이름을 알지 못하여 그냥 "흩어진 나그네들에게"라고만 밝히고 있지만, 그는 평범한 교회의 신도들에게 쓰고 있는 것입니다. 그는 "내가 너희에게 편지를 쓰는 것은 이것이 너희에게 참되다는 것을 알기 때문인데, 즉 너희는 보지 못한 그를 사랑하고 있다. 그리고 이제도 보지 못하나 믿고 말할 수 없는 영광스러운 즐거움으로 기뻐하니"라고 말합니다. 베드로 자신은 그가 지금 어떤 예외적인 것이 아니라, **때때로** 발생하는 어떤 일에 대하여 쓰고 있는 것이라고 분명히 밝혔습니다. 그는 그것이 기독교회의 알려지지 않은 일반 성도들의 정상적인 체험과 표준이 된다고 여기고 있습니다. 그러나 여러분이 아시다시피, 저자가 이것을 **때때로**라고 말한 그릇된 교리 때문에, 아직도 이것은 **예외적인** 것으로 되고 있습니다. 그러나 결코 그렇지 않습니다. 이것은 일반적이며 평이한 것입니다.

어떤 이는 말합니다. "그러면 이제 당신 자신은 우리 모두가 그리스도 안에서 말할 수 없는 영광스러운 즐거움으로 기뻐한다고 말할 수 있어야 한다는 말입니까?"

저의 대답은 아주 간단합니다. 즉 우리 모두는 그렇게 말할 수 있어야 합니다. 그러나 설혹 여러분이 그렇게 말할 수 없을 때라도, 저는 여러분이 그리스도인이 아니라고 덧붙여 말하지는 않습니다. 이것이 무슨 말입니까? 반복하여 말씀드리면, 서신서들의 모든 교훈은 사도행전에서 발생했던 그 역사를 기초로 하며 전제로 한다는 것입니다. 달리 표현하면, 여러분이 신약의 서신서들을 이해할 수 있는 유일한 길은 이것입니다. 즉 하나님께서 그의 영을 그들 위에 부으심으로 기독교회를 시작하셨다는 것입니다. 그래서 신약의 교회는 성령세례를 받은 교회입니다. 그리고 신약의 모든 교훈은 그것이 당연하다고 여깁니다. 그러나 오늘날의 교회는 종종 그렇지 못한데, 교회가 그 긴 역사 속에서 그와 같은 어떤 일도 없었으므로 오늘날의 교회는 그렇지 못하다는 것입니다. 그러나 교회는 그와 같아야 됩니다.

여러분은 분명히 신약의 서신서들이 신자들에게 성령세례를 구하라고 권하는 것을 발견하지 못하는데, 왜 그렇습니까? 그들은 이미 그것을 소유하고 있기 때문입니다. 엄밀하게 이 같은 방식으로 부흥의 때와 성령의 임재시에 여러분은 이것을 강요하지 못합니다. 실제로 여러분의 과제는 성령이 임하실 때의 혼란의 어떤 요소와 과도한 경향들을 다루며 다른 사람에게 전하는 것입니다. 달리 말하자면, 여러분은 신약 교회의 그 입장으로 되돌아가야 한다는 것입니다. 그러나 베드로는 성령세례를 받은 사람들이 말할 수 없는 영광스러운 즐거움으로 가득 차 있다는 것을 알았습니다. 그는 그것이 예외적인 것이므로, 우리는 그것을 표준이나 규범적인 것으로 받아들여야 한다고는 결코 말하지 않았습니다. 그러므로 저는 여러분이 사도행전을 무시하고서 우리 주님의 교훈과 신약 서신서들의 교훈에서만 여러분의 가르침을 찾아야 한다고 말하는 것보다 더 위험스러운 것은 없다는 것을 재삼 강조합니다.

이제 저는 신자들이 성령 안에 있는 것처럼 보이는 이 어려운 문제에 대한 세번째 답을 하려 합니다. 만약 중생과 성령세례가 하나이고 또 구별되어지지 않는다면, 우리가 이미 살핀 대로, 신자들이 중생하기 위하여 사도들의 권세 아래 성령을 받았다고 말하는 것이 됩니다. 여러분은 사도행전 19

장에서 에베소 교회의 신자들에 대한 이야기를 기억하고 있습니까? 그 사도는 그들에게 진리를 설명했으며, 그들은 그것을 믿었고 또 그는 주 예수 그리스도의 이름으로 그들에게 세례를 베풀었습니다. 그때 그가 그들에게 안수하매 그들이 성령세례를 받았습니다. 그러므로 만약에 여러분이 성령세례와 중생을 동일시한다고 하면, 여러분은 이 사람들에게 안수함으로 그들을 중생시킨 자는 바로 사도이며 다른 모든 경우와 같이, 베드로, 요한이 사마리아에 내려갔을 때 이 같은 일을 행하였음에 틀림없다고 말해야 합니다. 그러나 우리가 살핀 대로 그 대답은, 이 사람들이 이미 중생했다는 것입니다. 즉 그들은 먼저 복음을 믿었습니다. 이 모든 경우에서 그들이 먼저 중생되고, 안수하매 그들이 성령세례를 받은 것은 그 후의 일입니다(행 8장; 19장).

이제 네번째 논의에 들어가려는데, 이는 더욱 흥미롭습니다. 견신례(堅信禮)를 믿는 기독교의 어떤 분파들이 있는데, 그들은 이 **견신례 의식**(堅信禮義式)을 굳게 지키고 있습니다.

이 나라에 있는 성공회가 로마 카톨릭 교회와 루터파 교회들처럼 그것을 행하고 있습니다. 그러면 이것이 어디에서 유래한 것입니까? 그들은 히브리서 6:2의 안수에서 온 것이라고 합니다. 즉 세례와 안수의 교리에서 온 것이라 합니다. 또한 그것은 사도 베드로와 요한이 사마리아에서 행했던 것과 바울이 에베소에 있는 이 사람들에게 행했던 것에 근거한 것이라 합니다.

다음과 같이 기록한 어떤 자들이 있습니다. "견신례(confirmation)는 성공회가 일반적으로 갓난아기 때 세례를 받아, 그들 자신이 회개하고 믿은 자들이 교회의 정회원이 되기 위해 받도록 취택한 방식이다." 그들은 또한 이렇게 말합니다. "그것은 하나님께서 그의 은혜의 후원자이심을 증명하는 표(標)로써 사용되어지는 어떤 것이다."

그것에 대한 답변은 이러합니다. 즉 견신례는 성공회가 신도들이 정회원이 되기 위하여 받는 방식으로 **택한** 어떤 것이 아닙니다. 그것의 실제 역사는 성공회가 로마 카톨릭 교회에서 여러 세기 동안 내내 행하였던 것을 그대로 답습한 것입니다. 이것은 단순히 16세기 종교개혁 때의 불완전한 요소들 가운데 하나입니다. 그들은 많은 관습들을 그대로 유지했는데 청교도들이 이 일들을 거부했습니다. 그런데 견신례가 바로 그것들 중의 하나입니다.

우리에게 흥미 있는 것은 이것입니다. 저는 견신례를 믿지 않지만, 이 점에서 논의할 중요한 가치는 있다고 생각합니다. 견신례는 도대체 어디에서 유래한 것입니까? 그래서 저는 그것의 기원에 관하여 여러분께 말하려 합니다. 여러분도 알다시피, 믿고 물로 세례받는 것과 성령세례를 받는 것 사이에는 처음부터 구별이 있습니다. 제가 여러분에게 보여 주고 여러분이 성경에서 본 대로, 그 두 사건 사이에는 언제나 이 구별이 있습니다. 바울이 에베소에 있는 이 사람들에게 세례를 베풀었는데, 그것이 끝나고 그가 안수하자 그들이 성령세례를 받았으며 여러 방언으로 말하기 시작하였습니다. 이 두 사건은 별개의 것이며 구별된 것입니다.

그러므로 초대 교회는 그것을 영속시켰으며, 역사학자들은 초대 교회 시대의 감독은 물을 가지고 안수함으로써 세례를 베풀었던 자였다고 말합니다(저는 그 모든 사실들에 대하여 절대 확실성을 얻기 위하여 상당한 고충을 겪었습니다). 그러나 신자들이 상당히 증대되고 그가 이것을 혼자서 행할 수 없게 되자 분리시켰습니다. 즉 물에서 세례를 베푸는 행위는 그 교구의 담당 목사에게 주어졌지만, 안수하는 의식은 시찰 온 감독관의 것으로 남겨지게 되었는데, 이가 차차 감독으로 알려지게 되었습니다. 그런데 이것에 관하여 위대한 교부들 중의 하나인 터툴리안의 저서에 분명한 증거가 있습니다. 그는 2세기 말에 그 책을 썼으며 4세기에 이르러 이것이 일반적으로 시행되었습니다. 그리하여 그것이 오늘날까지 지속되었습니다. 지역 교구의 목사가 설교를 하고 세례를 베풀지만, 감독은 견신례를 행하려고 온 자입니다.

이제 저는 이 요점을 실증하기 위하여 여러분 앞에 이 증거를 제시하는데, 신약에서 그처럼 명백히 한 이 구별이 여러 세기 내내 인식되어지고 있습니다. 우리와 의견이 다른 것은 이것입니다. 즉 우리는 감독이 이 점에서 불필요하며 이것은 그를 떠나서도 발생할 수 있는 것이라고 봅니다. 그러나 이것이 제가 주장하는 실질적인 요점이 아니라, 제가 주장하고 있는 강조점은 신약의 가르침에 따른 것으로 초대 교회 시대로부터 계속 교회의 역사가 중생과 성령세례 사이에 구별이 있다고 하는 것을 믿었다는 것입니다.

그러므로 저는 성공회의 입장에 있는 사람들이 실제로 그들의 모든 견신례 의식에 대하여 곤란이 있는 것으로 보는데, 왜냐하면 유아세례 시에 이렇게 말하기 때문입니다. "지금 우리가 보고 있는 사랑하는 형제, 이 아이는 세례를 받음으로 중생하고 그리스도 교회의 지체에 접붙여졌으니, 이 은혜를 인하여 전능하신 하나님께 감사를 드립니다." 그런데 이 같은 일이 견신례 의식에서도 되풀이됩니다. "전능하시고 영원하신 하나님, 당신은 이 당신의 종들을 물과 성령으로 중생하도록 허락하시며 또 그들의 모든 죄를 용서하시고 그들을 강하게 붙드시옵소서" 등등. 만약 여러분이 믿음이나 중생과 성령세례를 동일시한다면, 실제로 견신례 의식이 나에게는 아무런 의미가 없는 것으로 여겨집니다.

마지막으로, 이 모든 것 중에서 가장 중요한 것에 관해 논하려 하는데, 이것에 관하여는 더 이상 어느 누구도 인용하거나 잘못을 논박할 수 없습니다. 이는 가장 적극적인 주장으로 신약의 가르침입니다. 중생과 성령세례 사이의 이 중대한 구별에 대하여 최종적 증거인 이 신약의 가르침은, 여러분이 아직 성령세례를 안 받았다 하더라도 중생할 수 있다고 하는데, 이것은 다름 아닌 우리 구주 예수 그리스도께서 친히 가르치신 것입니다. 이 구별을 깨닫지 못한 사람들이 이 문제에 있어서 예수님에 한하여 전혀 언급하지 않는다는 사실이 놀랍습니다. 그러나 여기 이 점이 매우 중요하며, 여기에서 우리는 그의 세례에 관하여 살펴보아야 합니다.

그는 나시기 전부터 영원하신 하나님의 아들로 늘 하나님의 아들이신 말씀, 즉 성육신하신 하나님의 아들이십니다. 바로 그분이 인간으로서 육체를 입으셨는데, 여러분은 그에게 일어났던 일을 기억합니까? 그가 모든 의를 완성하시려고 세례 요한에게서 세례를 받으셨는데, 성경에는 이렇게 기록되어 있습니다. "백성이 다 세례를 받을새 예수도 세례를 받으시고 기도하실 때에 하늘이 열리며 성령이 형체로 비둘기같이 그의 위에 강림하시더니 하늘로서 소리가 나기를 너는 내 사랑하는 아들이라 내가 너를 기뻐하노라 하시니라"(눅 3:21-22).

그리고 나서 여러분은 그 후에 일어난 일을 알고 있습니까? 누가복음 4:1은 말합니다. "예수께서 성령의 충만함을 입어", 즉 성령이 그 위에 임하실 때 그는 요단 강에 계셨습니다. "성령이 충만하여 요단 강에서 돌아오사 광야에서 성령에게 이끌리셨다." 그리고 다시 14절을 보십시오. "예수께서 성령의 권능으로 갈릴리에 돌아가시니." 다시 한 번 그 후의 구절들을 살펴보십시오. 그가 회당에 들어가셨을 때 이사야의 글이 그에게 드려졌는데, "책을 펴서 이렇게 기록한 데를 찾으시니 곧 주의 성령이 내게 임하셨으니 이는 가난한 자에게 복음을 전하게 하시려고 내게 기름을 부으시고…이에 예수께서 저희에게 말씀하시되 이 글이 오늘날 너희 귀에 응하였느니라 하시니"(눅 4:17-18, 21).

또한 여러분은 요한복음에서도 이와 같은 사건을 말하고 있는 진술을 보게 됩니다. 요한복음 3:34을 보면, "하나님의 보내신 이는 하나님의 말씀을 하나니 이는 하나님이 성령을 한량없이 주심이니라."

그리고 마지막 진술로 요한복음 6:27에 있는 말씀을 보면, "썩는 양식을 위하여 일하지 말고 영생하도록 있는 양식을 위하여 하라 이 양식은 인자가 너희에게 주리니 인자는 아버지 하나님의 인치신 자니라"고 했습니다. 우리는 이미 에베소서 1:13에서 **인치심**이란 단어에 익숙해져 있습니다. "그 안에서 믿어 약속의 성령으로 인치심을 받았으니." 성부 하나님께서 그 아들을 인치셨는데, 요단 강에서 예수님 위에 성령을 보내실 때 하나님은 그를 인치셨습니다. 거기서 예수님께서는 성령의 충만함을 받았습니다.

무엇 때문입니까? 여기에 바로 결정적 요점이 있습니다. 거기에서 우리 주님은 그의 공적 사역을 시작하셨습니다. 그는 인간으로 사셨으며 목수로 일하셨지만, 이제 서른의 나이에 그의 사역을 시작하셨습니다. 여기에 이러한 교훈이 있습니다. 비록 그가 영원하신 하나님의 아들이심에도 불구하고, 그는 인간이 되셨으며 인간으로 이 세상에서 사셨기 때문에 그의 완전함 속에 성령 받으시길 원하셨으며, 하나님께서 그에게 성령을 주셨습니다. 성령이 그의 위에 임하셨습니다. 그때에 그는 **성령이 충만하여, 성령의 권능으로** 나가셔서 전파하기 시작하셨습니다(눅 4:14). 그는 말씀하셨습니다. "나는 전파하기 위하여 성령의 기름부음을 받았다." 달리 말하자면, 우리 주님께서는 친히 성령의 능력을 부여받지 않고서는 구원의 복음에 대하여 증인이나 전파자나 증언자로서 활동하지 않으셨습니다. 저는 여러분에게 성령세례의 목적을 보이려 합니다.

이제 여러분은 결론을 보게 됩니다. 우리 주님은 영원히 하나님의 아들이십니다. 그러나 비록 그는 하나님의 아들이시라 할지라도 인간의 형체를 지닌, 즉 종의 형상을 지닌 메시야로서 그의 사역을 수행하시기 위해서 이 성령의 세례를 필요로 하셨으며, 성령이 그 위에 임하셨는데 이것은 마치 제자들과 다락방의 120명, 그리고 고넬료와 그의 가족들 위에 임하신 것과 같으며, 부활의 모든 때에 신도들 위에 임하실 것과 같습니다. 그리고 성령의 권능으로 그는 메시야적 사역을 완수하셨으며, 성령의 권능으로 말씀하시고 사셨으며, 무한한 성령의 능력으로 죽으시고, 성령의 능력으로 죽은 자들 가운데서 일어나셨습니다.

여기에서 여러분은 어떤 논쟁이나 아무런 의심 없이 다시 태어나는, 즉 신적 본질에 동참하는 중생과 성령세례와의 사이에 이 본질적 구별을 확고히 해야 합니다. 만약 여러분이 이 구별을 인식하지 못한다면 여러분은 난관에 빠지게 될 뿐 아니라, 무엇보다도 우리의 거룩하신 주님께 일어난 사실을 납득이 가도록 설명할 수 없다는 것을 발견하게 될 것입니다.

제 3 장

우리에게 일어난 어떤 일

지금까지 우리는 사람들이 성령세례를 받지 않고서도 진정한 기독교 신자가 될 수 있다는 저의 첫번째 명제에 대하여 고찰해 보았습니다. 이제 저의 두번째 명제로, 이것 또한 저는 매우 중요한 진술로 여기는데, 그것은 성령세례란 우리에게 일어나는 어떤 일이라는 것입니다. 이 문제에 있어서 제가 밝히고자 하는 것은, 이것이 우리의 궁극적 권위가 있는 사도행전에 기록된 모든 경우들에서 더욱 분명하다는 것입니다. 서신서들의 가르침에 대한 배경으로 받아들여지고 있는 것이 바로 이것의 역사입니다. 여러분은 분명히 우리의 교육과 계몽을 위해 기록되어 있는 이 다른 경우들을 읽음으로써 남자와 여자, 즉 기독교 신자들에게 일어나는 어떤 일이 있다는 것을 발견하게 됩니다.

이제 저는 그것이 발생하는 방법을 정확히 고찰하기 위해 이 점에서 살피려는 것은 아닙니다. 그것은 우리의 고찰을 결론에 더 가까이 이르게 하는 일들 중의 하나가 될 것입니다. 여기에서 제가 하기를 바라는 모든 것은, 우리에게 발생하는 어떤 일이 있다는 이 큰 사실을 강조하는 것입니다. 그런데 그것은 믿는 모든 자들에게 자동적으로 발생하는 어떤 것이 아니라, 거기에 구별이 있다는 것을 살펴보았습니다. 그 둘 사이에 간격이 있을 수 있는데, 때로는 짧고 또 어느 때는 좀더 길기도 합니다. 때때로 거의 간격이 없는 것처럼 보여질 때도 있습니다. 그러나 그것은 사람이 회개하고 주 예수 그리스도를 믿는 그 순간에 자동적으로 발생하지 않습니다. 저는 또한 그것이 우리가 하는 어떤 일의 결과로 발생하지 않는다는 것도 강조합니다. 그러나 어떤 일에 대해 그같이 가르치는 많은 자들이 있습니다. 그들은 "당신이 이것이나 저것을 하는 동안에 당신이 원할 때마다 이것을 가질 수 있다"고 말합니다. 그러나 저는 신약에서 그것에 관한 단 하나의 예도 발견하지 못합니다. 저는 그것이 전적으로 그릇된 교훈이라고 생각합니다. 그러므로 우리는 이러한 의미에서 우리가 원할 때마다 성령세례를 받을 수 있다고 말해서는 안 됩니다. 저는 여러분에게 이에 반대되는 교훈을 보이려 합니다. 만약 우리가 이것이나 저것을 행한다 해도 자동적으로 그것이 발생하지는 않습니다.

이제 여기에 놀라운 원리가 있습니다. 영적 영역에 있어서 어떠한 축복도 "이를 행하라. 그러면 거기에 그것이 있다"라는 일종의 기계적인 자동의 방식으로 받아들여질 수 있다고 하는 가르침은, 이 가르침의 전 영역에 있어서 매우 중대한 원리를 범하고 있다고 저는 생각합니다.

달리 말하자면, 그것은 주님께 속한 행동입니다. 즉 "그는 불과 성령으로 세례를 베푸실 것이다"가 우리의 근본 주제입니다. 요한은 "나는 물로 세례를 주지만, 그는 불과 성령으로 세례를 베푸실 것이다"라고 말하는데, 그것은 그의 행동이며 그의 특권입니다. 그러므로 묘사되어 있는 이 모든 경우들에서 무엇보다도 강조되어 있는 것은, 제가 이 주어진 요소를 부르는 것입니다. 사용된 용어들을 살펴보면, "그들이 부음을 받았다", "그들이 충만했다" 또는 그가 "그들 위에 임했다" 등입니다. 여기 이 사람들은 받는 사람들입니다. 그러나 그 부어짐은 외부에서 주어지며 외계로부터 주어지는데 그것을 행하시는 이는 바로 주님이십니다.

이제 여러분이 사도행전에 묘사된 다른 실례들에서 발견하는 바로 그 변화들이 이 요소를 매우 탁월하게 나타내 줍니다. 우리는 사도 자신들의 경우에서 그들이 예루살렘에 있는 다락방에서 약 10여 일 동안 기도했으며, 그리고 나서 오순절 아침에 갑자기 성령이 임했다는 것을 잘 알고 있습니다.

또한 우리는 사도행전 4장에서 읽은 바대로 그들이 다시금 기도하였으며 성령이 다시 그들 위에 임했고 모인 곳이 진동했다는 것도 잘 압니다. 그러나 사마리아인들의 경우에 한해서는 시간의 간격이 있음을 기억해야 합니다. 많은 사람들이 빌립의 설교를 통해 회심하였다는 소식이 예루살렘에 전해졌을 때, 베드로와 요한이 가서 그들에게 말하며 그들을 위해 기도하고 그들 위에 안수할 때에 성령이 임했습니다. 그러나 고넬료의 경우에는 베드로가 말하는 동안에 성령이 임했습니다. 우리는 이미 사도행전 19장의 진술에서 에베소에 무엇이 일어났는가를 살펴보았습니다.

저의 주장의 요지는 이것이 일어나는 방식에서 이러한 변화들은 그와 같은 사실에 모든 강조점이 있으며, 또 그 주어진 요소가 매우 중요하다는 것입니다. 여러분은 "이것이 당신이 해야 하는 것이다"라고 상투적인 문구로 말할 수 없습니다. 그것은 언제나 이 주어진 요소, 즉 붓고, 임하고, 가득 채워진 것입니다. 달리 말하자면, 이러한 모든 변화들이 우리 주 예수 그리스도의 주권을 이 전(全) 사건 속에서 확립합니다. 주시는 이도 그분이시며, 세례를 베푸시는 이도 바로 그분이십니다. 이처럼 그는 그 자신의 방식과 그 자신의 때에 행하시므로, 우리는 이 모든 중요한 원리를 결코 놓쳐서는 안 됩니다.

만약 우리가 이같이 제시한다면, 그것은 아마도 우리가 이것을 이해하는 데 도움을 줄 것입니다. 참으로 이 같은 일이 교회 역사상 모든 위대한 부흥들의 원동력이 되었습니다. 그것들이 이 문제에 있어서 가장 중요합니다. 성령세례와 부흥과의 사이에 있어서 차이점은 단순히 영향을 받은 사람들의 수효의 차이입니다. 저는 큰 무리, 즉 사람의 그룹으로서 부흥을 정의하는데, 동시에 성령에 의하여 세례를 받았다는 것입니다. 즉 성령이 함께 모인 많은 사람들 위에 강림하셨다는 것입니다. 그것은 예배 시나 교회에서, 그리고 도시나 시골에서도 일어날 수 있습니다.

여러분이 그것들에 관하여 살핀 바대로 교회 역사상 위대한 부흥의 역사보다 더 매력적인 것은 없으며, 그것들이 이것의 실례임을 살폈습니다. 어떤 의미에서 기독교의 모든 부흥이 오순절의 재현이라고 말하는 것은 자명한 이치입니다. 오순절이 시작되었던 처음에, 사도행전에 이러한 재현들이 있는데 고넬료의 가정과 에베소에 있는 신자들 위에 그러합니다.

그러므로 이 모든 것에 비추어 볼 때 우리 구주 예수 그리스도의 지배와 주권으로서 부흥의 역사에 대하여 그처럼 분명한 것은 없습니다. 여러분이 원할 때마다 부흥을 일으킬 수는 없습니다. 만약 여러분이 어떤 조건들을 실행한다면, 즉 어떤 일을 행한다면 부흥이 올 것이라고 말하는 것은 잘못입니다. 매우 많은 사람들이 그렇게 말해 왔습니다. 저는 그렇게 가르치고 행하는 많은 사람들을 알고 있는데, 그들은 그들이 행하도록 교육받은 모든 일들을 행했지만 부흥은 일어나지 않았습니다. 그 대답으로, 부흥은 전적으로 하나님의 선물이며 온전히 그의 수중에 있다는 것입니다. 그는 주님이시고 주권자이시며 성령께서 그의 주권적 의지에 따라 신자들에게 선물을 주시는데, 성자께서 그 자신의 주권적 의지에 따라서 이 선물과 세례를 베푸십니다.

그래서 이 문제에 도입된 어떤 기계적 개념들이 명백한 가르침이라는 것을 반박하는 것처럼 보입니다. 우리에게 일어나는 어떤 것, 즉 우리와 관련하여 발생하는 어떤 것이 있어 그것이 주어지는데, 그것은 하나님의 행동이지 여러분이나 제가 행하는 어떤 것의 결과가 아닙니다.

여기서 저는 그것이 우리를 한층 더 중요한 다음 명제(命題)로 이끌어 가기 위한 것이라고 강조하고 싶습니다. 성령세례는 언제나 분명하며 실수가 없는 어떤 것이어서, 그것이 발생하는 사람에게서와 이 사람을 지켜본 다른 사람들에 의해서 인식되어질 수 있는 어떤 것입니다. 이것은 분명히 매우 중대하고도 중요한 원리입니다. 물론 성령세례와 중생을 동일시하고, 또 그리스도인이 된 모든 사람들이 개종 시에 성령세례를 받는다고 말하는 자들은 자연히 그들이 행하는 것처럼 필연적으로 이것을 얕보게 됩니다. 중생은 무의식적인 것으로 체험적인 것이 아닙니다. 중요한 요지는, 중생은 신비한 것이며 영혼의 깊은 곳에서와 중심부에서 이루어진 기적적인 행동으로 아무도 여러분에게 그가 중생한 그 순간을 말할 수 없다고 하는 것입니다. 모든 사람이 중생은 비체험적인 것이라는 점에 동의합니다. 여러분도 나중에야 여러분이 중생했으며 또 그것에 대한 증거가 있다는 사실을 발견할 것입니다.

그러나 이제 여기에서 우리는 매우 다른 어떤 것을 다루어 봅시다. 그것은 의식적이며 체험적이고 분명하며, 명백하고 선명하여 받는 자에게만이 아니라, 그를 잘 알고 있는 사람들에게도 그러하다는 것이 바로 이것의 본질입니다.

저는 이것이 일반적으로 진리의 지식에 이르고 또 전파하는 데 관심을 가진 선한 그리스도인들 사이에서 견해에 대한 차이점의 근원이라고 생각합니다. 이것에 대해 많은 인용이 있습니다. 조직신학 책에 '비체험적 성령세례'라 쓰여진 표제가 있습니다. 다른 저자들이 "신자들이 고요하고 무감각한 방법으로 성령세례나 선물을 받을 수 없다고 가정할 만한 성경적 근거가 무엇인가?"라고 질문을 제기하거나, 혹은 "성령의 충만함이 억제된 이성적, 도덕적 행위에로 이끈다"라는 표현을 하는 것을 봅니다.

여러분은 다음과 같은 문장에서 강조점이 억제와 고요라는 것을 봅니다. 즉 "성령의 충만함은 하나님에 대한 관계만큼 개인적이고 신비적인 체험을 내포하지 않습니다." 이것이 그 문제의 체험적 국면을 최소로 하는 모든 것입니다. 여러분은 성령세례나 성령의 충만함이 모두 화려한 표적들을 동반하지 않는다는 것을 압니다. 성령의 초기 세례는 아마 고요하며 무감각했는지 모릅니다. 이제 우리 모두는 화려한 표적들을 필요로 하지 않는다는 데 동의하지만, 그것이 고요했을 것이라고 하는 이 다른 진술은 중생과 성령세례를 동일시하는, 즉 그것이 중생의 때에 모든 사람들에게 일어났다고 하는 사람들에게는 싱딩히 논리적입니다. 그들은 이것을 필연적으로 말해야 하며 만약 여러분이 원한다면 체험적인 면과 감정적, 혹은 신비적 국면을 극소화해야 하며, 주로 도덕적 삶과 생활과 행동에 관한 문제라는 사실을 강조해야 합니다.

그러므로 이제 우리는 아주 중대한 문제에 이르게 되었습니다. 우리는 그것이 그렇지 않다고 하는 성경적 근거에 대한 질문을 받게 됩니다. 저는 성경이 그것을 가장 명백하게 해 준다고 생각하기 때문에 여러분에게 성경적 증거를 제시하고자 하는데, 그것은 이것이 이 용어를 사용함으로써 신비적 체험을 포함하는 본질적으로 체험적인 어떤 것이라고 하는 어떠한 의심도 없애 줍니다. 우리가 성경에 있는 실례들에서와 고린도에 있는 교회의 저지와 억제를 위해 필요한 교훈에서 추론해내는데, 그 모든 강조점은 이 모두가 전혀 고요와 무감각한 어떤 것이 아니라, 그것은 분명하고 명백하게 본질적으로 체험적인 경향이 있다는 것을 나타내 줍니다.

이제 오해 없기를 바랍니다. 비록 우리가 신약에서 그것이 매우 웅장하게, 그리고 기독교의 대부흥 시에는 언제나 거기에는 눈부시게 화려한 요소가 있어 왔다고 말한다 할지라도, 저는 화려한 어떤 것을 강조하지 않습니다. 또한 이 체험에 관하여 말하고 또 그것을 받았다고 입증하는 개개인의 경험과 삶 속에는 화려한 요소라 부르도록 강요하는 불변의 어떤 것이 있습니다. 어쨌든 그것은 그들에게 발생했던 가장 극적인 사건이었습니다. 그래서 이것이 고요하며 억제되고 거의 주목되지 않는 어떤 것이라고 한 그 표현이 저에게는 사도들이 **성령의 소멸**이라 불렀던 것에 매우 가깝게 보입니다. 그러면 이제 그것이 풍부하며 또 매우 흥미롭기 때문에 여러분에게 증거를 보이겠습니다.

매우 두드러진 방식으로, 저는 성령세례의 이 충만함에 대한 징조들이나 예언들에서도 이것이 분명하며 선명하고 명백한 어떤 것이라는 사실의 확실한 증거라고 생각합니다. 여러분은 구약에서 성령이 가끔 어떤 사역을 감당하기 위해 어떤 특정한 사람들 위에, 즉 브사렐과 다른 사람들 및 선지자들 위에 임한 것을 발견합니다. 그런데 여기에서 오해가 없기를 바랍니다. 그것은 성령세례가 아니라 그와 같은 부류입니다. 구약과 신약 사이의 큰 차이점은 가끔 그것이 특별한 목적을 위해 특별한 사람들에게 일어났다는 것입니다. 그러므로 요엘 선지자는 그것이 신약에서 거의 차별 없이 더욱 광범위하게 되고 또 더 많은 부류의 사람들을 포함하게 될 것이라고 말했습니다. 이러한 징조들이 극히 흥미롭지만, 모든 것 중에서도 최고로 흥미로운 것들은 아마 신약 자체에서 발견되어지는 것들입니다.

예를 들면 누가복음 1:41-42에서 우리는 세례 요한의 어머니 엘리사벳에 관하여 봅니다. 39-40절에서는 마리아가 엘리사벳을 방문한 것을 봅니다. 즉 "이때에 마리아가 일어나 빨리 산중에 가서 유대 한 동네에 이르러 사가랴의 집에 들어가 엘리사벳에게 문안하니." 계속 주목하여 보십시오. "엘리사벳이 마리아의 문안함을 들으매 아이가 복중에서 뛰노는지라." 이 주제로 글을 쓴 청교도인들 중의 어떤 이들은, 이것은 성령이 아이가 복중에서 뛰노는 것과 같은 이러한 방식으로 그에게 임했을 때 사람에게 일어난 사건이라고 말합니다. 달리 말하자면, 거기에 있는 그 아이는 이미 중생했지만, 그 아이가 복중에서 뛰놀기까지는 모든 것이 매우 고요했습니다. 저는 그것을 지나치게 강조하려는 것이 아니라, 다만 제가 강조하는 것은 "그리고 엘리사벳이 성령의 충만함을 입었다"라고 하는 것입니다. 여기에 그 증거가 있습니다. 그리고 그녀가 "큰 소리로 불러 가로되…."

여기에서 그녀에게 어떤 일이 발생했다는 것이 분명합니다. 왜냐하면 그녀가 성령의 충만함을 입어 큰 소리로 외쳤기 때문입니다. 그녀는 그것을 알았으며, 또한 그녀에게서 듣고 있던 자들도 똑같이 그것을 알았습니다. "그녀가 큰 소리로 외쳤다"라고 하는 데서, 우리는 그것이 조용한 어떤 것이 아니라는 것을 압니다. 이것은 성령의 권위이며, 우리가 사도행전 2장에서 본 사건과 같은 부류입니다. 베드로가 대변자가 되었을 때, 그는 이미 그가 지금까지 그래왔던 것처럼 겁장이나 겁에 질린 그런 자가 아니라 담대함과 권위로써 말했습니다. 그래서 그들 모두가 그렇게 행하며 여러 세기 내내 계속해서 그와 같이 합니다.

그러나 누가복음 1:67을 보십시오. 거기에서 여러분은 사가랴 자신에 관한 것을 봅니다. 66절은 다음과 같이 진술합니다. "듣는 사람이 다 이 말을 마음에 두며 가로되 이 아이가 장차 어찌될꼬 하니 이는 주의 손이 저와 함께 하심이러라." 계속해서 67절에는 "그 부친 사가랴가 성령의 충만함을 입어 예언하여 가로되"라고 말씀합니다. 그때 우리는 사가랴의 이 위대한 예언적 발언을 보게 되는데, 그는 분명히 영감을 받았으며 또 성령이 충만했습니다. 그것은 정확하게 엘리사벳에게 일어났던 것과 같은 사건이지만, 어느 편인가 하면 여기에서 더욱더 현저하게 나타났다고 볼 수 있습니다.

이제 저의 주장은, 이 일이 일어날 때 그것이 뚜렷이 나타나게 되는데, 즉 힘과 통찰력과 이해와 권위가 주어져 크고도 담대히 말하게 된다는 것입니다. 이것은 조용하고 억제할 수 있으며 대부분이 조심성 있고 주목되지 않는 어떤 것으로 나타나 있지 않습니다. 오히려 그것은 정반대로 묘사되어 있습니다. 그러나 이것들은 단지 예비적인 예견에 불과합니다. 베드로가 고넬료와 그의 가족들에게 전하면서 그것들을 요약했다고는 하지만, 우리는 우리 주님 자신에게서 성령이 그 위에 임하자 그의 사역을 시작하셨으며 그의 위대한 사역에 대하여 말씀하고 행하기 시작하셨다는 것을 알고 있습니다.

그러나 분명하게 사도행전과 여기에서, 성령이 임하실 때 그것은 분명하고 또 명백한 어떤 것이라고 하는 이 명제에 대해 논쟁하는 것이 거의 불가능하다는 것을 보여 줍니다. 사도행전 2:4을 보십시오. "저희가 다 성령의 충만함을 받고 다른 방언으로 말하기를 시작하니라." 이 얼마나 놀라운 일입니까! "저희가 성령이 말하게 하심을 따라 다른 방언으로 말하기를 시작하니라." 물론 그들은 그것을 알았습니다. 그 사람들은 무아경(無我境)의 상태에 있었으며 성령이 충만하였고, 또 전에는 결코 그래 본 적이 없는 매우 예외적인 어떤 것을 하고 있었습니다. 그러면 6절과 7절을 보십시오. 만약 사도들 자신들이 어떤 일이 일어났다는 것을 알았다면, 여러분은 다른 사람들에게 나타나는 결과를 알 수 있습니다. "이 소리가 나매 큰 무리가 모여…소동하여." 왜 소동하였습니까? 조용하며 굉장하지 않고 조심성 있는 어떤 것입니까? 아닙니다! "각각 자기의 방언으로 제자들의 말하는 것을 듣고…다 놀라 기이히 여겨 이르되…." 이것은 현상이며 굉장한 광경이지, 숨겨지고 조용하며 억제된 어떤 것이 아닙니다. 거기에는 감정의 격발과 활력 그리고 기쁨과 풍부와 힘이 넘쳤는데, 이것이 바로 외관상으로 나타난 것입니다.

그리고 계속해서 12절과 13절을 보십시오. "다 놀라며 의혹하여 서로 가로되 이 어찐 일이냐 하며 또 어떤 이들은 조롱하여 가로되 저희가 새 술이 취하였다 하더라." 왜 그들이 이같이 말하였습니까? 왜냐하면 그들의 행위와 외형과 또 그들이 행하고 있는 것 때문입니다. 모든 것이 현상과 체험적인 어떤 일을 지시하는데, 그것은 그 사람 자신에게만 분명한 것이 아니라 그를 지켜본 사람들에게도 그러합니다.

그리고 실로 여러분은 사도행전 2장의 끝 부분에서 그와 같은 것을 실제로 보게 됩니다. "믿는 사람이 다 함께 있어 모든 물건을 서로 통용하고 또 재산과 소유를 팔아 각 사람의 필요에 따라 나눠 주고." 여러분은 이것을 이해할 수 없습니까? 이것이 일반 교회에서 매주 계속되어지는 조용하며 조심성 있는 어떤 것입니까? 그들이 자기들의 재산과 소유를 팔았습니까? "날마다 마음을 같이하여 성전에 모이기를 힘쓰고 집에서 떡을 떼며 기쁨과 순전한 마음으로 음식을 먹고 하나님을 찬미하며 또 온 백성에게 칭송을 받으니."

"여러분이 교회의 역사에서 그것에 대해 알 수 있는 최선의 길은, 여러분이 기독교의 부흥에 관하여 읽을 때입니다. 이제 우리는 사도행전 4장에 있는 증거를 살펴보아야 합니다. 이것은 "궁극적으로 성경의 가르침이 무엇인가?"라고 하는 성경적 질문입니다. 사도행전 4:8을 봅시다. "이에 베드로가 성령이 충만하여." 그가 오순절에 충만하여졌지만, 여기에서 그는 지금 요한과 함께 관원과 장로들 앞에 서 있습니다. 그가 곤경에 처해 있기 때문에 그는 또 다른 충만을 받았습니다. "베드로가 성령이 충만하여 가로되… 그리고 다시 여러분은 우리가 엘리사벳과 사가랴와 우리 주님 자신에게서 보았던 이 위대한 특성을 봅니다. 그러나 더 한층 두드러진 것이 4:31에서 발견됩니다. "빌기를 다하매 모인 곳이 진동하더니 무리가 다 성령이 충만하여 담대히 하나님의 말씀을 전하니라…사도들이 큰 권능으로 주 예수의 부활을 증거하니 무리가 큰 은혜를 얻어."

억제되고 고요하며 조심성 있는 것입니까? 왜 여러분은 그 증거에 귀를 기울이지 않습니까? 이것은 성령이 사람에게 '임하실 때' 발생한 사건으로 모인 곳까지 진동하였으며, 또 이 굉장한 감정의 고조가 사도들과 다른 신도들의 경험 속에서 발생했습니다.

또한 여러분은 집사를 임명하는 문제에 관해서 말하고 있는 6장에서도 그것을 실제적으로 발견케 됩니다. 사도들이 말합니다. "형제들아 너희 가운데서 성령과 지혜가 충만하여 칭찬 듣는 사람 일곱을 택하라 우리가 이 일을 저희에게 맡기고." 어떻게 그들이 어떤 사람을 가리켜 성령이 충만하다고 말할 수 있습니까? 사도들은 지혜가 있고 선하며 칭찬 듣는 사람에다가, **성령이 충만한** 사람을 뽑았습니다. 만약에 성령충만이 관찰되어질 수 없는 어떤 것이고 또 알 수 없는 어떤 것이라고 한다면, 어떻게 성령충만한 사람을 택하라고 말할 수 있겠습니까? 물론 그것은 알 수 있는 것으로, 만약 그렇지 않다면 결코 그들은 이러한 가르침을 줄 수 없었을 것입니다. 그것은 5절에서도 발견됩니다. "온 무리가 이 말을 기뻐하여 믿음과 성령이 충만한 사람 스데반과 또 빌립…." 그리고 남은 다섯 사람도 이 같은 방식으로 택했습니다. 8절을 보십시오. "스데반이 은혜와 권능이 충만하여 큰 기사와 표적을 민간에 행하니." 그리고 10절에는 "스데반이 지혜와 성령으로 말함을 저희가 능히 당치 못하여." 이것은 선천적 영이 아니라, 성령의 충만함입니다.

8장에서 베드로와 요한이 어떻게 사마리아로 내려갔는지를 살펴봄으로 더 한층 명백한 증거를 보게 됩니다. 17절에, "이에 두 사도가 저희에게 안수하매 성령을 받는지라." 그리고 다음 구절이 흥미롭습니다. "시몬이 사도들의 안수함으로 성령받는 것을 보고." 그것은 그가 볼 수 있는 어떤 것이었으므로 "그가 그들에게 돈을 드렸습니다." 시몬은 잘못된 추론을 하였지만, 여기에서 중요한 것은 사도들이 저희에게 안수한 결과로서 어떤 일이 이 사람들에게 일어났으며 그들이 성령을 받았다고 하는 사실을 깨달은 것입니다. 그래서 그는 이렇게 말합니다. "이 권능을 내게도 줄 수 있나이까?" "내가 이를 받기 위해 얼마를 지불하리이까?" 달리 말하자면, 그것은 절대적으로 분명한 어떤 것이어서 그것을 체험한 개인만이 의식하는 것이 아니라, 그를 지켜본 다른 사람들도 알 수 있다는 것입니다.

이 같은 일이 사도행전 9장에서 사도 바울 자신에게도 일어났습니다. "즉시 사울의 눈에서 비늘 같은 것이 벗어져 다시 보게 된지라 일어나 세례를 받고 음식을 먹으매 강건하여지니라⋯즉시로 각 회당에서 예수께서 하나님의 아들이심을 전파하니." 전에는 핍박과 협박과 학살을 일삼던 그가 완전히 변화되다니! 그는 그것을 알았으며, 다른 모든 사람들도 그 같은 일을 알았습니다.

이제 사도행전 10장에서 이것에 대해 이미 말했던 가장 주목할 만한 실례를 들겠습니다. "베드로가 이 말할 때에 성령이 말씀 듣는 모든 사람에게 내려오시니 베드로와 함께 온 할례받은 신자들이 이방인들에게도 성령 부어 주심을 인하여 놀라니." 그들이 어떻게 이것을 알았습니까? 그들은 어떤 것을 보았음에 틀림없습니다. 그렇습니다. "이는 방언을 말하며 하나님 높임을 들음이러라." 베드로와 함께 온 이 유대인 신자들이 성령께서 이 사람들에게 내려오시는 것을 분명히 보았으며 베드로 자신도 그것을 보았습니다. "이에 베드로가 가로되 이 사람들이 우리와 같이 성령을 받았으니 누가 능히 물로 세례 줌을 금하리요?" 그들은 그것이 발생한 것을 알았으며, 베드로도 그것을 알았고 또한 베드로의 동반자들도 그것이 발생한 것을 알았습니다. 이 사건이야말로 명백합니다.

그리고 베드로가 이방인들이 교회에 들어오는 것을 허락했기 때문에,

이 모든 것에 대하여 논쟁이 일어난 것을 여러분은 기억합니까? 그래서 그들은 사도행전 11장의 기록과 같이 그것에 관하여 회의를 열었습니다. 베드로의 논의의 진수가 15-18절에 나옵니다. "내가 말을 시작할 때에 성령이 저희에게 임하시기를 처음 우리에게 하신 것과 같이 하는지라 그때에 내가 주의 말씀에 요한은 물로 세례를 주었으나 너희는 성령으로 세례를 받으리라 하신 것이 생각났노라 그런즉 하나님이 우리가 주 예수 그리스도를 믿을 때에 주신 것과 같은 선물을 저희에게도 주셨으니 내가 누구관대 하나님을 능히 막겠느냐?"

이 논쟁은 그것이 분명하며 체험적이고 명백한 어떤 것, 즉 현상(現象)이라고 하는 사실을 잘 드러내 줍니다. 정도의 차이는 있지만, 그것의 주된 강조는 모두 이 실례들 속에 들어 있습니다. 사도행전 19장에도 이 같은 것이 있는데, 바울이 "너희가 믿을 때에 성령을 받았느냐?"라고 물을 때, 그는 부족한 어떤 것이 있지만 그의 증거를 얻을 수 없다고 분명히 지시하고 있습니다. 그래서 그는 질문을 제시하면서 그가 그렇게 하는 것이 옳다는 것을 깨닫습니다. 여러분은 그가 그들에게 안수하자 그 증거가 즉시 나타난 것을 기억할 것입니다.

이 특별한 논쟁을 끝내기 위하여, 갈라디아서 3:2, 5절을 다시 살펴봅시다. "내가 너희에게 다만 이것을 알려 하노니 너희가 성령을 받은 것은 율법의 행위로냐 듣고 믿음으로냐." 바울은 그들이 그리스도인이 된 것에 관하여 말하지 않고, 단지 성령을 받은 이 특별한 사건에 대하여 말하고 있습니다. 만약 그가 단순히 주 예수 그리스도를 믿는 것만을 의미했다면, 그는 "너희가 주 예수 그리스도를 믿는 것이 할례의 결과로서냐 아니면 믿음의 결과로서냐?"라고 물었을 것입니다. 그러나 그것은 이미 그가 처음 두 장에서 다룬 것입니다. 이것은 더 깊고 매우 강력한 논의로서 그는 5절에서 그것을 다시 반복합니다. "너희에게 성령을 주시고 너희 가운데서 능력을 행하시는 이의 일이 율법의 행위에서냐 듣고 믿음에서냐." 그가 말하고 있는 것은 이것입니다. 즉 여러분이 믿음으로 의롭다 함을 받은 것처럼 여러분이 성령을 선물로 받은 것도 이 믿음의 영역에 있어서 그와 똑같은 방식입니다. 그것은 현상이며, 그러므로 그가 증거를 위해 그것에 호소할 수 있는 외적인 어떤 것입니다.

그러면 본질적으로 이 문제에 대한 성경적 증거가 있습니다. 그래서 저는 그 같은 일이 정확히도 우리가 교회의 대부흥 시에 가졌던 모든 진술에서 항상 그러하다는 사실을 다시 한 번 여러분에게 상기시키고자 합니다. 그것은 언제나 인식되어질 수 있는 어떤 것입니다. 이제 나는 1904-1905년에 웨일즈에서 있었던 부흥을 기억하며 사람들이 어떤 사람에 대하여 "그의 신앙이 부흥되었다"라고 말한 것을 들은 기억이 납니다. 그것이 무엇을 의미합니까? 그들은 체험에 관해 말하고 있습니다. 그 사람은 그리스도인이었으며 또 교회의 성원이었지만, 신앙의 부흥에 있어서는 지금까지 전혀 언급하지도 마음이 움직이지도 않았습니다. 그러나 이제는 그렇지 않습니다. "그의 신앙이 부흥되었기 때문입니다."

여러분도 알다시피 신앙의 부흥에는 무엇인가가 일어납니다. 그것은 현상입니다. 성령이 사람들과 회중에게 내려오십니다. 그러면 그들이 변화되며, 또 그것은 그들 자신에게와 다른 사람들에게 분명해져 다른 사람들이 이 사람에 대하여 "그의 신앙이 부흥되었다"라고 말하게 됩니다. 어떻게 사람들이 그것을 알게 됩니까? 그 사람이 그것의 증거를 가지게 되었는데, 그 증거는 이상하고도 놀라운 것입니다.

저는 이것에 대해 너무 많이 다루기를 원치 않지만, 몇 년 전에 돌아가신 오랫동안 사귀어 온 목사 한 분을 알고 있습니다. 우리는 어떻게 그가 "신앙의 부흥을 가지게 되었는가"에 대하여 말하였는지 살펴봅시다. 그도 처음에는 그것에 무척 반대했습니다. 그는 음악가가 되려고 여느 때처럼 어느 토요일 밤에 연습하러 갔는데, 거기에 가보니 아무도 없는 것을 알고서 대단히 불쾌했습니다. 그들은 모두 이 부흥집회에 갔습니다. 그래서 그도 이에 대해 알아보려고 갔습니다. 그때 그는 기분이 무척 상해 있었습니다. 그런데 그곳에는 너무 많은 사람들이 있었으므로, 그는 겨우 뒷 좌석에 비집고 들어가 앉았습니다. 사람들이 그 건물의 모든 통로에도 꽉 차 있었습니다. 그런데 그 사람이 기억해내는 그 다음의 일은, 그가 무릎을 꿇고 설교단 밑의 큰 의자에서 놀랍게도 겸손한 태도로 기도드리고 있었다는 것입니다.

제가 지금 여러분에게 이것을 말하는 것은, 우리가 이러한 문제들에 있어서 매우 신중해야 한다는 것을 강조하고 싶어서입니다. 우리는 성령의 범주에 대해서 알고 있습니까? 우리는 성령께서 사람들에게 내려오시는 것에 대해서 알고 있습니까? 우리는 성령의 이러한 위대한 현시에 대해서 알고 있습니까? 우리가 '하나님께 대항하지 않도록' 그리고 '하나님의 성령을 소멸하는 죄를 범하지 않도록' 매우 신중을 기해야겠습니다. 부흥이란 언제나 분명하고도 명백한 어떤 것입니다. 교회나 지역에서 부흥이 일어날 때, 그것은 마치 오순절에 일어났던 것과 같이 알려지게 되고 대화의 중점이 되며, 큰 호기심을 자극하여 그 발생한 것을 보기 위해 순수한 호기심에서 많은 사람들이 모여들게 됩니다.

이제 이것을 뒷받침하고 또 여러분에게 처음에 발생한 것이 계속해서 발생되고 있다는 것을 보여 주기 위하여 몇 가지 인용하고자 합니다. 우리는 1738년 5월 24일에 이곳 런던 올더스게이트 가에서 요한 웨슬리에게 일어났던 것을 잘 알고 있습니다. 그는 여러 주간 동안 오직 믿음으로만 의롭다 함을 받는다는 교리를 확신해 오고 있었습니다. 그는 그것을 아주 명백하게 보았으며, 그것을 외쳤고 또한 그것을 믿었습니다. 그러나 여전히 거기에는 부족한 무엇인가가 있었습니다. 그는 무엇이 일어났는지를 이렇게 묘사합니다.

> 약 9시 15분 전에 루터의 『로마서 주석』 서문을 읽고 있던 그가, 하나님께서 그리스도를 믿는 믿음으로 마음 가운데에 역사하시는 그 변화를 설명하는 동안, 나는 내 마음이 왠지 뜨거워지는 것을 느꼈습니다. 나는 구원받기 위해서는 오로지 그리스도만을 믿어야 한다고 느꼈으며, 또한 그분이 내 죄를 그리고 나 자신조차 옮겨 버리시고 죄와 사망의 법에서 나를 구원하셨다는 확신이 나에게 주어졌습니다.

요한 웨슬리는 이전에 그것을 믿었습니다. 그는 지금 그것에 대한 놀라운 확신을 가지고 있습니다. 그러나 여기에 흥미로운 것이 있습니다. 그것은 1736년 5월 24일에 일어났습니다. 1739년 1월 1일 요한 웨슬리의 일기를 읽어 봅시다.

홀(Hall) 씨와 힌칭(Hinching), 잉험 (Ingham), 휘필드(Whitefield), 헛칭(Hutching)과 내 동생 찰스(Charles)는 약 60명 가량의 우리 형제들과 더불어 피터레인에서 애찬에 참석하고 있었습니다. 새벽 3시경 우리가 기도를 계속하는 순간이었는데, 하나님의 능력이 강하게 우리에게 임하였습니다. 많은 사람들이 기뻐 날뛰는 즐거움으로 외쳐대고 또 많은 사람들이 땅바닥에 엎드러졌습니다. 우리가 존엄하신 하나님의 임재하심에 두려움과 놀라움에서 다소 정신을 차리게 되었을 때, 우리는 모두 한 목소리로 외쳤습니다. "오 하나님, 당신을 찬양합니다. 우리는 당신께서 우리의 주님이신 것을 아옵나이다."

이제 여러분은 무엇이 일어났는지 알 것입니다. 즉 하나님의 능력이 새벽 3시에 그들 위에 강하게 내렸습니다. 그들은 이전에도 여러 차례 기도해 왔으며, 또 매우 정기적으로 애찬도 가졌습니다. 그러나 그러한 일이 일어나기는 이번뿐이었습니다. 이것이 단 하나의 유일한 예는 아니지만, 제가 말하려고 하는 완벽한 실례이며 예증입니다. 그는 이렇게 말합니다. "성령께서 많은 사람들이 억제할 수 없어 기쁨으로 외치며 또 많은 사람들이 땅바닥에 엎드러질 정도로 강하게 우리에게 임하셨다." 이러한 문제들을 다룰 때 억제하며 조용히 하라고 말할 어떤 권리가 우리에게 있습니까? 여러분, 우리가 성령에 관하여 아는 것이 무엇입니까?

또 다른 실례는, 훌륭한 성공회 성직자이며 또 찰스 시몬의 친구인 헨리 벤에게서 볼 수 있는데, 그는 후더필드에서 놀라운 사역을 감당하고 나중에 엘링에서 일했습니다. 그가 헌팅돈(Huntingdon) 부인에게 쓴 글을 보십시오. 그는 방금 그의 사랑하는 아내를 장사지내고 왔습니다. 그는 말합니다.

이전에 나는 주님께서 나의 주님 되실 것을 알지 못했습니다. 이전에 나는 그분의 심장이 내가 감지할 수 있는 것보다도 더욱 나를 사랑하신다는 것을 느끼지 못했습니다. 전에는 이 사실이 나에게 분명하지 않았으며, 또 추론과 논쟁에 의해서가 아니라 내 자신의 의식과 태양이 내 눈에 비취듯 내 영혼에 비취는 그분 자신의 빛에 의해 이것을 알게 된 것입니다. 그 비참한 상태에 지금 내가 버려졌더라면 어찌 했겠습니까?

그가 말하고 있는 것을 아십니까? 그는 내적인 신비적 체험과 태양의 빛이 그의 외적인 육체에 비쳐 오듯이 그 자신의 영혼 속에 성령의 빛에 의해 **비쳐 오는** 하나님의 사랑에 관해 말하고 있습니다. 이제 나는 18세기 말과 19세기 초에 케임브리지의 유명한 성직자였던 찰스 시몬의 글을 인용하면서 끝맺으려 합니다. 실제로 그는 복음주의기독교연합회와 IVF(지금은 UCCF), 그리고 그 밖의 여러 단체의 원조라 할 수 있는 사람입니다. 다음은 그가 이 문제에 관해서 어떻게 말하고 있는지를 보여 줍니다.

> 이것은 결코, 그것을 아직도 하나님의 택함을 받은 많은 백성들이 뚜렷한 확신을 가지고 즐긴다는 것을 깨닫지 못한 사람들에 의해 평가되거나 이해될 수 없는 축복입니다(이 사실은 아주 많은 저서들에서 매우 분명합니다. 사람들은 그들이 알지 못하고, 그들이 결코 받지 못하며 이해하지 못한 것에 대하여 쓰고 있습니다). 우리는 그것이 주로 영혼에 대한 하나님의 사랑이 나타나심에서 일어나는 마음의 감정이기 때문에 그것을 어떻게 묘사해야 하는지 거의 알지 못합니다.

이것은 시몬 자신이 체험했던 매우 체험적인 사건입니다. 그리고 나서 그는 다시 계속합니다. "불신자가 인침받는다는 것은 가능치 않습니다…." 여러분은 그가 이 일이 오직 신자에게만 해당되는 것이라고 말하고 있음을 알아야 합니다. 그는 그것의 최고의 형태 속에서 이 확신을 의미합니다. 즉 **성령의 인침** 혹은 **성령세례를 받음**, 또는 **충만함**이나 **성령이 그에게 임하심**. 왜 그렇습니까? "왜냐하면 성령께서 실제로 그에게 속하지 않은 자들에 대해 하나님의 소유로 결코 이러한 자들을 인치지 않으시기 때문이며, 또한 사람들도 보통 그들이 그리스도를 처음 믿을 때에 인침을 받지 않기 때문입니다."

그것은 제가 믿고 중생하는 것과, 그 후에 세례를 받거나 인침을 받거나 혹은 이 충만한 확신을 갖는 것과의 사이에서 이끌어낸 차이점입니다. 시몬은 그것에 대해 다음과 같이 묘사합니다.

> 사람들은 보통 그가 처음으로 그리스도를 믿을 때 인침을 받지 않는다. 그 것은 이미 믿고 하나님과 가까이 동행해 온 자들을 위해 마련된 것이다. 그들 은 그리스도 안에 있어야 한다. 그런 다음에 그리스도의 이름을 위하여 이러 한 은사가 그들에게 허락되어지는 것이다.

여기에서 끝맺고자 합니다. 저는 계속해서 엄밀하게 이 성령세례가 무엇인지에 관하여 한층 더 직접적으로 고찰해 보려고 합니다. 하나님께서 이러한 사실들을 연구하며, 또 성경을 연구하고 교회사를 알도록 우리에게 은혜를 베풀어 주실 것입니다. 여러분은 성령의 자비로우신 인도하심과 감화하심을 기억하고 또 여러분의 마음 문을 그것을 향해 여시기 바랍니다.

제 4 장

성령의 충만

지금까지 우리는 성령세례를 받지 않고서도 그리스도인이 될 수 있다는 것과, 또 성령세례의 체험이 우리에게 일어나는 어떤 것이라고 하는 것에 대하여 살펴보았습니다. 그것은 체험적인 어떤 것이어서 우리와 우리 주위의 사람들에게도 분명하며 오류가 없습니다.

그러면 이제 우리는 정확하게 성령세례가 무엇인가에 관한 정의를 내리는 데 있어서 좀더 기깝고 직접적인 데로 나아가야겠습니다. 여기에서 수로 다시금 혼돈이 야기되는데, 제 생각에는 다음과 같은 이유에서 연유한 것 같습니다. 사도행전 1:5에서 우리 주님은 그의 제자들에게 그들이 "몇 날이 못되어 성령으로 세례를 받으리라"고 말씀하셨습니다. 그리고 사도행전 2장에서 우리는 그것의 성취를 봅니다. 10여 일 후에 그것이 발생했습니다. 그러나 사도행전 2장에서 흥미로운 사건은, 거기에서 우리가 처음으로 제자들과 사도들이 어떻게 성령세례를 받았는가에 관한 진술을 보게 되는데, 아직 **세례**란 용어는 사용되지 않았고 다만 "그들이 성령충만하게 되었다"라고만 하였으며, 일반적으로 그 용어가 사용된 것은 그 후의 일이라는 것입니다.

이제 그것은 이런 식으로 혼돈을 야기시킵니다. 즉 여러분이 '성령충만한'이라는 문구를 만날 때마다 그것은 필연적으로 그 같은 것을 의미해야 한다고 성급한 결론을 내리는 자들을 보게 됩니다. 그들은 "성령충만함이란 성령으로 가득 차 있는 것을 말한다"라고 합니다. 그래서 매우 많은 사람들이 에베소서 5:18에서 아주 혼동하게 됩니다. 즉 "술 취하지 말라 이는 방탕한 것이니 오직 성령의 충만을 받으라."그들은 "그것이 거기에서 '성령충만을 받는다' 는 것이며 또 '제자들이 오순절에 성령충만을 받았다'"라고 말합니다. 그래서 이 사람들이 사고의 잘못과 혼돈에로 빠지게 되는데, 이 두 가지는 동일한 것입니다.

여기에 따르는 문제점은 성령의 사역과 작용에 대한 신약의 가르침을 이해하는 데 실패한다는 것입니다. 성령은 그의 직무에 있어서 많은 사역들을 행하시는데 거기에는 회심, 특별히 중생이 포함됩니다. 또한 그는 우리를 성화시키는 사역을 하십니다. 진리를 따라 우리를 성화시키는 분이 바로 성령이십니다. 덧붙이면, 성령은 확신과 보증, 그리고 그와 더불어 증거와 증언 및 봉사와 사역의 문제에 있어서 위대한 활동을 하십니다. 성령의 이러한 사역들은 분명한 구별이 있는데, 만약 그렇지 않다면 거기에는 끝없는 혼란이 있게 됩니다.

그래서 그것은 언제나 성령의 사역과 인격의 교리에서 이 주제에 대한 전통적인 방법들에 의해 인식되어지고 있는데, 그의 사역은 이렇게 분류되어질 수 있습니다. 즉 그의 일반 사역과 그의 특수 사역, 다른 말로 쉽게 표현하면 그의 간접 사역과 직접 사역입니다.

이제 성령의 사역과 작용을 분리하는 것이 매우 중요합니다. 아마도 제가 여러분에게 다시 한 번 기독교의 부흥에 관해 말함으로써 이것을 가장 잘 설명할 수 있다고 생각합니다. 이러한 것들이 비록 현대에서는 작은 사건들이라 하더라도, 성령은 오늘날 교회에 임재해 계시며 또한 그곳에서 일반 사역을 하시고 계십니다. 그러나 우리는 오늘날에도 이를 무시해서는 안 되는데, 왜냐하면 오늘날에도 역시 성령의 역사가 일어나고 있기 때문입니다. 제가 의미하고 있는 것은 성령의 일반 사역입니다. 그러나 여러분이 기독교의 부흥에 대해 살펴보는 그 순간, 여러분은 그것들이 교회사에 현저하다는 것을 깨닫게 됩니다. 지금도 그것들은 성령의 사역이며 성령이 동작주(operator)가 되시지만, 그는 이제 예외적이고 드문 방식으로 작용하고 계십니다.

그러면 이제 저의 다른 분류를 살펴보는데, 그것은 성령께서 수단을 통하여 정상적으로 사역하신다고 하는, 아마도 그 둘 중에서 더 중요한 우리의 직접 목적에 대한 것입니다. 그것은 그(성령)의 사역이 간접적이라고 말할 때 제가 의미하는 것입니다. 우리에게 말씀을 주시는 이가 바로 성령이신데 그의 일반 사역, 즉 어떤 사람이 성령에 관하여 이 용어를 사용한다면, 그의 일반 사역은 우리가 성경을 통하여 다루어야 합니다. 성령은 우리의 마음에 그의 뜻을 밝히시며, 우리가 이해할 수 있게 하시고, 우리에게 성경을 열어 보이시며 우리를 가르치는 자나 전파자로 사용하십니다. 지금 성령의 사역이 다소 간접적이지만, 그러나 성령께서 직접적인 방식으로 역사하시며 작용하신다는 것이 분명하며 명백합니다. 그리고 이것은 성령세례의 이 모든 교리에 대한 근원이 됩니다.

그러므로 제가 여러분에 알려 드리는 것은, 여러분이 '성령충만한'이란 표현을 발견할 때마다 그것이 정확하게 의미하고 있는 것을 추측함으로써 일어나는 이 혼동을 피하는 방법으로, 그 사도 자신이 말한 내용을 살피면서 그 문맥을 잘 관찰해 보라는 것입니다. 에베소서 5:18에서 그는 성화에 대하여 말합니다. 이것은 다소 성령의 일반 사역입니다. 그러므로 그것은 성령세례의 의미를 정의하기 위한 이 모든 문제와는 실제로 직접적인 관련이 없습니다. 이 두 경우에서 여러분은 성령충만되었습니다. 사람이 성령세례를 받는 것과 성령으로 충만된 것은 동시적입니다. 그러나 저는 에베소서 5:18과 관련해서 사람이 성령충만할 수는 있지만, 아직 그가 성령세례를 받은 것은 아니라고 생각합니다. 저는 이것에 대해 명백히 하고자 합니다.

성령세례는 예외적이며 직접적인 범주에 속한 것입니다. 이것은 우리에게 성령세례의 특징을 말해 줍니다. 저는 다시금 여러분에게 성령세례의 이 활동에 관하여 사용된 용어들을 환기시키고자 합니다. 그 주요한 용어는 '붓다'입니다. 물론 이것은 엄청난 풍부를 의미하며 우리가 강조해야 하는 것도 바로 이것입니다. 성령이 우리 주님께 임하신 것처럼 그들에게도 임하셨습니다. 또한 오순절의 다락방에 함께 모였던 사람들에게도 임하셨습니다. 여러분은 그것을 일종의 '성령으로 흠뻑 젖음'이라고 묘사할 수 있습니다. 이것이 바로 제가 오랫동안 믿어온 에베소서의 분명한 가르침입니다.

사람들은 이것이 약간 생소한 새 교리라고 생각합니다. 그러나 실제로 그것은 신약의 역사만큼이나 오래된 것이며 그 탁월함이 여러 세기 내내 교회에서 받아들여졌습니다. 이 점을 분명히 하기 위하여 여기 한 예가 있습니다. 여러분이 시골길을 따라 걸을 수 있으며 거기에서 가벼운 이슬비를 맞을 수 있습니다. 그러나 여러분이 외투를 입지 않고서 이 이슬비 속을 계속 걸어간다면 마침내 흠뻑 젖고 말 것입니다. 그러나 이것은 단지 가벼운 이슬비에 불과하기 때문에 특별한 경우에만 그렇게 될 것입니다. 그러나 다른 기회에 같은 길을 따라 걸어가고 있을 때 갑자기 호우를 만난다면 여러분은 수초 안에 흠뻑 젖고 말 것입니다. 이는 비가 내리는 두 가지 경우인데, 그러나 여러분이 관찰하기 힘든 고요한 이슬비와 여러분에게 빗발쳐 온 갑작스런 호우와는 커다란 차이가 있습니다.

이제 여기 사도행전에서 묘사되는 것은 호우에 비교될 수 있습니다. 쏟아졌습니다! 여러분은 **억수** 같은 성령강림으로 베드로가 그날에 사람들에게 메시지를 선포하면서 요엘 선지자의 글을 인용하고 있음을 볼 수 있습니다. 그리고 바로 그러한 장면이 이 국면을 나타내며 또 강조하고 있는 것입니다. "베드로가 열한 사도와 같이 서서 소리를 높여 가로되 유대인들과 예루살렘에 사는 모든 사람들아 이 일을 너희로 알게 할 것이니 내 말에 귀를 기울이라 때가 제 삼 시니 너희 생각과 같이 이 사람들이 취한 것이 아니라 이는 곧 선지자 요엘로 말씀하신 것이니 일렀으되 하나님이 가라사대 말세에 내가 내 영으로 모든 육체에게 부어 주리니 너희의 자녀들은 예언할 것이요 너희의 젊은이들은 환상을 보고 너희 늙은이들은 꿈을 꾸리라 그때에 내가 내 영으로 남종과 여종들에게 부어 주리니 저희가 예언할 것이요."

여기에서 강조되고 있는 것은 이 **넘쳐 나는**, 즉 이 엄청난 풍부입니다. 실로 이것은 구약에 있는 성령의 사역과 신약의 성령 사역과의 뚜렷하고도 가장 큰 차이점이라 말할 수 있습니다. 때때로 성령은 어떤 특별하고 직접적인 사역을 위하여 구약에서는 어떤 사람, 즉 선택된 어떤 사람, 예를 들면 선지자와 같은 사람에게 임하셨습니다. 성령께서 그들에게 임하시고 그들이 일종의 무아경에 빠지게 되었는데, 그 점에 관해서는 아무런 문제가 없습니다. 거기에는 일종의 **하나님의 영감**이 있었습니다. "하나님의 거룩한 사람들이 감동을 받았을 때 말하였는데." 이는 성령에 의한 감동이었습니다. 그것은 단순히 그가 그들 가운데 조용히 역사하고 또 그들의 능력을 조금 높여 준 그런 정도가 아닙니다. 그렇습니다. 거기에는 그 이상의 무엇이 있었습니다. 즉 거기에는 계시와 능력에 관한 의식이 주어져 있었으며 또 그들은 그러한 역사가 일어나고 있음을 알았습니다. 참으로 거기에는 때때로 이러한 사역에 용기를 북돋기 위해 채용되었던 어떤 수단들과 방법들이 있었습니다. 어떤 사역을 위하여 다른 사람들은 그 특별한 목적으로 성령을 받았습니다. 그러나 이제 요엘이 말했듯이 이와 같은 일을 위해서가 아니라 새롭게 임하실 때를 우리가 보게 되었는데, 여기에서 큰 차이점은 성령을 받게 될 사람들이 아주 다양하게 될 것이라고 하는 사실뿐만이 아니라, 그 풍성함과 부요함 그리고 불가항력적인 성격을 지니게 된다는 것입니다. 물론 이것은 교회사에서, 특히 부흥기들에 있어서 아주 흔하게 입증되어 온 것입니다. 그러나 하나님께 감사드리는 것은, 그러한 사실은 내버려두고서라도 이것이 개인들에게도 적용된다고 하는 것입니다. 그것은 어떤 능력 있고 지적인 사람들에게뿐만 아니라 가장 비천한 영혼들이라도 그것을 알 수 있고 또 체험할 수 있도록 누구에게나 올 수 있습니다.

그런데 그것이 바로 우리가 강조해야 하는 것입니다. 물론 사도 바울은 로마서 5:5에서 이 같은 점을 정확히 보여 주고 있는데, 거기에서 그는 어떻게 우리가 고난 가운데서도 영광을 소유할 수 있는가를 지적하면서 이같이 말합니다. "소망이 부끄럽게 아니함은 우리에게 주신 성령으로 말미암아 하나님의 사랑이 우리 마음에 부은 바 됨이니."

이제 여러분이 성경의 영감을 전적으로 믿는다면, 이러한 사람들이 사용한 특별한 용어에 있어서도 인도하심을 받았다는 사실을 믿어야 합니다. 바울 사도는 하나님의 사랑이 우리 마음에 와 닿았다고 말하는 것으로 만족하지 않았습니다. 그는 하나님의 사랑이 우리 마음에 "부은 바 되었다"라고 말합니다. 이것이 그가 말하고자 하는 의미입니다. 그것은 일종의 솟구쳐 나오는 어떤 것입니다. 그것은 매우 강렬한 용어로, 사도가 하나님의 감동하심에서 사용하도록 인도함을 받고 사용한 용어입니다. 우리는 이러한 용어에 대해 소홀히 해서는 안 됩니다.

우리는 하나님의 사랑에 대한 어떤 것을 알지 못하고서는 그리스도인이 될 수 없다는 데 의견을 같이합니다. 물론 이것은 우리가 자기 심령에 성령을 모시지 않고는 전혀 그리스도인이 될 수 없다는 것을 강조한 것입니다. 로마서 8:9은 우리에게 이것을 상기시켜 줍니다. "누구든지 그리스도의 영이 없으면 그리스도의 사람이 아니라." 그러나 일반적인 의미로 하나님의 사랑을 아는 것과 하나님의 사랑에 대한 지식에 압도되는 것과는 차이가 있습니다. "부은 바 되었다!" 즉 이것은 풍부하고 풍성함을 의미합니다.

그러면 이제 실제로 사도행전 2장에 사용된 **충만한**이란 바로 그 단어를 살펴보십시오. '충만한'이란 가득 찬 것을 의미합니다. '충만한'이란 단순히 성령이 그들 속에 거하는 것만을 의미하는 것이 아니라, 그들이 넘쳐 흐르는 성령으로 충만된, 즉 성령으로 흠뻑 젖는 것을 말합니다. 성령이 그들 안에 임하고 그들 안에 거하시는데, 왜냐하면 그들이 매우 충만해져서 우리가 이미 앞에서 살펴본 눈에 보이는 그러한 결과들이 그들 가운데서 발생했기 때문입니다. 여러분이 여러분 마음의 중심에 가져야 하는 어떤 것이 있는데, 여기에서 우리는 그것을 정규적이고 습관적인 방식으로 다루지 않고 이례적인 방식으로 다루고 있습니다. 이 문제에서 두번째로 큰 특징은 성령 사역의 직접성입니다. 더 이상 간접적이지 않고 직접적입니다. 이것에 대한 많은 실례가 있습니다. 로마서 8:16에서 사도가 말하는 한 가지를 살펴봅시다. "성령이 친히 우리 영으로 더불어 우리가 하나님의 자녀인 것을 증거하시나니." 여기 15, 16절에 많은 가르침이 있지만, 우리는 다음과 같은 말에 관심을 두어야 합니다. "너희는 다시 무서워하는 종의 영을 받지 아니하였고 양자의 영을 받았으므로 아바 아버지라 부르짖느니라."

우리는 후에 성령세례의 몇 가지 결과에 대해 다룰 것이지만, 여기에서 저는 15절에서 발견한 특별한 강조점에 관심을 가지고 있습니다. 바울이 '부르짖다'라고 표현한 이 단어는 매우 강한 어조를 띠고 있습니다. 그것은 본질적인 어떤 것을 의미합니다. 그 용어는 본래 새들이 때때로 아주 강렬함을 나타낼 때 내는 소리, 즉 어떤 종류의 새가 내는 소리를 의미합니다. 그것이 바로 "아바 아버지라 '부르짖느니라'"에서 사용되고 있습니다. 우리 모두는 그리스도인으로서 하나님이 우리의 아버지이심을 믿습니다. 그리고 우리 안에서 이러한 외침이 솟구쳐 나옵니다. 그때 바울은 이같이 덧붙입니다. "성령이 친히 우리 영으로 더불어 증거하시나니." 여러분도 알다시피, 15절의 처음에 "우리의 영"이란 말이 나옵니다. 그리고 그것에 더하여 "성령이 친히 우리의 영으로 '더불어'…증거하시나니"라고 했습니다. 우리의 영은 "아바 아버지"라 부르짖지만, 성령은 우리 영으로 더불어 "우리가 하나님의 자녀인 것을 증거하시나니 자녀이면 또한 후사 곧 하나님의 후사요 그리스도와 함께한 후사니"를 확신시키십니다.

저의 강조점은, 이것이 우리의 행위가 아니라 전적으로 성령의 행위이시기 때문에 매우 중요하다는 것입니다. 이것은 그것에 대해 특별히 구별되는 것입니다. 우리의 영으로 더불어 증거하시는 이러한 성령의 증거는 우리의 행하는 것에 달려 있지 않지만, 에베소서 5:18은 전적으로 우리의 행하는 것에 달려 있습니다. 그것은 명령이고 권고입니다. 그러나 여기서 강조하는 것은 성령이 우리의 영으로 더불어 증거하시는 것입니다. 우리의 영 안에 증거가 있습니다. 그러나 성령은 지금 우리의 영으로 더불어 증거하십니다. 우리의 영과 더불어 우리의 영 위에 성령께서 그것을 인치시고 또 우리에게 그것을 절대적으로 확실하게 해 주십니다. 때때로 성령은 수단을 사용하시지만, 일반적으로는 수단 없이 이 일을 행하십니다.

저는 여러분에게 그것에 관해 다음과 같이 제시합니다. 어떤 사람들이 "물론 그것은 우리가 신약과 특히 서신서들 및 그것들의 가르침을 읽을 때에 발생하는 것이다"라고 말함으로써 이것을 설명하려 합니다. 그러나 여러분도 알다시피, 사도 바울이 편지를 쓴 그 사람들은 그런 가르침을 받지 못했으며, 신약 또한 그렇게 가르치지 않습니다. 이것은 그것이 직접적이고 즉각적이었다는 것을 보여 주는 신약의 어떤 책도 받기 전의 초대 그리스도인들에게 일어난 어떤 것입니다. 때때로 성령께서 수단을 사용하신 많은 증거들이 있기 때문에 저는 성령께서 결코 어떠한 수단도 전혀 사용하시지 않는다고 말하지는 않습니다. 어떤 사람이 성경을 읽을 때마다 성령께서 반드시 그 사람의 마음에 어떤 구절을 떠오르게 하시지는 않습니다. 그러나 일반적으로 그것은 직접적으로 일어나는 어떤 것입니다.

다시금, 저는 여러분에게 우리가 사도행전에서 취할 수 있는 모든 실례들을 낱낱이 찾아보라고 권합니다. 여러분은 각 경우에서 성령세례가 있을 때마다 역사하시는 분이 성령이시라는 사실을 발견하게 될 것입니다. 성령은 부활하신 주님에게서 보내심을 받았으며 우리에게 성령세례를 베풀어 주십니다. 그리고 성령은 즉각적으로 무엇인가를 행하시는데, 이것은 우리가 이미 앞서 강조했던 체험적이고 현상적인 국면입니다. 이것은 성령의 역사이며 그의 직접적인 행동이십니다. 이것은 우리 안에서 성령의 일반 사역인 성화의 완만한 사역이 아니라, 예외적이고 매우 직접적인 사역입니다.

여기에서 저는 여러분에게 성령의 이러한 작용과 관련하여 성경으로부터 몇 가지 분명한 진술들을 제시하려고 합니다. 저는 이것이, 모든 세기를 통하여 기독교와 그리고 각양각색의 신학교들에 속해 있는 사람들에 의해서 가르쳐지고 인식되어진 어떤 것이라는 사실을 여러분에게 보여 주려 합니다. 알미니안주의와 칼빈주의 등과 같은 다양한 신학적 차이점들을 곧바로 살펴보는 것이 저에게는 매우 흥미롭고 영광스러운 일입니다.

저는 300년 전의 청교도들 가운데 위대한 지성인 중의 한 사람(어떤 이들은 가장 지성적인 사람이라고도 말)이었던 존 오웬 박사의 진술을 인용하려 합니다. 이것은 그의 글 "성령과의 교제에 대한 논문"에서 인용한 것입니다. 거기에서 그는 로마서 5:2을 언급하면서 이와 같이 말합니다.

> 하나님의 영광스러운 소망 가운데 기뻐하는 것…그것은 어떠한 고난이나 영광을 통해서 영혼을 인도하며, 성령께서 우리 마음 가운데에 하나님의 사랑을 충만히 부어 주심으로 일어나게 됩니다. 여기 신자들의 심령에 성령께서 이러한 기쁨으로 역사하시는 두 가지 방식이 있습니다. 성령은 어떤 다른 사역들이나 그 자신의 사역들 혹은 어떤 논리나 추론과 결론과는 상관없이 자신이 직접 그 일을 하십니다. 성화에 있어서 볼 수 있듯이, 성령은 우리 영혼에 즉각적으로 그의 효능을 나타내며 영혼을 소생시켜 주는 솟아나는 샘물이십니다. 그래서 위로(이 말은 확신을 의미함) 가운데 성령은 즉각 인간의 영혼과 마음에 환희(희열)와 즐거움으로 가득 채워 주시면서 넘치는 기쁨과 영적 골격을 형성하시기 위하여 역사하십니다. 이것은 우리가 하나님의 사랑에 대해서 반사적으로 생각하는 데서 일어나는 것이 아니라, 오히려 거기에 주는 것입니다. 그러므로 성령께서 우리의 심령에 하나님의 사랑을 충만히 부어 주시고 또 즉각적인 사역과 — 마치 성령께서 엘리사벳이 예수님의 어머니 마리

아의 방문을 받았을 때 세례 요한을 복중에서 기뻐 뛰놀도록 하셨던 것처럼 — 작용하심으로 그들을 즐거움으로 가득 채우실 때. 그때에 우리의 영혼이 하나님의 사랑을 느끼게 되고 또한 기쁨과 환희가 넘쳐 나게 됩니다. 이 기쁨에 대하여 주어진 기사가 없지만 성령께서 그의 뜻에 따른 때와 방법으로 이것을 행하십니다. 성령은 모든 두려움과 슬픔을 극복하시면서, 즐거움과 희열 그리고 때로는 말할 수 없는 심령의 환희로 채우시면서 우리 영혼에 그것을 은밀히 주시기도 하고 거두어 가시기도 합니다.

만약 천부적으로 지성적이며 조용하고 마음을 잘 조절하고 있는 사람이 있었다면, 그는 바로 존 오웬 박사였을 것입니다. 이 글은 이러한 용어들, 즉 '말할 수 없는 심령의 환희', '즐거움' 그리고 묘사의 차원을 넘어선 단어, '희열'에 대해서 그가 어떻게 묘사하고 있는지를 보여 줍니다.

이제 존 오웬과 같은 사람으로 그와 동시대 사람이며, 이 영적 창공에 밝게 비추고 있는 또 다른 별인 토마스 굳윈 박사의 글을 인용하려 합니다. 오웬은 옥스포드 대학에서 가르쳤으며, 굳윈은 케임브리지와 옥스포드에 있는 두 곳의 대학에서 가르쳤습니다. 그는 이렇게 기록하고 있습니다.

> 인간의 영혼에 임하시고 인간을 압도하시며, 하나님이 그의 하나님이 되시고 또 그는 하나님의 것임을 확신시켜 주며, 그리고 하나님이 영원부터 그를 사랑하고 계신다는 것을 확신시키는 빛이 있습니다…그런데 이 빛은 일반적 신앙의 빛을 넘어선 빛입니다.

이것이 제가 말하고 있는 요점인데, 즉 이것은 일반적이 아니라 예외입니다. 인간은 성령의 사역과 작용 없이 보통 신앙이라고 부르는 것을 가질 수 없습니다. "누구든지 그리스도의 영이 없으면 그리스도의 사람이 아니라." 여러분은 이 일 없이는 전혀 그리스도인이 될 수 없습니다. 굳윈은 그것을 '일반적 신앙'이라고 부르는데 그것이 전적으로 옳습니다. 왜냐하면 그것은 그가 묘사하고 있는 위의 것과는 매우 차이가 있기 때문입니다. 그는 이렇게 말합니다. "이것은 하늘나라에서 발생하는 그 다음 일이므로 당신이 거기에 가기까지는 더 이상 아무것도 알 수 없다." 토마스 굳윈에 따르면 이것은 어떤 다른 것이 할 수 있는 것보다 여러분을 하늘나라에 더 가까이 인도하는 체험으로, 그것은 실로 하늘나라를 미리 맛보는 것입니다. 그는 여러분이 하늘나라에 거할 때까지는 결코 그 이상의 어떤 것도 알 수 없다고 말합니다. "그것은 이 일반적인 정도를 넘어서서 촉진되고 고양된 신앙이다."

제가 다시 엄중한 경고를 주어야 할 것이 바로 이 점입니다. 어떤 부분에 있어서 일반적인 모든 것을 감소시키고 억제에 관하여 말하는 것이 오늘날의 경향이라고 생각합니다. 이것은 평상적인 것이 아니라, 말하자면 바로 천국문에 이르기 위한 비상(非常)하며 예외적인 것입니다. 거기에는 그것을 넘어선 단 한 가지의 사실이 있는데, 그것은 그 자체가 영원한 영광입니다.

셋째로 저는 여러 면에서 여기 두 사람과는 아주 다른, 특별히 그의 신학에 있어서 다른 사람인 요한 웨슬리의 글을 인용하고자 합니다. 그는 18세기의 사람으로 청교도나 개혁주의나 칼빈주의자가 아니라, 알미니안 교리의 선생으로 잘 알려져 있습니다. 그러나 그는 정확하게도 위의 두 사람과 같은 말을 하고 있습니다. 그는 이같이 기록하고 있습니다.

> 이것은 반성이나 논쟁의 결과가 아니라 즉각적이고 직접적인 어떤 것입니다…거기에는 기쁨과 평강과 사랑을 미리 맛볼 수 있는데, 이러한 것들은 기만이 아니라 참으로 우리가 우리 자신 안에서 증거를 가지기 오래 전에 하나님으로부터 받은 것입니다.

여러분은 그가 말하는 것을 압니까? 그는 신자가 기쁨과 평강과 사랑을 미리 맛볼 수 있는데, 그것들은 매우 순수하여 망상적인 것이 아니라 실제로 하나님으로부터 온 것이라고 합니다. 그는 말합니다. "우리가 우리 안에서 증거를 갖기 오래 전에, 그리고 우리가 예수님의 피로써 죄의 용서는 물론이고 구원받았다는 것을 우리의 영과 더불어 성령께서 증거하시기 전에 여러분은 이러한 것들을 소유할 수 있습니다."

이제 여러분은 교회 역사상 세 분의 뛰어난 사람들에 의한 성경적 교훈에 대한 가르침과 해석을 가지고 있습니다. 그들 세 분 모두는 체험의 즉각적이고 직접적이며 또 압도적인 성격을 언급하고 있습니다. 개인과 교회의 생활에서 이것과 성령의 일반 작용과를 혼동하는 것은 실제로 매우 중대한 면에서 성경을 오해하는 것이며, 또 '성령을 소멸하는' 죄를 짓는 데로 나아가게 됩니다. 여기에서 흥미로운 것은, 제가 말하는 것에 동의하지 않는 사람들이 결코 '성령을 소멸하지 않는'이란 이 구절을 설명해내지 못한다는 것입니다. 그러므로 이것은 여러분이 여러분 가슴 깊이 간직해야 할 시금석입니다.

오늘날 제가 느끼는 우리의 가장 큰 위험은 성령을 소멸하는 것입니다. 지금은 억제를 옹호할 때가 아닙니다. 즉 오늘날 교회에서 자제를 요구할 것이 아니라 깨어 일어나 성령으로 충만해야 합니다. 왜냐하면 현대에서 교회가 약화되어 가고 있기 때문입니다. 앞으로 계속 다룰 것이지만, 하나님께서는 항상 성령에 대하여 억제가 있다는 것을 알고 계시므로, 신약의 교훈에서 마귀가 흉내내려는 잘못되고 그럴 듯한 거짓된 모든 것에 대하여 우리를 가르치시며 우리에게 경고하십니다.

나중에 이 모든 것에 대해 다룰 수 있기를 바라지만, 이것은 매우 크고도 중대한 문제이기 때문에 급히 지나쳐 버릴 수가 없고 여러분 나름대로 일일이 교리를 확립해야 합니다.

마지막으로 세번째 국면에 대하여 우리는 여기에서 다시, 어떻게 그것이 내가 성령의 일반 사역으로 묘사한 것과 본질적으로 다른지를 알 수 있습니다. 성령세례는 언제나 우선적으로 특별히 증거와 증언과 예배에 관계하고 있습니다.

여기에 모든 중요한 요점이 있습니다. 사도행전을 살펴보면, 성령이 이러한 사람들에게 임하셨다거나 또는 그들이 성령으로 충만하게 되었다는 말을 들을 때마다 여러분은 그것이 증언이나 증거를 위한 것이라는 점을 발견케 됩니다. 물론 사도행전 2장에서 그것이 명백합니다. 여러분은 사도행전 4장에서 이미 앞서 인용했던 두 가지 실례를 기억하십시오. 베드로와 요한이 관원들 앞에 섰을 때, "베드로는 성령이 충만하여 말했습니다." 그때 그곳이 흔들렸으며 그들이 다시 성령으로 충만하여졌는데, 그들은 이미 충만하였던 사람들입니다. 그런데 여기서 다시 충만하게 된 것은, 그들을 강건하게 하고 또 그들로 관원들의 위협에도 불구하고 그들의 증거와 증언을 계속하게 하려고 그랬습니다. 또한 우리는 "사도들이 큰 권세를 가지고 부활에 대하여 증거하는 것"을 보았습니다. 사도행전을 계속 살펴보면, 여러분은 이것이 언제나 그러하다는 것을 발견하게 될 것입니다.

　이것은 너무 중요하므로 저는 그것을 부정적인 측면으로도 고찰해 봅니다. 여러분은 어떤 사람이 여러분으로 하여금 이것이 주로 '도덕적 특성과 성격'에 관련된 문제라고 믿게 한다는 것을 발견하게 됩니다. 그러나 그렇지 않습니다. 그것은 성화입니다. 이 견해는 순전히 혼동된 것으로, 이것은 주로 도덕적 특성이나 성격에 관계되지 않고 주로 증거와 증언과 작용에 있어서 효율성에 관계됩니다.

　이를 증명하는 매우 단순한 방법이 있습니다. 고린도 교회의 경우를 보십시오. 그 사도는 그들의 도덕적 성격과 특성들에 대해 그들에게 매우 심각하고 엄중한 것들을 말하고 있습니다. 그들이 그 면에서는 매우 부족하지만, 사도는 그들 중에 성령의 선물들과 성령의 능력에 관한 문제에 있어서는 어떤 면에서도 부족하지 않다고 말합니다. 이것이 매우 중요합니다. 이런 의미에서 어떤 사람이 성령세례를 받고 성령으로 충만하다고 하는 그 사실이 반드시 여러분이 그의 생활에서 도덕적 우수성을 보증할 수 있다는 것을 의미하지는 않습니다. 그래야 하지만, 실상은 그렇지 못합니다. 그렇기 때문에 여러분은 항상 더 많은 권고를 필요로 합니다. 주로 이것은 증거와 증언에 관한 문제입니다.

　여러분도 알다시피, 그러므로 그 사도는 우리가 일반적으로 잊어버리기 쉬운 것을 말하고 있습니다. 왜냐하면 고린도전서 13장에서 우리가 그의 언어의 장엄함으로 깊이 빠져 들어가기 때문입니다. "내가 사람의 방언과 천사의 말을 할지라도 사랑이 없으면" – 여러분은 사랑 없이도 원한다면 천사의 말을 할 수가 있습니다 – "소리나는 구리와 울리는 꽹과리가 되고 내가 예언하는 능이 있어" – 이것은 일반적인 어떤 것이 아니지만 그는 여러분이 그것을 가질 수 있다고 말합니다 – "모든 비밀과 모든 지식을 알고 또 산을 옮길 만한 모든 믿음이 있을지라도 사랑이 없으면 내가 아무것도 아니요."

　여기에서 모든 중요한 차이에 대한 분명한 선언이 있습니다. 이것은 주로 성격, 즉 도덕적 특성과 성격에 관심을 갖지 않으며 성령의 열매에도 관심이 없습니다. 이것에 대하여 다음과 같이 명백하게 제시해 봅시다. 즉 여러분은 성령세례를 받을 수는 있지만 성령의 열매를 보여 줄 수는 없습니다. 왜냐하면 여러분이 회심의 순간에 즉시 성령세례를 받을 수 있기 때문입니다. 우리는 고넬료의 집에서 그러한 경우를 보았습니다. 그러나 그것이 열매를 보증하지는 않습니다. 열매는 성장을 의미합니다. 그것은 성장이며 성화이고 그것은 매우 다른 어떤 것입니다.

그러므로 성령세례의 첫번째 결과는 성령의 열매가 아니라, 우리 위에 성령의 직접적인 역사에 대한 체험적 증거입니다. 그것이 성령세례입니다. 즉 신자가 무아경의 상태에서 이런 일이 자기에게 일어났다고 증거할 때 이 성령의 직접적인 역사가 우리에게 발생하고 또 우리에게 임합니다.

반면에 성령의 열매는 성장합니다. 이것은 그가 그 단어와 가르침을 사용하며 또 다른 사람들의 경우와 그들과의 교제 시에 우리들 안에서 일어나는 성령의 간접적이고 계속적이며 정기적인 사역의 결과입니다. 그래서 성령의 열매는 우리 안에서 생기게 됩니다. 그러나 갑작스럽게 생기는 것이 아니라 성화의 점신석인 과성으로 생기며, 에베소서 5:18에서 언급하고 있는 것이 바로 이것입니다.

에베소서 5:18은 어떻게 그리스도인들이 기독교의 친교에 함께 했는지를 다루고 있으며, 그것은 성령이 우리에게 하시는 것이 아니라, 우리가 행하는 것에 관계가 있습니다. 그것은 우리에 대한 명령이며 권고입니다. 우리가 억제해야 하는 것이 있습니다. 즉 "술취하지 말라 이는 방탕한 것이니 오직 성령의 충만을 받으라." 여러분은 어떻게 그것을 억제하고 있습니까? 그는 이미 앞 장에서 말했습니다. 여러분은 성령을 "슬퍼하게 하거나", "소멸하거나", "성령을 거스릴 수" 있습니다. 그러나 그는 그들에게 그렇게 하지 말고, 오직 성령의 충만을 받으라고 말하고 있습니다.

이것이 바로 본질적인 차이점입니다. 에베소서에서 우리에게 어떤 것을 행하라는 권고가 있음에 반하여, 성령세례의 각각의 경우에 있어 그것은 우리에게 일어나는 어떤 것인데 우리는 그것을 억제하지 못합니다. 여러분이 성령세례를 위해 기도할 수 있지만 여러분 대다수가 알고 있듯이 그것이 발생한다고 보장할 수는 없습니다. 여러분이 선한 생활을 할 수 있고 또 그렇게 산다 할지라도 여러분이 성령세례를 받은 것은 아닙니다.

왜 그렇습니까? 그것을 행하시는 분이 바로 그분이시기 때문입니다. 그것은 그의 통제 안에 있습니다. 그런데 그분이 바로 주님이십니다. 그분은 주권자이신 주님이시며, 존 오웬 박사가 우리에게 상기시켜 주었던 것과 같이 그는 그것을 그 자신의 때에 그 자신의 방식에 따라 행하십니다.

그러나 에베소서 5:18에 관하여 저는 여러분에게, 우리들이 사도가 거기에서 말하고 있는 것조차도 오해하므로, 오늘날 교회 생활을 우리의 옛 수준으로 되돌려 버릴지도 모르는 매우 심각한 위험이 있다는 것을 보여 줄 수 있습니다. 그는 우리에게 "시와 찬미와 신령한 노래들로 서로 화답하며"라고 말합니다. 그런데 만약 여러분이 그것을 우리의 예배에 우리가 시와 찬미로 노래하는 것을 의미한다고 해석해 버리면, 여러분은 크나큰 실수를 저지르는 것입니다. 신령한 노래가 무엇입니까? 무엇이 신령한 시입니까? "시와 찬미와 신령한 노래들로 서로 화답하며"에서 그가 의미하는 것은 무엇입니까?

그것에 대한 답을 원한다면 고린도전서 14장을 보십시오. 거기에서 여러분은 그들이 초대 교회에서 가졌던 모임의 형태를 발견하게 될 것입니다. "각각 찬송시도 있으며 가르치는 말씀도 있으며 계시도 있으며 방언도 있으며." 이 모든 것이 신령한 영적 능력과 더불어 공존합니다. 그리고 '신령한 노래들'은 '심령에서 우러나온 노래들'을 의미합니다. 그 사도는 말합니다. "내가 영으로 기도하고 또 마음으로 기도하며 내가 영으로 찬미하고 또 마음으로 찬미하리라." 그것은 우리들 대다수가 그것에 대해 전혀 모르는 종류의 노래입니다. 그러므로 여러분은 초대 기독교회에서 정규적이었던 생활조차도 지금 우리의 교회에서 습관적이 되는 데까지 이르지 않도록 주의해야 합니다.

그러나 여기에서 그것을 상세하게 다룰 수 없고, 다만 여러분에게 성령세례는 우리 안에 주 예수 그리스도가 주신 성령의 행위라는 이 크고도 중대한 근본적 특징을 제시하려 합니다.

그래서 마지막으로 다시 한 번 성경적 표현을 사용하기 위해 어떤 사람이 성령세례를 받을 때 발생하는 한두 가지 경우를 여러분에게 제시함으로써 '여러분의 영적 마음을 자극' 하면 어떠하겠습니까? 이와 같은 어떤 것을 설명하기 위해 그것에 대하여 생각하고 또 여러분의 교리를 확립하십시오. 존 플라벨ㅡ이 사람 역시 청교도인데 그가 어느 날 여행을 했습니다.

> 이렇게 계속 그의 길을 가면서 그의 생각은 에스겔이 본 환상 중의 물과 같이, 마침내는 창일한 홍수가 되기까지 점점 더 높이 차 올라왔습니다. 이러한 것이 그의 마음의 의도였고, 하늘의 기쁨들을 빼앗아 맛보는 것이었으며, 거기에 그의 관심의 충만한 확신이 있었으므로 그는 세상에 대한 모든 시야와 감각 그리고 거기에 대한 모든 관심을 완전히 잃었습니다. 몇 시간 동안 그는 침대에서 깊이 잠들었던 것 이상으로 그가 어디에 있었는지를 알지 못하였습니다. 어느 봄에 그가 극도로 피곤하였을 때, 그는 하나님이 기뻐하신다면 이것이 세상에서 그의 이별의 장소가 되길 열렬히 소망하면서 앉아서 씻고 있었습니다. 죽음 앞에서 그는 가장 자애로운 얼굴을 갖게 되었으며, 자신이 죽을 것이라고 믿었지만, 그는 그의 사랑하는 아내와 자녀나 또는 어떤 다른 지상에 있는 것에 관심을 두지 않았습니다. 그가 여관에 도착했을 때에도 그 영향이 여전히 계속되어 잠을 자지 않았으며 주님의 기쁨이 그에게 넘쳐 흘렀으며, 그는 마치 다른 세계에 살고 있는 사람처럼 보였습니다. 그는 수 년 후에 그날을 천국의 날들 중의 하루였다고 하였으며, 그는 이로써 그가 이전에 읽었던 모든 책을 통해서 안 것보다도 그것으로 천국의 생활을 더욱더 잘 이해했다고 고백하였습니다.

여러분은 이와 같은 사실들에 관하여 무엇인가를 알고 계십니까? 여러분께서 성령세례에 관하여 말할 때에는 주의해야 합니다. 이것은 지상에 있는 사람에게 가능한 일입니다.

그러면 조나단 에드워즈를 생각해 봅시다.

> 나는 1737년에 나의 건강을 위해 숲 속으로 말을 타고 한적한 곳에 가서, 평소에 하던 대로 명상과 기도를 위해 걸어가려고 말에서 내렸는데, 그때에 나는 나에게 임한 특별한 광경을 보았습니다. 그것은 하나님과 인간의 중보자이

신 하나님의 아들의 영광이었는데, 나는 그분의 놀랍고 위대하며 충만하고 순수하며 달콤한 은혜와 사랑을, 그리고 온유하시고 겸손하심을 보았습니다. 아주 고요하고 감미롭게 나타났던 이 은혜가 하늘 저편에도 나타났는데, 그리스도께서는 모든 사고와 개념들을 충분히 삼켜 버리고도 남을, 말로 다 할 수 없이 뛰어나신 분이셨습니다. 내 생각에는 그것이 약 한 시간 동안 계속되었는데 그때에 나는 크게 소리내어 울면서 눈물 바다를 이루는 귀한 시간을 가졌습니다. 나는 어떻게 하여야 재(dusts) 가운데서도 그리스도만으로 충만해 있으며 거룩하고 순수한 사랑으로 그를 사랑할 것인가, 또 그를 신뢰하며 의지하고 살 것인가, 그리고 그를 섬기며 성스럽고 천래적(天來的) 순결로써 완전히 성화되고 순결해질 것인가에 대해 어떻게 표현해야 좋을지 알지 못할 영혼의 열렬함을 느꼈으며 내 자신을 비우고 겸손해졌습니다.

그리고 마지막으로 천재이며 빛나는 지성의 소유자로 아마도 미국이 낳은 최대의 철학자 조나단 에드워즈와는 전적으로 다른 사람, 그 역시 또 다른 미국인으로 지성적인 면에서는 아주 평범한 사람이지만 위대한 복음 전도자인 무디에 관하여 살펴봅시다.

나는 전에는 결코 울지 않았는데 지금 울고 있습니다. 이는 하나님의 크나큰 축복을 받았기 때문입니다. 공복감이 더해지자 나는 참으로 더 이상 살고 싶지 않음을 느꼈습니다(그는 그리스도인이었으며 단순히 그리스도인만이 아니라 사역자였습니다. 그리고 한동안은 선교부의 일을 맡았던 사람으로 회심하였지만 그러나 아직도 무엇인가를 더 원했습니다). '나는 하나님께서 나에게 성령을 충만히 부어 주시는 그 모든 시간에 계속해서 울고 있었습니다. 뉴욕 시에 있었던 어느 날, 바로 그날이었습니다. 나는 그것을 묘사할 수 없으며 그것을 좀처럼 언급하지 않습니다. 그것은 나에게 너무나도 신령한 체험이었습니다. 바울이 14년 동안이나 결코 말하지 않았던 체험을 가졌습니다. 내가 다만 말할 수 있는 것은 하나님께서 자신을 내게 보이셨다는 것과 내가 그분의 사랑에 대한 그러한 체험으로, 내가 그분의 손에 머물게 해 달라고 간청했다는 사실입니다."

그것은 너무 불가항력적이었으므로, 그는 마치 육체적으로 부서져 버릴 것만 같이 느꼈습니다. 하나님의 사랑? 그것은 '여러분의 마음에 부어지는 하나님의 사랑'을 의미합니다. 그것이 성령의 세례입니다. 그것은 선하고 정상적이며 일반적인 사역자였던 무디를 이 나라와 다른 나라들에 있어 하나님께서 그처럼 두드러지게 사용하신 복음전도자로 바꾸어 놓았습니다.

제 5 장

하나님의 임재 의식

우리는 신약 시대의 형태보다도 훨씬 저급하고 단순한 종교적 내용을 가진 시대에 살고 있음을 기억합시다. 우리에게는 성령세례가 필요합니다. 우리는 이것이 회심의 때에 발생하는 것이 아니라 우리에게 우연히 발생하는 것으로, 여기에는 분명하고 오류가 없다는 것을 살펴보았습니다. 앞 장에서 우리는 그것이 성령의 직접적이며 예외적인 행동(롬 8:16)으로 주로 성격이나 도덕적 자질의 문제, 즉 다른 말로 표현하자면 에베소서 5:18에 대략 설명된 것처럼 계속되는 성화의 과정과 혼동되어서는 안 된다는 것을 살펴보았습니다. 그러므로 우리는 이제 성령세례의 일차적인 목적과 기능은 의심할 여지없이 우리를 주 예수 그리스도와 그의 위대한 구원사역에 대한 증인이 되게 한다고 거듭 말할 정도까지 오게 되었습니다. 그래서 우리가 마음에 이런 생각을 품고 있다면 사람들이 이것과 성화를 혼동하게 되는 잘못을 없애 버리는 데 도움이 될 것이라고 생각합니다. 이것은 주로 증거에 관한 문제입니다.

여러분께 제가 말씀드리려는 것에 관한 몇 가지 증거를 제시하겠습니다. 예를 들면 우리 주님께서 친히 승천하시기 전에 제자들에게 하신 말씀을 살펴보십시오. 우리 주님은 누가복음 24:45-47을 보면 다락방에서 제자들에게 나타나셨습니다. "이에 저희 마음을 열어 성경을 깨닫게 하시고 또 이르시되 이같이 그리스도가 고난을 받고 제 삼일에 죽은 자 가운데서 살아날 것과 또 그의 이름으로 죄사함을 얻게 하는 회개가 예루살렘으로부터 시작하여 모든 족속에게 전파될 것이 기록되었으니."

이것은 교훈으로 그들은 지금 이것을 알고 이해하여 깨닫게 되었습니다. 그때 주님은 계속해서 말씀하십니다. "너희는 이러한 일의 증인들이다." 물론 그들은 목격자였습니다. 왜냐하면 그들은 주님과 함께 있었고 주님의 설교를 들었으며 주님께서 십자가에 못박혀 죽으시고 죽은 자 가운데서 부활하셔서, 그의 빈 무덤을 보았기 때문입니다. 그리고 이제 여기에서 예수님은 방에서 그들에게 실제로 말씀하시고 계십니다. 예수님은 계속 말씀하십니다. "볼지어다 내가 내 아버지의 약속하신 것을 너희에게 보내리니 너희는 위로부터 능력을 입히울 때까지 이 성에 유하라 하시니라." 그들은 이 사실을 알고 믿지만 그들이 유력한 증인이 되기 위해서는 이 성령세례를 받아야 합니다.

물론 여러분은 사도행전 1장에 실제로 이 같은 말이 기록되어 있음을 알게 됩니다. "사도와 같이 모이사 저희에게 분부하여 가라사대 예루살렘을 떠나지 말고 내게 들은 바 아버지의 약속하신 것을 기다리라 요한은 물로 세례를 베풀었으나 너희는 몇 날이 못 되어 성령으로 세례를 받으리라 하셨느니라."

그리고 8절을 보십시오. "오직 성령이 너희에게 임하시면 너희가 권능을 받고." 권능! 무엇 때문입니까? "예루살렘과 온 유대와 사마리아와 땅 끝까지 이르러 내 증인이 되리라." 우리들을 주 예수 그리스도와 그의 구원 사역에 대해 능력 있는 증인으로 만드는 것이 성령세례의 주된 목적입니다. 신약을 계속 읽다 보면 여러분은 이 사실이 반복되어 있음을 알게 될 것입니다. 예를 들면 관원들 앞에 서 있는 사도 베드로의 경우를 보십시오. "베드로와 사도들이 대답하여 가로되 사람보다 하나님을 순종하는 것이 마땅하니라 너희가 나무에 달아 죽인 예수를 우리 조상의 하나님이 살리시고 이스라엘로 회개케 하사 죄사함을 얻게 하시려고 그를 오른손으로 높이사 임금과 구주로 삼으셨느니라 우리는 이 일에 증인이요 하나님이 자기를 순종하는 사람들에게 주신 성령도 그러하니라."

성령께서 임재하시는 성령세례가 바로 이러한 일의 증거입니다. 증거는 비밀된 것이 아니라 공공의 명백한 것입니다. 여러분은 성령께서 오순절 날에 예루살렘에 있는 이 제자들과 다락방에 모인 120명 위에 임하신 것에서 이것을 깨닫게 됩니다. 예루살렘의 모든 사람들이 소동하여 놀라며 의혹하여 서로 말하되, "이 어찐 일이냐?"고 말했습니다. "이것이 무엇입니까?" 성령께서 강림하시고 그의 백성들에게 미친 영향이 바로 그것에 대한 증거입니다. 그러므로 사도들이 말합니다. "우리는 이 일에 증인이요 하나님이 자기를 순종하는 사람들에게 주신 성령도 그러하니라."

그리고 제가 이미 여러분께 여러 번 말씀드렸듯이, 사도 베드로도 이 증거를 통해 이방인도 기독교회에 들어오는 것이 허락되어야 한다고 확신하게 되었습니다. 그는 어떤 확신을 가지게 되었습니다. 베드로는 유대인이었으며, 비록 그가 환상을 보았다 하더라도 그는 이것에 대해 그처럼 명확하지는 못했습니다. 그 환상은 그에게 고넬료의 집에 전파하러 이 사람들과 함께 가야 한다고 했지만, 그때에도 그는 그것에 대해 분명하지 않았습니다. 그러나 성령이 자기와 다른 사람들에게 처음 임했듯이 이 사람들에게도 임했다는 것을 그가 알고서 다음과 같이 말했습니다. "누가 능히 물로 세례 줌을 금하리요?" 여기에서 베드로는 성령의 분명하며 외적인 증거를 확신했습니다.

그리고 히브리서 2장에 이것에 대한 또 다른 매우 흥미 있는 진술이 있습니다. 거기에서 저자는 그들이 이러한 사건들을 소홀히 여길까봐 사람들에게 주의를 기울이라고 권하고 있습니다. 그는 이렇게 말합니다. "우리가 이같이 큰 구원을 등한히 여기면 어찌 피하리요 이 구원은 처음에 주로 말씀하신 바요 들은 자들이 우리에게 확증한 바니." 그때 저자는 이것을 깨닫고 계속하여 말합니다. "하나님도…저희와 함께 증거하셨느니라." 어떻게? "표적들과 기사들과 여러 가지 능력과 및 자기 뜻을 따라 성령의 나눠 주신 것으로써"입니다.

그것은 이것을 말하는 또 다른 방식입니다. 성령세례의 목적, 즉 그 주요 기능은 그리스도를 증거하기 위한 것으로 하나님의 사람들이 현상에 예속되며 이끌리는 이러한 태도로 증거하는 것입니다. 히브리서 10:14-15에서 우리는 다음과 같은 것을 봅니다. "저가 한 제물로 거룩하게 된 자들을 영원히 온전케 하셨느니라 또한 성령이 우리에게 증거하시되." 그것은 거기에서 정확히 같은 의미를 갖습니다.

　그가 어떻게 그것을 행하십니까? 이것이 저로 하여금 이 책의 전체 주제에서 다섯번째로 큰 주제로 이끕니다. 이러한 성령세례의 상징과 표적, 혹은 이해하기 쉬운 용어로 이 성령세례의 결과가 무엇입니까? 이것에 대해서는 아무런 어려움이 없습니다. 그것은 다양한 종류의 사람들이 성령세례를 받았다고 하는 그 모든 진술에서 매우 분명하게 알 수 있습니다. 사도행전 2장의 제자들의 경우에서 여러분은 그것을 완전히 발견하게 되며 성령세례가 그들을 어떻게 만들었는지에 관한 차이점도 알 수 있습니다. 또한 여러분은 신약 도처에 있는 모든 다른 예들과 설명에서도 그것을 알 수 있습니다. 이미 우리가 살펴보았듯이 여러분은 그것을 서신서들에서도 발견하게 되는데, 거기에서 그것들 모두를 묵시적으로 뒷받침해 주고 있습니다. 그러므로 여러분이 이 성령세례의 교리에 대해 어느 정도 이해하게 될 때에 그것들을 이해할 수 있게 됩니다. 제가 이미 앞서 언급했듯이 이것의 지나침 때문에 오늘날 여러분이 고린도전서를 써야 할 필요가 있는 교회가 얼마나 많은지 알고 계십니까?

　그깃은 또한 기독교의 오랜 역사를 통하여 수많은 성인들의 증거와 생활에도 있습니다. 제가 이미 여러분에게 몇 가지 예를 인용했지만 조금 더 인용하고자 합니다. 왜냐하면 사람들에게 이것이 '다소 생소한 새로운 교리'가 아니라는 것을 깨닫도록 하기 위해서입니다. 이것이 신약 시대의 기독교입니다. 이것은 교회가 경험하고 향유하도록 특권을 받은 모든 위대한 신앙의 부흥 운동에서 특히 교회에 적용되었습니다. 성령세례의 상징과 표적, 그리고 현시가 무엇입니까? 여기에서 여러분에게 일반 원리에 대하여 말씀드리고자 합니다. 분명히 각각의 경우마다 다양합니다. 왜냐하면 모든 체험들이 동일하지는 않기 때문입니다. 체험은 그것의 정도에 따라 다르지만 성격 면에서는 같습니다. 그것은 두 가지 방식으로 작용하기 때문에 매우 중요합니다. 말하자면, 어떤 사람들은 그들이 최고의 체험을 하지 않으면 전혀 체험하지 못한 것으로 생각하는 경향이 있습니다. 그런데 이것은 분명히 오류이며 또 사람들을 침체시킬 수도 있습니다. 사람들은 어떤 특별한 체험을 한 적이 없기 때문에 결코 이러한 성령세례를 받은 적이 없다고 느낍니다. 이것은 상당히 잘못된 오류입니다. 그래서 우리는 원리와 일반적으로 다양한 현시들을 살펴보아야 합니다. 그리고 일반적으로 그것들을 살피고 난 다음에 정도에 따라 다양성이 있다는 것을 기억하게 되면 우리 자신을 테스트할 수 있고 또 연구할 수 있게 됩니다.

이러한 원리들을 두 가지로 분류할 수 있습니다. 즉 우리 안에 있는 어떤 주관적인 체험들과, 우리를 알고 우리의 외부에 있는 사람들에게 분명하고 명백한 객관적인 사실들입니다. 저는 이것이 가장 편리한 분류라고 생각합니다.

그러면 각 개인의 사적이고 주관적이며 체험적 의식에서 시작해 봅시다. 사람이 주 예수 그리스도로부터 성령세례를 받을 때 필연적으로 발생하는 것이 무엇입니까? 제 생각으로는, 첫째로 이것을 들어야 합니다. 즉 하나님의 영광에 대한 감지, 다시 말하자면 하나님의 존재에 대한 이례적인 자각입니다. 이것이 신약의 모든 예에서와 하나님의 백성들의 계속되는 역사에서 두드러지게 나타납니다. 성령이 하시는 일은 우리가 신앙에 의해 믿었던 것들, 즉 우리가 그것에 대해 일종의 간접적 확신만을 가지게 되었던 사실들을 우리에게 실현시키는 것입니다. 성령께서 이러한 것들을 즉시 실현시키십니다. 우리가 이미 살폈던 조나단 에드워즈의 진술이 특히 하나님(성부 하나님, 성자 그리스도 그리고 성령)의 영광에 대한 의미를 명확히 해 줍니다. 조나단 에드워즈가 이러한 것들을 믿었지만 그가 말하듯이 그것은 평범한 것이 아니었습니다. 우리는 하나님의 영광을 즉각적으로 인식하는 것이 가능합니다. 우리는 습관적으로 보이는 것에 의해서가 아니라 신앙에 의해 행동하며 성경의 증거를 믿고, 성령은 우리에게 그것을 적용하시며 우리는 이러한 것들이 옳다는 것을 깨닫습니다. 그러나 여기에 그것보다 더한 것이 있습니다. 즉 여러분은 하나님의 존재 안에 있다는 것을 알게 되었습니다. 그가 말하고 다른 사람들이 말했던 것처럼, 이런 일들을 말로 표현한다는 것은 거의 불가능합니다.

저는 이미 앞에서 미국의 뛰어난 천재 조나단 에드워즈를 인용했습니다. 이제 20세기 웨일즈에 있는 대학 총장인 토마스 찰스 에드워즈라는 사람을 인용하려 합니다. 드물게 총명한 사람도 있지만, 저는 그가 보통 사람과 같은 타입의 사람이므로 그에 대하여 언급하려 합니다. 그는 유용하고 훌륭한 교육을 받아서 위대한 학자가 되었습니다. 여러분 중의 대다수는 그의 『고린도전서 주석』을 알고 계실 것입니다. 그런데 그가 그 자신의 체험을 이야기했는데, 그것은 1859년의 부흥기에 그에게 일어났던 것입니다. 그는 학생이었기 때문에 집을 떠나 있었으며 의심과 의문으로 가득 차 철학과 신학에 관한 책들을 읽고 있었습니다. 그의 아버지는 신학교 교장으로 훌륭한 사람이었습니다. 그러나 이 젊은 사람 에드워즈는 '하나님의 존재'에 대해 의심하며 번민 중에 있었습니다.

그가 방학을 맞아 집으로 간 그 다음 주 어느 날 밤에, 그는 그것에 대하여 웨일즈의 다른 곳에서 온 두 명의 비교적 단순한 설교자들에게서 들었습니다. 이들 두 사람은 그 당시 그 나라에 크게 만연되고 있던 신앙 부흥 운동에 상당히 관련되었던 사람들입니다. 그들 중 하나는 하나님께서 부흥을 일으키기 위해 사용하신 도구였으며 또 다른 이는 그의 동료였습니다. 그래서 에드워즈는 그 집회에 갈 것을 결심했으며, 어떻게 그가 가서 자리에 앉았는지를 묘사하고 있습니다. 설교자들이 아주 보잘것없는 학력을 가진 자들이있기 때문에, 결국 그는 의심으로 가득 차서 아무것도 기대하지 않았습니다. 그들 중 한 사람은 예전에 목수였으며 또 다른 이는 재봉사였습니다. 반면에 그 자신은 20세기를 주도하고 있는 철학자들의 책을 읽으며 또 위대한 강연자들의 강의를 경청하고 있지 않습니까? 그래서 그는 다소 오만한 마음까지 들었던 것입니다.

그러나 그는 자기가 어떻게 그 집회를 떠났던가에 대하여 말합니다. 상세한 모든 것을 기억해내지는 못하지만 그가 알고 있는 중요한 사실은, 그가 그 집회를 떠날 때에는 "그가 심지어 육안으로 볼 수 있는 것보다 더 **하나님의 존재를 확신**"했다는 것입니다. 그는 하나님과 만났으며 하나님의 존재를 느꼈습니다. 그는 하나님께서 존재하고 계신다는 사실을 깨닫게 되었습니다. 하나님의 영광이 그 집회에서 이런 단순한 사람들의 봉사를 통해서도 그에게 나타나셨던 것입니다. 성령께서 이 에드워즈에게 임하셔서 그를 의심으로부터 하나님의 존재와 영광에 대한 믿음과 확신과 그리고 인식에까지 이르게 하셨습니다.

또한 이 하나님의 영광과 그의 존재에 대한 의식에 필연적으로 수반하는 것이 경외심입니다. 여러분은 성경에서 하나님의 환상을 보았거나 또는 내가 말하려고 하는 것에 비교될 만한 어떤 것을 받은 사람들에 대한 기록을 읽었을 것입니다. 그들은 곧 두려움으로 가득 차게 됩니다. 이사야 선지자는 이사야 6장에서 "웃시야 왕의 죽던 해에 내가 본즉 주께서 높이 들린 보좌에 앉으셨는데"라고 기술하고 있습니다. 이 환상! 그리고 즉시 그는 곧 자기가 부정한 사람임을 느꼈습니다.

여러분, 우리가 하나님에 대하여 이야기하며 또 하나님의 존재를 믿는 것이 우리에게 고통이 아니라 하나님께 영광이라는 사실을 알고 계십니까? 여러분은 성경에서 이것에 대한 실례들을 봅니다. 모세와 불타는 가시덤불을 생각해 보십시오. 즉 모세를 뒤로 물러서게 한 하나님의 영광과 그의 음성을. 그리고 이러한 예는 도처에 있습니다. 요한도 요한계시록에서 그같이 묘사하고 있습니다. "그가 엎드러져 죽은 자 같이 되매." 사도 바울은 다메섹으로 가는 길에서 부활하신 주님을 빛 가운데서 뵈옵고 땅에 엎드러졌으며 앞을 보지 못하게 되었습니다. 이처럼 성령이 오시고 우리가 이 같은 방식으로 성령세례를 받을 때, 그는 우리에게 중요하고 실제적인 이 모든 일을 하시며, 거기에 일종의 광명과 즉각적인 것이 따릅니다. 이것이 성령세례의 위대한 특징입니다.

여기에서 다시금 D.L. 무디를 상기시키려 하는데, 그의 체험은 이미 인용했습니다. 여기 이 사람은 이전에도 회심한 사람이었으며 또 그는 거기에 대한 일종의 지식과 확신을 가졌던 사람이었습니다. 그러나 뉴욕 시 웰가에서 그에게 발생했던 것에 비춰 본다면 그것은 아무것도 아닙니다. 그는 말합니다. "하나님께서 나에게 나타나셨으며 나는 그러한 그의 사랑의 체험으로 인하여 그분의 손 안에 머물기를 하나님께 간청하였습니다." 그리고 여러분 중에 그에 관한 이야기를 알고 있는 것과 같이, 그 일 후에 무디는 영국과 미국과 그 밖의 다른 곳에서 그처럼 쓰임을 받기 시작하였습니다. 이것은 그의 전생애의 전환점이었습니다. 이것이 바로 그를 증인으로 만들어 준 것입니다. 그러면 그가 그것에 대하여 어떻게 묘사하고 있는지 눈여겨보십시오. 그는 이 두려움과 장엄함에 필연적으로 동반하는 것은 자신의 비천함을 느끼는 것이라고 강조하고 있습니다. 이것이 가장 중요합니다.

　나중에 좀더 자세하게 다루겠지만, 성령세례와 사이비를 어떻게 구별하는가에 대해서 살펴보면, 모든 것이 다 그렇듯이 여기에도 가짜가 있습니다. 마귀는 교활하며 능란합니다. 그래서 마귀는 스스로 광명한 천사로 가장할 수도 있습니다. 그래서 우리 주님께서도 마귀가 하나님의 택한 백성까지도 넘어뜨릴 수 있을 정도로 교활하다고 하셨습니다. 그러므로 우리가 여기에서 유의해야 할 것은, 성령세례는 하나님의 현시, 즉 하나님의 존재에 대한 비범하고 즉각적인 현시이기 때문에 성령세례가 항상 여러분을 겸손하게 한다고 하는 이것이 매우 중요합니다. 그리고 이것은 필연적입니다.

　그러면 이 진술에 관하여 1740년 11월 5일 조지 휘필드의 일기를 살펴봅시다.

> 길버트 테넌트 씨가 먼저 설교하고 그 후에 내가 기도하고 권면했습니다. 약 6분쯤 지나서 한 사람이 소리쳤습니다. "그가 오셨다! 그가 오셨다!" 그리고 그는 그의 영혼에 예수님의 현시를 겨우 입증할 수 있었습니다.

　이 사람은 모인 무리들 중의 한 평범한 사람이었다는 사실을 기억하십시오. 이 사람은 또한 능력 있는 설교자나 하나님께서 사용하시는 휘필드나 길버트 테넌트도 아니었습니다. 이 사람은 그같이 갑자기 소리를 질렀던 무리들 중의 한 사람이었습니다. 휘필드는 이같이 계속하여 적고 있습니다.

> 그러나 멈추기를 종용하는 다른 사람들의 외침을 들었을 때, 나는 그들의 고통과 격정을 보는 것처럼 그들을 위해 기도했습니다. 마침내 우리는 찬송가를 부르고 집으로 돌아갔지만 예수님을 영접한 그 사람은 거기에서 거의 자정이 다 되도록 예수님을 찬양하며 예수님에 관해 이야기했습니다. 나의 영혼도 매우 충만하여 집에 돌아왔을 때 주님 앞에서 울었으며 내 신앙의 부족함과 영원한 하나님의 사랑의 주권과 위대함을 깊이 깊이 느꼈습니다. 대부분의 사람들은 기도하고 찬양하는 데 그 남은 밤 시간을 보냈습니다. 그 밤은 상당히 기억에 남아 있었습니다.

지금 조지 휘필드는 이 지구상에서 가장 성스러운 사람들 중의 한 분이 되었습니다. 그러나 그에게 일어난 이 체험의 결과는 그가 이전에 가졌던 그의 신앙의 부족함과 하나님의 영원한 사랑의 위대함의 반복이었습니다.

여러분, 여러분이 모든 그리스도인들이 다 성령세례를 받는다고 한다면 저는 여러분에게 이런 질문을 하겠습니다. 여러분은 얼마나 자주 이러한 종류의 체험을 하였습니까? 이런 경험을 한 적이 있습니까? 주의하십시오. 여러분이 모든 그리스도인들이 필연적으로 성령세례를 받는다고 생각한다면, 기독교에 그리스도인들이 거의 없다고 하는 결론에 도달하게 됩니다. 사람이 성령세례를 받을 때 발생하는 것은 즉각적입니다. 이것은 이론이나 신앙이 아니라 우리에게 일어나는 행동입니다. 그것은 하나님의 현현, 즉 성부 하나님, 성자 하나님, 성령 하나님께서 우리에게 그 자신을 나타내신 것이며 실제로 우리의 체험 안에 거하시는 것입니다.

언제나 이것을 동반하는 또 다른 뚜렷한 특징은 예수 그리스도 안에서 우리에 대한 하나님의 사랑의 보증입니다. 이것은 매우 중요하며 뚜렷합니다. 한편으로 여러분은 하나님의 이러한 영광과 위대함과 장엄함을 생각하며, 또 다른 한편으로는 여러분 자신의 부족함과 추악함과 더럽고 무가치함을 인정합니다. 여러분은 "그것은 매우 울적한 체험임에 틀림없다"라고 말할 것입니다. 그러나 그렇지 않습니다. 왜냐하면 여러분이 우리 구세주 안에서 여러분을 향한 하나님의 사랑에 대한 놀라운 지식을 동시에 가지게 되기 때문입니다. 그러므로 저는 여기에서 개인적으로 이것이야말로 성령세례의 가장 위대하고 본질적인 특징이라고 말하고 싶습니다. 우리의 확신 때문에 그는 우리를 증인으로 만드십니다.

저는 이전에 신문에서 저의 마음속 깊이까지 사로잡은 이야기를 읽은 적이 있습니다. 그것은 오래 전 글래스고우의 성 앤드류 홀에서 열린 모임에 대한 기사였습니다. 종교 작가로 잘 알려진 알렉산더 가미가 그 모임에 대한 보고를 하였는데 그는 또한 정치적 모임에도 갔습니다. 그는 두 사람이 동일한 화제를 놓고 말하는 것을 주의 깊게 듣고 난 후에 이같이 글을 썼습니다. "그들은 둘 다 훌륭한 연사들로 자기들의 주장에로 사람을 끌어들일 만큼 능숙하며 유능한 자들이었다. 그러나 나는 그 두 사람 사이에 커다란 차이점이 있음을 발견했다…한 사람은 변호인으로서 말하였고, 또 한 사람은 증인으로서 이야기했다."

바로 이것이 그 차이점입니다. 전자는 옹호자로서 변호사와 같았습니다. 그는 그것을 믿었기 때문에 그것에 대해 매우 잘 진술했습니다. 그러나 후자는 증인이었으므로 거기에 첨가되는 무엇이 있었습니다.

인간을 참다운 증인으로 만드는 것이 바로 이런 일들에 대한 확신입니다. 여러분은 이러한 확신 없이도 그리스도인이 될 수 있습니다. 여러분은 성경을 읽고 설교하는 것을 듣고 성경을 믿게 되었습니다. 그리고 여러분은 성경에 관한 일종의 확신을 가지고 있습니다. 그러나 그것이 사도들을 증인으로 만든 것은 아닙니다. 우리 주님께서 그들에게 말씀하셨습니다. "너희가 이 일의 증인이니라." 물론 그들은 증인이었습니다. 그들은 예수님과 함께 있었으며 예수님께서 그들과 함께 다락방에 계셨습니다. 누가복음 24장에서 예수님은 말씀하십니다. "너희가…하기까지는 나의 증인이 될 수 없다." 이 절대적 확신! 그리고 이것이 오순절 이후 그들의 전생애와 체험에서 매우 분명하고 명백합니다.

여러분은 사도행전 1장에서 그들이 비록 이 같은 지식과 기회를 가졌다고 하더라도 여전히 다소 혼동하고 있는 것을 보게 됩니다. 사도행전 1:6에서 이같이 말합니다. "주께서 이스라엘 나라를 회복하심이 이때니이까." 이것은 여전히 그 낡아빠진 유물론적 사고입니다. 이것은 일종의 불확실성입니다. 그러나 이 모든 것이 성령세례 후에 사라집니다. 그들은 다른 사람으로 변화되어 확신을 가지고 말합니다.

그러므로 성령세례가 우리에게 가장 높은 형태의 확신을 줍니다. 하나님의 말씀 안에서 그리스도인에게 가능한 세 가지 유형의 확신이 있습니다. 첫번째 확신의 유형은 성경에서 추론하여 얻는 확신입니다. 이것이 일반적으로 인식되어지는 확신의 형태입니다. 여러분은 이것에 관한 모든 것을 들었을 것입니다. 여러분은 자신이 그리스도인인가 아닌가에 관하여 곤란에 빠져 목사나 혹 몇 명의 그리스도인 친구에게 여러분의 고통을 이야기했을 것입니다. 그러면 그들은 이같이 말했을 것입니다. "당신은 이처럼 혼동해서는 안 된다. 이 일은 매우 간단하다. 당신은 성경이 하나님의 말씀이라고 믿습니까?"

당신은 "예"라고 대답했을 것입니다. 그들은 계속 말할 것입니다. "성경에서, '하나님이 세상을 이처럼 사랑하사 독생자를 주셨으니 누구든지 저를 믿는 자마다 멸망치 않고 영생을 얻게 하려 하심이라'라고 기록한 이 말씀을 당신은 믿는가?"

당신은 "예"라고 대답할 것입니다. "그러면 당신은 멸망치 않고 영생을 얻을 것입니다. '하나님이 그 아들을 세상에 보내신 것은 세상을 심판하려 하심이 아니요…저를 믿는 자는 심판을 받지 아니할 것이요.' 당신은 이를 믿는가?"

"예." "그러면 당신은 심판받지 않습니다. 그러나 믿지 아니하는 자는 하나님의 독생자의 이름을 믿지 아니하므로 벌써 심판을 받은 것입니다."

그때 그들은 이렇게 결론짓습니다.

"만약 당신이 성경을 믿는다면 당신은 또한 위의 사실도 믿어야 한다. 성경은 당신이 믿기 때문에 심판받지 아니하며 구원을 얻는다고 말한다. 당신의 감정에 속태우지 말고 하나님의 말씀을 그대로 믿어라."

이것이 옳습니다. 전적으로 옳습니다. 우리 모두가 해야 하는 것이 바로 이것입니다. 저는 이것을 확신의 가장 낮은 형태라고 생각합니다.

확신의 두번째 유형은 요한일서에서 다루고 있습니다. 요한은 5:13에서 그가 편지를 쓴 목적을 이렇게 말했습니다. "**하나님의 아들을 믿는 너희로 하여금 너희에게 영생이 있음을 알게 하려 함이라.**" 이것은 확신을 주고자 함입니다.

그러면 그가 어떻게 그들에게 확신을 줄 수 있습니까? 그는 여러분이 자신에게 스스로 적용할 수 있는 여러 가지 시험이 있다고 말합니다. 어떤 사람들은 이런 시험을 가리켜 '생명의 시험'이라고 묘사했습니다. 모든 것 중에서 가장 일반적이고 정통한 것은 "우리가 형제를 사랑함으로 죽음에서 생명으로 옮겨 왔다는 것을 아는 것이다"입니다. 이것은 첫번째 것보다 더 나은 시험입니다. 첫번째 시험이 정당하다면 여러분이 이와 같이 말하는 것은 위험합니다. 즉 "그러나 이것이 다만 나의 지적 동의입니까, 아니면 내 중심에서 그것을 합니까?"

여기에 더 철저한 시험이 있는데, 이것은 여러분이 믿는다고 주장하는 진리에 대하여 종합적인 반응을 검사하는 것입니다. 여러분은 형제를 사랑하십니까? 여러분은 어떤 다른 사람보다도 형제와 더불어 있고 싶어하며 또 여러분이 본래 싫어하는 사람이지만 그들도 여러분처럼 하나님의 자녀이므로 그리스도인으로서 사랑할 수 있다고 정직하게 말할 수 있습니까? 만약 여러분 자신이 형제를 사랑하고 있음을 안다면 여러분은 하나님의 자녀라고 확신해도 좋습니다. 여러분은 이 사실을 알고 있습니다. 어떤 것도 여러분이 이런 사람을 사랑하거나 또는 그들의 친구로 즐기도록 할 수는 없지만, 이것이 그들과 여러분에게 일어났으며 여러분이 함께 공유하는 하나님의 생명에 공동 참여하고 있다는 사실을 깨닫게 될 것입니다.

그리고 여러분은 이제 또 다른 시험들을 이와 같이 적용합니다. 그의 계명은 더 이상 우리에게 고통을 주지 않고 성령을 우리에게 주시므로 우리가 신앙의 열심과 그것에 대한 이해를 가지게 합니다. 우리는 우리 스스로 그것들을 해내야 합니다.

그러나 다른 두 개와는 본질적으로 다른 가장 높고 완전하고 영광스러운 확신의 세번째 유형이 있습니다. 이것입니다. 여리분은 확신의 처음 두 가지 유형에서 우리가 지금 말하려는 셋째 유형이 아마도 성경을 읽으면서 추론하는 것이라는 점을 알았을 것입니다. 우리는 읽고 이해하고 자기 연구나 자기 분석의 과정에 의해서 확신에 이르게 됩니다. 우리가 전술한 말에서 추론한다는 것이 사실입니다. 그러나 이 셋째 확신의 영광된 가장 높은 형태는 그것이 우리가 행하는 어떤 것이나 우리가 끌어내려는 어떤 추론이 아니라, 복된 성령께서 친히 우리에게 주시는 확신이라는 것입니다.

로마서 8:15과 16절의 사이에는 완전한 차이점이 있습니다. 로마서 8:15에는 이같이 쓰여져 있습니다. "너희가 다시 무서워하는 종의 영을 받지 아니하였고 양자의 영을 받았으므로 아바 아버지라 부르짖느니라." 그리고 16절에는 "성령이 친히 우리 영으로 더불어 우리가 하나님의 자녀인 것을 증거하나니." 우리의 영이 "아바 아버지"라고 부르짖고 있습니다. 그러나 그 이상으로 성령께서는 우리의 영으로 더불어 우리가 하나님의 자녀인 것을 증거하십니다. 그는 다음과 같이 말하면서 우리를 확신시킵니다. "당신이 옳다."성령께서 그것을 행하십니다. 이것은 우리의 행위나 우리의 추론이 아니라 성령의 즉각적인 증거입니다. 그리고 이것은 왜 그처럼 절대적이고 확실한가에 대한 이유이기도 합니다. 성령이 하시는 일이 바로 이것입니다. 즉 성령은 우리에게 우리가 하나님의 자녀이며 또 하나님께서 영원한 사랑으로 우리를 사랑하시며, 하나님께서 우리를 이처럼 사랑하신 것 때문에 그리스도를 우리에게 보내셨다는 것을 가장 확실한 방식으로 알게 하십니다.

성령께서는 여러 가지 방식으로 이를 행하십니다. 때때로 그는 성경의 한 구절, 즉 여러분이 이전에 수없이 읽었으나 갑자기 눈에 띄는 구절을 통해 그 일을 하실 것입니다. 그리고 그 절이 바로 성령께서 여러분에게 말씀하시고자 하는 것입니다. 그러나 때때로 그는 성경구절 없이도 일하십니다. 즉 그것은 마음과 심장에서 일어나는 감동입니다. 여러분이 들려오는 목소리로 듣지 못하고 어떤 것을 보지는 못한다 하더라도 절대적인 확신으로 알 수 있습니다. 이것은 성령께서 우리의 영과 더불어 우리가 하나님의 자녀인 것을 증거하시는 것입니다.

어떤 사람의 체험을 한 번 더 여러분에게 제시함으로써 이 특별한 강조점을 끝내려 합니다. 1623년에 죽은 한 늙은 청교도인 에드워드 엘탐에 관한 이야기에서부터 시작합시다. 그는 이같이 말했습니다.

그러므로 나는 그가 말했던 성령의 증거는 내적으로 은밀하게 말할 수 없는 성령의 영감이라고 생각합니다. 즉 하나님의 성령은 내적으로 은밀하게 말할 수 없을 정도로 우리의 가슴을 채우고 또 내적으로 하나님이 우리의 아버지라고 믿게 하며, 우리의 가슴속에 은밀하며 위대하고 말할 수 없이 달콤한 감정과 우리에 대한 하나님의 사랑의 감정을 불어넣어 줍니다. 하나님의 사랑은 평범하거나 일반적인 사랑이 아니라, 특별하고 아버지 같으신 사랑으로서 그의 독생자 그리스도 예수께 대한 것과 같은 사랑으로 우리를 사랑하시며, 예수 그리스도 안에서 우리를 그의 자녀로 양자 삼으셨습니다. 주 예수께서 친히 요한복음 17:23에 있는 그의 특별하신 기도에서 하나님께서 우리를 사랑하신다고 하신 것처럼, 우리는 그가 우리를 사랑하신 대로 그리스도를 믿습니다. 로마서 5:5에서 그 사도는 이 목적에 대하여 분명히 말하고 있습니다. "우리에게 주신 성령으로 말미암아 하나님의 사랑이 우리 마음에 부은 바 됨이니."

또한 이제 200년 전에 하나님께 크게 쓰임받았던 호웰 해리스라는 사람의 일지를 인용하려 합니다. 1735년 고난주간의 금요일에 확신에 가득 찬 사람이 있었는데, 그는 확신과 불확실의 고뇌에 빠졌었지만 그해 성령강림절 날에 자기 죄가 용서되었음을 알고서 믿음을 갖고 기뻐하게 되었습니다. 그는 상당한 구원의 확신을 받아서 회심한 3주 후에 더 깊은 체험을 하게 되었습니다. 그는 랭가스티에 있는 교회의 시계탑으로 갔습니다. 그는 성경을 읽고 기도를 하기 위해 그곳에 갔습니다. 그의 전기 작가는 그 다음에 발생한 일을 다음과 같이 적고 있습니다. "2, 3주 후에 그의 전 인격을 녹일 만한 사랑의 불꽃이 타올랐습니다."

그가 처음에 받았던 죄의 용서에 대한 체험은 비록 그것이 그의 마음의 더 깊은 요구에 대한 막연한 느낌을 남겼지만, 의심할 바 없이 달콤했습니다. 그러나 그가 성스러운 장소인 랭가스티에 있는 교회에서 하나님께 그 자신을 의탁하고서 은밀히 기도드리는 동안 하나님은 그에게 그 자신을 나타내셨습니다. 그리고 그는 그때 발생한 일에 대해 어떻게 묘사해야 좋을지 알지 못했습니다.

그날 그는 그 자신이 느끼고 체험했던 일에 대해 적절한 표현을 하려고 다른 어떤 사람보다도 가장 풍부하게 성경구절들을 모았습니다. 그리고 그때 그의 마음이 모든 우상에서 정결케 되었으며 하나님의 사랑이 그의 마음 속에 부은 바 되었습니다. 그리하여 그는 우리가 아바 아버지라 부르는 양자의 영을 받았으므로, 떠나서 예수님과 함께 있고 싶어했습니다. 여러 달 동안의 모든 두려움이 제거되었으며 완전한 사랑이 생겨났습니다. 그리고 그는 결코 그날을 잊지 못했습니다. 그날로부터 호웰 해리스는 뛰어난 증인이 되어서 하나님의 은총과 사랑을 증거했습니다. 그리고 그는 이러한 하나님의 사랑이 어떻게 자기에게 물밀듯이 밀려들었는지에 관하여 묘사했습니다.

또 다른 사람 크리스마스 에반즈라는 사람에게도 정확히 이 같은 것이 적용됩니다. 여러분 중에 찰스 피니의 자서전을 읽은 사람이라면 그가 정확하게도 그 같은 일을 말한다고 알 것입니다.

이것은 우리가 하나님의 자녀인 것을 확신하는 최고의 형태로, 성령께서 우리의 영으로 더불어 증거하시는 것입니다. 이것은 직접적이며 즉각적인 것입니다. 성령이 우리에게 우리가 하나님의 자녀라고 말하는 것은 우리의 추론이 아니라 절대적인 확신입니다.

마지막으로 이 문제에서 지적하고 있는 가장 멋진 방법의 한 가지로 간주되는 것을 여러분께 다시 말씀드리려 합니다. 그것은 300여 년 전 위대한 청교도들 중의 한 사람으로 대영제국 때 옥스포드에 있는 맥달린 대학의 총장으로 뛰어난 학자이며 설교자인 토마스 군원에 의한 것입니다. 이것은 하나님의 자녀라고 하는 데 있어서 습관적인 확신과 예외적인 확신과의 차이점입니다. 그는 이렇게 묘사하고 있습니다. "길을 가는 한 사람과 그의 자식인 어린아이가 있는데 그들은 손을 잡고 걷고 있습니다. 그 아들은 자기가 아버지의 아들이며 자기 아버지가 자기를 사랑하고 있다는 것을 알며 즐거워하고 기뻐합니다. 거기에는 어떤 불확실함도 없습니다. 그러나 갑자기 그의 아버지가 어떤 충동으로 자기의 아들을 들어올리며 그의 팔에 안고 귀여워하며, 입맞추고 껴안고 그에 대한 자기의 사랑을 듬뿍 쏟고 나서 그 아들을 다시 내려놓고 함께 걸어갔습니다."

바로 이것입니다! 그 아들은 이전에도 그의 아버지가 자기를 사랑하며 또한 자기가 그의 아들인 것도 알았습니다. 그러나 이 사랑스러운 뜨거운 포옹과 보통 이상으로 사랑을 쏟아 붓는 예외적인 이 사랑의 표현, 이것이 바로 그러한 종류의 것입니다. "성령께서 우리의 영으로 더불어 우리가 하나님의 자녀인 것을 증거하시나니."

바로 이것이 성령세례의 특별한 특징입니다. 하나님께서는 우리에게 이러한 관점에서 우리 자신을 살펴볼 수 있도록 은총을 베풀어 주셨습니다. 저는 이제 여러분이 확신의 첫번째와 두번째 형태를 모두 가지고 있다고 생각합니다. 그러면 여러분은 세번째 형태에 대하여 무엇을 알고 있습니까? 여러분은 모든 의심과 불확실을 없애고 성령께서 주시는 하나님의 영광과 즉각적인 확실성 그리고 절대적인 확신에 대해서 알고 계십니까? 여러분은 하나님께서 예수 그리스도 안에서 영원한 사랑으로 여러분을 특별하게 사랑하심을 알고 있습니까?

제 6 장

기쁨, 사랑 그리고 이해

우리는 그리스도인이 성령세례를 받을 때, 그들이 이전에 결코 알지 못했던 하나님의 권능과 존재에 대한 의식을 갖게 되며, 또한 이것이 우리가 확신할 수 있는 가장 위대한 형태라는 것도 살펴보았습니다. 그리스도인은 변호인이라기보다는 오히려 증인이며, 이 증거가 확신 없이는 효과적이지 못합니다. 확신에 따르는 확실성은 증거와 관련해서 가장 크고도 분명한 필요성을 가지게 됩니다. 우리는 이 문제에 내하여 좀너 깊이 고찰해 봅시다. 거듭 말씀드리지만 성경의 가르침과 교회의 수반하는 역사를 살펴보면, 이것은 어떤 사람들에게만 한정된 것이 아니라는 것을 강조하고 싶습니다. 그것은 사도들이나 교회 역사상 매우 특출한 사람들에게만 한정되지 않고, 위대한 설교자나 지도자들이 체험한 것일 뿐 아니라, 전세기를 걸쳐 소위 평범한 사람들이 체험한 것이라고 하는 것을 다시 한 번 강조하고 싶습니다.

저는 여러분이 이것은 어느 시대에나 발생하는 것이라는 것을 깨닫게 하려고 각 세기에 걸쳐 여러 사람들을 간략히 인용했습니다. 오순절 날에 사도 베드로는 이같이 이릅니다. "이 약속은 너희와 너희 자녀와 모든 먼데 사람에게." 그러나 지금은 20세기이므로 이런 종류의 일은 더 이상 기대할 수 없다고 생각하는 아주 어리석고 무지한 사람들이 있습니다. 그러나 이것은 바로 복음을 부정하는 것입니다. 이것은 하나님의 백성이 어느 때나 어느 장소에서나 수여받을 수 있는 것으로, 이에 대한 제한은 전혀 없습니다.

저는 이것이 명백하다고 믿는 고로 이제 그 특별한 강조점을 나타내려고 이러한 실례를 들겠습니다. 교회 역사상 모든 다른 시대에도 있었던 것처럼 오늘날에도 이러한 것들에 대한 증거가 있음을 하나님께 감사드리십시오!

그러므로 우리는 계속해서 하나님의 자녀에게 주어진 이 영광스럽고도 놀라운 체험의 또 다른 국면들과 현시들을 고찰해 봅시다. 저는 우리 모두가 우리의 마음을 열 뿐만 아니라 우리의 심령도 열어서 그의 풍성한 은총이 어떤 것인지를 알고자 합니다. 찬송가를 펴십시오.

"구주를 생각만 해도
내 맘이 좋거든"

그렇습니다! 이를 솔직하고 진실하게 말할 수 없거나 노래하지 못하는 그리스도인은 무언가가 잘못되어 있습니다. 이것은 우리가 어떻게 되어야 하는가에 관한 것입니다. 그러므로 우리는 그리스도인이 그렇게 말할 수 있는 상태까지 끌어올려야 한다는 것을 살펴보고 있습니다.

여러분은 이 찬송가 저작의 때를 알고 있을지도 모릅니다. 어떤 사람들은 이렇게 말합니다. "그 사람은 11세기에 살았던 사람이다." 기독교 신앙은 시대를 초월해서 어느 때나 발생합니다. 이제 우리는 두 가지의 가능성 중에 어느 한 가지에 직면해 있습니다. 즉 우리가 이 찬송시에 있는 체험의 어떤 것을 알게 되거나 또는 이러한 찬송을 하지 않게 되거나입니다. 정직의 문제는 진리에 대한 문제에 포함됩니다. 그래서 그보다 더 중요한 것은 우리가 함께 이 영광스러운 문제에 대하여 살펴보는 것입니다. 우리가 이 문제를 살펴볼 수 있는 것에 대해 하나님께 감사드리십시오.

그러므로 그 다음 현시는 기쁨과 감사의 요소인데, 이것은 지금까지 우리가 살폈던 모든 것에 필연적으로 뒤따릅니다. 여기에서 여러분이 신약성경을 읽어 가면서 발견하는 어떤 것이 있습니다. 오늘날 현존하는 책 중에서 이보다 더 상세하게 드러난 책이 없는데 특히 사도행전에서 그러합니다. 이 얼마나 감격적인 책입니까? 사도행전 2장에 이처럼 놀라운 기록이 있습니다. "날마다 마음을 같이 하여 성전에 모이기를 힘쓰고 집에서 떡을 떼며 기쁨과 순전한 마음으로 음식을 먹고." 바로 이것입니다! 여기에 사도들뿐만이 아니라 우리가 그들의 이름을 모르는 삼천 명도 있습니다. 이들은 평범한 사람들로 오직 이러한 기쁨과 환희의 영으로 충만한 사람들이었습니다.

이런 일들이 아주 평범한 것인 것처럼, 그리고 앞으로도 기대할 만한 어떤 것으로 진술되어 있는 것이 매우 놀랍습니다. 데살로니가 교회에 복음이 어떻게 전파되었는가를 상기시키려고 편지를 쓴 사도 바울은 이렇게 말하고 있습니다. "우리 복음이 말로만 너희에게 이른 것이 아니라 오직 능력과 성령과 큰 확신으로 된 것이니 우리가 너희 가운데서 너희를 위하여 어떠한 사람이 된 것은 너희 아는 바와 같으니라." 그리고 계속해서 이것을 주지시킵니다. "또 너희는 많은 환난 가운데서 성령의 기쁨으로 도를 받아 우리와 주를 본받은 자가 되었으니."

여러분도 알다시피, 이 사람들이 그리스도인이 되었을 때 그들은 그들의 친척, 친구들 그리고 일반 사회에서 가장 끔찍한 박해를 받았습니다. 그 핍박은 아주 고통스러운 것으로 우리는 그렇게 그들이 고난을 받았어도 거기에 고난과 함께 하는 성령 안에서의 기쁨이 있었음을 알고 있습니다.

바울은 또한 로마에 있는 그리스도인들에게 이런 일들을 상기시켜 줍니다. 로마서 5장에서 그는 이렇게 적고 있습니다. "그러므로 우리가 믿음으로 의롭다 하심을 얻었은즉 우리 주 예수 그리스도로 말미암아 하나님으로 더불어 화평을 누리자 또한 그로 말미암아 우리가 믿음으로 서 있는 이 은혜에 들어감을 얻었으며 하나님의 영광을 바라고 즐거워하느니라 다만 이뿐 아니라." 이뿐 아니라! "우리가 환난 중에도 즐거워하나니." 우리는 환난 중에도 기뻐합니다. "이는 환난은 인내를, 인내는 연단을, 연단은 소망을 이루는 줄 앎이로다. 소망이 부끄럽게 아니함은." 이 모든 것이 왜 그렇습니까? "우리에게 주신 성령으로 말미암아 하나님의 사랑이 우리 마음에 부은 바 됨이니" (롬 5:1-5). 우리에게 향한 하나님의 사랑에 대한 지식과 확신의 필연적인 결과는 우리가 이 큰 기쁨으로 충만하게 되는 것입니다.

그리고 베드로전서 1:8을 보십시오. "예수를 너희가 보지 못하였으나 사랑하는도다 이제도 보지 못하나 믿고 말할 수 없는 영광스러운 즐거움으로 기뻐하니."

그가 지금 누구에게 편지를 쓰고 있습니까? 이제 우리는 이것이 어떤 특정한 시간이나 또는 특별한 장소에서 어떤 특정한 사람에게만 해당된다고 생각하는 이 어리석은 생각에 못을 박아 버립시다. 이 편지는 "본도, 갈라디아, 갑바도기아, 아시아와 비두니아에 흩어진 나그네"에게 보내진 것입니다. 그 사도는 그들의 이름이 무엇인지, 또는 그들이 누구인지도 모릅니다. 그들은 평범한 사람들이었습니다. 그러나 그 사도는 그들에 대해 이렇게 말하는 것을 주저하지 않았습니다. "너희가 예수를 보지 못하였으나 사랑하는도다 이제도 보지 못하나 믿고 '말할 수 없는' 영광스러운 즐거움으로 기뻐하니." 그것은 실로 너무 놀라운 것이어서 그들은 그것을 표현할 수가 없었습니다. 실제로 그는 '영광으로 가득 찬'이라고 말합니다. 아마도 이 말은 예수님을 영광 중에 친히 뵈온 성인들에 의해 알려진 기쁨과 환희의 한 부분임을 의미할 것입니다. '말할 수 없는 영광스러운 즐거움', 이것은 영원한 영광의 즐거움과 환희와 행복에의 기대입니다.

베드로는 이런 평범한 사람들에게 말합니다. 그리고 다시, 그가 우리에게 그들이 환난과 고난의 시기를 겪었으며 그들의 신앙이 매우 혹독하게 시련받았다고 말하는 것을 기억하십시오. 또한 이것이 너희가 처한 상황이며 너희가 주 안에서 기뻐하고 '말할 수 없는 영광스러운' 즐거움으로 그를 사랑하고 있다는 것을 내가 안다고 그 사도는 말합니다.

이것은 우리가 그리스도인으로서 어떻게 살아야 할 것인가를 나타내 주는 말입니다. 여기에서 저는 이것이 이 모든 신약의 작가들과 사도들이 강조한 보편적인 가르침이라고 하는 것을 보여 주기 위해 다시금 사도 요한을 인용하려 합니다. 사도 요한은 요한일서 1:4에서 이같이 말합니다. "우리가 이것을 씀은 우리의 기쁨이 충만케 하려 함이로라." 그들이 이것을 가졌지만 그는 이것이 그들에게 충만하고 풍부하며 풍성한 기쁨이 되길 원했습니다. 우리 주님은 그가 떠나시기 전에 그의 제자들에게 성령을 보내 주실 것과 관련해서 이것을 약속하셨습니다.

그러면 여기 성령세례와 항상 관계되는 어떤 것이 있는데, 그것은 아주 예외적인 기쁨과 환희입니다.

우리는 부흥의 역사가 신약 자체에 그처럼 분명하게 진술되어 있는 것을 발견합니다. 여러분은 모든 부흥의 시대마다 주요한 특징으로서 언제나 기쁨과 찬양의 영이 있음을 봅니다. 일반적으로 찬양은 부흥의 한 부분입니다. 서서히 찬양으로 나아가는 것이 아니라, 찬송으로의 무의식적인 폭발입니다. 저는 언제나 가장 훌륭한 찬송은 20세기에 다소 특징적인 감상적인 찬송이 아니라, 18세기에 볼 수 있는 그같이 위대하고 힘있는 찬송이라 생각합니다. 이런 모든 찬송들이 어떤 의미에서는 다음의 찰스 웨슬리의 말과 같은 것임을 알 수 있습니다.

"만 입이 내게 있으면 그 입 다 가지고
내 구주 주신 은총을
늘 찬송하겠네."

그 당시에도 부흥의 다른 모든 시대들과 같이, 찰스 웨슬리도 예외적인 시인은 아닙니다. 이것은 가장 평범한 사람들의 감정으로, 웨슬리는 그들 모두가 가슴 깊은 데시 실제적으로 느낀 감정들을 그들을 대신하여 그들을 위해 표현하는 글로 옮기는 재능을 부여받은 것입니다. 하나님의 백성으로서 교회 역사상 모든 위대한 부흥 중에서 그들이 겪었던 기쁨과 행복과 평화를 표현하려는 소망보다 더 특징적인 것은 없습니다.

다시금—여러분은 이 같은 사실에 유의하셔야 합니다—일반적으로 여러분은 이 모든 것에 여러 단계가 있음을 알게 될 것입니다. 부흥의 첫번째 결과는 항상 사람들을 낮추며 그들을 책하고 그들을 영혼의 고통 속에 집어넣어 그들로 하여금 자신이 과연 그리스도인인지 아닌지를 의심하게 하는 것입니다. 그때 갑자기 그 깊은 심연으로부터 높은 곳으로 들려 올려져 기쁨과 환희가 이전의 처참과 무가치와 비난의 감정에 부합하게 합니다.

이제 제가 확립하고자 하는 것은 그리스도인들이 어떤 사람이 되어야 하는가에 관한 것입니다. 이것은 신약성경의 전 메시지로 성자 하나님께서 우리에게 전하시려고 이 세상에 오신 것입니다. 이것이 구원입니다. 그분이 바로 우리를 죄책과 죄의 권세와 죄의 오염으로부터 구해 주시는 구세주이십니다. 그러나 실제로 기쁨 없이는 아무도 그것을 알 수가 없습니다. 그리스도인이 끝까지 견디고 비참과 불행과 또 이러한 일을 행하도록 자신을 강요하는 사람, 다시 말하자면 지금도 그처럼 많은 어리석은 사람들이 말하듯이 하나님 나라로 자신을 끌고 가는 사람이 되라는 것을 의미하지는 않습니다.

주일에 한 번 예배드리는 것으로 충분하다고 여기거나 또는 텔레비전을 보거나 해변으로 가거나 골프를 치면서 자신을 즐기는 것을 막기 위해 아예 9시까지 잠을 자는 이런 어리석은 생각에 대해 신약성경은 단호히 부인하고 있습니다.

그러나 사람들이 성령세례를 받을 때 발생하는 것은, 사도행전에서 보듯이 그들이 할 수 있는 한 함께 있고 싶어한다는 것입니다. 그리하여 그들은 날마다 계속해서 꾸준히 이런 일에 대해 이야기하며 노래하고 하나님을 찬양했습니다. 그들에게는 이것이 모든 것 중에서 첫번째의 일이었습니다. 그 밖의 모든 것은 그 다음의 일이었습니다. 심지어 그들의 일조차도 그들이 해야 할 무거운 짐이었습니다. 물론 그들이 일을 해야 하는 것이 옳지만 위의 것은 그들에게 생명과 기쁨과 구원을 의미하는 일이었습니다.

제가 여러분께 제시하고 싶은 것이 이것입니다. 저는 세상이 기독교의 모든 조직화된 노력들에 많은 관심을 기울이지 않을 것이라고 확신합니다. 바깥 세상에서 주의를 기울이게 될 오직 단 한 가지의 사실은 이 환희의 정신으로 가득 찬 일단의 사람들에게입니다. 바로 이 방법에 의해서 기독교가 고대 세계를 정복했습니다. 그것은 이 사람들의 놀라운 기쁨 때문이었습니다. 여러분이 설사 그들을 감옥에 넣거나 심지어 그들을 죽게 한다 할지라도, 그들은 이를 문제 삼지 않고 계속 기뻐하며 환난 중에도 기뻐했습니다.

저는 이것이 단순히 여러분의 구원의 기쁨에 대한 체험뿐 아니라 의무에 관한 문제이기 때문에 여러분을 권면하고 싶습니다. 저는 이 사악한 세상에서 다음과 같은 것을 권고합니다. 여러분이 정말로 그것에 관심이 있다면, 만약 여러분이 신문에서 말하고 있고 이 나라에서 시작되고 있는 도덕적 타락상에 관한 일상의 증거에 대해 여러분 자신도 실제적으로 느끼게 된다면, 만약 여러분이 하나님을 사랑하는 사람들보다 더 오히려 쾌락을 좇고 사랑하는 사람들 때문에 우리가 경제적으로나 산업적으로 폐허에 직면해 있음을 느끼게 된다면, 만약 여러분이 실제로 그것을 믿고 의미하고 느낀다면, 여기에서 설명하고 있는 그와 같은 사람들이 되어야 합니다. 왜냐하면 이것이 이 사람들을 설득시킬 수 있는 유일한 길이기 때문입니다. 그들은 말합니다. "우리는 이전에 그것 모두를 가졌기 때문에 당신의 가르침과 설교를 알고 있다." 그러나 그들은 자기들이 비참하고 불행하게 될 때에야 그것의 효력을 보게 됩니다. 그리고 그들이 이 특성을 보게 될 때에야 실제로 관심을 기울이기 시작할 것입니다. 그러므로 우리가 우리 자신의 개인적인 일상 생활 속에서 이 가르침을 이해하고 이것을 체험하는 것보다 더 중요한 것은 없습니다.

이제 여러분에게 신약의 가르침을 제시하겠지만 저는 이것을 여러분께 확신시켜 드리기를 열망합니다. 때때로 실제적인 이야기나 실례들이 도움을 주기 때문에 저는 동시에 예나 지금이나 이와 같은 일이 어떻게 발생하는지를 여러분께 보여드릴 수가 있습니다.

우리가 매우 좋아하는 이삭 왓트 박사가 쓴 찬송에 대한 설명을 살펴봅시다. 예를 들면 "주 달려 죽은 십자가"입니다. 그는 성령의 예외적인 증거에 대하여 글을 쓰면서 1650년대 런던의 화이트 홀에서 한동안 올리버 크롬웰의 전속 목사였던 존 호우 목사의 예를 인용합니다. 존 호우는 특별한 지식을 가진 사람으로 분별력이 있는 박식한 사람이었는데, 왓트가 말한 대로 그는 존경을 받았으며 가르치는 것을 확신하는 사람이었습니다. 호우는 이런 이유 때문에 중요합니다. 즉 사람들은 이렇게 말합니다. "나는 어떤 유형들이 있음을 안다. 나는 이런 활기 있는 유형들과 감정적인 사람들 그리고 불안정한 사람들을 알고 있다. 그들은 온갖 종류의 놀라운 사실들을 주장하지만, 지성인들은 이와 다르다." 왓트는 존 호우가 죽었을 때 그의 성경 여백에서 몇 편의 시를 발견했습니다.

> 1689년 12월 26일 이후 나는 오랫동안 신앙의 목표들에 대한 확고하고 의심 없는 동의 이외에도 그것들에 대한 생생하고 향기로운 맛과 흥미가 필요하다는 것을 심각하게 반복하여 생각해 봤습니다. 그리고 더 강한 힘과 더욱 왕성한 활기를 가지고 그것들이 내 심령의 가장 깊숙한 곳을 관통하며 거기

에다 깊이 뿌리를 내리고 고정시킴으로써 나의 생활을 지배해야 한다고 생각했습니다.

이것은 그가 원했던 것입니다. 그는 이 모든 것들을 지적으로 믿었으며 그것들이 그에게 있어 사실이었습니다. 그러나 어떤 의미에 있어서는 그가 구원의 확신을 가지고 있었지만 그 이상의 무엇인가를 더 원했습니다.

…그러나 거기에는 하나님께 향하여 나의 훌륭한 신분에 대해 결론을 내리고 건전한 판단을 내릴 수 있는 다른 확실한 근거가 없었습니다. 후에 나는 설교 도중에 고린도후서 1:12, 즉 "우리 양심의 증거하는 바니 이것이 우리의 자랑이라"는 말씀이 크게 부딪쳐 왔습니다. 바로 오늘 아침에 나는 가장 매력적이며 상쾌한 꿈에서 깨었습니다. 하나님의 높은 보좌에서 흘러 나오는 놀랍고도 풍성한 천국의 광선이 나의 열려지고 넓혀진 가슴에 밀려오는 듯하였습니다. 나는 특별한 하나님의 사랑에 대한 그 놀라운 확신으로 말미암아 종종 그 기억되는 날을 뚜렷이 회상해 왔습니다. 그리고 반복되는 그 신선한 즐거움으로 그것에 대한 기쁨을 맛보아 왔습니다. 그러나 같은 종류의 것을 1704년 10월 22일에 하나님의 감탄할 만한 관대하심과 성령의 가장 기뻐하시는 위로의 감화를 통해서 민감하게 느꼈습니다. 이것은 같은 것에 대한 또 다른 체험 — 먼저는 1689년이고 이제는 1704년에 체험한 것 — 으로서 내 사고에서 할 수 있는 말들을 능가하는 것으로, 그때 나는 마음에서 용솟음치는 말할 수 없는 기쁨을 체험했습니다. 하나님께서 사람들의 심령 가운데 풍부하신 하나님의 사랑을 부어 주신 기쁨으로 인하여 내 눈에서는 눈물이 쏟아져 나왔습니다. 그리고 바로 이런 목적을 위해 내 심령도 그처럼 두드러지게 그의 복된 성령으로 채워지게 되었습니다(롬 5:5).

이제 또 다른 도움을 주는 예를 들어보겠습니다. 이번에는 같은 세기의 스코틀랜드 사람인 윌리암 구트리의 진술입니다. 그는 전형적인 스코틀랜드 사람으로 활기차고 감정적이며 불안정한 형과는 정반대의 사람으로 대단히 명석했으며 또한 신학자였습니다. 그는 다음과 같이 말합니다.

그것은 그 심령에 하나님의 사랑을 부어 주시는 영혼에 대한 하나님의 영광스럽고 거룩한 표현이었습니다. 그것은 말로 표현된 것보다 더 좋게 느껴지는 어떤 것입니다. 그것은 들을 수 있는 소리가 아닙니다. 그러나 그것을 사람이 들을 수 있는 소리로 표현해 본다면 "오! 참으로 사랑하는 사람아!"에 상당하는 생명과 빛과 사랑과 자유가 되시는 하나님으로부터 영혼을 충만케 하시는 영광스러운 광선입니다. 이로써 그 심령은 이제, 그리스도께서 마리아의 이름을 언급하실 때 그에게서부터 마리아에게로 전달된 바로 그것입니다. "예수께서 마리아야 하시거늘 마리아가 돌이켜 히브리 말로 랍오니여 하니 이는 선생님이라." 예수님께서 이 말씀을 하시기 전에 그녀에게 몇 마디를 하셨지만 그녀는 그분이신 줄을 이해하지 못했습니다. 그러나 예수님께서 '마리아야' 이 한마디를 하실 때 그녀의 심령에 어떤 감탄할 만한 신적인 전달과 현시가 있었습니다. 이로 인해 그녀가 그분이 그리스도신지 아닌지, 그리고 그녀가 그에게 흥미를 가지고 있는지 그렇지 않은지 논쟁하고 의문시할 여지가 없었습니다. 그 현시가 그 자체로 신앙을 일으키고 신용과 신뢰를 일으켰으며 "주께서 이와 같이 말씀하셨습니다"라고 하는 것에 상당하는 것이었습니다.

이것은 최고의 의미에 있어서 기업의 '성실한' 자나 '첫 열매'로 불려질 수 있을 만한 영광을 일견(一見)한 것입니다(엡 1:14). 다시 말하자면, 이것은 거의 전적으로 사람을 그의 형상대로 이끄시며 그를 주장하심으로 지금 현재의 현시를 제외하고는 모든 것을 잊어버리도록 하시는 거룩한 하나님에 대한 세심한 발견입니다. 성령의 이 같은 현시가 얼마나 영광스럽습니까? 여기에서 신앙은 충만한 확신으로 살아나 전적으로 하나님의 임재를 감지하게 됩니다.

이것은 참으로 '임재 의식'이라는 제목이 붙여질 만한 것으로 모든 신자에게 주어지지는 않습니다. 그것에 대하여 어떤 이들은 그들의 날들을 속박과 두려움 중에 지냅니다. 그러나 "사랑(거의 완전한)이 두려움을 내어쫓습니다." 이것은 절대적으로 주님의 기쁘심에서 나온 것입니다. 그리고 이것은 변화되고 쉽게 지나가 버릴 수 있기 때문에 그것을 원한다고 해서 그 영광스러운 상태를 논쟁의 자리로 끌고 갈 수는 없습니다.

세번째로 주목할 만한 예는 모든 시대에 있어서 위대한 천재들 중의 한 사람인 블래스 파스칼입니다. 그는 17세기의 사람으로 불란서에서 살았으며 로마 카톨릭 교도였습니다. 그는 그의 영혼과 그의 구원에 관해 큰 관심을 가졌던 사람이었습니다. 그는 훌륭한 사상가요 철학자로 많은 것을 읽고 이야기했습니다. 또한 그는 수학적 실험을 지도했으며 수학 강의도 했습니다. 그는 그 당시 파리에서 과학 분야의 수뇌(首腦)였습니다. 그가 죽었을 때 사람들은 종이 쪽지에 그가 무엇인가 써 놓았던 것을 발견했습니다. 그것은 그의 셔츠 안쪽에 꿰매여 붙여 놓은 것이었는데, 그가 가졌던 주목할 만한 체험을 묘사해 놓은 호신패(護身牌)였습니다.

> 1654년 은혜의 날: 밤 약 10시 30분부터 자정이 지난 약 30분까지,
> '불'(Fire)

지금 여기에서 여러분은 항상 환상들을 보여 주며 사실들을 상상케 하는 명백한 '심리학적 형태'들의 어느 것도 발견치 못합니다. 그러나 여러분은 모든 시대에 있어서 가장 위대한 수학자들 가운데 한 사람의 체험을 보고 있습니다.

> 불
> 아브라함의 하나님, 이삭의 하나님, 야곱의 하나님
> 그러나 철학자들이나 현인의 하나님은 아니십니다.
> 안전, 안전, 감동, 기쁨, 평화
> 예수 그리스도의 하나님
> 당신의 하나님은 나의 하나님이 되실 것입니다.
> 세상과 모든 이의 부주의를 구원하시는 하나님
> 그는 오직 복음 안에서 가르쳐 주신 길에서만 발견되어집니다.
> 인간 영혼의 위대함.

그는 그에게 풍성하게 임했던 체험 중에서 그가 회상할 수 있는 최상의

것으로 이것들을 적고 있습니다.

> 인간 영혼의 위대함
> 오, 의로우신 아버지시여, 세상이 당신을 알지 못하였나이다.
> 그러나 나는 당신을 아옵나이다.
> 기쁨, 기쁨, 기쁨, 환희의 눈물
> 내가 당신으로부터 떠나서 있었나이다.
> 나의 하나님 어찌하여
> 당신께서는 나를 용서하셨나이까?
> 내가 당신에게서 영원히 떠나 있지는 않을 것입니다.
> 이것이 영생입니다. 그들이 당신께 홀로 참 하나님이 되시며
> 당신께서 보내신 그분이 예수 그리스도이심을 알게 될 것입니다.
> 예수 그리스도,
> 예수 그리스도.
> 나는 스스로 그분에게서 떠나 있었습니다. 나는 도망치고
> 부인했으며 그분을 십자가에 못박았습니다.
> 결코 내가 그분에게서 떠나지 않게 하소서.

그는 그의 과거를 현재와 혼합시키고 있습니다. 그는 과거에 자신이 체험했던 것을 회상하면서 감회에 젖고 있습니다.

> 결코 내가 그분에게서 떠나지
> 않게 하소서.
> 그분께서 나를 주장하십니다.
> 오직 복음에서 가르치신
> 길대로만
> 유쾌한 전적 포기.

물론 이것은 분명히 그가 이 놀랄 만한 체험을 따라 적은 것입니다. 그

때부터 그는 세상과 그의 모든 수학적 관심과 추구를 버리고 뽀르로얄에 있는 당시 잔센파라고 하는 종교단체에 가입하였습니다. 거기에서 그는 그의 유명한 작품들, 즉 아주 지대한 영향을 끼친 『서한집』과 『명상록』(Pensées)을 쓰기 시작하였습니다. 그는 위대한 철학자요 과학자였습니다. 그러나 그가 참으로 지식과 이해에 도달한 것은 바로 이 한 체험에서였습니다.

그래서 그가 다른 모든 것들보다 강조하는 것이 바로, '환희, 환희, 환희의 눈물'입니다.

이것은 사도 베드로가 그의 첫번째 편지 첫 장에서 언급하고 있는 '말로 할 수 없는 영광스러운 즐거움'입니다. 여러분, 제가 여러분께 말씀드리는 모든 것은 우리들 모두가 이와 같은 것에 대해 아셔야만 된다는 점입니다. 그것이 바로 이 질문입니다. 우리가 그것을 알고 있습니까? 이것은 여러분이 노력해서 만들어 낸 어떤 것이 아닙니다. 그때 파스칼이 집회에 있었던 것이 아닙니다. 그들이 끝없이 찬송가를 부르거나 그들 자신이 흥분의 도가니로 격앙된 것도 아니었습니다. 성령이 활동하고 계실 때 여러분이 노력할 필요가 없습니다. 그가 홀로 그 모든 것을 행하십니다. 이 즉각성이 그분에 대한 환상이고 지식인데 이것은 필연적인 결과입니다. 즉 우리가 그분을 보지는 못하지만 말할 수 없는 영광스러운 즐거움이 있습니다. 그들은 '흩어진 나그네'였으므로 베드로가 편지를 쓴 사람들은 결코 그분을 뵙지 못했습니다. 그들은 보지 못했지만 베드로는 실제로 육체적으로 예수님을 보았습니다. 그러나 이것이 필요한 것은 아닙니다. 예수님께서 성령을 우리에게 보내셨으며 이것이 그에 대한 지식과 체험의 결과입니다.

그러면 이제 우리가 언급해야 하는 다음의 사실은 **하나님에 대한 사랑**입니다. 요한은 요한일서에서 말합니다. "그가 먼저 우리를 사랑하셨으므로 우리가 그를 사랑하는도다." 이것이 필연적이며 어떤 예증도 이에 대하여 필요하지 않습니다. 여러분이 답례로 하나님을 사랑하지 않고서 여러분에 대한 하나님의 사랑을 깨달을 수가 없습니다. 밤이 낮을 따르듯이 여러분도 그분을 따릅니다. 그리고 우리가 이것을 알게 될 때에 하나님에 대한 우리의 사랑이 우리에 대한 하나님의 사랑과 부합하여 일어납니다. 요한이 지적하고 있듯이 '두려움을 떨쳐 버리는 것'이 바로 사랑입니다. 윌리암 구트리가 이 점을 알았으며 사도 요한의 가르침을 그대로 반복하고 있습니다. 겁 많은 두려움, 즉 '고통을 가진 두려움'을 없애 버리는 것이 사랑입니다. 그러나 이 사랑이 경외심을 없애지는 못하고 오히려 이를 증대시킵니다. 하지만 사랑은 공포를 제거합니다. 우리는 더 이상 율법 아래 있지 않고 은혜 아래 있음을 깨닫습니다. 우리가 하나님의 자녀인 고로 우리는 "아바 아버지"라 부르짖습니다. 로마서 8:15에 사랑이 언급되고 있지만, 이와 다른 사랑이 그것을 초월합니다. 즉 우리들 안에서 "아바 아버지"라 울부짖는 이 사랑의 관점에서 그것을 바라보아야 합니다. 어떻게 우리가 하나님께 가까이 나아갑니까? 어떻게 우리가 하나님께 기도드립니까? 하나님이 멀리 떨어져 계시는 어떤 분이십니까? 아니면 우리가 '아버지'로서의 그분께 가까이 나아갑니까? 우리가 우리 안에서 사랑이 자라나고 있는 것과 그분에 대해서 더욱더 알고 싶어하는 소망과, 심지어 그와 더불어 함께 있고 싶어하는 소망을 깨닫고 있습니까? 이것이 성경에서 증명되고 전 세기를 걸쳐 성인들이 증거하는 일입니다. 저는 이것을 여러분에게 문제로 남겨 놓겠습니다.

그리고 이것이 더 실제적이고 우리의 사랑에 대한 시험이기 때문에 다음의 것으로 넘어가려 합니다. 그것은 우리가 성령을 영광스럽게 할 때 동시에 그분과 성부 하나님과 주 예수 그리스도를 영광스럽게 하고 싶은 소망입니다. 그러나 우리 주 예수 그리스도는 이 모든 것을 약속하실 때와 그리고 성령에 관해 말씀하실 때에, "그가 나를 영화롭게 하실 것이다"라고 하셨음을 기억하는 것이 또한 중요합니다. 성령은 그 자신이 아니라, 특히 주 예수 그리스도를 영화롭게 하려고 보내심을 받았습니다. 예수 그리스도는 그가 아버지를 영화롭게 하려고 오셨다고 말씀하셨습니다. 그리고 실제로 항상 그러하셨으며 사람들의 주의를 아버지께로 환기시키셨습니다. 그가 숨으심으로 사람들이 그를 발견하지 못할 때도 있었습니다. 왜냐하면 그가 개인적 영광을 원치 않으셨기 때문입니다. 예수님은 아버지 하나님을 영화롭게 하려고 오셨으며 또 그가 이르시기를, "성령이 나를 영화롭게 하려고 오신다"고 했습니다. 그러므로 성령의 사역 중에서 가장 위대한 시금석 중의 하나는 특히 세례에 있어서 주 예수 그리스도를 영화롭게 하려는 것입니다. 여러분이 사도행전을 읽을 때 이것이 항상 일어났던 것을 알 수 있습니다. 사도들이 성령세례를 받았을 때 일어났던 첫번째 사건이 바로 이것입니다. 즉 "그들이 하나님의 큰 일을 말하기 시작했습니다."

'성령의 충만'에 관한 책을 쓴 최근의 저자는 "성령충만의 첫번째 표시는 우리가 서로서로 이야기하는 것"이라고 말했습니다. 그는 하나님께 말하고 기도하는 경향을 거부하고, 에베소서 5:19에 "시와 찬미와 신령한 노래들로 서로 화답하며"라고 말함으로 결론을 내립니다. 그는 말합니다. "성령으로 충만한 사람은 말하자면 자신에게 이야기하는 사람이 아니라 다른 사람에게 이야기하는 사람이다." 그러나 실제적으로 그렇지 않습니다. 성령이 충만한 사람이 하는 첫번째 일은 하나님께 이야기하고 하나님을 찬미하여 그의 첫번째 소망이 주 예수 그리스도를 영화롭게 하는 것입니다. 그러므로 성령이 충만한 사람들은 "하나님의 큰 일을 말하기" 시작합니다.

거듭 말씀드리지만, 이것은 분명히 필연적인 어떤 것입니다. 즉 "하나님을 찬미하며 모든 사람들로 더불어 사이좋게 지내는 것입니다."

"날마다 마음을 같이 하여 성전에 모이기를 힘쓰고 집에서 떡을 떼며 기쁨과 순전한 마음으로 음식을 먹고 하나님을 찬미하여 또 온 백성에게 칭송을 받으니 주께서 구원받는 사람을 날마다 더하게 하시니라"(행 2:46-47). 이는 사람이 성령으로 충만할 때 행하는 것입니다. 즉 하나님을 찬미하며 그를 영화롭게 하고 그에 관한 것을 다른 사람들에게 말하며, 특히 주 예수 그리스도를 영화롭게 하기를 원합니다.

오순절 날에 충만되었던 그 사람들이 다시금 성령으로 충만하게 되는 사도행전 4장을 읽어 보십시오. 여러분은 베드로와 요한이 붙잡혀 있다는 것을 기억하실 것입니다. 그들도 공회에서 심한 질책을 받았으며 더 이상 이 예수의 이름으로 설교하거나 가르치지 말라는 조건으로 놓임을 받았습니다. 그래서 그들은 가서 교회 앞에 이 모든 사실을 고했습니다. 그리고 그들 모두가 일심으로 기도하기 시작했을 때에 이것이 발생했습니다. "빌기를 다하매 모인 곳이 진동하더니 무리가 다 성령이 충만하여." 이것은 성령이 다시 '그들에게 임하셨음'을 의미합니다. "그리고 담대히 하나님의 말씀을 전하니라…사도들이 큰 권능으로 주 예수의 부활을 증거하니 무리가 큰 은혜를 얻어." 여러분도 알다시피, 사도 바울이 개종했을 때에 아나니아가 그를 방문했으며 그가 성령세례를 받았습니다. 이것이 사도행전 9:20에 이렇게 기록되어 있습니다. "즉시로 각 회당에서 예수의 하나님의 아들이심을 전파하니." 이것이 언제나 성령세례의 즉각적인 결과입니다. 그는 자기 자신이나 자기의 체험에 관한 것을 이야기하지 않았습니다. 오직 "각 회당에서 예수의 하나님의 아들이심을 전파하니"입니다. 또한 여기에서 저는 그가 즉시로 그것을 행했다는 것을 강조합니다. 이것이 이 일들을 알고 있는 사람들의 소원입니다. 그는 하나님을 찬미하고 싶어합니다. 그래서 관원들이 그들로 하여금 이를 하지 못하도록 했을 때 그들은 이 한 가지 대답만을 했습니다. "우리가 보고 들은 것을 말하지 않을 수 없다." 물론 그들은 말해야 합니다.

그리고 그 다음의 결과는 빛과 이해인데 성령께서 항상 이것을 주십니다. 성령은 진리의 영이시므로 사람들이 성령세례를 받을 때 그들에게 이전에 몰랐던 진리를 알게 하십니다. 저는 교리가 틀린 사람의 체험에는 관심을 두지 않습니다. 오직 성령세례의 시금석은 그것이 사람을 진리와 진리에 대한 이해에로 이끈다는 것입니다. 왜 그렇습니까? 왜냐하면 이것 없이는 증거할 수가 없으며 이를 알지 못하고서는 증인이 될 수가 없기 때문입니다. 여러분은 "언제나 여러분 안에 있는 소망의 이유를 밀힐 준비가 되어 있어야 합니다." 그래서 성령께서 이것을 하시며 일종의 광명과 명쾌한 이해력을 주십니다.

그러므로 저는 여러분께 이에 대한 몇 가지 실례를 들어 보이고 끝내려 합니다. 이것은 저에게 매우 놀랄 만한 사실입니다. 여러분은 기독교의 진리를 알며 또 기독교의 교리를 알고 계십니까? 여러분은 하나님의 위대하시고 영광스러운 목적을 확실히 알며 이해하고 계십니까? 이것의 정도(正道)가 바로 성령세례입니다. 그것은 어떤 다른 것보다 더 큰 빛과 지식과 교훈을 주며 우리가 증인이 되도록 그렇게 하십니다. 이미 제가 존 플라벨의 체험을 인용했었는데 그는 여행 시에 우물가에 앉아서 그 놀라운 체험을 가졌던 것입니다. 이것은 상당히 흥미롭습니다.

수년 후 그는 그가 읽은 모든 책과 그것에 대해 즐겨 이야기했던 것보다도 그것에 의해서 더욱더 하늘나라의 생활을 잘 이해하게 되었다고 고백했다.

그는 훌륭한 학생이었고 독서가였으며 깊이 사고하는 사람이었지만 그 한 체험에서 그의 전 생활에서 얻었던 것보다 더 많은 지식을 얻게 되었습니다.

제가 이미 앞에서 인용한 파스칼에게서도 그와 같았는데, 그는 이같이 말했습니다. "하나님, 살아 계신 하나님, 당신은 철학자와 현인의 하나님이 아니십니다." 그는 철학자였으며 위대한 사고와 이해를 위해 노력해 왔었습니다. 그런데 갑자기 두 시간 동안의 조명! 그는 거기에서 아주 많은 것을 배웠습니다. 그는 그의 매우 위태로운 건강으로 그의 남은 여생을 사람들을 가르치면서 보내야겠다고 생각하고서 『서한집』과 『빵세』를 썼습니다.

그러나 여러 면에 있어서 이 특이한 점의 가장 이례적인 예는 다름 아닌 토마스 아퀴나스에게서 찾아볼 수 있는데 그는 로마 카톨릭 교회에서 존경을 받는 사람입니다. 1879년 교황은 토마스 아퀴나스가 로마 카톨릭 교회의 신학자이며 스승이라고 선포했습니다. 그는 수세기 동안 그렇게 간주되었습니다. 그는 12세기에 살았던 사람으로 대부분의 로마 카톨릭 교리는 이 토마스 아퀴나스의 가르침에 기초를 두고 있습니다. 오늘날 그의 수많은 작품 중에 유명한 작품 『신학대전』, 즉 『신학총론』 또는 『하나님에 관한 지식』은 항상 로마 카톨릭 교회의 표준 교과서가 되고 있습니다.

아퀴나스는 위대한 사상가요 뛰어난 철학자였습니다. 우리 개신교의 입장에서 볼 때, 그는 그리스의 철학자인 아리스토텔레스의 철학을 취하여 기독교의 신앙에 적용시킴으로 우리에게 큰 해를 끼쳤습니다. 이처럼 해서는 안 될 어떤 것을 그의 뛰어난 정신력으로 대부분의 사람들에게 만족을 주었습니다.

그의 가르침의 본질은 죽음을 면치 못하는 인간이 하나님을 직접 체험한다는 것이 불가능하다고 하는 것입니다. 그는 말합니다. "당신의 위치는 당신이 감지하고 보고 느낄 수 있는 사물들과, 그리고 그때 그것들에 적용되는 이성에 의한다." 그래서 그는 그의 유명한 '하나님의 증거들'을 가지고 있습니다. 즉 여러분이 어떻게 하나님의 존재를 증명할 수 있습니까! 원인과 결과 등, 좋고-더 낫고-가장 나은 등의 하나님의 존재에 대한 다섯 가지의 증거들.

이것이 토마스 아퀴나스의 가르침의 정수이지만, 그러나 여기에 그에 관한 믿을 만한 역사가 있습니다. 저는 여러분에게 그것에 대해 매우 잘 나타내 주고 있는 사람을 인용하려 합니다(여러분은 그에 관한 대부분의 전기와 인용문에서 그것을 발견할 수가 있습니다).

> 아퀴나스는 어떻게 인간이 비물질적인 현실에 직접적인 접촉을 갖지 않는가를 논증하면서 그의 전생애를 다 보낸 후에, 죽기 조금 전에 그가 더 이상 쓰지 못한 하나님에 대한 압도적이며 직접적인 체험을 했다. 그는 위대한 작품인 『신학대전』을 완성하라는 그의 친구의 독촉을 받았을 때 이렇게 대답했다. "나는 더 이상 어떤 것도 할 수 없다. 왜냐하면 이러한 일들이 내게 나타나 내가 썼던 그 모든 것이 밀짚처럼 보여서 지금 나는 나의 삶의 마지막을 기다리고 있기 때문이다."

바로 그것입니다! 토마스 아퀴나스의 천재성과 총명함이 나타내며 증명하고 있듯이 그는 갑자기 『신학대전』을 별 볼 일 없는 짚으로 만들어 버린 하나님에 대한 체험을 했습니다. 그는 알게 되있고 체험하게 되었습니다. 하나님께서 성령을 통해 그에게 그것을 주셨습니다. 그래서 그는 더 이상 쓰지 않았던 것입니다.

이것은 이해할 수도 없고 이치에 맞지도 않으며 실제로 이해의 범주를 넘어선 어떤 것이지만, 그분은 성부, 성자, 성령 하나님이시며 절대적인 확실성과 빛과 지식과 진리 그 자체이십니다. 성령세례를 받은 사람에게 주어지는 것은 빛과 지식과 이해입니다. 이에 관해 사도 바울은 이렇게 말합니다. "이 지혜는 이 세대의 관원이 하나도 알지 못하였나니 만일 알았더면 영광의 주를 십자가에 못박지 아니하였으리라 오직 하나님이 성령으로 이것을 우리에게 보이셨으니 성령은 모든 것 곧 하나님의 깊은 것이라도 통달하시느니라"(고전 2:8, 10).

제 7 장

담대히 말하기를

물론 이 모든 것들에 내포된 뜻은 분명하고 명백합니다. 교회는 사람이 학문적인 가르침과 배움으로 이런 지식을 얻을 수 있다고 생각하는 오류를 범하고 있습니다. 저는 여기에서 이런 것에 대해 비난하고 싶지는 않습니다. 왜냐하면 학문의 가르침과 배움도 중요하기 때문입니다. 그러나 이것들이 가장 중요한 것은 아닙니다. 최근 100여 년 간의 비극이 이런 것들 때문에 유발되었으며 사람들은 그들의 학위와 졸업장과 시험의 합격 등을 자랑합니다. 이것들 모두가 좋은 것이지만, 이것으로 하나님을 더 확연히 알 수 있는 것은 아닙니다. 성령과 성령세례를 통해서만 사람은 하나님에 대한 좀더 완전한 지식을 얻게 됩니다. 저는 이미 앞에서 이 문제에 대해 지금이나 또 영원토록 분명하고 올바르게 제시해 주는 파스칼과 토마스 아퀴나스의 실례를 인용했습니다. 기독교 신앙이 신학교나 대학교에서 학과가 될 때에 우리는 정말 믿음에서 떠나 있다고 말할 수 있습니다. 이것들이 도움은 주지만 우리는 우리의 균형 감각을 상실했습니다. 우리가 이미 살펴본 대로 지식은 성령에 의해 주어지므로 브리스길라와 아굴라와 같은 사람들이 아볼로나 그 밖의 다른 뛰어난 지식이 있는 사람들을 옳게 인도하는 일이 종종 생겨났습니다. 이것은 전세기를 통하여 끊임없이 반복되고 있습니다.

지금까지 우리는 우리 자신 내부에서 성령세례의 증거나 표적을 살펴보았습니다. 그것들은 모두 다소 '주관적인 증거'의 범위나 표제 아래 포함될 수 있습니다.

우리는 이제 외적 증거들과 외부에 있는 사람들에게 분명한 것으로 눈을 돌리려 하는데 이것들은 똑같이 중요합니다. 그것이 성경에서 취급되고 있으므로 우리는 그것을 다루어야 합니다. 이것은 언제나 매우 중요한 문제가 되는데, 왜냐하면 성령세례의 목적이 우리가 증거하도록 하는 것이라면 다른 사람들에게 우리가 그것을 증거하며, 그러므로 거기에는 그들에게 분명하고 명백한 이것에 대한 어떤 것이 있기 때문입니다. 우리가 성령세례의 뜻을 정의할 때에, 그것은 그 사람 자신이 확실히 아는 어떤 것일 뿐 아니라 또한 다른 사람들도 아는 것이라는 사실을 상당히 강조해야 합니다.

사도행전을 익히 잘 알고 있는 사람은 이것이 매우 현저한 사실이라는 것을 단번에 알게 될 것입니다. 우리가 살펴본 대로 다락방에 모인 사도들과 무리들이 성령세례를 받은 그 순간 그것은 거기에 둘러앉은 모든 사람들에게 분명해졌습니다. 그리하여 예루살렘에서 큰 소동이 일어났으며 사람들이 이 문제에 대하여 알아보려고 모여들었습니다. 이것은 단번에 이루어진 것입니다. 우리가 이것을 상세하게 다시 살펴봐야 하지만, 제가 확실히 해 두고 싶은 점은 그 사건이 명백하고도 분명했다는 점입니다. 베드로는 오순절 날에 행한 그의 설교에서 이것을 인용합니다. 그는 사도행전 2:33에서 이같이 말합니다. "그러므로 하나님이 오른손으로 예수를 높이시매 그가 약속하신 성령을 아버지께 받아서 너희 보고 듣는 이것을 부어 주셨느니라." 이처럼 그는 그들 안에서 그리고 그들에게 일어났던 사건의 외적이고 명백한 증거에 대하여 호소하고 있습니다.

그러나 이것의 가장 현저한 예는 아마도 사도행전 10장에 기록된 고넬료의 집에서 일어났던 사건일 것입니다. 44절을 보십시오. "베드로가 이 말 할 때에 성령이 말씀 듣는 모든 사람에게 내려오시니." 만약 여러분의 성령에 대한 교리가 성령께서 사람들에게 내려오신다고 하는 이 사상을 내포하지 않으면 이것은 아주 중대한 과오를 범한 불완전한 것입니다. 제 생각에는 이것이 실로 20세기의 거의 100여 년 동안에 특별히 문제가 되고 있는 것 같습니다. 성령이 사람들에게 내려오신다고 하는 이 모든 개념이 반대와 방해를 받고 있는데, 만약 여러분이 성령에 관한 많은 책들을 읽으신다면 여러분은 그것이 분명히 기독교의 현 상태에 대한 근본적 설명들 중의 하나라는 사실이 전혀 언급조차 되어 있지 않음을 발견하게 될 것입니다.

그 다음을 계속해서 읽어 봅시다. "베드로와 함께 온 할례받은 신자들이 이방인들에게도 성령 부어 주심을 인하여 놀라니 이는 방언을 말하며 하나님 높임을 들음이러라 이에 베드로가 가로되 이 사람들이 우리와 같이 성령을 받았으니 누가 능히 물로 세례 줌을 금하리요 하고."

여러분은 다음 장에서 사도 베드로가 이방인들을 기독교회 안으로 들어오도록 허락했기 때문에, 예루살렘의 관원들이 그에 대한 해명을 요구했던 사실을 기억할 것입니다. 유대인들이 이것을 이해하지 못했기 때문에 베드로는 다음과 같은 논의를 폈습니다. "내가 말을 시작할 때에 성령이 저희에게 임하시기를 처음 우리에게 하신 것과 같이 하는지라." 그리고 그는 세례 요한의 말을 인용합니다. "내가 주의 말씀에 요한은 물로 세례를 주었으나 너희는 성령으로 세례받으리라 하신 것이 생각났노라 그런즉 하나님이 우리가 주 예수 그리스도를 믿을 때에 주신 것과 같은 선물을 저희에게도 주셨으니 내가 누구관대 하나님을 능히 막겠느냐 하더라." 그는 그 증거에 호소했습니다. 그것은 외부에 있는 사람들에게 분명했습니다. 그리고 여러분이 이 책을 죽 읽다 보면 그것은 서신서들에 함축되어 있으며 기독교회의 계속되는 역사에 실체화된 어떤 것이라는 사실을 깨닫게 됩니다.

그러면 이 외적 현시들은 무엇입니까? 첫번째는 놀라움으로써 나타낼 수 있습니다. 즉 얼굴의 표정입니다. 모세가 산에 올라가서 하나님께로부터 십계명을 받고 천막 성전의 건축과 예배의 형식 등에 대하여 지시를 받았을 때 그에게 일어났던 것에 대하여 구약에서 어떻게 설명하고 있는지 살펴보십시오. 마침내 그가 산에서 내려오고 있을 때 사람들이 그를 만나려고 달려 왔지만 그들이 갑자기 두려움과 놀라움으로 뒤로 물러섰던 것을 우리는 압니다. 이것에 대한 설명은 바로 이것입니다. 즉 모세 그 자신은 이 사실을 몰랐다 하더라도 그가 하나님의 면전에 있었으므로 하나님의 영광의 어떤 것이 그의 얼굴로부터 반사되어 모세의 얼굴이 빛나고 있었던 것입니다. 이것은 매우 신비롭고 놀라운 사건입니다.

여러분은 주님의 변화에 대해서도 이같이 생각하고 있습니다. 주님은 제자들 앞에서 변화되셨는데 거기에서 제자들은 일찍이 그에게서 발견하지 못했던 일종의 빛, 즉 영광을 보았습니다.

지금 제가 여러분께 말씀드리고 있는 것이 바로 이것입니다. 분명한 것은 성령세례가 사람들로 하여금 하나님의 실존과 하나님과 그의 영광의 현실적인 실제화를 느끼게 하기 때문에, 이에 따르는 필연적인 부수물 중의 한 가지로 이 세례를 받은 사람들의 육체적인 얼굴 표정에조차 어떤 일이 생긴다고 하는 것이 전혀 놀랄 만한 일이 아니라는 것입니다.

여러분은 사도행전에서 특히 이것에 대한 증거를 보며 2장에서 이를 발견했습니다. 어떤 일이 이 사람들에게 일어났다고 하는 것이 예루살렘 사람들에게 당장 명백해졌습니다. 이것은 단지 그들이 방언이나 다른 말로 말한 것 때문만이 아니라, 나중에 언급하게 되겠지만 그들의 모습과 행위와 그 밖에 많은 다른 것들 때문입니다. 저는 다시 한 번 사도행전 2:33의 진술을 강조합니다. "너희가 보고 듣는." 그들은 다 그들의 각 방언으로 "하나님의 큰 일"을 말함을 들었습니다. 그들은 들었을 뿐 아니라 또한 보았습니다.

이것은 매우 소홀히 여겨지고 있지만 아주 중요한 것입니다. 여러분들이 '본다'고 하는 사실입니다. 그들에게 어떤 것이 일어났는지 이 사람들을 봄으로써 더욱 명백해졌습니다.

여러분에게 이와 같은 것을 보여 주는 또 다른 예를 들겠습니다. 사도행전 6장 마지막 구절에서 순교자 스데반에 대해 말하고 있는 것을 살펴보십시오. 여기 이 사람은 성령과 믿음이 충만하였는데 그의 설교와 가르침과 다른 일들로 인하여 관원들과 마찰이 생겼으며 그는 붙잡히게 되고 심문을 당했습니다. 13절을 보십시오. "거짓 증인들을 세우니 가로되 이 사람이 이 거룩한 곳과 율법을 거스려 말하기를 마지 아니하는도다 그의 말에 이 나사렛 예수가 이곳을 헐고 또 모세가 우리에게 전하여 준 규례를 고치겠다 함을 우리가 들었노라 하거늘 공회 중에 앉은 사람들이 다 스데반을 주목하여 보니 그 얼굴이 천사의 얼굴과 같더라."

이것은 순전한 역사이며, 또한 제가 여러분에게 알려 드리는 설명입니다. 이것은 단지 하나님의 영광에 대한 어떤 반사에 불과합니다. "천사의 얼굴과 같더라." 즉 천사들은 영광스런 왕국에 있으며 하나님의 면전에 있고 또한 그 왕국에 있는 모든 것은 하나님의 영광에 대한 어떤 것을 나타내 줌니다. 여러분이 교회 역사에서 위대한 부흥에 대한 진술을 읽을 때, 이것이 자주 주목되며 또한 많은 사람들의 회심의 수단이 되었던 어떤 것임을 발견하게 될 것이므로 저는 여기에서 이것을 이처럼 강조하는 것입니다. 그들은 부흥집회 때에 갑자기 성령으로 충만된 사람의 얼굴을 보았을 때, 그 얼굴에서 영광과 경이감과 빛 때문에 놀라움을 금치 못하였습니다.

여러분이 제가 단지 특이한 사람들만을 묘사한다고 생각하지 않도록 가장 이례적이고 놀라운 개인적 증거 중의 하나로 아직도 살아 있고 매우 미천한 직업을 가진 어떤 여성의 경험을 들어 보겠습니다. 저는 매우 높은 교양을 지니거나 박식한 사람에 대해서가 아니라, 아주 미천한 일을 하는 사람에 대해서 이야기하고자 합니다. 그녀는 제2차 세계대전 전에 루이스 섬에서 일어났던 부흥 운동 때 어떻게 그녀가 그리스도인이 되었는가를 저에게 말해 주었습니다. 저는 그것에 대하여 많은 것을 듣지는 못했지만 대략 이렇습니다. 1939년 4월부터 9월까지 루이스 섬에 성령이 임하셨습니다. 그런데 그동안 집회는 예배당이 아닌 가정집에서 열리고 있었습니다.

그녀는 이런 일에는 전혀 관심이 없었지만 그녀의 한 친구는 여기에 관심이 많았으며, 마침내 그녀를 그 집에서 열리고 있는 기도 모임 중의 하나에 나가도록 설득하였습니다. 그녀는 너무 많은 사람들 때문에 두 번 실패했으나 결국 그 집회에 참석하게 되었습니다. 그리고 그녀를 회심하도록 이끈 것은 그 집에 있는 한 어린아이의 얼굴 모습에서였습니다. 그녀는 갑자기 이 어린아이의 얼굴이 빛나는 것을 보았는데, 그것은 그녀로 하여금 죄에 대해 깨닫게 해 주고 구세주가 필요하다는 것과 그리고 그녀의 구원에 대한 확실성과 그녀로 성령충만하게 하는 매개체가 되었습니다.

그러므로 여기서 저는 우리가 소홀히 하는 경향이 있는 어떤 것이 있다고 생각합니다. 사람들은 사도행전 2장에서 오직 방언에만 관심을 두지만 방언과 관계가 없는 증거들이 많이 있으며, 또한 많은 경우에 방언과는 전혀 무관한 위와 같은 일들이 있습니다. 그리고 저는 저와 친근하게 지내며 잘 알고 있는 사람에게서 부흥에 관한 이야기를 들었는데 그는 1904-5년 웨일즈의 부흥 운동 시에 어떤 것을 체험했던 사람입니다. 저는 또한 그 부흥의 때에 아주 두드러지게 쓰임을 받았던 에반 로버츠 씨에 대하여도 자주 들었습니다. 사람들은 그의 얼굴과 '빛나는' 성품을 보았을 때 압도당하였습니다.

이제 저는 1830년대 후반과 1840년대 전반에 둔디(Dundee)에 있는 그의 교회에서 거룩한 로버트 머레이 맥췌인(Robert Murray McCheyne)에 관한 이야기를 하려고 합니다. 이것은 여러 번 확증된 사실인데 로버트 머레이 맥췌인은 단지 설교단에 올라서기만 하여도, 그가 그의 입을 떼기도 전에 사람들이 울면서 죄를 깨닫기 시작했습니다. 그는 한마디도 하지 않았습니다. 왜 그렇습니까? 그 이유는 이 사람이 하나님의 면전에 있으며 또한 성령이 그에게 임하셨기 때문입니다. 성령이 임하신 결과들 중의 하나는 외부적으로 볼 수 있는 어떤 것입니다.

대부분의 우리들에게와 일반적으로 교회에서의 주요한 문제는 우리가 성령의 존재와 권세를 잊어버리는 경향이 많다고 하는 것입니다. 그래서 저는 이 점을 거듭 강조합니다. 우리는 고정관념과 조직화된 것에 사로잡힌 매우 형식적인 사람이 되고 말았습니다. 즉 이 다른 증거들, 다시 말하자면 성령의 권세와 영광과 성스러움과 거룩함을 잊어버렸습니다. 저는 교회에서 가장 필요한 것은 성령의 활동을 다시 깨닫게 하는 것이라고 확신합니다. 여러분도 알다시피, 우리는 집회들과 신앙의 운동 등을 조직하지만 이런 이유로 제가 여러분께 강조하는 이 기본적인 요소를 대체로 잊고 있습니다. 성령이 오실 때 그의 증거는 오류가 없으며, 또 그 결과는 놀랄 만한 것입니다.

제가 강조하는 다음의 것은 인간들의 말에 나타나는 성령세례의 결과인데 저는 여기에서 실제로 설교를 의미합니다. 공적인 설교뿐만 아니라 사적인 대화에도 역시 영향을 끼칩니다(아직 저는 방언에 관한 문제는 다루고 있지 않습니다. 그것은 우리가 은사로 생각하기 때문에 거기에서 다루게 될 것입니다). 지금 저는 우리가 그 용어의 일반적인 의미를 생각하면서 사람들의 대화에서 나타나는 성령세례의 결과를 논의하고자 합니다. 이것은 물론 약속되었던 어떤 것입니다. 여러분은 요한복음 7:37-39에서 어떻게 약속이 주어졌는지 기억할 것입니다. "명절 끝날 곧 큰 날에 예수께서 서서 외쳐 가라사대 누구든지 목마르거든 내게로 와서 마시라 나를 믿는 자는 성경에 이름과 같이 그 배에서 생수의 강이 흘러나리라 하시니 이는 그를 믿는 자의 받을 성령을 가리켜 말씀하신 것이라(예수께서 아직 영광을 받지 못하신 고로 성령이 아직 저희에게 계시지 아니하시더라)".

이것은 보편적인 진술로, 참으로 사람들은 성령세례를 받을 때 그들이 사적인 대화나 혹은 좀더 공적인 태도에서도 증거에 대한 문제나 또는 다른 사람들에게 말하는 문제에 있어서 어떤 일이 발생했음을 발견하게 됩니다. 이미 제가 여러분에게 말씀드렸듯이 우리 주님께서도 제자들에게 이렇게 말씀하십니다. "너희가 하늘로부터 권세를 받을 때까지 예루살렘에 머무르라." 즉 여러분이 있는 곳에 그대로 머물러 계십시오. 그리하면 여러분은 실로 증거할 수 있게 될 것입니다.

이것은 분명히 어려운 문제이므로 우리들은 이 점을 다시 반복하고 강조해야 합니다. 3년 동안 그와 함께 있었고 그의 설교를 들었으며 그의 기적을 보았던 사람들이 있습니다. 그들은 그가 십자가에 못박혀 죽으시고 또 그의 몸이 꺾여지며 무덤에 묻히시는 것을 보았으며 그의 빈 무덤도 보았던 사람들입니다. 그뿐만 아니라 그들은 그가 다락방과 다른 많은 장소에서 그들에게 나타나셨을 때 그분을 육안으로 뵈었으며 그의 가르침과 구약에 대한 그의 해석을 들었습니다. 또한 그는 그들과 함께 감람산에 계셨습니다. 여러분은 그들이 전파자가 되기 위해 상상할 수 있는 최고의 훈련을 쌓았던 자들이었음을 알 수 있을 것입니다. 그들은 이에 대한 모든 사실을 알았으며 또한 그것들을 증거하였습니다. 여기에 무엇이 더 필요합니까? 우리 주님께서도 이렇게 말씀하셨습니다. "예루살렘을 떠나지 말고 내게 들은 바 아버지의 약속하신 것을 기다리라." 물론 이것이 오순절 날에 그들에게 일어났습니다.

위와 같은 사실을 볼 때 여러분은 우리들이 학문적인 가르침과 배움을 마치 그것이 전도자가 되기 위해 아주 필수적인 것인 양 강조하는 것이 20세기의 100여 년 동안 계속된 아주 우스꽝스러운 일이 되었음을 알게 될 것입니다. 제가 역사 속에서 읽고 아는 모든 사람들 중에서 대개 1850년부터 오늘날까지의 사람들처럼 이 같은 판단의 막대기로 전도자를 측정하는 사람들을 보지 못했습니다. 1950년대에 이르러 어떤 곳에서 변화가 생겼는데, 그래도 그때까지는 18세기의 복음주의적 부흥 운동의 영향이 여전히 지속되었으며 다른 부흥 운동들도 있었고 사람들도 성령의 권능에 대해 알고 있었습니다.

그런데 갑자기 우리 모두가 훌륭하고 학식이 겸비된 사람들이 되어서 이렇게 말했습니다. "지금 사람들은 교육을 받기 때문에 그런 오래된 타입의 설교는 이제 더 이상 만족을 주지 못한다. 저들이 계속해서 읽으며 배우고 있지 않은가. 또한 중류층의 생활이 윤택해지며 번영하고 있지 않은가." 그리고 그때에 뒤따른 것은 교회 생활의 급격한 황폐입니다. 이것이 빅토리아 시대의 풍조였습니다. 그리고 이것은 교회, 특히 자유 교회에 들어오게 되었는데 교회에서는 이제 예배에 다른 형식들을 모방하기 시작했고 또 '권위', '형식', '배움', '문화' 등이란 위대한 말들이 생겨났습니다.

이제 여기에 대해 비평하려 합니다. 이런 사람들에게 그 유혹이 매우 컸을 것입니다. 그러나 왜 신약성경을 그대로 고수하지 않습니까?

왜 그들이 이 같은 치명적인 실수를 저질렀습니까? 그래서 설교에 대한 전 개념이 점차로 학구적이 되었으며 구약에서 멀어지게 되었고 설교자들은 성령으로 기름 바르는 것이 아니라, 그의 학위나 졸업장에 의해서 평가되었습니다.

저는 지금 이것을 문제 삼는 것이 아니라, 다만 여러분이 이 점을 소홀히 하게 되면 나머지 모든 것도 여러분에게 다 쓸모 없게 된다는 것을 알려 드리고자 합니다. 어떤 점에서 보면 바로 이 이유 때문에 오늘날의 교회가 텅비게 되고 말았습니다. 그러므로 우리가 신약의 본래로 되돌아갈 때에만 비로소 소망이 생기게 됩니다. 그리고 이것은 심지어 말을 할 때에도 생겨납니다.

그것이 무엇입니까? 즉시로 나타나는 큰 요소는 능력과 자유입니다. 언제나 그렇듯이 이것은 기독교회의 역사 속에서 계속적으로 두드러집니다.

여러분은 구약에서 이것에 대한 예시를 봅니다. 그러면 예언자들을 한 번 살펴봅시다. 그들 중의 몇은 아주 비범하지만 또 몇몇은 매우 평범합니다. 아모스는 그가 아주 평범한 사람이었다고 말하고 있습니다. "나는 선지자가 아니며 또한 선지자의 아들도 아니다." 그는 가축을 돌보는 사람이었는데 모든 선지자들처럼 말할 수 있게 되었습니다. 그들에게 발생한 것은 일종의 '하나님의 영감'으로 그들은 지식뿐만이 아니라, 스스로도 놀라우리 만큼 말하는 능력에도 충만되어 있었습니다. 여러분도 잘 알고 있는 예레미야도 "내 중심에 불붙는 것 같아서 내 골수에 사무치니"라고 했습니다. 그는 말할 때마다 고난을 받았으므로 더 이상 말하지 않기로 결정했습니다. 그는 백성이 싫어하는 메시지를 전했기 때문에 "내가 다시는 선포하지 아니하리라"고 마음먹었습니다. 그러나 그럴수록 그 중심에 불붙는 것 같았습니다. 성령께서 그렇게 하신 것입니다. 여러분은 구약에서 그것에 대한 이러한 암시들을 봅니다.

그러면 이제 복음서에서는 어떻게 오순절 날에 대해 예시를 하는가를 다시금 여러분에게 상기시키고자 합니다. 그 예로 누가복음 1:41을 봅시다. "엘리사벳이 마리아의 문안함을 들으매 아이가 복중에서 뛰노는지라 엘리사벳이 성령의 충만함을 입어 큰 소리로 불러 가로되." 그리고 67절에서 사가랴도 이와 같습니다. "그 부친 사가랴가 성령의 충만함을 입어 예언하여 가로되 찬송하리로다 주 이스라엘의 하나님이여 그 백성을 돌아보사 속량하시며." 세례 요한의 설교도 이 같은 방식으로 설명할 수 있습니다. "그가 그의 어머니의 복중에서 성령으로 충만되었으며." 그래서 그는 그를 비범한 사람으로 만들어 준 능력과 자유함으로 말하였습니다.

사도행전을 계속 읽으면서 여러분은 오순절 날이 지난 후 당장에 이 같은 일로 인한 놀라운 사건을 보게 됩니다. 사도 베드로는 비록 그가 어부였지만 예루살렘의 관원들 앞에 담대히 설 수가 있었습니다. 그는 성경을 설명했으며 권위와 큰 능력과 비범한 자유로 말했습니다. 이것은 언제나 일어나는 것입니다. 이것에 대해 사도행전 4:31에서 이같이 말합니다. "그들이 담대히 하나님의 말씀을 전하니라." 그리고 4:33을 보면 "사도들이 큰 권능으로 주 예수의 부활을 증거하니 무리가 큰 은혜를 얻어." 그리고 이것이 신약 전체를 통해 줄곧 이어져 있습니다.

뛰어난 천재이며 매우 지식이 많은 바리새인으로 박식한 사람 사도 바울을 보십시다. 그가 말한 가장 놀랄 만한 사실 중의 하나는 그가 철학에 관심이 많았던 고린도 사람들에게 진술한 내용입니다. 고린도전서 2장에서 그는 이와 같이 말합니다. "형제들아 내가 너희에게 나아가 하나님의 증거를 전할 때에 말과 지혜의 아름다운 것으로 아니하였나니 내가 너희 중에서 예수 그리스도와 그의 십자가에 못박히신 것 외에는 아무것도 알지 아니하기로 작정하였음이라." 우리는 이것이 그의 메시지였음을 잊지 맙시다. 그는 자기 자신이나 자기의 체험이나 자기가 가지고 있는 은사에 대해 말하지 않았습니다. 그는 오직 예수 그리스도와 그의 십자가에 못박히신 것만을 전했습니다. "내가 너희 가운데 거할 때에 약하며 두려워하며 심히 떨었노라 내 말과 내 전도함이 지혜의 권하는 말로 하지 아니하고 다만 성령의 나타남과 능력으로 하여."

바로 이것입니다. 하나님의 권능! 인간의 지혜가 아닙니다. 그는 '지껄이는 자'로 취급받아 지식인들로부터 내어쫓김을 당하였습니다. 그들은 이렇게 말했습니다. "그를 몸으로 대할 때는 약하고 말이 시원치 않다"(고후 10:10). 거기에는 말하고 있는 것에 대한 사상이 아니라 권능이 있었으며 그 권능이 그의 말을 경청하는 사람들에게 나타났던 것입니다. 우리는 이미 그가 데살로니가인들에게 어떻게 복음이 그들에게 오게 되었는가를 상기시켜 주는 것을 살펴보았습니다. "이는 우리의 복음이 말로만 너희에게 이른 것이 아니라 오직 능력과 성령과 큰 확신으로 된 것이니." 신약 전체에서 줄곧 언급되고 있는 것이 바로 이것입니다.

여러분은 사도 베드로가 정확하게 이와 같은 말을 하고 있음을 알 것입니다. 베드로전서 1:10-12에서 그는 위대한 구원에 관하여 이같이 말합니다. "이 구원에 대하여는 너희에게 임할 은혜를 예언하던 선지자들이 연구하고 부지런히 살펴서 자기 속에 계신 그리스도의 영이 그 받으실 고난과 후에 얻으실 영광을 미리 증거하여 어느 시 어떠한 때를 지시하는지 상고하니라 이 섬긴 바가 자기를 위한 것이 아니요 너희를 위한 것임이 계시로 알게 되었으니 이것은 하늘로부터 보내신 성령을 힘입어 복음을 전파한 자들로 이제 너희에게 고한 것이요 천사들도 살펴보기를 원하는 것이니라."

이 증거는 매우 명백하며 선명합니다. 여러분이 교회 역사를 살펴볼 때 이와 같은 것을 발견하게 되므로 저는 사람들이 교회사를 밝히 알게 되는 데 있어서 성경보다 더 용기를 북돋워 주는 것이 없다고 항상 말해 왔습니다. 이 모든 것에 대한 폭 넓은 가르침이 있습니다. "그것은 신약입니다. 그것은 단지 시작이었으며 후에도 그 같은 일이 일어나지 않았습니다. 왜냐하면 이것은 단지 시작에 불과하니까요." 여러분! 그것의 대답은 교회 역사, 특히 부흥의 역사입니다. 이 이야기는 물론 영광스러운 것입니다. 교회가 무기력해졌을 때 하나님은 갑자기 한 사람을 붙드시고 그에게 성령을 부으시며 그를 일으켜 세워 그의 설교를 변화시키셨습니다.

이에 대해 상세하게 다룰 시간이 없습니다만, 이것은 모든 세기 동안 줄곧 발생되었던 것입니다. 로마 카톨릭이 산출해낸 어둠과 무지의, 소위 중세의 어두운 시대에서도 일어났던 매우 두드러진 예를 한두 가지 언급하려 합니다.

하나님은 독일에서 한 사람을 택하셨는데 요한 타울러입니다. 그는 대성당에서 설교하는 로마 카톨릭 사제였지만 하나님께서 갑자기 그를 붙드시고 그에게 성령을 충만케 하시므로 그의 모든 설교가 달라지게 되었습니다. 여러분은 그에 관한 책과 그 당시에 소위 신비주의자들이라 불려졌던 어떤 다른 사람들의 책들을 볼 수가 있을 것입니다. 그들은 그 암흑의 시대에도 그들의 심령이 불붙고 있었으며 빛을 발했습니다. 모든 사람들은 그들에게 무슨 일이 일어나 그들이 특출한 인물들이 될 것이라고 믿고 있었습니다. 이것은 또한 사보나롤라와 같은 사람에게도 해당됩니다. 우리가 성령세례를 받고 성령충만한 관점에서가 아니고는 사보나롤라나 마틴 루터를 설명할 수 없게 됩니다.

여러분은 존 낙스의 이야기를 알고 계십니까? 스코틀랜드의 메리 여왕은 "많은 대대의 영국 병사보다도 존 낙스의 기도를 더 두려워한다"고 말했습니다. 그가 성령으로 충만하여 에딘버러에서 설교할 때, 그녀는 참석하여 듣고 있는 동안 마치 벨릭스가 사도 바울의 말을 들으면서 파르르 떨던 것처럼 떨지 않을 수가 없었습니다.

이것은 인간의 능력이나 인간의 말이 아니라 오직 성령의 권능입니다. 휴 래티머(Hugh Latimer)는 '성 바울의 십자가'에서 설교하곤 했는데 같은 결과를 가져왔습니다. 저는 아마도 그가 모든 신교의 조상들 가운데 가장 위대한 전도자가 아닌가 생각합니다.

그것은 또한 이런 사람들에게도 적용이 되는데, 여러분은 17세기 전반에 스코틀랜드 교회에서 목회를 한 존 리빙스톤(John Livingstone)에 대한 이야기를 들어 보셨습니까? 존 리빙스톤은 아주 유능한 사람으로 훌륭한 사역자였는데 그의 생애의 마지막에서 그의 손자를 위해 일생을 기록하면서 그가 결코 잊을 수 없는 체험을 썼습니다. 그것을 여러분에게 그대로 알려 드리려 합니다. 그 당시 그들에게는 '성찬의 절기'가 있었습니다(지금도 스코틀랜드의 기독교회 중의 어떤 교파에서는 여전히 일년에 두 번씩 이 성찬 절기가 남아 있습니다). 그것은 목요일에 시작해서 금요일, 토요일, 일요일에 모임이 있고 월요일에 마지막 모임이 있습니다.

이제 1630년 6월에 존 리빙스톤과 다른 사람들은 '키어르코쇼트'(Kirk-'o-Shotts)라 불리는 곳에서 성찬 절기에 참석하였으며, 사실상 거기에서 존 리빙스톤이 6월 21일 월요일의 주 설교자로 결정되었습니다. 그는 언제나 훌륭하고 굳은 설교자로서 성경을 주석하고 교리에 밝았으며 성경을 쪼개는 데 능력 있는 사람이었습니다. 그래서 그가 이번 월요일에 설교하기로 예정되었습니다. 그가 아침 8-9시 사이에 기도하러 들로 나갔는데 거기에서 집으로 가든지 사라져 버리라고 하는 마귀의 유혹을 받았습니다. 마귀는 오늘 이 많은 무리들에게 전파할 사람이 누구인가 물었습니다. 그는 이런 상황에 익숙치가 못한, 그저 평범한 방식으로 목회를 하는 훌륭한 사역자였습니다. 리빙스톤은 이렇게 많은 사람들 앞에서 설교하는 것을 두려워하였기 때문에 집으로 가든지 혹은 다른 장소로 사라져 버리라고 하는 심각한 유혹을 받았습니다.

그러나 그가 이 마귀의 시험을 극복하고 설교할 시간이 되자 그는 에스겔 36:25-26을 펴고서 성령에 대한 바로 이 문제를 이야기했습니다. 그는 약 한 시간 반 동안 거기에 대한 교리를 설명하고 그리고 간략히 그의 설교를 적용시키려 했습니다. 그러나 그는 갑자기 자기에게 어떤 일이 일어나고 있음을 직감하고 그가 당초에 짧게 하려고 의도했던 적용에 대해 한 시간 더 길게 계속했습니다. 그리고 그것이 계속됨에 따라 놀라운 일들이 발생하고 있었습니다. 사람들이 땅바닥에 내려 앉았으며 다른 이들도 주저앉아 울고 있었습니다. 그리고 추정하건대 최소한 500명 이상이 그 한 편의 설교로 인하여 회심하게 되었습니다. 제가 회심하였다는 용어를 사용할 때, 앞으로 나온 사람들을 가리킨 것은 아닙니다. 그 당시에는 그럴 필요가 없었으며 또 그와 같은 일들은 하지 않았습니다. 즉 그들이 어떤 형식을 만들어냈다는 것이 아닙니다. 그렇습니다. 그들의 전 생활이 변화되었다는 그런 의미에서 그들이 회심하였다고 말한 것입니다. 그리고 그들은 변화된 그 상태로 그들의 결정에 대한 아무런 압력도 받지 않고 기독교회에 가입하였습니다. 우리가 그처럼 익숙해져 있는 평소의 기계적인 것이 전혀 없었습니다. 이 모든 것은 전적으로 성령의 권능이었습니다.

그리고 매우 주목할 만한 일은 리빙스톤이 다시는 그와 같은 예배를 드리지 못했다는 것입니다. 그것은 그의 생애에서 오직 단 한 번뿐이었습니다. 그는 그 후에도 여러 해 동안 살았지만 그날을 결코 잊지 못했으며 그의 일생을 진술할 때면 언제나 그것을 언급했습니다.

이것이 바로 제가 말씀드리려는 것입니다. 여기 한 사람이 선택되었으며 그는 갑자기 이전에 결코 몰랐으며 후로도 다시는 알 수 없을 그런 능력으로 말할 수 있게 되었다는 것입니다. 그것에 대한 유일한 설명은 바로 성령세례가 사람으로 하여금 능력으로 말하며 전할 수 있게 한다는 것입니다. 우리는 이미 앞에서 몇 가지의 인용 중에 200년 전 웨일즈에서 호웰 해리스(Howell Harris)가 어떻게 교회 탑 아래서 성령세례를 받았으며 또 그 결과로 이 사람이 능력 있게 말할 수 있었는가에 대해 살펴보았습니다.

저에게 무척 매력적인 예가 하나 있는데 그것은 해리스에 관한 이야기입니다. 해리스는 학교 선생이었습니다. 그는 전도자가 되려는 생각은 전혀 없었으며 다만 계속해서 가르치는 것으로 만족해 했습니다. 그런데 그가 회심하게 되었으며 회심한 후, 즉 그가 확신을 받은 약 5주 후에 그는 그가 항상 불의 세례라 부르던 그 세례를 받았습니다. 불! 불과 권능, 여러분이 이것들을 부르는 것이 중요한 것은 아닙니다.

중요한 것은 이 경우에 어떻게 행동하는가 하는 것입니다. 그는 당장에 그의 주위에 살고 있는 남자와 여자, 즉 자신과 그의 어머니와 형제들 그리고 이웃에 살고 있는 사람들에게 관심을 갖기 시작했지만 무엇을 해야 할지 몰랐습니다. 그런데 갑자기 그는 여하튼 병든 사람을 방문해야겠다고 생각하고서 그대로 실천에 옮겼습니다. 그러나 그것만으로는 충분하지가 않았으므로 그는 어떤 식으로든지 그들을 도와야겠다고 생각했습니다. 그는 경건한 서적들을 구해서 그들에게 읽어 주어야겠다고 생각했습니다. 그리고 그대로 행했습니다.

그런데 그는 다른 사람들의 책과 글을 읽는 솜씨가 매우 뛰어나서, 이를 듣는 사람들은 자기들의 죄를 깨닫고 회심하였습니다. 그리고 그가 책을 들고 아픈 사람을 방문하리라는 소식이 들릴 때마다 많은 사람들이 몰려들었으며 앉아서 이 사람이 읽는 것을 경청했습니다. 그는 사람들을 바라보지도 않고 또 그들에게 설교하지도 않았습니다. 그가 오직 책만 읽었음에도 능력이 그들에게 임했으며, 결국 그는 전도자 - 복음 전도자 - 가 되었습니다.

또한 우리는 조지 휘필드(George Whitefield)가 어떻게 설교자가 되었는지 잘 알고 있습니다. 그는 자기가 부름받았으며 또한 성령으로 인치심을 받았다고 알았으며 능력도 알고 있었습니다. 그가 그의 고향인 글루체스터 시에서 첫 설교를 했을 때 굉장한 사건이 발생했는데, 곧 15명이 미쳐 버렸다는 불평이 있었습니다(사실은 15명이 완전히 회심한 것입니다 - 역자 주). 그때 그는 복음적인 설교가 아니라 그리스도인들의 우정에 대하여 설교하고 있었습니다.

어느 누구나 다 요한 웨슬리에 관한 이야기는 잘 알고 있습니다. 처음에 그는 학식은 풍부했지만 희망이 없는 전도자로 결코 훌륭하다 할 만한 인물이 못 되었습니다. 그는 미국 조지아에 갔을 때 비참한 실패를 하였으며 결국 아주 낙담하여 돌아오고 말았습니다. 물론 그가 언제나 지식이 있는 설교는 할 수가 있었지만 그것은 아무런 소용이 없었습니다. 그러나 그가 올더스게이트 가에서 체험을 한 후, 이 사람은 갑자기 능력으로 전파하였으며 복음 전도자가 되었습니다. 그리고 그는 히브리서의 저자처럼 이렇게 말할 수 있었습니다. "내게 시간이 부족하리로다…." 제가 여러분에게 상기시켜 주려는 이 한 가지 사실은 살아서 역사하시는 성령의 능력, 바로 이것입니다.

여러분은 찰스 피니(Charles G. Finney)의 자서전에서도 똑같은 것을 발견하게 됩니다. 그러나 이제 다른 이야기를 하나 하려 합니다. 1857-1859년에 종교 운동, 즉 기독교 부흥 운동이 있었습니다. 1857년에는 미국에서, 1858년에는 북아일랜드에서 그리고 1859년에는 웨일즈에서 있었습니다. 여러분은 이와 같은 일에 대해 어떻게 설명하시겠습니까? 이것은 성령의 권능이 사람에게 임하시는 증거입니다. 웨일즈에 매우 평범한 설교자인 데이비드 몰간(David Morgan)이라는 사람이 있었습니다. 그는 지극히 평범한 사람으로 능력도 없었으며 실제로도 전혀 교육을 받지 못한 사람이었습니다. 그러나 그는 착하고 신앙심이 깊은 사람이었는데 그가 목수였을 때 설교를 시작했기 때문에 결국 목회의 사역에서 거절되었습니다. 그러나 이 사람은 웨일즈에서 1859년의 부흥 운동 시에 누구보다도 먼저 하나님께 쓰임받은 사람이었습니다. 다음이 그의 이야기입니다.

그는 어느 날 밤 어떤 모임에서 매우 감동을 받았으며 후에 한 친구에게 이렇게 말했습니다. "나는 여느 때처럼 그날 밤도 잠자리로 갔었네. 나는 예배를 드리면서 권능을 느꼈지만 그냥 잠자리에 들었네. 그런데 내가 다음 날 아침에 눈을 떴을 때 나는 다른 사람이 되었음을 깨달았네. 나는 사자(獅子)처럼 큰 힘을 느꼈다네." 그리고 그는 굉장한 능력으로 전파하기 시작했으며 그것은 2년 동안이나 계속되었습니다.

그리고 나서 그는 이 친구에게 말했습니다. "어느 날 밤 나는 2년 동안 나와 함께 했던 이 능력으로 충만하여 잠자리에 들었네. 그런데 다음날 아침 깨었을 때 나는 다시금 데이비드 몰간으로 되돌아왔음을 발견하게 되었네." 그리고 그는 약 15년 동안 그가 죽을 때까지 계속 데이비드 몰간으로 남아 있었습니다.

이를 설명해 주는 유일한 길이 있습니다. 그것은 성령께서 그 사람에게 임하셔서 그를 충만케 하셨다가 다시금 그를 이전 상태로 되돌려 놓으신 것입니다. 그것은 그가 어떤 잘못을 범했기 때문이 아니라, 성령께서 주인이시므로 그가 이 권능을 주실 수도 있고 또 이것을 철회하실 수도 있으시다는 것입니다.

저는 이미 여러 차례 D.L. 무디에 관한 이야기를 언급했습니다. 뉴욕시의 거리에서 그에게 임했던 그 성령세례가 그를 지금의 무디로 만들었습니다. R.A. 토레이 박사도 이와 같은 말을 합니다. 그의 위대한 전도 사역은 전적으로 이것의 결과였습니다. 또한 여러분이 기독교선교연합회(C.M.A)를 시작한 A.B. 심프슨 박사의 생애를 읽으실 때도 이와 똑같은 일을 발견하실 것입니다. 그는 그의 사역에 있어서 비효율적인 어떤 것이 있음을 인식하는 유능하고 지적인 사람이었는데, 그가 갑자기 성령으로 충만하게 되어 그의 전 사역이 변화되고 믿을 수 없는 결과를 내었습니다.

여러분이 이렇게 말할는지 모르겠습니다. "이 모든 사람들은 다 예외적인 사람들이다." 저는 그들 모두가 어떤 점에서는 본래부터 예외적인 사람들이었음을 인정합니다. 그러나 제가 분명히 해 두고 싶은 점은 우리가 그들에 대해 알고 있는 사실을 진술한 것이 아니라는 것입니다. 만약에 성령의 권능이 그들에게 임하지 않았더라면 우리는 그들에 대해 전혀 듣지 못했을 것입니다.

이제 저는 여러분에게 우리의 수준과 상당히 비슷한 어떤 일에 대해 말씀드리려고 합니다. 제가 이전에는 이것을 공적으로 말씀드리지는 않았지만 하나님의 영광을 위해 여러분은 사람들이 하는 어떤 비평, 즉 '이것이 오직 특출한 사람들만의 것'이라고 하는 비평을 사전에 하지 말도록 경고하기 위해서 이것을 말하고자 합니다. 결코 이것이 특별한 사람들만을 위한 것은 아닙니다.

제가 기도 모임에 참석한 적이 있는데 그것은 결코 잊지 못할 모임이었습니다. 제 기억으로는 그때가 아마 6월이었을 것이라 생각됩니다. 이 모임은 제가 사역하고 있던 그 교회에서 정기적으로 갖는 모임이었습니다. 월요일 저녁 기도 모임이었는데 여러 모로 놀랄 만한 주일을 보내고 우리는 여느 때처럼 그 모임에 참석했습니다. 저는 어떤 사람을 지적하여 성경을 읽고 기도를 드림으로써 그 기도 모임을 시작하려 했습니다. 그 모임은 7시 15분에 시작되었습니다. 그 사람은 성경을 읽고 기도를 드렸으며 또 다른 사람도 그 같은 방식으로 기도드렸습니다. 그리고 세번째 사람이 기도를 드렸는데 그 사람은 우리 모두가 잘 알고 있는 사람으로 지적인 면에서 볼 때에는 아주 단순한 사람이었습니다. 그는 더 이상 살 용기를 잃었으며 그의 가족들도 그에게 신경을 쓰지 않았습니다. 우리 모두가 그렇듯이 그도 눈에 띄는 많은 결점들을 가지고 있었습니다. 즉 자존심이 무척 강했으며 어느 모로 보나 비범한 사람이나 영적인 사람이 아니었습니다. 제가 이렇게 말한다 해도 그는 화를 내지 않을 것입니다. 그는 평소에는 말을 더듬었으며 초라해 보이고 무게가 없어 보였으며, 저도 여러 번 그가 기도하는 것을 들은 적이 있는데 두

세 문장 정도밖에 못했습니다. 이 사람에게는 오히려 진절머리가 난다고 하는 표현이 더 적합할 것 같습니다.

그런데 그 특별한 밤에 갑자기 이 사람이 완전히 변화되었는데 그의 목소리가 차분해졌으며 그의 말 속에조차도 권능이 임하여 그는 제 평생에 들었던 것보다도 가장 자유롭고 능력 있게 기도를 드렸습니다.

여러분은 무엇이 일어났는지를 상상할 수가 있을 것입니다. 그 기도 모임이 계속되었으며 이 사람의 기도에 따르는 자유함이 거기에 모인 모든 사람들에게도 주어졌습니다. 그 모임은 9시 50분까지 계속되었습니다. 저는 한마디도 하지 않았으며 찬송 소리도 없었습니다. 거기에는 기도할 때 느끼는 굉장히 자유로운 능력만이 있었습니다. 그 사람은 시간을 초월하여 하늘나라에 가 있다고 느꼈습니다. 왜냐하면 실제로 그가 신령한 데까지 올려졌기 때문입니다. 저는 제가 잘 알고 있는 사람의 말을 주의 깊게 들었으며 또 자유와 권능과 확신을 가지고 기도했습니다. 그리고 이전에는 결코 공적으로 기도하지 않았고 또 그것을 생각하기조차도 두려워했던 사람들이 기도하게 되었습니다.

바로 이것입니다. 제가 여러분에게 제시하려 했던 것이 이것입니다. 여러분은 이 영적 권능과 신령한 영역에 대한 어떤 것을 알고 계십니까? 오늘날의 교회가 잃어버린 것이 바로 이것이 아닙니까? 조직, 화합, 지식 등이 기독교회의 현 상태를 대변해 주고 있지 않습니까? 어떻게 **우리**가 이것을 옳다고 할 수 있겠습니까? 하나님의 성령은 가장 평범한 사람일지라도 그에게 임하시면 그가 회합을 뒤흔들며 다른 사람에게 영감을 전달해 주고 그들을 변화시킬 수 있는 비범한 사람이 될 수 있다는 것을 우리는 잘 알고 있습니다. 이것이 하나님의 방법이며, 기독교회이고 신약의 기독교입니다. 조금이라도 말할 가치가 있다면 이것이 바로 유일한 기독교입니다. 오늘날 이것이 요구되고 있습니다. 그리고 이것이 성령세례의 드러나는 일들 가운데 하나입니다.

제 8 장

성령세례와 성화

우리는 성령세례의 큰 목적이 우리로 하여금 하나님께서 우리 주 예수 그리스도를 통하여 우리에게 베풀어 주신 큰 구원을 증거할 수 있도록 하는 것이라는 사실에 대해 집중적으로 다루어 왔습니다. 제가 언급한 바와 같이 저의 큰 관심은 우리가 성령세례에 관련된 이 교훈의 본질을 이해해야 한다는 것입니다. 세례 요한에 따르면 그것은 복되신 구세주 우리 주님의 사역의 뚜렷한 특징이기도 합니다. 그는 말합니다. "나는 물로 세례를 주거니와…그는 성령과 불로 너희에게 세례를 주실 것이요." 그러므로 다시 반복하거니와 저는 그것이 성령세례의 근본적인 목표와 목적이라는 점을 강조하는 데 관심이 있습니다.

그러나 우리가 특별한 어려움을 가지고 있는 자들을 도울 수 있기 위해서 이 큰 주제를 다루기 전에 취급해야 할 한두 가지 다른 문제들이 있습니다. 한 가지 문제는 성령의 사역의 다른 다양한 국면과 성령세례와의 관계는 엄밀히 말해서 무엇인가 하는 점입니다. 이에 관해서 종종 많은 혼란이 있습니다. 성령께서 많이 현시하시고 활동하신다고 하는 것은 신약성경의 가르침에서 볼 때 아주 명백합니다. 물론 우리에게 죄를 확신시켜 주시는 분이 바로 성령이십니다. 아무도 다른 이에게 죄를 확신시켜 줄 수는 없습니다. 우리는 우리가 잘못되었다고 서로서로 지적을 할 수 있습니다. 그러나 그것은 죄의 확신과는 아주 다른 것입니다. 그것을 할 수 있는 분은 오직 성령이십니다. 우리로 하여금 성경을 이해하도록 하시는 분도 오직 성령이십니다.

사도 바울은 우리에게 "육에 속한 사람은 하나님의 성령의 일을 받지 아니하나니 저희에게는 미련하게 보임이요 또 깨닫지도 못하나니 이런 일은 영적으로라야 분변함이니라"(고전 2:14)고 말하고 있습니다. 그것이 우리에게 활기를 불어넣어 주시고 중생시키시는 성령의 역사라고 하는 사실을 우리는 잘 알고 있습니다. 우리는 '성령으로' 거듭났습니다.

성령의 다른 많은 사역들이 있습니다. 우리는 성령의 성유(聖油)와 계몽과 기름부으심과 인치심 등에 관하여 알고 있습니다. 성령의 다양한 활동들을 묘사하는 데 있어서 여러 가지 다른 용어들이 사용되고 있습니다. 그래서 때때로 사람들의 마음 가운데에 이러한 용어들의 관계에 대하여 어느 정도 혼란이 야기된다고 하는 것이 조금도 놀라운 일은 아닙니다. 그런데 그러한 용어들 중에 한두 가지는 특별히 중요합니다. 우리는 그것들에 대해 우리 스스로 언급해야 한다고 생각합니다.

그 첫번째는 성령세례와 성화와의 관계입니다. 이 점에 있어서 사람들의 마음에 많은 혼동이 있습니다. 이것은 전혀 놀라운 일이 아닙니다. 문제는 다음의 방식이나 다음의 이유에서 생겨난다고 생각됩니다. 한 가지는 **충만**이라는 용어가 사용된 점입니다. 에베소서 5:18에서 사도는 말합니다. "술취하지 말라 이는 방탕한 것이니 오직 성령의 충만을 받으라." 그리고 나서 여러분이 오순절 날에 일어난 사건에 대한 기사를 읽으면 성령세례에 관한 기사가 있습니다. 우리가 다락방에 있던 제자들과 그들과 함께 한 다른 사람들에 관하여 보는 것은, "저희가 다 성령의 충만함을 받았다"라고 하는 사실입니다. 에베소서 5:18에 사용된 것과 같은 용어입니다. 그러므로 사람들이 이 두 가지 사건을 동일시하려는 경향이 있다는 것이 조금도 놀라운 일이 아닙니다. 바로 이 용어 자체가 자칫하면 이러한 혼란을 유도해내기 쉽습니다.

그리고 두번째는 이러한 경향을 과장하려는 것입니다. 그것은 성령세례를 받을 때 사람들의 **체험**입니다. 이제 제가 말씀드리려고 하는 것은, 바로 그 체험의 본질은 사람들이 그것을 근본적으로 성화를 의미하는 어떤 것으로 간주한다는 것이 놀라운 일이 아니라고 하는 것입니다. 물론 이러한 노선을 따라 주어진 뚜렷한 교훈이 있었으며 요한과 찰스 웨슬리의 형제들과 더불어 많은 방식에서 기원한 교훈이 있는데 이것은 다소 그 이후에 기독교회에서 어떤 종파들과 신령한 마음을 가진 사람들의 신성한 단체에 의해서 반복되었습니다.

그것들은 왜 혼란이 일어나는 것이 거의 필연적일 수밖에 없는가에 대한 이유들입니다. 그러므로 저는 성령세례와 성화와의 관계에 대한 이러한 전반적인 문제와 관련하여 두 가지 중요한 경향이 있다고 생각합니다. 첫번째 경향은 성령세례를 전적 성화의 의미로서 간주하는 것입니다. 웨슬리는 '완전한 사랑'이라는 용어를 사용했으며, 달리 '무죄의 완전함'이라는 용어를 쓰기도 했습니다. 그러므로 사람이 성령세례를 받을 때 그가 전적으로 성화되며 그것이 우리의 성령세례에 관한 근본적인 정의, 즉 우리의 심령이 깨끗함을 받고 우리가 죄에서 구원받았다고 하는 사실을 말하는 것이라고 가르치는 자들이 있습니다. 또 어떤 이들은 죄의 '근절'에 관하여 이야기합니다. 용어가 문제 되지 않습니다. 중요한 것은 그 주된 가르침이 무엇인가 하는 점입니다.

그러나 이제 이것과는 정반대가 되는 또 다른 경향이 있습니다(우리는 항상 한 극단에서 다른 극단으로 가는 경향이 있습니다). 이것은 이 문제에 있어서 성화를 무시하는 사람들이 있다는 것입니다. 그들은 성화에 관해서는 언급하지도 않고, 항상 은사의 나타남에 대해서만 말합니다. 그것은 여러 세기를 통해 볼 때 교회의 여러 분파에서 그랬던 것처럼 고린도 교회도 분명히 그런 경향이었습니다. 즉 은사에만 전적으로 마음이 끌려 그것들에 관해서만 흥미를 가지고 또 그것들만 생각하려는 위험에 처해 있었던 것입니다. 그리고 여러분도 이와 같이 행할 때 생명과 생활이 소홀히 여겨질 뿐 아니라 경시되는 경향이 있습니다. 그러므로 여러분도 사도가 고린도 교회의 성도들에게 주는 권면을 받아들여야 합니다.

이 두 가지 경향은 여러 세기를 통하여 분명히 드러났습니다. 그러나 이것은 특히 지난 2, 3세기에 두드러졌으며 오늘날에 아주 뚜렷한 현상입니다. 이 때문에 성령세례의 모든 교리에 많은 불명예가 주어지게 되었습니다. 사람들이 큰 은사와 놀라운 체험을 외칩니다만 공공연히 그들의 그리스도인으로서의 삶에서는 실패하고 맙니다. 때때로 일반적인 도덕성과 정직성, 그리고 예절과 같은 점에 대해서도 어떤 육체적인 다른 죄들과는 아주 동떨어진 것인 양 생각하고 있습니다.

이제 이러한 일들이 어떻게 일어나는지를 알아보는 것은 어렵지 않습니다. 어떤 의미에 있어서 인간의 영혼에 일어나는 어떠한 의미심장한 움직임은 항상 마귀로부터의 비상한 습격에 그러한 사람을 내어 줍니다. 마귀는 항상 일을 불명예스러운 데로 끌고 가려고 열망하고 있습니다. 그러므로 여러분은 일반적으로 동시에 움츠리고 있는 이 두 극단을 보게 됩니다. 사람들은 말합니다. "그것은 문제 되지 않는다. 나는 성령으로 세례를 받았다. 자, 내가 받은 능력들을 보라. 내가 하고 있는 일을 보라." 그래서 생활을 소홀히 하게 되고 이는 종종 불행을 초래하게 됩니다. 그러면 이제 정직하고 선하며 영적인 사람에 관해 이야기합시다. 그들은 그들이 최선을 다한 만큼 최선의 것을 얻고자 열망합니다. 그러므로 하나님께서 그들에게 그것을 주시며 그들도 하나님의 영광에만 근본적으로 관심을 가진 자들입니다.

그러면 이 모든 관점에서 볼 때, 성령세례와 성화와의 관계는 무엇입니까? 저의 첫 대답은 거기에는 아무런 직접적인 연관이 없다는 것입니다. 저는 성령세례의 주된 목적과 목표는 성화가 아니라는 것을 의미합니다. 그러나 이미 언급한 바와 같이 그것은 능력, 곧 증언하고 증거하는 데 있어서 능력과 관련된 어떤 것입니다.

물론 이것은 우리가 살펴왔듯이 우리의 복되신 주님에 의해 아주 명백하고 뚜렷하게 진술되고 있습니다. 주님께서는 이렇게 말씀하셨습니다. "오직 성령이 너희에게 임하시면 너희가 권능을 받고 예루살렘과 온 유대와 사마리아와 땅 끝까지 이르러 내 증인이 되리라 하시니라"(행 1:8). 이에 관한 우리 주님의 진술이 있습니다. "예루살렘을 떠나지 말고 위로부터의 능력을 기다리라."

우리는 사도행전 2장에서 베드로의 변화와 사도행전 9장에서 바울의 이야기에서 이 사실에 대하여 아주 명백한 것을 봅니다. 그리고 계속되는 기독교의 역사가 이러한 점에 대하여 풍부하게 증거해 주고 있습니다. 성령세례는 우선적이고 필수적으로 능력세례입니다. 그것은 우리에게 큰 확실성과 확신을 가져다 줍니다. 그리고 거기에는 그것에 대한 일종의 '당위성'(當爲

性)과 우리가 이미 지적한 방식대로 그것을 행할 능력과 힘이 있습니다. 그러므로 저는 여기에서 성령세례와 성화 사이에는 아무런 직접적인 연관이 없다는 것을 주장합니다.

부가적인 논의로, 분명히 고린도 교회의 경우는 자체적으로 이 문제를 처리할 수 있다는 것입니다. 이곳에는 그들의 은사에 관해 자랑하고 그것들을 나타내 보인 사람들이 있었습니다. 교회 내에서는 은사들로 인해 매우 흥분되고 있었습니다. 그러나 사도는 그 교회의 영적 상태와 상황을 보여 주고 있는데 여러모로 안타까운 일들이 많이 있었습니다. 그는 5장에서 심지어 이방인들에게 있어서도 용서할 수 없는 죄가 고린도 교회 내에서 용서되고 있다고 말합니다.

이것은 예외적인 사건입니다. 여러분은 이 한 가지 사건에서 동시에 두 가지 사실을 알 수 있습니다. 그것은 참으로 영적으로 저급한 상태이며 도덕적으로도 저급한 상태였다는 점입니다. 여러분은 사도가 성찬식 후에 계속되는 그들의 애찬에 대해 이같이 말해야 하는 데까지 갔다는 것을 알고 계십니까? 그들의 이기주의가 나타났을 뿐 아니라 어떤 이들은 그들이 애찬에 참석하기 전에 너무 술을 많이 마셔서 제 정신이 아니었다고 하는 사실이 아주 명백합니다. 이것은 실제로 고린도 교회에서 일어난 것입니다. 그들의 영성의 상태나 성화의 상태는 저급하였습니다. 그러나 은사나 그와 같은 것들의 측면에서 볼 때 거기에는 이러한 능력의 증거가 있었습니다.

그래서 제가 여러분께 보여 드리려는 모든 것은 명백히 이 두 가지 사이에 아무런 직접적인 관련이 없다고 하는 사실입니다. 사도는 그 유명한 고린도전서 13장에서 그 문제를 해결했으며, 또 우리에게도 영원히 보여 주고 있습니다. "내가 사람의 방언과 천사의 말을 할지라도 사랑이 없으면 소리나는 구리와 울리는 꽹과리가 되고 내가 예언하는 능이 있어 모든 비밀과 모든 지식을 알고 또 산을 옮길 만한 모든 믿음이 있을지라도 사랑이 없으면 내가 아무것도 아니요 내가 내게 있는 모든 것으로 구제하고 또 내 몸을 불사르게 내어 줄지라도 사랑이 없으면 내게 아무 유익이 없느니라."

바로 그것입니다! 이것이 증거이며 증명입니다. 모든 서신서들도 이와 같은 것을 말하고 있습니다. 그리고 여기에서는 이 두 가지 사이에 분명히 아무런 직접적이고 즉각적인 연관이 없다고 하는 엄청난 진술로 집중하고 있습니다. 물론 이 모든 것은 매우 중요합니다. 왜냐하면 제가 이미 언급한 그 비극으로 인도한 이것을 이해하는 데 사람들이 실패하였기 때문입니다. 사람들은 이러한 은사들을 받았고 또 체험을 가지고 있기 때문에 모든 것이 잘 되리라고 확신했습니다. 그러나 그것이 항상 그런 것은 아닙니다. 이러한 것들은 적용되어야 하는데, 만약 우리가 그것들을 적용하지 않으면 곤란한 문제가 발생할 것입니다.

성령세례와 성화와의 사이에 직접적이거나 즉각적인 연관이 없다는 것을 증거하는 세번째 논의는 성화에 있어서 성령의 사역은 항상 권고의 말로 신약에 나타난다는 것입니다. 다시 에베소서 5:18의 말씀을 봅시다. "술 취하지 말라 이는 방탕한 것이니 오직 성령의 충만을 받으라." 이것은 권면입니다. 사도는 거기에서 그들을 바르게 할 체험을 구하라고 그들에게 강요하지 않습니다. 그는 그들에게 명령하고 있으며 그들에게 무엇을 해야 할 것인가를 말하고 있습니다. 그것은 그들에게 그들 안에 거하시는 성령께 스스로 복종하라는 호소입니다.

그는 또한 그것을 소극적으로 말합니다. 그는 "성령을 근심케 하지 말라"고 그들에게 말하고 있습니다. "성령을 근심케 하지 말라 그로 말미암아 너희가 구속의 날까지 인치심을 받았느니라." 이것은 또한 명령입니다. 우리가 성령을 '근심케' 하는 일이 가능합니다. 데살로니가전서 5장의 도처에서 그는 "성령을 소멸치 말라"고 말합니다. 이 모든 것들은 권고입니다. 그것들은 우리가 무엇을 해야 하고 무엇을 하지 말아야 하는지를 우리에게 말해 주는 모든 것입니다. 이것은 신약이 항상 성화의 교리로 제시하는 특징적인 방식입니다.

빌립보서 2장에서 또 다른 예를 봅시다. 12-13절에 위대한 진술이 있습니다. 주목해서 보시기 바랍니다. "그러므로 나의 사랑하는 자들아 너희가 나 있을 때뿐 아니라 더욱 지금 나 없을 때에도 항상 복종하여 두렵고 떨림으로 너희 구원을 이루라 너희 안에서 행하시는 이는 하나님이시니 자기의 기쁘신 뜻을 위하여 너희로 소원을 두고 행하게 하시나니." 그것에 대한 전형적인 진술입니다. 이미 하나님께서 우리로 그와 같이 행하도록 하셨기 때문에 우리는 그것을 해야 합니다. 우리 안에서 역사하시는 분은 하나님이시지만 우리가 그것을 성취해 가야 합니다. 왜냐하면 그것이 그냥 우리에게 발생하지는 않기 때문입니다. 그러나 이에 반하여 성령세례의 모든 강조점은 이미 우리가 살핀 것처럼 그것이 우리에게 일어나는 어떤 것이라는 사실입니다. 여러분이 그것 없이는 성령세례를 받은 것에 대하여 어떤 것도 할 수 없습니다. 여러분이 그것을 산출해내기 위한 어떤 것도 할 수 없습니다.

저는 그것을 만들어내기 위해서나 야기시키기 위해서, 혹은 그것을 돕기 위해서나 여러분 자신을 편안함과 깊은 안도의 한숨으로 인도하기 위해 노력하는 무서운 위험을 지적할 때 어디서나 그것을 언급합니다. 그 모든 것이 심리학의 범주에 속합니다. 여러분은 성령세례에 관하여 아무것도 할 수 없습니다. 그것은 **주어진** 것으로 성령의 사역이며 그의 행동이십니다. 그것은 전적으로 하나님의 것으로 우리에게 발생합니다. 그러나 여기 성화의 범주에 있어서 그것은 언제나 권면이며, 항상 우리가 이미 알고 있던 것을 우리에게 적용시키십니다.

에베소서 4:17에서 사도가 기록하고 있는 이것이 성화에 관한 신약의 가르침의 전형적인 것입니다. "그러므로 내가 이것을 말하며 주 안에서 증거하노니 이제부터는 이방인이 그 마음의 허망한 것으로 행함같이 너희는 행하지 말라." 그는 그들에게 이렇게 호소하고 있습니다. "여기를 보라 너희가 다시 태어났다." 후에 그는 이렇게 권유합니다. "그러므로 사랑을 입은 자녀같이 너희는 하나님을 본받는 자가 되고." "너희가 이것을 기억할지니." 그는 계속해서 말하고 있습니다. "그리스도께서 너희를 사랑하신 것같이 너희도 사랑 가운데서 행하라 그는 우리를 위하여 자신을 버리사." 그리고 그 후에 이렇게 적고 있습니다. "너희가 전에는 어두움이더니 이제는 주 안에서 빛이라 빛의 자녀들처럼 행하라…너희는 열매 없는 어두움의 일에 참예하지 말고." 이것은 성화이며 또 모든 논의와 호소입니다. 그는 우리가 누구이며 또 우리가 무엇을 하는 사람이며 그리고 우리에게 무엇이 발생했는지를 상기시킵니다. 그리고 말합니다. "이제 이러한 관점에서 그것을 적용하고 너희가 누구인지 깨닫게 되었다. 그러므로 너희가 살아 왔던 지금까지의 방식대로 살 것이 아니라 다른 방식, 즉 너희는 '하나님의 사랑을 입은 자녀'답게 살아야 한다."

그것은 호소이며 권면이며 논의입니다. 그것은 우리에게 성화를 가르치는 신약의 전형적인 방법입니다. 성화는 궁극적으로 성령의 사역입니다. 아무도 그가 자신 안에 하나님의 영을 모시기까지는 그 자신 스스로가 성화할 수 없습니다. 그러나 인간이 중생하는 바로 그 순간에 성령께서 그 사람 안에 거하시게 되며 성화의 사역이 시작되는 것입니다.

성령세례를 정의하자면 이러한 인간에게 발생하는 어떤 것입니다. 그것은 오직 그리스도인에게만 발생할 수 있습니다. 아직 성령세례에 관하여 알지 못한 사람이라 하더라도 성화가 진행되고 있는 것입니다. 이것은 주어진 어떤 것으로 엄청난 체험입니다. 그것은 독자적인 어떤 것이지만 성화는 계속되고 지속적인 진보를 가집니다. 이러한 이유들 때문에 저는 성령세례와 성화를 동일시하는 것이 잘못되었다고 지적하며 또 실제로 우리는 그것들 사이에 아무런 직접적인 연관이 없다는 것을 가르치고 말해야 합니다.

이렇게 말함으로써 그것들 사이에 아무런 직접적인 연관은 없지만 간접적인 연관이 있다는 것이 매우 명확해졌으므로 이제 저의 두번째 요지에 이르게 되었습니다. 제가 말씀드리려는 것은 성령세례의 바로 그 체험이 우리의 성화에 작용하며 영향을 끼쳐야 한다는 것입니다. 어떻게 말입니까? 사람이 성령세례를 받을 때 실제로 그에게 일어나는 것을 바울이 로마서 5:5에서 말하고 있습니다. "하나님의 사랑이 우리 마음에 부은 바 됨이니." 즉 이것은 그 사도의 용어이며 상당히 좋은 해석입니다. 그것은 매우 풍부하여 그의 마음에 하나님의 사랑이 실제로 차고 넘칩니다. 사람들이 그들에 대한 하나님의 이러한 사랑의 체험을 가질 때에야 비로소 하나님께서 "그가 영원한 사랑으로 그들을 사랑하신다"라는 말씀을 깨닫게 되며, 그들은 '그의 사랑을 입은 자녀'가 됩니다. 그래서 그는 그의 시선을 그들에게로 향하시며 세상이 있기 전에 그들을 가지셨고 그들을 사랑하시며 그들을 하나님과, 또 절대적 완전과 영광 안에서 영원한 영광에로 이끄시는 데 관심을 두고 계십니다. 하나님께서 이를 행하시는 그 순간에 그들이 죄를 소름끼치도록 싫어하는 것은 아주 필연적입니다. 죄는 그 순간 상상도 하지 못합니다. 그때 그들은 그들에 대한 하나님의 사랑을 제외하고는 아무것도 알지 못하며 답례로 그들의 사랑도 하나님께로 향합니다. 이것은 성령세례를 받을 때의 체험인데, 그것은 근본적으로 체험적인 것입니다. 성령세례가 중생할 때에 모든 사람에게 발생한다고 말하는 사람들은 신약성경을 부인하는 것뿐만이 아니라, 또한 분명히 성령을 소멸하는 것이 되고 맙니다. 중생은 무의식적이며 비체험적인 것입니다. 그러나 성령세례는 근본적으로 체험적입니다.

사도행전 2장을 보십시오. 그것이 비체험적이라고 말하는 것은 공상입니다. 그것을 비체험적이라고 한 것은 어떤 자들이 가르친 것인데 그들은 오순절주의의 절제 못함을 두려워하여 그들 자신이 그것을 하지 못하도록 규제해 놓았던 것입니다. 실제로 성령세례를 비체험적이라고 하는 것은 아주 어이없는 견해입니다. 우리가 살펴본 바와 같이 그것은 체험적일 뿐 아니라, 너무 체험적이어서 예루살렘에 거하는 모든 사람들이 그것이 그들에게 발생했다는 것을 알았습니다. 그 사실을 그들 자신만 알았을 뿐 아니라 그 밖의 모든 사람들도 알았습니다. 이것은 실제로 굉장한 체험이 발생했다는 것을 근본적으로 특징지어 줍니다. 그것은 크고도 매우 놀라운 사건입니다. 그것은 사람이 이 지상에서 사는 동안 가질 수 있는 가장 위대하고도 영광스러운 체험입니다. 성령세례의 체험을 능가하는 유일한 것은 하늘나라뿐입니다. 그가 이 성령세례를 체험하는 동안 그는 결코 다시는 죄를 범할 수 없다고 느낍니다. 어떻게 그러한 하나님의 사랑에 대항하는 죄를 범하겠습니까? 그래서 사람들이 이 성령세례와 성화를 동일시하려는 경향이 있다는 것은 전혀 놀라운 사실이 아닙니다.

그러나 여기에서 우리가 주의해야 할 사항이 있습니다. 비록 그때에 사람이 그와 같이 느낀다 할지라도 그것이 죄를 전적으로 근절시켰다는 것을 의미하는 것은 아닙니다. 그것은 사람이 그때에 그같이 느낀 감정이지 실제로 그렇다는 것은 아닙니다. 만약 실제로 그것이 그와 같다고 한다면 신약의 서신서에 있는 이러한 모든 권면들이 전적으로 불필요하게 되고, 결코 이러한 모든 논의들과 호소들과 이론들을 가지지 않았을 것입니다. 그리고 사도들은 이렇게 말했을 것입니다. "이제 이것을 구하라. 너희가 모든 문제들에서 벗어나게 되었으니 전적으로 성화될 것이다." 그러나 그는 이와 같이 말하지 않았습니다.

지금 제가 말씀드리고 있는 것을 실증하기 위해 좀더 깊게 다루려고 합니다. 예를 들면 그 사도가 로마서 6:11에서 기록하고 있는 것을 보십시오. "이와 같이 너희도 너희 자신을 죄에 대하여는 죽은 자요 그리스도 예수 안에서 하나님을 대하여는 산 자로 여길지어다." 그리고 즉시로 이렇게 호소합니다. "그러므로 너희는 죄로 너희 죽을 몸에 왕노릇하지 못하게 하여 몸의 사욕을 순종치 말고." 그는 그것을 허락하지 않고 여러분이 그것을 자제할 것을 말합니다. "또한 너희 지체를 불의의 병기로 죄에게 드리지 말고 오직 너희 자신을 죽은 자 가운데서 다시 산 자같이 하나님께 드리며 너희 지체를 의의 병기로 하나님께 드리라"(롬 6:11-13). 만약 앞의 다른 가르침이 진리이고 옳은 것이라고 한다면 이 사도가 이와 같이 말하지 않았을 것입니다. 그러나 분명히 그렇지 않습니다. 성화는 언제나 권면의 말로 표현됩니다.

다시 로마서 8:12을 펴십시오. "그러므로 형제들아 우리가 빚진 자로되 육신에게 져서 육신대로 살 것이 아니니라 너희가 육신대로 살면 반드시 죽을 것이로되 영으로써 몸의 행실을 죽이면 살리니." 만약 우리가 성령세례를 받음으로 죄를 없애 버린다고 한다면 그 사도가 우리에게 결코 "몸의 행실을 죽이라"고 권고하지 않았을 것입니다. 그러나 그는 우리에게 몸의 행실을 죽이라고 권고하고 있습니다. 그 권면은 이것입니다. "영으로써 몸의 행실을 죽이면 살리니." 즉 성령께서 여러분을 도우시고 여러분이 할 수 있도록 힘을 부여하시지만 여러분이 그것을 행해야 합니다. 우리는 성령세례가 필연적으로 성화의 보증이라고 말해서는 안 됩니다. 그러나 그들 사이에는 위와 같이 간접적인 연관이 있습니다. 왜 그렇습니까? 저는 그것에 대해 이렇게 말하고 싶습니다. 성령세례가 성화를 가능한 한 가장 많이 격려해 준다는 것입니다.

그 실례가 도처에 많이 있지만 여기서는 에베소서 1:13에서 성령의 인치심과 관련하여 살펴봅시다. 저는 성령세례와 성화와의 관계를 설명하는데 이보다 더 좋은 방법이 없다고 생각합니다. 그것을 이와 같이 생각해 봅시다. 즉 사람들이 그들의 정원을 파고 씨를 뿌릴 때 여러분은 봄을 생각합니다. 정원 주인은 땅을 파고 땅을 갈고 씨를 뿌리며 땅을 평평하게 다듬는 등 열심히 일을 했습니다. 이제 그 씨 속에는 생명이 있습니다. 그러나 그해 봄에는 날씨가 나빴습니다. 추웠으며 햇볕도 없었고 비도 오지 않았습니다. 몇 주일이 지난 후 그 가엾은 정원 주인은 그의 정원을 살피러 나갔다가 아무것도 발견하지 못하고서 그가 뿌린 씨가 정말로 좋은 씨였는지 궁금히 여겼습니다. 무엇인가가 잘못되어 있었으나 아무것도 발견하지 못하고서 그는 낙담했습니다.

그런데 한참 후에 그는 마침내 이 씨가 싹이 났으며 마치 일종의 녹색 아지랭이와 같은 것이 지면 위로 조금 나타난 것을 보았습니다. 그 이상 아무것도 없었습니다. 그리고 그런 상태로 여러 날이 지났습니다. 아무것도 발생한 것이 없는 것처럼 보여져서 그는 또다시 절망 상태에 이르렀습니다. 그리고 또 며칠이 지났습니다. 그런데 갑자기 하루는 햇볕이 쨍쨍 내리쬐더니 비가 내렸습니다. 그리고 여러분은 그 모든 일이 순조롭게 진행되었다는 것을 알 수 있을 것입니다.

이것이 바로 성령세례와 성화와의 관계입니다. 여러분도 알다시피 거기에는 계속해서 줄곧 생명이 있었습니다. 그 사람은 그것을 알지 못했습니다만, 그 씨 속에는 생명이 있었으며 그 생명이 움트고 있었습니다. 그러나 그것이 너무 느렸기 때문에 그가 그것을 거의 볼 수가 없었던 것입니다. 그것은 거의 눈에 보이지 않았지만 정상적인 속도로 계속 자라고 있었습니다. 그러나 태양이 내리쬐고 비가 왔을 때, 그 모든 것이 자극을 받고 싹이 나게 되어 거의 육안으로도 그것이 자라나는 것을 볼 수 있게 되었습니다.

사람이 거듭나는 순간 하나님의 생명의 씨앗이 그 속에 있게(잉태) 됩니다. 사도 베드로는 말합니다. "우리가 하나님의 성품에 동참자가 되었으니." 또한 사도 요한도 말합니다. "그 씨가 그의 안에 있어서." 그 씨는 믿음이 연약한 자들에게도 있습니다. 그리스도인이 계속 죄 속에서 살 수는 없습니다. 그는 "죄 안에 거하지 않습니다." 왜 그렇습니까? 그 씨가 그 안에 있기 때문입니다. 거기에는 그 정원과 같은 생명이 있습니다. 여러분은 도대체 거기에 어떤 것이 있는가에 대하여 의문이 있을 것입니다.

달리 말하자면, 사람이 거듭난 그 순간에 이 하나님의 씨가 그 속에 잉태됩니다. 그리고 생명이 시작되며 아주 미세한 성장을 가집니다. 그러나 위와 같이 사람이 성령세례를 받아 성령의 단비와 햇볕이 그에게 임하고 하나님의 사랑이 그의 마음에 부은 바 될 때, 우리는 그에게서 생명과 힘과 활력이 용솟음치는 것을 보게 됩니다. 그의 성화, 즉 그에 관한 모든 것이 아주 놀라운 방식으로 자극을 받습니다. 그러나 그것은 간접적인 관련을 갖는 것이지 직접적이거나 또는 그와 같은 것은 아닙니다. 필연적이고 친밀한 관계가 있으면서도 그들은 독립적입니다. 그렇지 않다면 오직 혼란만이 있을 뿐입니다. 이 혼란은 기독교의 오랜 역사 속에서 종종 발생되어 왔습니다.

그러면 여기에서 각도를 달리하면, 또 다른 엄청난 중요한 것이 있는데 그것은 신약의 도처에서 강조되고 있습니다. 왜냐하면 이러한 다른 사역들도 동일한 성령의 사역이기 때문에 그렇습니다. 그리고 그것들 사이에는 항상 이 연관이 있습니다. 왜냐하면 성령세례가 성화에 가장 큰 자극제이며 동기가 되기 때문에 우리는 언제나 매우 좋은 시금석을 가지고 있으며, 그러므로 우리는 그것을 항상 성령의 사역과 작용이라고 주장하는 어떤 것이나 모든 것에 적용시켜야 합니다. 물론 그것은 성령의 다른 사역들에 대해서도 마찬가지로 시금석입니다. 달리 말하자면, 여러분이 매우 극적이고 화려한 주장을 하는 어떤 것을 성령이 하시는 것이라 한다면, 그 사람 속에서 성령의 열매를 살펴봐야 합니다. 즉 "사랑, 희락, 화평, 오래 참음, 자비, 양선, 온유, 충성, 절제"입니다. 때때로 어떤 교회의 종파들이 이를 행하는 데 실패했기 때문에, 제가 지적했듯이 그들은 파멸되고 말았습니다.

성령의 사역에는 일관성이 있습니다. 여러분이 고린도전서에 서술되어 있는 바로 그 사건을 보게 될 때에 더욱 그러합니다. 우리는 이것에 대하여 아주 명백히 해야 합니다. 여러분은 고린도 교회의 교인들이 그리스도인이 아니라고 말해서는 안 됩니다. 많은 사람들이 그렇게 말합니다. 그들은 오직 성화의 한 단면만을 본 것입니다. 그리고 그들은 이렇게 말합니다. "고린도전서 5장에 언급되어 있는 그 흉칙한 죄, 즉 그 아비의 아내를 취한, 심지어 이방인 중에라도 없는 이 죄를 범한 사람이 그리스도인일 리가 없다. 그 일은 불가능하다. 나는 그를 알지 못하며 그가 가진 체험도 또 그가 소유하고 있는 은사들도 도무지 개의치 않으며 나는 그가 그리스도인이 아니라고 생각한다."

그렇다면 지식을 떠나서 판단하고 있는 것이며 여러분은 전연 그렇게 말할 권리가 없습니다. 사도 바울은 형제로서 그 사람에 대하여 말하고 있습니다. 형제! 고린도전서에서 바울은 이러한 통탄할 만한 죄들과 무서운 잘못과 고린도 교회 교인들의 타락한 수치의 여러 가지를 드러내고 있습니다. 그럼에도 불구하고 사도 바울은 그들에게 이렇게 말하고 있습니다. "하나님의 뜻을 따라 예수 그리스도의 사도로 부르심을 입은 바울과 및 형제 소스데네는 고린도에 있는 하나님의 교회 곧 예수 그리스도 안에서 거룩하여지고 성도라 부르심을 입은 자들과" – "성도라 부르심을 입은."

그들이 성도입니다! 여러분은 성도라 할 만큼 완전하지가 못합니다(로마 카톨릭 교회는 오직 어떤 그리스도인만을 지칭하여 **성인**이라 말함으로써 이를 오용하고 있습니다. 그러나 모든 그리스도인은 다 성도입니다). 우리는 모두가 "성도라 부르심을 입은" 자들입니다. 그래서 저는 이 점에 매우 신중을 기하고 있습니다. 여기에서 사도는 비록 이 사람들이 이렇게 통탄할 만한 죄에 빠졌다는 것을 보여 주면서도 그들을 성도라고 부르고 있습니다. 그러나 동시에 그는 그들을 용서하지 않습니다. 그는 그들을 책망합니다. 그는 말합니다. "너희가 이처럼 너희의 일상 생활에서 성령을 부인한다면 너희의 그 놀라운 은사들도 아무 소용이 없는 것이다." 그리고 계속하여 그리스도인의 생활 전반에 관하여 말합니다.

이처럼 성령세례와 성화와의 사이에는 언제나 이 연관이 있습니다. 그러므로 우리는 항상 성화라는 시금석에 의하여 성령이 하시는 것이라고 주장하는 모든 것에 대하여 연구하고 점검해 보아야 합니다. 그리고 우리가 큰 체험들이나 큰 은사들을 주장하는 사람들에게서 성화의 분명한 증거들을 발견하지 못한다면 우리는 그들에게 마귀에 의해서도 그러한 은사들이 주어질 수가 있다는 위험을 보여 주며, 또 악령들도 무서운 방식에 의해 성령의 은사의 대부분을 가장 정선된 현시들로 모방할 수 있다는 것을 상기시켜 그들에게 하나님의 이름으로 엄중히 경고해야 합니다.

제 9 장

성령의 인침

우리는 이제 성령에 관하여 사용된 또 다른 용어인 성령의 **인치심**에 대하여 살펴보아야 할 때가 되었습니다. 여기 이 용어는 고린도후서 1:22에서 특별히 발견됩니다. 20-22절에서 사도는 이렇게 말합니다. "하나님의 약속은 얼마든지 그리스도 안에서 예가 되니 그런즉 그로 말미암아 우리가 아멘하여 하나님께 영광을 돌리게 되느니라 우리를 너희와 함께 그리스도 안에서 견고케 하시고 우리에게 기름을 부으신 이는 하나님이시니 저가 또한 우리에게 인치시고 보증으로 성령을 우리 마음에 주셨느니라."

그리고 에베소서 1:13에는 또 다른 단어가 사용되고 있는데 여기에서는 사도가 이방인에 관하여 언급하고 있습니다. 그는 11절에서 이와 같이 말합니다. "그 안에서 '우리'가 기업이 되었으니", 즉 이것은 유대인에 관한 것입니다. 12절에서 말한 바와 같이 그들이 처음입니다. "이는 그리스도 안에서 전부터 바라던 우리로." 이제 그는 이렇게 말합니다. "그 안에서 너희(이방인들)도 진리의 말씀 곧 너희의 구원의 복음을 듣고 그 안에서 또한 믿어 약속의 성령으로 인치심을 받았으니 이는 우리의 기업에 보증이 되사 그 얻으신 것을 구속하시고 그의 영광을 찬미하게 하려 하심이라."

그리고 에베소서 4:30에 이것이 다시 나타납니다. "하나님의 성령을 근심하게 하지 말라 그 안에서 너희가 구속의 날까지 인치심을 받았느니라." 이러한 것들이 이 용어의 주된 사용입니다. 명쾌하게 드러나지 않은 것들도 있습니다만, 우리가 여기에서 살피고자 하는 목적에는 충분합니다. 우리가 듣고 있는 것은 이러한 신자들이 약속의 성령으로 인치심을 받았다는 것입니다. 신약에서 성령은 종종 이와 같이 '아버지의 약속'으로 언급되고 있습니다. 구약을 죽 읽다 보면 구약 시대에도 이 위대한 약속이 있는데 그것은 성령이 모든 육체에 부어질 때에 성취됩니다. 요엘서를 기억하십시오. 또한 에스겔 36장과 그 밖의 많은 다른 곳에서 그것이 아주 아름답고 그림과 같은 언어로 묘사되어 있는 것을 발견하게 됩니다. 거기에서 그것은 자주 '이슬'이나 '소나기'에 비유되어 나옵니다. 그러므로 성령은 '약속의 성령'이라는 이런 식으로 표현되고 있습니다. 그리고 사도가 가르치고 있는 것은 우리가 그와 같이 긴 약속에서 이 성령을 받음으로 구속의 날까지 인치심을 받았다는 것입니다.

그러면 즉시로 몇 가지 의문점이 생깁니다. 성령세례와 이것의 관계는 무엇입니까? '인치심'의 정확한 의미는 무엇입니까? 이에 대한 대답으로 최선의 방법은 이러한 질문들을 역으로 생각해 보는 것입니다. 즉 '인치심'의 정확한 의미를 발견함으로써, 우리는 그것과 성령세례와의 관계를 알게 될 것입니다.

그러면 이 **성령의 인치심**이란 무엇입니까? 사도가 그와 같이 고린도 교인들에게와 에베소 교인들에게 그것을 상기시킬 때 그가 의미하는 것이 무엇입니까?(물론 그가 그들에게 말하는 것이 다른 모든 그리스도인들에게도 적용될 수 있습니다. 즉 그들도 이 약속의 성령으로 '인치심'을 받을 수 있습니다)

여기서도 어떤 자들이 성화와 이것을 동일시하려는 경향이 있습니다. 이러한 모든 용어들이 실제로 성화를 묘사하는 다른 표현들일 뿐이라고 하는 이 가르침이 대략 1873년 이래로 복음주의 계통에서 가장 인기 있고 우세한 가르침 중의 하나가 되고 있습니다. 그래서 우리가 성령으로 인치심을 받았다고 할 때 그것은 우리 모두가 성화의 이러한 과정을 겪는 것이며 또 하나님의 모든 약속이 우리 안에서 성화의 '열매들'을 산출해내므로 우리를 인치신다고 말하는 다른 표현이라고 합니다. 그리고 성령의 인치심이라는 것은 우리가 사랑, 희락, 화평, 오래 참음, 자비, 양선, 온유, 충성과 절제인 성령의 열매로 나타난다고 합니다. 이 견해에는 성령의 인치심에 관한 특별하거나 독립적이거나 독특한 아무것도 없습니다.

제가 이미 앞에서 성화에 관한 의문을 제시했는데 세례에 대하여도 그 같은 견해를 취하는 사람들이 있습니다. 즉 성화와 세례를 동일하게 여기는 사람들이 있습니다. 그래서 우리는 다시금 이 문제를 분명히 해야 할 필요성이 있습니다. 저는 성령의 인치심과 성화를 동일시하는 것은 오직 혼란만이 있을 뿐이라는 것을 다시 한 번 주지시킵니다. 저는 그것이 결국은 성령의 소멸로 끌고 간다고 믿기 때문에 이것이 매우 중요하고 심각하다고 믿습니다. 사람들은 여기에서 그 모든 것이 의미하는 것은 우리가 새로 태어났고 또 우리 안에서 자라고 있는 생명의 씨를 가졌기 때문에 우리의 성화가 진행 중이라고 결론을 내립니다. 그리고 이것은 성령의 사역이기 때문에, 그것은 우리가 인치심을 받았다고 말하는 것을 의미하는 것으로 그들은 더 이상 아무것도 발견하지 못합니다.

처음부터 이 문제를 다루면서 신약의 표현을 우리들 자신의 체험과 같은 수준으로 끌어내리는 것은 위험합니다. 즉 신약의 가르침에 대한 해석을 초대 교회 때의 용어로 하지 않고 불행하게도 여러 세기를 지나는 동안 변해 버린 오늘날 교회의 생활 용어로 해석한다는 것이 매우 위험합니다. 다른 말로 표현하자면, 교회가 부흥을 맞고 활기를 띠며 깨어나고 하나님의 영광스러운 능력이 드러난 시대, 즉 교회가 가장 최고조에 달하였을 때의 표현을, 교회가 가장 침체되어 있는 오늘날 교회 생활의 표현으로 신약의 가르침을 해석한다는 것은 매우 위험한 일이라는 것입니다. 저에게 이보다 더 심각한 문제는 없습니다. 만약 그것이 성화에 관한 모든 것이라고 한다면 우리는 성령의 사역에 우리 자신을 굴복하며 외부로부터의 어떤 것, 즉 성령의 '소나기'나 '넘치게 부어 주심'도 결코 기대하지 않게 됩니다. 그런데 슬프게도 이것이 현대에 그처럼 많이 유행하고 있는 견해입니다.

이 모든 것은 잘못되었습니다. 왜냐하면 그것이 에베소서 1:13의 진술에서 사도에 의해 사용되고 있는 실제 단어들을 해치고 있기 때문에 그렇습니다. 이것에 대해 잠시 동안 연구해 봅시다. "그 안에서 너희도 진리의 말씀 곧 너희의 구원의 복음을 듣고." 지금 저는 이것을 흠정역 성경에서 인용하고 있습니다. 계속해서 이와 같이 기록되어 있습니다. "그 안에서 또한 믿어 약속의 성령으로 인치심을 받았으니 이는 우리의 기업에 보증이 되사 그 얻으신 것을 구속하시고." 여기에서 이것과 성화를 동일시하려는 친구들이 이렇게 말합니다. "나는 너희가 어떻게 오류를 범했는지 정확히 아는데, 그 것은 잘못 번역된 흠정역 때문이다." 저는 이 친구들이 어떤 특별한 번역이 그 문제를 풀어 줄 것이라고 생각하는지 알아보는 것이 매우 흥미롭습니다.

물론 우리는 여기 인용한 흠정역의 번역이 문자적으로 정확하지 않다는 사실을 잘 알고 있습니다. 바로 저는 그 점을 강조합니다. 지금 저는 그것이 정확하지 않다고 말하는 것이 아니라, 그것이 문자적으로 정확하지 않다고 말하고 있습니다. 실제로는 '너희가 믿어'라고 말하지 않았을 것입니다. 그보다 더 나은 번역은 '믿어'나 '믿은 후'입니다. 여러분은 그 두 가지 중에서 그것을 취하실 수 있습니다. 즉 "그 안에서 또한 믿어 약속의 성령으로 인치심을 받았으니." 혹은 "그 안에서 또한 믿은 후…." 이 두 번역 모두 정확하며 그 권위들은 그들 사이에서 분배됩니다.

그러나 이것은 그 의미에 있어서 전혀 어떠한 차이도 없습니다. 사도가 말하고 있는 것은 이것입니다. 즉 너희는 또한 복음의 진리에 관한 메시지를 들은 후에 그것을 믿었으며 그것을 받았고 너희가 믿고 있는(믿은 후에) 약속의 성령으로 인치심을 받았다. 그러므로 그것은 정확하게 같은 의미를 지닙니다. 그것은 그들이 믿었을 때 당연한 일로 받아들여지며 그들이 인침을 받을 때 그들은 이미 신자입니다.

그러면 이제 여기에서 찰스 핫지(Charles Hodge)의 설명을 인용하려 합니다. 왜냐하면 그가 이것에 대해 가장 잘 설명해 주고 있기 때문입니다. 찰스 핫지는 이 흠정역에 대하여 이렇게 언급했습니다. "이것은 원문에 대한 설명이기 때문에 이것이 보다 더 나은 번역이다." 그는 두말할 나위 없이 그렇게 생각했습니다. 그가 의미하고 있는 것은 이것입니다. 비록 그들이 실제로 '너희가 믿어'라고는 말하지 않았다 하더라도 실은 이것이 헬라어 원문을 설명하고 있다는 것입니다. 이들은 위대한 헬라어 학자들인데 그들이 그것을 이와 같이 번역한 것입니다. 그들은 그것의 정확한 의미를 잘 알고 있었지만 독자들에게 도움을 주기 위해서 그렇게 한 것입니다. 그래서 독자들이 쉽게 이해할 수 있도록 그들 나름대로 문자적인 해석보다는 오히려 '설명'을 했던 것입니다. 찰스 핫지는 말합니다. "인치심이 의미하고 있는 것은 무엇이든지 믿음의 다음에 오는 어떤 것이다." 이것이 중요한 요점입니다.

또한 이 같은 진술에 대한 찰스 시몬의 견해를 살펴봅시다. 그는 성령의 인치심에 관하여 언급하면서 이같이 말했습니다. "이것은 에베소 교회의 성도들 중 많은 사람들에게 주는 메시지이다" – 주의해야 할 것은 그가 그들 모두에게 한 말이 아니라는 것입니다. 그리고 그는 계속해서 말합니다. "교회에는 언제나 그것을 소유하고 누리는 많은 자들이 있다…. 이와 같이 성화의 더 높은 상태인 확신은 **'믿은 후에'** 하나님과 더 가까이 동행하는 사람들의 것이다."

다시 말하자면 이 두 권위자들, 즉 위대한 미국의 주석가이며 신학자인 찰스 핫지와 케임브리지의 복음 전도자이며 목사이고 교사인 찰스 시몬은 여러 면에서 서로 매우 다릅니다. 그런데 이 두 분 모두 이것에 동의합니다. 즉 이것은 믿음을 수반한 어떤 것이며 믿음을 소유한 사람들에게 주어지는 어떤 것입니다. 그리고 시몬은 특히 이 점을 강조하는데 이것이 모든 그리스도인에게 다 적용되는 것이 아니라는 점입니다. 이제 이것이 성화라고 하는 다른 견해를 살펴봅시다. 그들은 물론 모든 그리스도인들이 바로 그가 중생할 때 자동적으로 구속의 날까지 인치심을 받는다고 하는 것이 모든 그리스도인에게 다 적용되는 것이라고 합니다. 그들이 말하는 것처럼 성령세례는 모든 사람에게 다 적용됩니다. 즉 그것은 중생할 때 그러하며 전혀 독단적이거나 다르지 않기 때문에 그들이 이렇게 말하는 것입니다. 그러나 여기에서 바로 그 말들이, 우리가 앞의 두 권위자들에게서 들었던 것에 더하여 있기 때문에 우리가 이 설명을 받아들이는 것이 불가능합니다.

다시 말하자면 에베소서 1:13에 있는 것이 사도행전에 있는 것과 정확하게 동일한 순서를 가집니다. 그것을 보고 사도들을 살펴봅시다. 여기 우리 주님과 함께 있었으며 또 그를 믿었던 사람들이 있습니다. 그는 세상과 대조를 이루시며 이렇게 말씀하십니다. "이제 너희는 너희에게 전한 이 말씀을 통하여 깨끗하여졌다." 그리고 그는 부활하신 후 다락방에서 그들에게 성령에 대해 말씀하시면서 그들이 능력을 받을 때까지 거기 유하라고 말씀하셨습니다. 그런데 이 사람들은 이미 믿어 신자가 된 자들로 중생한 사람들입니다. 그러나 그들이 성령세례를 받은 것은 바로 오순절 날입니다. 이것이 그 순서입니다.

그리고 여러분, 사마리아에서 온 신자들의 경우를 기억하십시오. 빌립이 전했으며, 그들은 그 메시지를 믿었습니다. 그리고 그가 그들에게 세례를 베풀었습니다. 그러나 아직 그들이 성령세례를 받은 것은 아닙니다. 이것도 그와 같은 순서입니다. 베드로와 요한이 와서 기도하며 그들에게 안수할 때 성령이 그들에게 임하셨습니다. 그것은 항상 이와 같은 순서입니다.

이와 같은 방식으로 사도행전 19장을 보십시오. 사도 바울이 다시 이 사람들에게 전한 후에 "주 예수 그리스도의 이름으로 그들에게 세례를 베풀었습니다." 그러나 바울이 그들에게 안수하기까지는 성령이 그들에게 임하지 않으셨습니다. 이것이 그 순서입니다. 이제 저는 그 사도가 '인치심'에 대해서 에베소 교인들에게 말한 것에서 그와 같은 순서를 정확히 알려 드리고자 합니다.

그러면 이 '성령의 인치심'이란 무슨 뜻입니까? "그 안에서 또한 믿어 약속의 성령으로 인치심을 받았으니." 여기 이 점이 매우 흥미롭습니다. 인친다는 것은 항상 소유권을 의미합니다. 사람이 어떤 것을 소유하고 있을 때 그는 그것에 그의 인장을 찍으며 이렇게 말합니다. "이것은 나의 소유이다." 상당히 옳은 견해입니다. 그것은 '인친다'는 용어가 가지고 있는 의미들 중의 하나입니다. 다른 사람들은 말합니다. "그렇지만 '인친다'는 것은 더욱더 안전에 가깝다." 이것도 꽤 옳은 견해입니다. 여러분이 소포를 묶고 특별히 이것이 완전하게 도착하도록 그것을 등기로 부치는데 그것에 인장이 없이는 그 물건을 부칠 수가 없습니다. 그래서 그들은 이 방법이 안전하다고 합니다. 물론 우리는 인친다는 것이 이런 의미에서 사용된다는 것을 압니다. 그러나 여러분이 그 단어의 의미를 알기 위해서 사전을 펼쳐 들고 그 첫번째 의미에다 적용시키고서는 말하기를, "아하, 그것은 이 의미임에 분명하다"라고 말한다면 이것은 매우 위험한 일입니다. 아닙니다. 인친다는 단어 속에는 많은 다른 의미들이 있습니다. 제가 여러분에게 추천하고 싶은 이 점에 관한 가장 적당한 의미로 사용된 인친다는 단어의 다른 의미가 있습니다.

인친다는 것의 또 다른 목적은 권위를 부여하거나 또는 틀림이 없는 참된 것이라고 확인하는 것입니다. 여러분은 어떤 문서에 서명을 하시지 않습니까? 여러분이 거기에 도장을 찍는데 그 인친 것의 목적은 이 문서를 보증하는 것이며 그것이 참된 것이고 사실인 것을 확증하는 것입니다. 저는 여기에서 이것이 주된 의미라고 하는 점을 강조합니다. 그것은 단 한 가지만이 아니라 제가 생각하는 두 가지가 모두 포함되어 있습니다. 그러나 제가 믿고 있는 인친다는 것의 주된 목적은 그것이 보증되었다는 것입니다. 바울이 말했듯이 우리가 믿고 그리고 그때에 우리가 약속의 성령으로 보증이 되었습니다. 또한 그는 그 얻으신 것의 구속의 때까지 우리 기업의 보증이십니다.

왜 제가 이것이 다른 것들보다 오히려 우리가 선택해야 할 의미라고 말합니까? 또는 왜 제가 이것에 가장 큰 중요성을 부여합니까? 저는 첫번째 논의가 바로 그 문맥이 그것을 제시한다는 데 있다고 봅니다. 사도는 여기에서 이 에베소 교인들에게 그들이 그리스도인이라고 하는 그 사실을 상기시켜 주고 있습니다. 그것이 바로 이 서신서의 전 목표입니다. 그래서 그는 하나님의 위대하고 영원하신 목적에서 시작합니다. 그는 하나님의 위대하신 목적이 무엇인지를 보여 줍니다. 그는 실로 이렇게 말했습니다. "곧 창세 전에 그리스도 안에서 우리를 택하사 우리로 사랑 안에서 그 앞에 거룩하고 흠이 없게 하시려고 그 기쁘신 뜻대로 우리를 예정하사 예수 그리스도로 말미암아 자기의 아들들이 되게 하셨으니." 이것이 참으로 그분이 우리를 위해 의도하고 계시는 것입니다. 그래서 하나님께서는 "그리스도 안에서 하늘에 속한 모든 신령한 복으로 우리에게 채워 주십니다." 이것은 그가 9-10절에서 보여 주고 있듯이 하나님의 위대하고 영원하신 경륜이요 목적입니다. "곧 그 기쁘심을 따라 그리스도 안에서 때가 찬 경륜을 위하여 예정한 것이니 하늘에 있는 것이나 땅에 있는 것이나 다 그리스도 안에서 통일되게 하려 하심이라." 하나님께서 만물을 구속하시기 위하여 그리스도 안에서 하나 되게 하셨습니다. 그리고 바울이 말했듯이 그가 유대인들과 이방인들 가운데서 이 일을 행하셨습니다.

그가 이 에베소 교인들에게 알려 주고자 하는 것은 이것이 그들에게도 적용된다고 하는 점입니다. 그는 그들을 격려하기 위해 이 글을 쓰고 있는데, 왜냐하면 그것이 그가 계속해서 기도하는 이유입니다. "너희를 인하여 감사하기를 마지 아니하고 내가 기도할 때에 너희를 말하노라 우리 주 예수 그리스도의 하나님, 영광의 아버지께서 지혜와 계시의 정신을 너희에게 주사 하나님을 알게 하시고 너희 마음 눈을 밝히사 그의 부르심의 소망이 무엇인지 알게 하시기를 구하노라." 여러분이 보다시피, 바로 이 문맥에서도 그는 성령께서 인치시고 보증하신다고 말합니다. 즉 약속의 성령께서 인치심을 말하고 있는데, 그것은 "우리의 기업에 보증이 되사 그 얻으신 것을 구속하신다"는 것입니다.

바울의 의미는 그리스도께서 그의 지상에서의 사역과 그의 생애 그리고 죽으심과 부활을 통해 우리에게 위대한 기업, 즉 위대한 유산을 주셨다고 말합니다. 그러나 문제는 우리가 이 지상에 살고 있으며 생활이 어렵고 약하고 실패할 때, 어떻게 우리는 이 모든 것이 사실이며 이 기업이 우리에게 속한 것인지 알 수가 있는가 하는 점입니다. 그가 이 일을 이루어 놓으셨습니다. 그러나 우리가 아직 그것을 소유하지 못하고 있습니다. 우리는 그것을 "그 얻으신 것을 구속하실 때" 받게 될 것입니다.

이제 그는 여러분이 이 세상에 살 동안 여러분에게 주어지는 **안전**은 성령이시라고 말합니다. 성령께서 '인'이시며 보증이십니다. 여러분은 권리증서를 가졌습니다. 즉 여러분의 문서를 가졌는데 그 위에 도장이 찍혀 있습니다. 그런데 그 도장이 바로 이 약속의 성령이십니다. 이처럼 도장이 우리 위에 찍혀 있습니다. 그래서 우리가 성령으로 '인치심'을 받았습니다. 하나님의 '소유'로서뿐만이 아닙니다(물론 저는 그것을 받아들입니다). 저는 이것을 잊지 않습니다. 안전의 문제뿐만도 아닙니다. 이것도 또한 포함되어 있습니다. 그러나 모든 것 가운데서도 가장 큰 것은 우리가 이러한 보증과 확신을 가질 수 있는데, 이것이 우리에게도 적용된다고 하는 사실입니다.

저의 첫번째 논의가 이것입니다. 그리고 저는 그것이 또한 사도행전에서 사용된 방식이라고 주장합니다. 이미 제가 여러분에게 상기시켰듯이, 베드로와 사도 요한은 어떤 의미에서는 빌립에 의해 행해진 사역을 확고히 하기 위해 사마리아로 내려가야 했습니다. 빌립이 전했으며 그들이 믿었습니다. 그리고 빌립이 그들에게 세례를 베풀었습니다. 그러나 아직 그것은 인증의 최고 형태가 아닙니다. 그래서 사도들이 내려가서 그들을 위해 기도하고 그들에게 안수하매 성령이 그들 위에 임하셨습니다. 특별히 그들에게 인증이 있었으며 또한 그것을 보고 있었던 다른 사람들에게도 그러했습니다.

그러나 많은 방식들 중에서 가장 현저한 실례는 사도행전 10:44-48에 있는 고넬료의 가정에서 발생한 이야기로 우리가 이미 여러 번 살펴보았던 것입니다. 여러분도 알다시피, 발생한 것은 이것입니다. 베드로가 이렇게 말했습니다. "나는 반박할 수 없는 논의에 직면해 있다." 그는 유대인이었으며 곤란한 처지에 있었습니다. 그는 이방인들이 교회에 들어오는 것을 허락하도록 그를 설득한 환상을 보았습니다. 그를 설득시키기 위해 환상이 주어졌습니다. 그 역시 모든 유대인들의 선입관을 가지고 있었습니다. "어떻게 이 방인이 그리스도인이 될 수 있단 말인가?" 이것이 그의 의문이었는데 여기에서 그는 전파하고 있습니다. 사실상 베드로는 이렇게 말하고 있는 것입니다. "내가 하나님께서 이 사람들에게 인치시는 것을 보았을 때 감히 어떻게 그들이 세례를 받을 수 없다고 말하겠느냐? 하나님께서 그들을 인치셨으므로 나는 아무 말도 할 수가 없다."

여러분은 베드로가 이 일에 대한 진상을 요구받고 그가 이 이방인들에게 세례를 주고 그들이 기독교회에 들어오도록 허락을 한 그의 행위를 설명하고자 예루살렘에 올라간 것을 기억하실 것입니다. 사도행전 11장에는 발생한 일에 대한 베드로의 진술이 있습니다. "내가 말을 시작할 때에 성령이 저희에게 임하시기를 처음 우리에게 하신 것과 같이 하는지라 내가 주의 말씀에 요한은 물로 세례를 주었으나 너희는 성령으로 세례받으리라 하신 것이 생각났노라 그런즉 하나님이 우리가 주 예수 그리스도를 믿을 때에 주신 것과 같은 선물을 저희에게도 주셨으니 내가 누구관대 하나님을 능히 막겠느냐 하더라 저희가 이 말을 듣고 잠잠하여 하나님께 영광을 돌려 가로되 그러면 하나님께서 이방인에게도 생명 얻는 회개를 주셨도다 하니라"(15-18절).

여러분은 논의를 보고 계십니다. 하나님께서 그들을 인치심으로 그 증거를 주셨습니다. 그래서 저는 에베소서 1:13에 있는 것이 사도행전에 묘사된 것에 따른 것이라 주장합니다.

저는 더욱더 강력한 증거를 가지고 있는데 그것은 성령으로 인치심이란 말의 정확한 의미에 관하여 우리로 하여금 결정하게 합니다. 그것은 요한복음 6:25-27에 있는 우리의 복되신 주님 자신에 대한 것입니다. 이것은 그와 더불어 쟁론하는 유대인들에 관한 것입니다. "바다 건너편에서 만나 랍비여 어느 때에 여기 오셨나이까 하니 예수께서 대답하여 가라사대 내가 진실로 진실로 너희에게 이르노니 너희가 나를 찾는 것은 표적을 본 까닭이 아니요 떡을 먹고 배부른 까닭이로다 썩는 양식을 위하여 일하지 말고 영생하도록 있는 양식을 위하여 하라 이 양식은 인자가 너희에게 주리니 인자는 아버지 하나님의 인치신 자니라." 정확하게 바로 이 용어입니다. 여기에서 우리 주님은 그가 아버지 하나님으로부터 '인치심'을 받았다고 친히 말씀하셨습니다.

이제 이것은 그를 믿지 않는 이 유대인들에게 하신 말씀입니다. 그리고 28절에 계속하여 말씀하십니다. "저희가 묻되 우리가 어떻게 하여야 하나님의 일을 하오리이까." 그리고 조금 후에 그들이 다시 묻습니다. "그러면 우리로 보고 당신을 믿게 행하시는 표적이 무엇입니까? 하시는 일이 무엇입니까?" 그들은 표적을 원했으며 그가 주장하시는 바대로 그가 하나님의 아들이라고 하는 상당한 증거를 원했습니다. 그는 말씀하십니다. "내가 곧 생명의 떡이다", "내가 곧 생수라", "나는 빛이라" 등등. 그러나 그들은 상당한 증거를 원했습니다. 그래서 그는 증거를 보이셨는데 아버지 하나님께서 이미 나를 "인치셨다"고 말씀하셨습니다.

여기에서 언급하고 있는 것이 무엇입니까? 이 질문에 대한 유일한 답이 있습니다. 그것은 여기에 성화가 있을 수 없다는 것입니다. 여러분은 예수님의 성화에 대하여 말할 수 없습니다. 물론 여러분은 다릅니다. 그는 성령으로 충만하여 나신 하나님의 아들이십니다. 그러나 그가 그의 말씀하신 대로 인치심을 받으셨습니다. 그가 말씀하시는 것이 무엇입니까? 이것에 대한 유일한 답이 있습니다. 예수님은 지금 그가 세례를 받으실 때 그에게 발생한 것에 대해 말씀하고 계십니다. 하나님께서 그를 인증하신 것입니다. 예수님은 세례 요한이 자기에게 세례를 베풀도록 말씀하셨습니다. 그리고 그들이 요단강에 섰을 때, 우리가 요한복음 1:33에서 본 바와 같이 성령이 비둘기 형상으로 그에게 임하시고 그 위에 머물러 계셨습니다. "그리고 하늘로부터 소리가 있어 가로되 이는 내 사랑하는 아들이요 내 기뻐하는 자니라."

그것은 인침이며 보증입니다. 목수인 나사렛의 예수님이 갑자기 가르치기 시작했습니다. 모든 사람들이 말했습니다. "이 사람이 누구인가?" 그때 하나님께서 그 질문에 대답하십니다. 하나님께서 그를 '인치시며' 보증하십니다. 하나님께서 말씀하십니다. "이는 나의 아들이라. 그리고 성령께서 그 위에 임하셨습니다."

그리고 예수님께서 그의 사역을 시작하신 것은 바로 그 후의 일입니다. 그는 광야에서 시험을 받으신 뒤 그의 고향 나사렛에 가셨으며 안식일에 회당으로 가셨습니다. 두루마리 책을 펴시고 이사야서를 읽으셨습니다. "주의 성령이 내게 임하셨으니 이는 복음을 전하게 하시려고 내게 기름을 부으시고." 그는 인침을 받고 보냄을 받았습니다. 하나님께서 여기에 나의 사자, 나의 메시야가 있다고 말씀하십니다. 요한은 요한복음 3장 마지막 부분에서 "하나님께서 그에게 성령을 한량없이 부어 주심이라"고 말합니다.

이에 대한 웨스트코트 감독의 주해는 특히 명백한 주석이라고 생각됩니다. 그는 인친다는 의미는 "부과된 것의 완수를 위해 엄중히 따로 구별해 두며 이해할 만한 표시들로 말미암아 보증된 것"이라 합니다. 그것은 거기에서 우리 주님에게 일어났던 일이며 고넬료와 그와 가정에 그리고 사마리아와 에베소 사람들에게 일어났던 일입니다. 이것이 사도가 그들에 관하여 이야기하고 있는 점입니다.

그런데 이것은 분명히 성화와 관련된 것이 아니라, 증거하고 증언하기 위한 능력과 관련된 어떤 것입니다. 볼 수 있고 이해할 수 있고 감지할 수 있는 어떤 것입니다. 사람들이 이해할 수 있는 어떤 일이 일어납니다. 그래서 여러분이 우리 주님의 사역에 관해 읽을 때 여러분은 사람들이 놀랐던 사실을 발견합니다. 그들은 말했습니다. "이는 나사렛 예수가 아닌가? 이러한 일들을 어떻게 설명할 것인가?" 그가 그들에게 계속 말씀하십니다. "너희가 이해할 수 없느냐? 지금 내가 하고 있는 일이 내가 누구이며 내가 무엇을 하고 있는지에 대한 증거이다." 30세가 되기까지 우리 주님은 겉보기에는 다른 모든 사람들과 같은 삶을 살았습니다. 그러나 갑자기 그가 그의 증거와 증언의 사역을 시작하실 때, 그는 이 '성령의 인치심'을 받았습니다.

다시 말하자면 저는 성령의 인치심과 성령세례는 같은 것이라고 여러분에게 제시하고 있습니다. 이러한 용어들은 단지 사용에 있어서 각 문맥을 따라 한 용어는 이곳에, 한 용어는 다른 곳에 사용된 동의어입니다. 그것이 단지 증거와 증언에 관한 문제일 때 우리는 '세례'라는 용어를 사용합니다. 그러나 그것이 우리의 기업과 하나님의 상속자들인 우리에게 주어지는 확실성일 때는 '인치심'이라는 용어를 사용합니다. 그리고 '보증'이라는 용어가 좀 더 의미를 상세하게 설명해 줍니다. 보증과 인치심은 일반적으로 그런 연유에서 함께 나타납니다.

우리는 이러한 용어들로 세례를 정의해 왔습니다. 즉 성령세례는 누구나 받을 수 있는 최고 형태의 구원에 대한 확신이며 이러한 확신으로 말미암아 능력이 임한다는 것입니다. 만약 우리가 확신이 없고 의심하며 주저한다면 우리의 증거는 짐짓 꾸민 것이 될 것입니다. 무엇이 참이고 무엇이 거짓인지에 대하여 우리가 하나님의 말씀을 확신하지 못한다면, 또는 만약 저의 경우에 있어서, 그분에 대한 저의 관계에 관해서와 이러한 진리에 관해 확신이 없다면, 우리가 살핀 바대로 저는 변호사는 될 수 있어도 증거자는 될 수가 없을 것입니다. 그러나 어떤 사람이 성령세례를 받거나 성령으로 인치심을 받으면 그는 성령께서 보증이시라고 하는 사실을 깨닫게 됩니다. 이것이 개인에게 있어서는 확신으로 인도할 뿐 아니라 능력으로 이끕니다. 그것은 틀림없습니다. 우리가 확신을 가지고 있을 때, 우리는 권위와 능력을 가지고 말하게 됩니다. 우리는 단지 어떤 것을 '제시'하지 않습니다. 우리의 진술들은 혹 있을 수 있는 것이 아닙니다. 그것들은 제한된 것이 아닙니다. 우리는 그것이 신약의 위대한 낱말임을 '선언'합니다. 바울이 아덴 사람들에게 말합니다. "그러므로 너희가 알지 못하고 위하는 그것을 내가 너희에게 알게 하리라." 그는 알고 있었습니다! 그것은 모든 부흥과 개혁의 시대에 있어서 기독교회의 커다란 특징입니다.

이제 이를 더욱 명백히 하기 위해 저는 한걸음 더 나아가서 사도 바울이 로마서 8:16에서 같은 것이라고 말한 것을 제시하려고 합니다. "성령이 친히 우리 영으로 더불어 우리가 하나님의 자녀인 것을 증거하시나니." 그러면 되돌아가서 앞의 문맥인 14절부터 보기로 합시다. "무릇 하나님의 영으로 인도함을 받는 그들은 곧 하나님의 아들이라 너희는 다시 무서워하는 종의 영을 받지 아니하였고 양자의 영을 받았으므로 아바 아버지라 부르짖느니라 성령이 친히 우리 영으로 더불어 우리가 하나님의 자녀인 것을 증거하시나니 자녀이면 또한 후사 곧 하나님의 후사요 그리스도와 함께 한 후사이니 우리가 그와 함께 영광을 받기 위하여 고난도 함께 받아야 될 것이니라 생각건대 현재의 고난은 장차 우리에게 나타날 영광과 족히 비교할 수 없도다."

여러분은 이 문맥을 주목해 보십니까? 이러한 일들이 얼마나 흥미롭습니까! 사도는 거기에서 에베소서 1:13에서와 똑같은 것을 말하고 있습니다. 그러나 그는 그의 용어를 바꾸었습니다. 여기 로마인들에게 편지를 쓰는 가운데 그는 매우 어려운 시기를 지내고 있는 그리스도인들에 대하여 관심을 가지고 있습니다. "생각건대 현재의 고난은 장차 우리에게 나타날 영광과 족히 비교할 수 없도다." 어떻게 그것을 제가 압니까? 지금 저는 이 세상에 있는 그리스도인으로서 힘들고 어려운 시기에 살고 있는데, 저는 영광스러운 일들에 관해 말합니다. 어떻게 제가 이러한 일들이 저에게 해당되는지를 압니까?

그 사도가 이 질문에 대답합니다. "너희가 진리를 믿으므로 성령께서 너희 안에서 역사하신다. 그리고 너희에게 양자의 영이 있어 심령으로 하나님께 '아바 아버지'라 부르짖는다." 여러분이 자주 그것을 부르짖지 않을 수도 있습니다. 그러나 여러분은 그것이 무엇인지를 압니다. 어린아이가 어떤 문제가 있을 때 그의 아버지나 어머니에게 달려가는 것처럼 여러분도 "오, 아버지! 아바 아버지!"라고 외칩니다. '양자의 영'을 주셨습니다.

사도가 말한 것이 여러분에게 크나큰 도움이 됩니다. 여러분은 더 이상 힘겨운 종의 영 가운데 있지 않습니다. 그리고 여러분 자신이 그리스도인이라고 생각은 하면서도 때때로 죄에 빠질 때는 "도대체 내가 그리스도인이란 말인가?"라고 부르짖으며 여러분의 전적인 칭의에 대하여 확신하지 못하는 율법 아래 있지 않습니다. 두려움으로 인도하는 것은 종의 영입니다. 그래서 여러분은 여러분이 그리스도인인지 아닌지를 알지 못합니다. 그러나 여러분은 '다시' 무서워하는 종의 영을 받지 않았다고 말합니다. 여러분이 한때는 그와 같았지만, 그러나 이제 더 이상 그렇지 않습니다. 이제 여러분은 "양자의 영을 받았으므로 아바 아버지라 부르짖습니다."

옳습니다. 그러나 마귀는 바로 그 순간 여러분에게 찾아와 말합니다. "그래, 나도 안다. 그러나 인간의 영이란 매우 불확실하며 아주 믿을 수 없는 것이야. 동물의 영들과도 다를 바 없어. 너희들은 너희가 얼마나 변화무쌍한지를 알고 있어. 너희에게 계속되는 이틀 동안만 해도 아침에 일어나게 되면 각 아침에 전적으로 다른 너희 자신들을 발견하게 될지도 몰라. 즉 하루는 좋은 분위기에 있으며 다음날은 그렇지 못할지도 몰라. 너희는 이것들을 조절할 수가 없어. 오늘은 좋게 느껴서 '아바 아버지'라고 부를 수도 있겠지. 그러나 내일은 어찌 될까? 너희들은 너희 자신들의 감정에 의존하게 되지 않을까?"

'형제들을 참소하는 자'인 마귀가 와서 그와 같은 말을 우리에게 합니다. 마귀는 아주 교활하고 영리하기 때문에 마귀에게 대답하는 것은 매우 어렵습니다. 그리고 마귀는 자기의 주장들을 교묘히 조작합니다. 마귀는 현대 심리학 등과 같은 것을 가지고서 여러분이 모든 것을 의심하게끔 유도합니다.

그러나 이제 잠시 동안 바울이 말한 것을 살펴봅시다. 저는 더욱더 강한 어떤 것을 가지고 있습니다. "아바 아버지"라고 부르짖는 여러분의 영혼을 능가하는 다른 것이 있습니다. 그것은 바로 "성령께서 친히 우리 영으로 더불어 증거하시나니"입니다. 이것은 내 안에 있는 어떤 것이 아니라 나의 밖에 있는 것입니다. 이는 나의 영과 더불어 증거하시는 성령 자신이십니다. 다른 말로 표현하자면 나의 영혼에 도장이나 인을 친 것과 같습니다. 여기 그 위에 찍힌 도장과 더불어 나의 권리증서가 있습니다. 도장은 바로 성령이십니다. "그는 내가 하나님의 자녀인 것을 나의 영과 더불어 증거하십니다." 지금 여러분은 이것이 성화가 아니라고 하는 사실을 보고 계십니다. 성화는 15절에서 '나의 영'이라고 한 그것에 포함되어 있습니다. 우리 모두는 제가 믿고 있는 이것을 압니다. 여러분이 기도 중에 "아버지!"라고 말하는 그 순간만이 아니라 항상 여러분은 그의 아들로서 그의 사랑 가운데 거합니다. 그러나 또한 여러분은 여러분에게 말씀하시는 성경 구절을 읽을 때 체험들에 관해서도 알게 됩니다. 성경은 모든 사람들에게 말하지 않습니다. 오직 성경은 그리스도인들에게만 말합니다. 그들은 성령에 의해 기소되었으며 성령은 여러분 안에 계십니다. 여러분은 그 말씀의 의미를 분명히 해 주시고 또 여러분에게 말씀하시는 성령을 발견한다는 것이 무엇인지를 압니다. 그리고 그것이 여러분에게 큰 확신을 준다는 것도 압니다. 여러분은 여러분의 영 가운데 그것을 가졌습니다. 여러분은 여러분이 하나님의 자녀인 것을 압니다. 여러분은 성경이 지루하다고 느끼며 이해하지 못하고 또한 성경 말씀이 여러분에게 아무것도 의미하지 않는다고 느낀 날을 기억하실 것입니다. 그러나 지금은 그렇지 않습니다. 그것은 어떤 의미에 있어서 "아바 아버지"라고 부르짖는 여러분의 영입니다. 아니면 예배 중에 여러분이 하나님의 자녀라고 하는 확신을 느꼈을 때 그것을 알 수도 있습니다.

여러분은 윌리엄 윌버포스(William Wilberforce)와 그의 가까운 친구이며 또 이 나라의 위대한 수상 중의 한 사람이었던 윌리엄 피트에 관한 이야기를 알고 계십니까? 윌버포스는 아주 훌륭한 그리스도인이었는데 그는 그의 친구인 윌리엄 피트에 관하여 깊은 관심을 가졌습니다. 그런데 윌리엄 피트는 명목상으로만 그리스도인이었습니다. 윌버포스는 항상 이 점에 관해서 그에게 말했습니다. 그는 특별히 피트가 리차드 세실이라 불리는 유명한 복음 설교가의 설교를 들으러 그와 같이 가기를 종용했습니다. 이 때문에 윌버포스는 피트를 몇 주간, 아니 몇 달간 설득하였습니다. 마침내 피트는 다음 주일 아침에 그와 함께 이 설교자의 말씀을 듣기 위해 가겠노라고 약속했습니다. 그래서 윌버포스는 기대에 부풀어 기도드렸으며 예배에 함께 참석했습니다. 리차드 세실은 하나님 나라의 영광과 하나님 아버지와 자녀들과의 관계에 대하여 외치고 설명하였습니다. 윌버포스는 이 영광스러운 진리를 기뻐하며 그것에 한껏 도취되어 말할 수 없는 기쁨에 차 있었습니다. 그리고 그는 피트에게 무슨 일이 일어나고 있는지 궁금히 여겼습니다.

제가 생각하기로는, 피트가 윌리엄 윌버포스보다 더 능력 있는 사람처럼 보입니다. 그는 수상이었습니다. 예배를 마치고 그들이 걸어 나오면서 윌리엄 윌버포스는 이 예배가 피트에게 무엇을 안겨 주었는지 궁금했습니다. 그는 더 이상 참을 수가 없었습니다. 그런데 그들이 교회 정문을 나섰을 때

피트가 윌리엄 윌버포스에게 고개를 돌렸습니다. 윌버포스는 하나님의 진리에 대한 설명으로 인해 아주 황홀해져 있었습니다. 그러나 피트는 말했습니다. "나는 저 분이 이야기하고 있는 것을 한 말씀도 이해하질 못했는데 그것이 대체 무엇입니까?"

그것은 우리가 확신을 얻는 방법입니다. 만약 이러한 것들이 여러분을 감동시키고 여러분의 심령을 황홀하게 하였다면 그것은 여러분이 하나님의 자녀이기 때문입니다. 여러분은 '말씀의 순전한 젖'을 받을 수 있는 바탕을 가지고 있습니다. 그리고 그것은 여러분에게 확신을 줍니다. 이처럼 여러분은 기도 중에, 성경을 읽는 중에, 예배를 드리는 도중에 그리고 다른 다양한 방식에 의해서 그것을 얻습니다.

그러나 사도가 말하고 있는 것은 이것입니다. 즉 이 모든 것이 놀라운 일입니다. 그러나 거기에 더욱더 놀라운 것이 있는데 그것은 "성령께서 친히 우리의 영으로 더불어 증거하시나니"라고 하신 것입니다. 이것은 "하나님의 사랑이 그 마음에 부은 바 된" 인침이며 세례인 것입니다. 이것은 반박할 수 없는 어떤 것입니다. 이것은 여러분 자신이나 여러분 안에 있는 성화의 표적에서 온 것이 아닙니다. 그것은 여러분이 확신을 가질 수 있는 또 다른 방법입니다. 말하자면 이것은 외적이고 객관적이며 주어진 것으로 여러분에게 '발생하는' 것입니다.

이것을 능가하는 오직 한 가지 일은 제가 이미 언급했듯이, 천국에서 영광 중에 되어질 일입니다. 이것은 우리가 이 세상에서 천국에 대하여 미리 맛볼 수 있는 가장 가까운 체험입니다. 즉 우리는 "성령이 친히 우리 영으로 더불어 우리가 하나님의 자녀인 것을 증거하시나니 자녀이면 또한 후사 곧 하나님의 후사요 그리스도와 함께 한 후사"입니다.

여러분, 저는 지금 '성령세례', '성령의 인침' 그리고 성령께서 우리의 영과 더불어 우리가 하나님의 자녀인 것을 확신케 하시는 '성령의 보증'과 같은 이것들이 다 동일한 것임을 여러분께 말씀드리고 있습니다.

찰스 시몬의 말을 다시 인용해 봅시다. 그는 말합니다. "많은 사람들에게 있어서 성령의 인침이 안타깝게도 미련한 것으로만 여겨지고 있다." 불행하게 오늘날의 교회에도 이와 같은 사람들이 많이 있습니다. 그들은 이 모든 것을 '미련한 것'으로 간주합니다. 그러나 시몬은 계속해서 말합니다. "그렇게 말하는 자들은 자기들이 이해하지 못하는 것을 나쁘게 말하는 것이다. 우리는 그런 사람들을 비난하는 대신에 우리 스스로 그것을 체험하기를 간구하자." 저 또한 여러분에게 이러한 말들을 반복하여 권하는 바입니다.

휘필드의 마지막 말을 보십시오. 이것은 그의 일기에 적혀 있는 것입니다. '성령으로 충만되었음'(이는 그가 회심하고 난 후 오래되었을 때의 기록입니다). "오! 아버지의 약속하신 것을 부인하던 자들이 이처럼 그 약속을 받게 되다니! 아! 이들이 나와 함께 기쁨을 나누는 자가 되다니!"

여러분은 성령의 인침을 받았습니까? 성령께서 여러분의 영과 더불어 여러분이 하나님의 자녀인 것을 증거하셨습니까? 저는 여러분이 이것을 성화나, 성경을 읽을 때라든지 기도나 예배 시, 또는 이와 다른 어떤 것에서 추론하는 것을 의미하지 않습니다. 제가 지금 묻고 있는 것은 성령께서 친히 여러분에게 그것을 보증하시고 증거하시며 인치셨는가 하는 것입니다. 여러분은 아무런 의심 없이 확실히 여러분이 하나님의 자녀이며 그리스도와 함께 한 후사라는 것을 알고 있으십니까? 이 성령세례에 대한 용어의 다양성을 인하여 감사합시다. 왜냐하면 이 모든 것이 이 위대한 똑같은 진리를 여러 모양으로 보여 줌으로써 그것의 영광스러움과 경이로움을 찬란하게 드러내 주기 때문입니다.

"아버지의 약속을 부인하고 이해하지 못하던 사람들도 그들 친히 이 약속을 받게 하옵소서! 모든 사람들이 내가 누리던 이 기쁨에 동참자가 되게 하소서." 여러분도 이와 같이 말할 수 있겠습니까? 그것은 가능한 일입니다. 그것을 추구하십시오. 여러분이 그것을 발견하고 소유하고 다음과 같이 말할 수 있기까지 계속해서 추구하십시오. "전세계가 내가 지금 알고 있는 이 기쁨을 알게 하옵소서. 지금 성령께서 나의 삶에 충만히 임재하시고 내 영으로 더불어 하나님의 자녀인 것을 증거하시는 것처럼…."

제 10 장

힘써 구할 가치가 있는 것

제자들이 그들의 주님이요 구세주인 그리스도에게 일어난 사건의 의미를 진정으로 깨닫게 된 것은 그들이 성령으로 세례를 받은 다음이라는 것을 우리는 보아왔습니다. 사복음서의 내용을 읽어 보면 제자들이 서서히 주님의 신격을 믿게 되었지만, 특별히 주님께서 장차 다가올 죽음에 대하여 말씀하실 때에는 아직도 그들의 믿음이 흔들리고 있음을 발견할 수 있습니다. 그들은 그것을 이해하고 용납할 수가 없었습니다. 심지어는 주님께서 부활하신 후에도 그들은 근심에 잠겨 있었고, 그 죽음을 이해하지 못하였습니다. 주님께서는 그들을 꾸짖으셨고 계속해서 성경에 기록된 바 자신에 관한 진리를 그들에게 설명해 주셨습니다. 그는 그리스도가 고난을 받아야 하고, '예수께서 그리스도이심'에 대하여 성경이 어떻게 예언하는가를 지적하셨습니다. 이것이 바로 여러분이 누가복음 24장에서 발견하게 되는 그의 가르침의 핵심입니다. 주님께서는 그들에게 가르치신 후에 며칠이 지나면 그들이 성령으로 세례를 받을 것이라는 약속을 하셨습니다. 그리고 그들은 오순절 날이 이르러 성령의 세례를 받았고 사도 베드로가 그들의 대변자와 설교자로서 전에는 그가 결코 알지 못했던 방법으로 예수 그리스도의 죽음의 의미를 설명할 수 있었습니다.

다시 말하자면, 주님께서는 성령이 충만히 임하시면 모든 진리 가운데로 인도하실 것이며 제자들이 당시에 이해하지 못했던 것들을 이해할 수 있도록 인도하실 것이라고 약속하셨습니다.

이제 그것은 그때와 마찬가지로 오늘날에도 진실된 한 원리가 되었습니다. 우리 모두는 과거에 살았던 많은 사람들, 즉 하나님의 성도들의 증거를 함께 보았고 모든 사람에게 공통된 한 가지 요소가 있음을 보았습니다. 즉 그것은 그들이 성령의 체험을 한 후에는 그 이전에는 결코 경험하지 못했던 주님에 대한 진리와 지식을 이해하게 되었다는 점입니다.

그러므로 만일 우리가 십자가 사건의 의미를 이해하려고 한다면 우리는 성령의 세례를 필수적으로 받아야만 합니다. 우리의 눈이 진정으로 밝아졌을 때에 우리는 비로소 그것을 이해할 수 있기 때문입니다. 얼마나 많은 사람들이 이 사건의 의미를 잘못 이해하였고, 또 아직도 그렇게 하고 있는지 우리는 잘 알고 있습니다. 심지어는 기독교의 범주 안에서조차 주님의 죽음은 한 평화주의자의 비극적 죽음으로 묘사되고 있으며 이러한 사람들은 이 사건이 발생한 것을 유감으로 생각하고 있습니다. 사랑하는 나의 친구들이여, 만일 이 사건이 일어나지 않았더라면 여러분과 저는 이곳에 있지도 못할 것이며 아무도 천국의 소망을 가지지 못할 것입니다. 그러나 우리는 이러한 사건을 우리의 타고난 마음으로는 이해할 수가 없습니다. "육에 속한 사람은 하나님의 성령의 일을 받지 아니하나니 저희에게는 미련하게 보임이요 또 깨닫지도 못하나니 이런 일은 영적으로라야 분변함이니라"(고전 2:14). 모든 관점으로 보아서 교회에 가장 필요한 것은 성령의 강림인 것입니다. 교회가 성령을 받을 때에 비로소 교회는 하나님의 독생자의 구원의 복음을 다시 이해할 수 있고 다른 사람에게도 전파할 수가 있는 것입니다. 따라서 우리는 이것을 더욱 연구해 나갈 것입니다. 이보다 더 필수적인 것은 아무것도 없기 때문입니다.

우리가 고려해야 할 것이 또 한 가지 있습니다. 그것은 어떤 특정한 구절과 관련해서 사람들이 항상 느껴 왔고, 또 지금도 느끼고 있는 몇 가지 어려움입니다. 그러한 어려움이란 바로 이러한 구절들이 표면적으로는 모든 그리스도인이 성령의 세례를 받았으므로 그리스도인에게 이 축복을 구하라고 강요하는 것은 잘못된 것이라고 말하는 듯이 보이는 데 있습니다. 여러분이 그리스도인이라는 단순한 이유로 인하여 여러분은 필수적으로 성령의 세례를 받았을 것이기 때문입니다. 혹은 때때로 그 어려움은 다음과 같은 데에도 있습니다. 즉 만일 성령세례가 모든 신자에게 주어질 것이라는 약속이 주어졌다면 모든 신자는 과연 그것을 받았는가, 혹은 그렇지 않다면 그것을 구하는 사람은 왜 그것을 아직 받지 못하였는가 하는 것입니다.

이제 이것에 관한 한두 개의 성경 구절을 찾아보도록 합시다. 그 이유는 이러한 것에 관하여 관심을 가지고 있는 사람들 - 이러한 사람들은 제가 진정으로 돕기를 원하는 사람들인데 - 은 이것에 대하여 큰 어려움을 느끼고 있음을 발견할 수 있기 때문입니다. 이러한 사람들이 가끔 인용하는 구절은 누가복음 11:13입니다. "너희가 악할지라도 좋은 것을 자식에게 줄줄 알거든 하물며 너희 천부께서 구하는 자에게 성령을 주지 않겠느냐?" 이 구절은 사람들이 혼동하는 구절들 중의 하나입니다. 그들은 다음과 같이 말합니다. "우리들은 모든 그리스도인들과 마찬가지로 이러한 방법으로 성령을 받았다. 그렇지 않다면 우리는 어려움 속에 남아 있을 것이다. 이 구절은 우리가 이 선물을 구하기만 한다면 그것을 받을 수 있을 것으로 말하는 것처럼 보인다."

이 논쟁은 다음과 같이 계속됩니다. "나는 주님께 구했지만 당신이 말한 것과 같은 경험은 하지 못하였다. 따라서 단 하나의 결론을 내릴 수 있다. 즉 이 경험은 특별하고 독특한 경험이며, 따라서 그리스도인들이 그것을 알고 있든지 모르고 있든지 간에 모든 그리스도인들이 그것을 소유하고 있다는 당신의 말이 틀렸거나, 아니면 하나님께서 자신의 약속을 지키지 않으셨다는 것이다."

우리는 이것을 어떻게 다루어야 할 것입니까? 생각건대 이러한 특별한 구절뿐만 아니라 이와 유사한 많은 구절을 주관하는 가장 중요한 원리가 여기에 있습니다. 주님께서는 오직 간구하는 자녀에 대하여 언급하고 계심을 여러분은 발견합니다. 여기에는 흥미 있는 점이 있습니다. 주님께서는 아버지께 성령을 간구할 자들은 자신들이 자녀임을 알고 하나님을 아버지로 선포하는 자들임을 당연시하고 있는 것처럼 보입니다. 이것은 성령을 구하는 자들은 오직 하나님의 자녀들뿐임을 의미합니다. 따라서 그것은 중생과 함께 자동적으로 발생하는 것을 뜻하는 것이 아니요, 이러한 간구를 하는 자들은 오직 거듭난 자녀들임을 뜻합니다. 자녀가 아니라면 아무도 그것을 구하지 않을 것입니다.

주님께서는 '세상'은 성령을 받을 수 없다는 것을 분명히 하셨습니다. 그는 요한복음 14:16-17에서 그것을 명백히 밝히셨습니다. "내가 아버지께 구하겠으니 그가 또 다른 보혜사를 너희에게 주사 영원토록 너희와 함께 있게 하시리니 저는 진리의 영이라 세상은 능히 저를 받지 못하나니 이는 저를 보지도 못하고 알지도 못함이라 그러나 너희는 저를 아나니 저는 너희와 함께 거하심이요 또 너희 속에 계시겠음이라."

이러한 차이점을 우리는 지니고 있는 것입니다. 세상은 그렇지 않음을 여러분이 알고 있다고 주님은 말씀하십니다. 따라서 이러한 간구를 하는 자들은 이미 '자녀'요 그리스도인이며, 그들은 그러한 자격으로서 천부께 나아가는 것이라고 저는 주장합니다. 그것이 바로 그리스도인들의 이 멀리 계신 하나님이 아니요 하늘에 계신 그들의 아버지이신 하나님께로 접근하는 방법이며, 그들은 바로 그러한 방법과 그러한 말로써 하나님께 간구하는 것입니다. 이것은 매우 중요한 원리입니다.

그러나 이보다 더 중요한 것은 간구란 정확히 무엇을 의미하는가 하는 점입니다. 사람들은 간구하기만 하면 하나님께서 즉시 주신다고 생각하는 듯합니다. 그들은 이 구절을 이렇게 해석합니다. "하물며 너희 천부께서 구하는 자에게 성령을 주시지 않겠느냐." 따라서 그들은 누구든지 하나님께 성령의 선물을 간구하기만 한다면 즉시 그것을 받을 것이라고 생각합니다. 그러나 여기에서 간구의 의미에 대한 가장 중요한 질문이 발생하며, 우리가 방황하게 되는 곳도 바로 이곳입니다. 주님께서는 이 질문에서 일종의 단계를 보여 주고 계심을 발견할 수 있습니다. 그는 누가복음 11:9-10에서 다음과 같이 말씀하십니다. "내가 또 너희에게 이르노니 구하라 그러면 너희에게 주실 것이요 찾으라 그러면 찾을 것이요 문을 두드리라 그러면 너희에게 열릴 것이니 구하는 이마다 받을 것이요 찾는 이가 찾을 것이요 두드리는 이에게 열릴 것이니라."

많은 사람들은 기도의 응답에 대한 문제와 관련해서 이러한 난해성을 틀림없이 경험했을 것입니다. 여러분이 간구하기만 하면 받을 것처럼 말하는 성경 구절들이 있습니다. 따라서 사람들은 "나는 간구했지만 받지 못했어"라고 말하면서 이것을 이해하지 못합니다. 제가 제시하는 바 해답은 "구하라"라는 낱말에는 우리가 생각하는 것보다 더 큰 내용이 들어 있다는 것입니다. 주님께서는 그 표현을 다양하게 하시면서 "구하라, 찾으라, 두드리라"라고 말씀하셨습니다.

진정으로 구한다는 것은 바로 두드리는 것입니다. 다시 말하자면, 구한다는 것은 즉흥적으로 요구하는 것을 의미하지 않습니다. 여러분은 갑자기 어떤 필요성을 느껴서 요구를 하게 되지만 다음날 아침이면 모든 것을 잊어버리고 맙니다. 이것은 진실된 구함도 아니요, 진실된 찾음도 아닙니다. 진실된 구함에는 일종의 절실함이 들어 있습니다. 그것은 응답 이외의 것에 만족하기를 거절합니다. 두드림은 바로 이때에 오는 것입니다. 여러분은 단순히 먼 곳에서 부르짖는 것이 아니라, 다가가고 계속해서 가까이 접근하여 드디어 문 앞에 서서 두드리게 되는 것입니다.

이것이 바로 성경의 명백한 가르침입니다. 우리 모두에게 있어서의 위험성은 그리스도인의 믿음의 큰 축복을 거의 자동적인 과정으로 축소시키는 것입니다. 저는 때때로 이것을 동전을 집어 넣으면 초콜릿이나 음료수가 나오는 자동판매기에 비유합니다. 그것은 그리스도인의 생활에 있어서의 진실과 다릅니다. 그것은 전혀 사실이 아닙니다. 이것은 '굶주림과 목마름'과도 같은 진실된 구함인 것입니다. "의에 주리고 목마른 자는 복이 있나니." 그것은 여러분이 사역을 할 때에나 장례식에 참석했을 때에는 좀더 나은 생활을 하기를 원하지만, 다시 그 모든 것을 잊고 옛 생활로 돌아가는 것을 의미하지 않습니다. 결코 그것이 아닙니다. 그것은 의에 대한 굶주림이요 목마름입니다. "구하라, 찾으라, 두드리라."

그것이 바로 성경의 가르침이기 때문에 여러분은 이러한 큰 축복을 받은 사람들의 증거나 경험 속에서 이것이 확인되고 있음을 발견할 것입니다. 많은 사람들은 수년 동안 투쟁한 후에야 이 놀라운 경험을 하게 됩니다. 그들은 과거를 돌아볼 때에, 그들의 어려움은 그들이 변덕스럽게 충동이 일어날 때에는 구했다가 다시 그것을 잊어버리는 것이었음을 발견할 수 있습니다. 그들은 다시 구했다가는 또 다시 잊어버렸던 것입니다. 그러다가 그들은 절망적인 상태에 이르러 옛 야곱의 경우와 같이 "당신이 내게 축복하지 아니하면 가게 하지 아니하겠나이다"라고 말하게 됩니다. 그것은 이제 위대한 야곱의 이야기 속에서 영원히 상징화되었으며 신자들의 생애와 증거 속에서 자주 반복되고 있습니다.

우리의 어려움은 우리 모두가 이것에 대하여 열성을 가지고 있지 않다는 점입니다. 주님께서는 그 점을 다루시기 위하여 비유를 이용해 강청에 대하여 말씀하고 계십니다. 그 비유는 다음과 같습니다. 어떤 사람에게 갑자기 친구가 찾아왔는데 그 친구에게 대접할 음식이 없었습니다. 그래서 그는 다른 친구를 찾아가서 말합니다. "내 벗이 여행 중에 내게 왔으나 내가 먹일 것이 없노라 하면 저가 안에서 대답하여 이르되 나를 괴롭게 하지 말라 문이 이미 닫혔고 아이들이 나와 함께 침소에 누웠으니 일어나 네게 줄 수가 없노라 하겠느냐 내가 너희에게 말하노니 비록 벗됨을 인하여서는 일어나 주지 아니할지라도 그 강청함을 인하여 일어나 그 소용대로 주리라"(눅 11:6-8).

비록 집에 있는 사람이 "문이 이미 닫혔고 아이들이 나와 함께 침소에 누웠으니 일어나 네게 줄 수가 없노라"라고 말했지만, 이 사람은 결코 거절을 당하려고 하지 않은 것입니다. 이것이 바로 이 비유가 의미하는 것입니다. 집주인은 가족과 함께 잠자리에 들었기 때문에 "모든 식구를 깨울 수는 없어"라고 말했지만 밖에 선 사람은 계속해서 귀찮게 애원하면서 말합니다. "일어나서 떡을 좀 주게. 지금 막 도착한 친구에게 주어야만 해." 잠자리에 들었던 사람은 드디어 말합니다. "좋아, 잠을 잘 수가 없군. 이 사람을 쫓을 수 있는 방법은 하나밖에 없겠어. 일어나 그에게 떡을 주어 버리자." 그는 그 사람의 **강청함**을 인하여 그렇게 한 것입니다.

이 점이 바로 주님께서 강조하시는 것입니다. 따라서 우리가 이따금씩 하나님께 이 축복을 간구하지만 아무것도 일어나지 않는다고 해서 하나님을 원망해서는 안 됩니다. 우리는 이 조건을 충족시키지 못한 것이며 진정으로 구하지 않은 것입니다. "**구하라, 찾으라, 두드리라**", "당신이 내게 축복하지 아니하면 가게 하지 아니하겠나이다"와 같은 말씀을 잊지 맙시다. 이것이 이 사건에서 가장 중요한 요소가 됩니다. 이것은 성경의 가르침 속에 포함되어 있으며 성도들의 간증과 경험에 의해서 확인되고 있습니다.

모든 인간관계를 통한 비유는 여기에서 매우 중요합니다. 인간의 부모도 자녀가 간구하는 즉시로 항상 주지는 않습니다. 자녀를 위하여 구하는 것을 주는 것이 현명치 않거나 옳지 않은 경우가 있기 때문입니다. 어떤 주어진 조건 아래 보류하거나 거절하는 것이 더 유익할 경우가 있습니다. 이것은 인간의 일상 생활에서 흔히 있는 일입니다. 하나님께서는 우리의 아버지이시기 때문에 우리가 원하는 축복을 항상 즉시 우리에게 주시지는 않습니다. 이것에 대하여 우리는 하나님께 감사드려야 합니다. 만일 하나님께서 우리가 구하는 것을 즉시 주신다면, 우리는 결코 성장하지 않을 것입니다. 이것은 우리의 성화를 위한 모든 과정의 일부분이 됩니다. 축복을 보류함으로써 하나님께서는 우리를 살피시고 시험하시며 우리가 우리 스스로를 시험하게 하시고 축복의 조건을 깨닫도록 하시며, 우리의 영적 생활 전체가 깊어지도록 하십니다.

우리가 속해 있는 세대는 이것을 쉽게 잊어버립니다. 우리는 항상 지름길과 쉬운 방법과 어떤 축복 '보따리'를 원하는 족속입니다. 또한 이것은 금세기의 기독교 문학과 19세기 중반까지의 기독교 문학 사이의 가장 큰 차이점 중의 하나입니다. 사람은 수년 동안이나 축복을 간구한 후에야 그것을 받게 되는 경우도 있지만 여기에는 하나님의 목적이 있는 것입니다. 하나님께서는 그들을 다루시며 주어진 길로 그들을 인도하십니다. 노력이 없는 그리스도인의 생활의 높이를 결코 알 수 없습니다. 여러분은 이러한 것들을 얻기 위하여 찾고 두드리고 강청하는 수고를 해야만 합니다. 너무도 많은 사람들이 이 점에 있어서 혼동에 빠지는 것은 그들이 이 요소를 잊었기 때문입니다.

이제 두번째로 앞의 것과 매우 비슷하지만 약간 다른 어려움을 살펴보도록 합시다. 이것은 사도행전 2:37-39에 있습니다. 여기에서 사도 베드로는 오순절 날이 이르러 설교를 하고 있습니다. "저희가 이 말을 듣고 마음에 찔려 베드로와 다른 사도들에게 물어 가로되 형제들아 우리가 어찌할꼬 하거늘 베드로가 가로되 너희가 회개하여 각각 예수 그리스도의 이름으로 세례를 받고 죄사함을 얻으라 그리하면 성령을 선물로 받으리니 이 약속은 너희와 너희 자녀와 모든 먼데 사람 곧 주 우리 하나님이 얼마든지 부르시는 자들에게 하신 것이라."

사람들은 베드로의 말이 매우 간단하다고 말합니다. "너희가 회개하여 각각 예수 그리스도의 이름으로 세례를 받고 죄사함을 얻으라 그리하면 성령을 선물로 받으리니 이 약속은 너희와 너희 자녀와 모든 먼데 사람 곧 주 우리 하나님이 얼마든지 부르시는 자들에게 하신 것이라."

그리고 사람들은 계속해서 말합니다. "이것을 설명할 수 있는 방법은 오직 하나밖에 없다. 그것은 만일 당신이 회개하고 믿는다면 성령을 선물로 받을 것이라는 점이다. 이것은 모든 사람을 향한 약속이다. 이것이 없이 어떻게 한 사람이 그리스도인이 될 수 있다고 말할 수 있겠는가? 이 구절은 회개하고 주 예수 그리스도의 이름으로 세례를 받은 모든 사람에게 보편적으로 약속된 것인데 어떻게 모든 그리스도인이 성령을 받지 않았다고 말할 수 있겠는가?"

물론 우리는 여기에서도 성경의 가르침과 관련해서 위대한 원리에 직면하게 됩니다. 성경은 "이 약속은 너희와 너희 자녀…에게 하신 것이라"고 말하고 있습니다. 약속은 어디까지나 약속이며 그것은 모든 사람에게 반드시 일어납니다.

많은 사람들이 바로 여기에서 어려움을 겪었습니다. 만일 내가 기록을 했었더라면 저는 어떤 질문보다도 이 질문에 관한 질문에 더 많은 대답을 했음을 발견할 수 있을 것입니다. 사람들은 "'찾으라 그리하면 찾을 것이요'라는 약속은 간단한데, 어째서 나는 구했지만 받지 못하는가?"라고 말합니다. 그러나 그들은 이것을 깨닫지 못하고 있기 때문입니다. 그들은 하나님께서 때때로 약속을 지키지 않으신다고 생각하고 있습니다. 그들은 하나님의 모든 약속은 항상 조건을 가지고 있다는 것을 깨닫지 못하고 있습니다.

이것을 다음과 같이 설명하겠습니다. 약속이란 그것이 모든 사람에게 자동적으로 주어짐을 의미하지 않습니다. 약속이란 일반적으로 조건이 따라옵니다. 성경에서 우리에게 주어진 몇 가지 구절들을 기억합시다. 예를 들면 사도 베드로는 베드로후서 1:1에서 "예수 그리스도의 종과 사도인 시몬 베드로는 우리 하나님과 구주 예수 그리스도의 의를 힘입어 동일하게 보배로운 믿음을 우리와 같이 받은 자들에게 편지하노니 하나님과 우리 주 예수를 앎으로 은혜와 평강이 너희에게 더욱 많을지어다." 또 다음을 주목합시다.

"그의 신기한 능력으로 생명과 경건에 속한 모든 것을 우리에게 주셨으니 – '주셨으니' – 이는 자기의 영광과 덕으로써 우리를 부르신 자를 앎으로 말미암음이라 이로써 그 보배롭고 지극히 큰 약속을 우리에게 주사 이 약속으로 말미암아 너희로 정욕을 인하여 세상에서 썩어질 것을 피하여 신의 성품에 참예하는 자가 되게 하려 하셨으니." 그러나 여기에서 다음과 같은 질문이 즉시 일어납니다. 즉 우리 각자가 지금 이 순간 이 놀랍고 값진 약속을 충만히 받았는가를 시험할 준비가 되어 있는가 하는 것입니다.

이제 또 다른 논쟁에 대해서도 우리는 그렇게 할 수 있어야 합니다. 사도 베드로는 같은 장에서 한 가지 논쟁점을 불러일으키고 있습니다. 그는 사실상 다음과 같이 말하고 있습니다. "그것은 너희들에게 약속된 것이고 주어진 것이다. 그러나 너희들은 그것을 깨닫지 못하고 있다. 너희들은 이 진리에 올바르게 접근하지 못하고 있다." 그는 계속해서 다음과 같이 말합니다. "이러므로 너희가 더욱 힘써 너희 믿음에 덕을, 덕에 지식을, 지식에 절제를, 절제에 인내를, 인내에 경건을, 경건에 형제 우애를, 형제 우애에 사랑을 공급하라 이런 것이 너희에게 있어 흡족한즉 너희로 우리 주 예수 그리스도를 알기에 게으르지 않고 열매 없는 자가 되지 않게 하려니와."

여러분은 그리스도인이 되고 이론적으로 이 모든 놀랍고 값진 약속들을 알면서도 메마르고 열매 맺지 못할 수가 있습니다. 왜 그렇습니까? 그 이유는 여러분이 힘쓰지 않았고 믿음에 덕을 공급하지 않았기 때문입니다. 베드로는 계속해서 말합니다. "이런 것이 없는 자는 소경이라 원시치 못하고 그의 옛 죄를 깨끗케 하심을 잊었느니라 그러므로 형제들아 더욱 힘써 너희 부르심과 택하심을 굳게 하라 너희가 이것을 행한즉 언제든지 실족지 아니하리라 이같이 하면 우리 주 곧 구주 예수 그리스도의 영원한 나라에 들어감을 넉넉히 너희에게 주시리라."

이것이 이 위대한 원리의 완벽한 설명인 것입니다. 우리는 자동적인 사고방식을 제거해야 하며 "약속이 되었으니 나는 받을 것이다. 그렇지 않다면 약속이 잘못된 것이다"라는 말을 하지 말아야 합니다. 베드로가 말하는 것은 이것입니다. 만일 여러분이 회개하고 주 예수 그리스도를 믿는다면 여러분은 이러한 약속들의 후보자가 된 것입니다. 이러한 약속들은 그 후에 여러분에게 다가옵니다. 여러분은 비로소 사도들이 이미 받은 은사를 받을 위치에 서게 됩니다.

베드로는 양심의 가책을 받아 그의 복음을 이제 막 믿게 된 사람들에게 말하고 있습니다. 그들은 외쳤습니다. "형제들아 우리가 어찌할꼬?" 그러자 그는 다음과 같이 말하였습니다. "너희들은 우리에게 일어난 일을 보았다. 이것이 너희가 해야 할 일이다. 그리하면 이러한 것들이 너희에게 열릴 것이다." 그는 그러한 것들이 자동적으로 일어날 것이라고 말하지 않습니다. 그러한 것들은 역사를 통하여 일어나지 않았고 지금도 일어나지 않고 있습니다.

이것을 설명해 주는 한 가지 예가 있습니다. 물론 우리는 더 많은 예를 찾아볼 수 있습니다. 사도들은 이 점을 계속해서 지적하고 있습니다. 바울은 구원받은 에베소의 그리스도인들에게 편지를 하면서 다음과 같이 기도하였습니다. "너희 마음 눈을 밝히사 그의 부르심의 소망이 무엇이며 성도 안에서 그 기업의 영광의 풍성이 무엇이며 그의 힘의 강력으로 역사하심을 따라 믿는 우리에게 베푸신 능력의 지극히 크심이 어떤 것을 너희로 알게 하시기를 구하노라"(엡 1:18-19). 이것은 모두 얻을 수 있는 것이지만, 과연 우리가 이것을 알고 있는가 하는 것이 문제입니다. 따라서 우리는 이러한 약속들의 속성을 이해해야만 합니다.

이제 가장 핵심적인 한 가지 실례를 제시하겠습니다. 저는 마태복음 18:19에 대하여 영혼에 큰 고통을 당했던 한 사람을 다루었던 것을 기억합니다. 그 구절은 다음과 같습니다. "진실로 다시 너희에게 이르노니 너희 중에 두 사람이 땅에서 합심하여 무엇이든지 구하면 하늘에 계신 내 아버지께서 저희를 위하여 이루게 하시리라." 그런데 문제는, 그들은 합심하여 구했지만 구한 것을 받지 못하였다는 것입니다. 이것도 역시 전과 똑같은 문제입니다. "성경에 쓰여 있는데 어떻게 더 확실할 수 있는가? 그러나 그것은 일어나지 않았어"라고 말하는 것은 소용이 없습니다.

그렇다면 여러분의 생각에 무언가 잘못된 것이 있음에 틀림없습니다. 그 구절은 두 그리스도인이 어떤 것을 합의해서 하나님께 구하기만 하면 반드시 그것을 받을 것이라는 의미로 해석되어서는 결코 안 됩니다. 이것이 진리가 아님을 인하여 하나님께 감사드립시다. 만일 그러한 사람들이 간구했던 것이 허락되었다면 큰 재난이 그들에게 일어났을 것입니다. 이러한 것들은 우리를 격려하고 무엇이 가능한가를 보여 주기 위하여 도입된 것입니다. 그러나 우리는 우리가 간구하기만 하면 하나님께서는 반드시 응답하셔야 하는 어떤 위치에 놓여 있다고 상상해서는 안 됩니다. 그것은 기독교의 가르침이 아닙니다. 그러한 생각은 역학의 범위에 속한 것이며 우리는 그러한 역학을 신약에서 찾아볼 수가 없습니다.

이러한 것들은 제가 설명한 방법으로 이해되어야 합니다. 그러한 것들은 그리스도 안에서 우리에게 열려 있는 가능성을 제시해 주는 것이지 우리가 그것을 자동적으로 받을 수 있는 것은 결코 아닙니다. 여기에는 하나님의 아버지 되심과 우리의 유익을 위한 목적과 우리 자신의 무지함과 어두움, 기타 여러 가지 사항이 복합되어 있는 것입니다. 따라서 우리는 사도행전 2:38-39을 누구든지 회개하고 믿기만 하면 성령의 세례를 자동적으로 받는다는 가르침으로 해석해서는 안 됩니다. 그것은 신약의 가르침이나 우리의 경험으로 보아도 사실이 아닙니다.

이제 이것은 마지막으로 내가 다루기를 두려워하는 어려움으로 인도하는데 우리는 그것을 고린도전서 12:13에서 찾을 수 있습니다. "우리가 유대인이나 헬라인이나 종이나 자유자나 다 한 성령으로 세례를 받아 한 몸이 되었고 또 다 한 성령을 마시게 하셨느니라." 이제 강조점은 모든 그리스도인들은 성령에 의해 세례를 받았다고 믿고 있는 사람들에 의해서 '다(모두)'라는 말에 주어집니다. 그들은 이것이 진리이므로 성령세례는 모든 그리스도인에게 사실대로 주어져야 한다고 말합니다.

이러한 논쟁은 이제 우리에게 친숙해졌으며 성령세례를 구분된 경험으로 믿고 있지 않는 사람들에 의해서 항상 논의되어 왔으며, 오늘날에도 흔히 논의되고 있습니다. 그들은 이 한 구절이 그 자체로서 충분하다고 주장합니다. 그들은 이 구절은 모든 믿는 자들이 성령세례를 받았음을 말하고 있다고 주장합니다. 그러나 이것은 "과연 이 구절이 그렇게 말하고 있는가?" 하는 진정한 문제를 불러일으킵니다. 저는 이 구절이 그것을 말하고 있지 않을 뿐만 아니라, 이 구절은 성령세례에 대한 교리를 전혀 다루고 있지 않다는 것을 밝히고 싶습니다.

　　어떤 사람은 다음과 같이 말할 것입니다. "나는 당신이 어떻게 하리라는 것을 알 수가 있어요. 당신은 '한 성령에 **의해서** 세례를 받아 한 몸이 되었고'(For by one Spirit are we all baptized into one body)라고 번역된 흠정역판을 다시 읽으시겠지요. 그러나 헬라어 원문은 그렇게 말하고 있지 않아요. 그것은 '한 성령 **안에서** 세례를 받아 한 몸이 되었고'(For in one Spirit are we all baptized into one body)라고 기록되어 있습니다. 따라서 그 구절은 당신이 말하는 것처럼 성령이 우리에게 세례를 주었다고 말하고 있지 않고 우리가 성령 안(in)에서 세례를 받아서 그리스도의 몸이 되었다고 말하고 있습니다." 이러한 사람들은 사도들이 헬라어의 'en'을 항상 'by'가 아니라 'in'의 의미로 사용했기 때문에 이러한 주장이 성립될 수 있다고 말합니다.

　　이것은 매우 흥미 있는 문제입니다. 실제적으로 Revised Version과 New English Bible을 제외한 모든 번역판은 흠정역판과 같이 이것을 "한 성령에 의하여"(For by one Spirit)로 번역하고 있습니다. Revised Standard Version, Dr. Moffat, American Williams 등이 그렇게 번역하였고 J.N. Darby와 Arthur S. Way는 그의 유명한 바울서신 번역에서 이 부분을 생략하였습니다. 또한 Amplified New Testament에서는 이것을 "성령의 역사에 의하여"(For by ⟨means of the personal agency of⟩ the Spirit)로 번역하고 있습니다. 여기에 다음과 같은 흥미 있는 점이 있습니다. 왜 모든 번역판이 'en'이란 낱말이 사용되었다는 사실을 알고 있음에도 불구하고 'by'로 번역하였습니까? 여기에 대한 대답은 오직 하나밖에 없는데, 그것은 헬라어의 'en'이 원인을 나타내는 의미로 사용되었다는 것입니다. 최근의 가장 완벽한 사전인 *Arndt*와 *Gingrish*를 펴 보면 그것이 원인의 의미로 사용되고 있음을 보여 줍니다. 좀더 오래된 사전들도 이와 같이 쓰이고 있음을 명확히 보여 줍니다.

　　'en'이 이러한 의미로 사용된 한두 가지의 예를 더 제시하겠습니다. 마태복음 26:52은 다음과 같습니다. "이에 예수께서 이르시되 네 검을 도로 집에 꽂으라 검을 가지는 자는 다 검으로(by the sword) 망하느니라." 여

제 10 장 힘써 구할 가치가 있는 것   173

기에서 'en'은 '검으로'(by the sword)로 번역되었습니다. 이것을 '검 안에서'(in the sword)로 번역할 수는 없습니다.

마태복음 7:6을 보면 똑같은 단어가 사용된 것을 발견할 수 있는데 그 의미는 오직 하나입니다. "거룩한 것을 개에게 주지 말며 너희 진주를 돼지 앞에 던지지 말라 저희가 그것을 발로 밟고(trample them under their feet)…." 이것의 진정한 의미는 '발을 가지고 밟고'(trample them by their feet)이지, 결코 '발 아래 밟고'(trample them in their feet)가 될 수는 없습니다. 그러나 원어에서 사용된 단어는 역시 'en'입니다.

누가복음 1:51에서도 마찬가지이며 사도 바울의 유명한 구절인 로마서 5:9에서도 마찬가지로 사용되고 있습니다. "그러면 이제 우리가 그 피를 인하여(by his blood) 의롭다 하심을 얻었은즉…." 원문에서는 'en'이 사용되었으므로 '그 피 안에서'(in his blood)로 되어야 하지만 아무도 그렇게 말하려고 하지는 않을 것입니다. 따라서 'en'은 'in'이란 단어로 번역되어야 하지만 'by'로도 번역될 수 있는 것입니다. 따라서 흠정역판에는 문법적인 결함이 없는 것입니다.

이제 미국 출신의 유명한 헬라어 학자인 웨스트(Wuest) 박사가 쓴 『헬라어 신약성경의 번역될 수 없는 보배』(The untranslatable Riches from the New Testament Greek)의 내용을 인용하겠습니다. 그는 바로 이 구절을 다루고 있습니다. 저는 웨스트의 마지막 번역 부분에는 동의하지 않지만 언어학자로서의 그의 문법의 권위를 인정하여 인용합니다.

> '세례를 주다'라는 말은 '놓다'(to place into) 혹은 '도입해 들이다'(introduce into)를 의미한다. 헬라어의 '성령'은 조격에 포함되는데, 주체는 때때로 조격에 의해서 표현된다. 그러한 경우의 동사는 항상 수동태 혹은 중간태이다. 여기에서의 헬라어 해석은 바로 이 헬라어 문법을 따른다. 이 경우에 있어서 세례를 주는 주체는 성령이다. 성령은 믿는 죄인을 주 예수께서 살아 계신 머리가 되는 몸 안으로 '도입한다'(introduce) 혹은 '둔다'(place). 따라서 우리는 다음과 같이 번역할 수 있다. "성령의 한 주체에 의하여 우리가 한 몸 안에 놓여졌고"(by means of the personal agency of one Spirit we all

were placed in one body).

성령이 우리에게 적용된 요소로서의 의미에서 그것은 성령으로의 세례(with the Spirit)나 성령세례(of the Spirit)가 아니라, 성령에 의한 세례(by the Spirit)이다. 이러한 세례는 하나님께서 성령을 우리 위에 두시거나 우리 안에 두신다는 의미로서 성령을 우리에게 가져다 주지는 않는다. 그것보다는 오히려 믿는 자를 예수 그리스도와의 생명의 연합으로 이끌어 가는 것을 의미한다. 이것은 성령에 의한 세례(baptism by the Spirit)가 능력을 위한 것이 아님을 의미한다. 왜냐하면 이러한 세례에는 신자에게 적용되거나 주어지는 것이 없기 때문이다.

그리고 그는 다시 돌아가서 이 내용을 세례 요한이 그를 따르는 자들에게 말한 누가복음 3:16의 내용과 비교합니다. "나보다 능력이 많으신 이가 오시나니 나는 그 신들메를 풀기도 감당치 못하겠노라 그는 성령과 불로(with the Holy Spirit and with fire) 세례를 주실 것이요." 여기에서도 역시 'en'이 사용되었습니다. 웨스트 박사는 이 구절과 우리가 다루고 있는 요한복음 1:31; 사도행전 1:5 그리고 사도행전 11:16을 예로 들면서 다음과 같이 말합니다.

이러한 종류의 동사는 마태복음에서 사도행전까지의 인용 구절에는 발견되지 않고 고린도전서 12:13에서 발견된다. 따라서 우리가 '성령에 의한 세례'(baptized by means of the Spirit)로 표현하는 것은 고린도전서에서는 옳지만, 앞에서 인용된 다른 구절에서는 옳지 않다. 그러므로 '성령으로'(with the Spirit)라는 구절은 세례의 의미를 정의한 것이며, '성령에 의하여'(by means of the Spirit)라는 구절은 세례를 베푸는 주체가 성령이며 세례의 목적은 믿는 죄인으로 하여금 예수 그리스도와 생명의 연합을 맺어서 그리스도께서 친히 머리가 되신 몸의 한 부분으로 만든다는 사실을 말해 주고 있다.

이것은 오늘날에 있어서 이러한 문제에 관련하여 가장 권위 있는 설명을 해 주고 있기 때문에 저에게는 가장 중요합니다. 저는 이것에 대한 더 많은 예를 들 수도 있습니다. 그러나 그에 대한 논쟁은 다음에 있습니다. 즉 고린도전서 12:13의 세례는 다른 모든 성령세례와는 차이점이 있다는 것입니다. 이 구절은 성령으로의 세례(with the Spirit)에 대하여 언급하지 않고 있다고 그는 말하면서 여기에 대한 문법적인 이유를 제시하고 있습니다.

그러나 문법 외에도 이것을 명백하게 만드는 다른 이유들이 있습니다. 성령세례에 대한 모든 언급에서 세례를 베푸는 주체는 주 예수 그리스도이시며 그가 성령으로 세례를 베푸실 때에 행하신 것은 우리가 보아 온 것입니다. 그것은 능력을 주고 증인을 만들고 우리로 하여금 증거하도록 하는 세례인 것입니다. 주님께서는 "너희가 능력을 받을 때까지 예루살렘에 머물라"라고 말씀하십니다. 우리가 지금까지 보아 온 성령세례(baptism with the Spirit)의 목적은 예수 그리스도와 마찬가지로 진리에 대한 살아 있는 증거자가 되도록 하기 위하여 능력과 확신을 우리에게 채워서 우리가 그의 증거자가 되도록 하는 것입니다. 이것이 바로 성령세례의 목적이며 이것이 바로 주 예수 그리스도에 의하여 베풀어진 세례인 것입니다.

그러나 사도 바울은 여기에서 완전히 다른 어떤 문제를 다루고 있습니다. 고린도전서의 이 구절에 있어서 그의 목적은 고린도 교회에서 발생한 혼란을 다루기 위한 것이었습니다. 그들은 자신들이 받은 여러 가지 은사에 관한 문제를 포함한 여러 가지 면에서 분리되고 있었습니다. 이 장에서 사도는 다음과 같이 말합니다. "이렇게 하는 것은 어처구니없는 일입니다. 여러분에게 이 모든 은사를 주신 분은 동일한 성령이십니다." "이 모든 일은 같은 한 성령이 행하사 그 뜻대로 각 사람에게 나눠 주시느니라." 이 모든 은사 가운데서 행하시고 각 사람에게 나누어 줄 은사를 결정하시는 분은 성령이십니다. 그러므로 그것에 대하여 분쟁하지 말며 시기하거나 질투하거나 서로 비방하지 마십시오. 여러분 모두는 그 은사가 어떤 것이든지 간에 한 분이신 성령으로부터 그것을 받았기 때문입니다. 그가 바로 이 모든 은사를 여러분에게 주신 분입니다.

그는 계속해서 말합니다. 내가 한 가지 예를 들겠다. "몸은 하나인데 많은 지체가 있고 몸의 지체가 많으나 한 몸임과 같이 그리스도도 그러하니라." 그것은 우리 모두가 유대인이건 혹은 이방인이든지 간에 한 성령에 의하여 그리스도의 한 몸 안으로 세례를 받았기 때문이라고 그는 말합니다. 우리 모두는 유일한 성령을 마시도록 다시 지음을 받은 것입니다. 그는 계속해서 성령의 활동에 대하여 설명하고 있는데 이것이 바로 Revised Version을 제외한 모든 번역판들이 이것을 'by' – '성령에 의하여'(by the Spirit)로 번역한 이유입니다.

이것은 성령의 행위와 활동에 대한 그의 계속적인 설명입니다. 그는 여기에서 성령의 능력이나 증거에 대하여 말하고 있지 않고 모든 그리스도인은 동일하게 거듭난 자들임을 그들에게 상기시키고 있는 것입니다. 이것은 모든 그리스도인들에게 있어서 사실입니다. 여러분은 거듭나지 않고는 그리스도인이 될 수 없으며 거듭남이야말로 성령의 활동인 것입니다. 거듭나게 하시는 분은 오직 성령이십니다. 그러나 성령은 거듭나는 순간에 그 사람을 그리스도의 몸 안으로 넣으십니다(위치시키신다 혹은 도입시키신다). 이것이 바로 그 말씀의 능력이요 의미입니다. 따라서 바울이 여기에서 말하고 있는 바는 다음과 같습니다. "너희에게 각기 다른 은사를 주신 성령은 너희 각 사람을 이끌어 그리스도의 몸 안에 두신 동일한 성령이므로 너희는 각자를 분리될 지체로 생각해서는 안 된다." 그는 그의 주요 논쟁점을 다시 한 번 강조하고 있습니다. 성령세례에 대한 교리를 다루는 것은 여기에서의 그의 관심사가 아닙니다. 바울이 보여 준 예는 모든 그리스도인은 그들이 유대인이든지 혹은 이방인이든지 간에 이제는 '그리스도 예수 안에서 하나'이며 그들 모두는 그리스도께서 친히 머리가 되신 몸의 각기 다른 지체임을 보여 주기 위한 것입니다. 또한 그것이 성령의 행위요 역사라고 그는 말합니다.

이제 여러분은 다음과 같은 차이점을 보게 됩니다. 즉 성령으로 우리에게 세례를 주시는 분은 주님 자신이신데 성경 어느 곳에서도 주님께서 우리를 그 자신의 몸에 접붙이신다는 가르침은 없습니다. 그것은 바로 성령의 사역입니다. 성령의 사역은 우리를 거듭나게 하고 우리를 그리스도에게 접붙이고 그의 안에 두고 우리에게 '세례'를 베풀어 그의 지체가 되게 하는 것입니다. 이 모든 것이 성령의 사역인 것입니다. 우리를 구원의 길로 인도하시는 분은 성령이시며 이것은 모든 그리스도인에게 동일합니다.

여러분은 거듭나지 않고는 그리스도인이 될 수 없습니다. 또한 여러분은 그리스도의 몸의 지체가 되지 않고서는 그리스도인이 될 수 없습니다. 모든 그리스도인은 사도 바울이 13절에서 말한 것처럼 그리스도의 몸 안으로 세례를 받은 것입니다. "우리가 유대인이나 헬라인이나 종이나 자유자나 다 한 성령으로 세례를 받아 한 몸이 되었고 또 다 한 성령을 마시게 하셨느니라." 따라서 우리는 이 한 성령을 함께 마신 것입니다. 성령은 모든 그리스도인 안에 계십니다. "누구든지 그리스도의 영이 없으면 그리스도의 사람이 아니라."

이것이 바로 이 구절이 말하고 있는 바입니다. 그러나 이 구절은 성령세례에 대한 교리나 성령으로 세례받는 사람들에게 주어지는 축복에 대해서는 어떠한 언급도 하지 않고 있습니다. 따라서 어떤 사람들이 아주 중요하게 생각하고 있는 이 구절은 우리가 말한 것과 모순되지 않을 뿐만 아니라, 오히려 철저하리 만큼 그것을 증명하고 있습니다. 그 이유로서 우리는 사도행전을 통하여, 믿고 세례를 받았지만 성령의 은사를 받기 위해서는 아직도 사도들이 손을 내밀어야만 했던 사람들을 명백히, 또한 여러 군데에서 보아 왔습니다. 사도들이 오순절 날이 이르기 전에 거듭났던 것처럼 그들은 이미 거듭났지만 아직 성령에 의한 세례를 받지 않았던 것입니다.

세례 요한은 다음과 같이 말합니다. "나는 물로 세례를 주거니와…그는 성령과 불로 너희에게 세례를 주실 것이요." 이 구절은 다른 구절들과 연관을 맺고 있습니다. 이 구절은 앞의 구절과 모순되지 않으며 성령세례에 대한 문제는 전혀 다루고 있지 않습니다. 지금까지 우리는 어떤 사람들이 성령세례에 대한 거대한 교리를 다룸에 있어서 부딪히는 중요한 난점들을 다루어 왔습니다. 저는 결론으로서 여러분에게 다음과 같은 질문을 하고자 합니다. 여러분은 그를 알고 있습니까? 여러분은 여러분을 향한 그의 사랑을 알고 있습니까? 여러분은 여러분 안에서 역사하는 그의 능력을 알고 있습니까? 여러분은 그가 당하신 고통과 죽음의 의미를 이해하고 있습니까? 여러분은 오순절 이전의 제자들의 상태에서 벗어나서 그 이후의 제자들의 상태로 들어갔습니까? 마지막으로 중요한 것은 바로 이러한 문제들입니다. 이러한 질문들을 통하여 우리는 우리가 성령세례를 받았는가, 그렇지 않은가를 시험할 수 있습니다.

제 11 장

성령을 받으라

이제 또 제가 다루고자 하는 몇 개의 어려움이 더 있는데 이것을 다루는 이유는 오직 하나임을 다시 한 번 말해 두고자 합니다. 제게 있어서 현재 가장 절실한 문제는 증거를 위한 이러한 능력의 필요성과 우리의 삶에 있어서의 능력의 필요성입니다. 초대 교회는 이러한 세례의 결과로 세상을 뒤집었던 것입니다. 우리도 이러한 세례가 없이는 아무것도 할 수가 없습니다. 따라서 이것은 온 교회와 더불어 모든 그리스도인 개인에게 있어서 매우 중요합니다.

그러므로 사람들이 때때로 제기하는 다음 문제는 이것입니다. 그들은 다음과 같이 말합니다. "좋습니다. 모든 그리스도인들이 자동적으로, 그리고 필수적으로 성령세례를 받지는 않는다는 의미에서 당신의 말을 받아들입니다. 그러나 신약성경은 모든 그리스도인들은, 특별히 초대 교회의 모든 성도들은 성령으로 세례를 받았다고 말하지 않습니까?" 그리고 그들은 그것을 가르치고 있는 것처럼 보이거나 항상 그것을 가정하고 있는 듯이 보이는 어떤 구절들을 인용합니다. 다음에 이러한 것들 중에서 중요한 세 가지를 제시하겠습니다.

첫째로 로마서 5:5에서 바울은 다음과 같이 말합니다. "소망이 부끄럽게 아니함은 우리에게 주신 성령으로 말미암아 하나님의 사랑이 우리 마음에 부은 바 됨이니." 이 구절은 "성령은 우리 마음속에 부어졌다" 혹은 "우리에게 주어진 성령에 의하여 하나님의 사랑이 우리 마음속에 부어졌다"라는 의미로 읽혀져야 합니다. 바울은 이곳에서 이것은 로마에 있는 교회의 각 성도 개인에게 있어서 사실이라고 말하고 있는 듯이 보입니다.

둘째로 사도 바울은 에베소서 1:13에서 "그 안에서 너희도 또한 믿어"라고 말하고 있는데 여기에서의 '너희'는 이방인을 뜻합니다. 바울은 그 전에 유대인에게 일어난 것을 말하였고, 이제 다음과 같이 말합니다. "그 안에서 너희도 진리의 말씀 곧 너희의 구원의 복음을 듣고 그 안에서 또한 믿어 약속의 성령으로 인치심을 받았으니." 여기에서 다음과 같은 의문이 일어납니다. "바울은 이곳에서 그것이 에베소 교회와 이 편지가 보내어진 다른 교회들의 각 개인에게 있어서도 사실이라고 말하고 있지 않습니까?"

마지막으로 베드로전서 1:8에서 베드로는 "본도, 갈라디아, 갑바도기아, 아시아와 비두니아에 흩어진 나그네"에게 편지를 쓰면서 "예수를 너희가 보지 못하였으나 사랑하는도다 이제도 보지 못하나 믿고 말할 수 없는 영광스러운 즐거움으로 기뻐하니"라고 말하고 있습니다. 이제 내가 지적한 대로 베드로는 그 편지를 사도들에게 쓰고 있는 것이 아니라, 심지어는 그가 알지도 못하는 '흩어진 나그네'와 세계 각 지역과 각 나라에 있는 그리스도인들에게 쓰고 있는 것입니다. 베드로는 그들이 그들의 눈으로 보지도 못한 주님 안에서 '흔들릴 수 없는 기쁨과 말할 수 없는 영광스러운 즐거움으로' 기뻐하고 있다고 말합니다. 베드로는 그들 모두에 대하여 그렇게 말하는 듯이 보입니다.

우리는 이 모든 것을 어떻게 받아들이고 있습니까? 이것은 어려운 질문이라는 것을 나는 인정합니다. 따라서 나는 사도들이 서신서를 쓸 때에 어떤 기준이나 형식을 명확하게 설정해야만 했다는 사실을 그 대답으로 제시하고자 합니다. 사도들은 항상 교회가 어떠해야 하는가에 대하여 썼습니다. 따라서 사도들이 초대 교회들에게 쓴 이러한 편지의 내용들은 교회가 하나님의 목적 안에서 어떠한 의미를 가지는가를 말해 주고 있습니다. 여기에 대해서는 어떠한 의문도 있을 수 없습니다. 우리는 신약성경 속에 묘사된 이상적인 그리스도의 교회를 발견할 수 있습니다. 서신서가 우리에게 그처럼 가치를 지니는 것도 바로 이러한 이유 때문입니다. 우리는 항상 이러한 기준 안에서 우리 자신을 시험하고 평가하고 "우리도 과연 그와 같은가?"라는 질문을 해야 합니다. 제가 방금 인용한 베드로전서 1:8을 다시 한 번 봅시다. 여러분과 나는 흔들릴 수 없는 영광과 충만한 영광 속에서 주 예수 그리스도를 기뻐하고 있습니까? 과연 그렇습니까? 이것이 바로 문제입니다.

그리스도의 교회에는 기준과 형태가 있습니다. 그러므로 한 가지 대답은 사도들이 그러한 가정 속에서 편지를 썼다는 것입니다. 여기에 진정한 교회에 대한 묘사가 있는 것입니다.

그러나 두번째 대답은 훨씬 더 유익하다고 저는 생각하는데 적어도 저 개인에게는 그렇습니다. 우리가 이 주제에 대하여 논의하는 동안에 제가 여러 번 지적한 것처럼 우리의 위험은 우리가 알고 있고 친숙해 있는 정도에 의해서 항상 사물을 평가한다는 점입니다. 이것은 매우 치명적인 것입니다. 왜냐하면 만일 여러분이 현재 상태의 교회를 그 기준으로 여기기 시작한다면, 여러분은 이 위대한 신약성경의 말씀들을 그러한 수준으로 낮추어야 하며, 따라서 그 영광스러움도 제거해야만 하기 때문입니다. 그러나 그것은 완전히 잘못된 것입니다.

우리는 사도행전 2장의 위대한 이야기를 항상 기억해야만 합니다. 우리는 신약성경 속의 교회가 오순절 날에 성령의 부어 주심을 놀랍고도 영광스럽게 받는 장면을 다시 한 번 마음속에 그려야 합니다. 여러분은 그 상황과 황홀함과 흥분과 두려움과 능력을 기억할 것입니다. 또 다른 예는 고넬료와 그 가족에게 일어난 사건에서 발견됩니다. 여러분은 그러한 경우에 익숙해져 있습니까? 여러분은 그와 같은 사건이 일어나는 것을 본 경험이 있습니까? 그것이 바로 부흥인 것입니다. 신약성경 속의 교회는 이렇게 성령의 놀라운 부어 주심으로 축복을 받았으며, 따라서 초대 교회의 대부분의 교인들도 성령세례를 받았던 것으로 보입니다.

우리가 오랜 교회사를 통하여 계속해서 일어나는 부흥의 역사를 읽어 보면 이 문제에 접근하는 것에 큰 도움이 됩니다. 여러분은 교회가 오늘날에 있어서 여러분과 제가 알고 있는 일반적인 상태 속에 있었음을 발견할 것입니다. 그러한 사람들은 그리스도인이며, 그들은 성경을 읽고 기도하며 봉사에 참여하며, 하나님께서는 하나님의 말씀이 전파되는 것에 큰 축복을 허락하시길 기뻐하십니다. 사람들은 회개하여 교회에 속하게 되고, 그리하여 진리 안에서 세워져 갑니다.

　그러나 그 이상은 없습니다. 대부분의 신자들은 '흔들릴 수 없는 기쁨과 충만한 영광' 안에서 주님을 기뻐한다고 말할 수가 없습니다. 그들은 정직하게 그렇게 말할 수가 없는 것입니다. 그들은 그들 안에 죽음이 도사리고 있는 것과 그들에게 어떤 능력이 가해져서 자극이 주어져야 함을 깨닫고 있습니다. 그러나 그들은 포기가 무엇인지를 알지 못합니다. 그들은 기쁨과 한 마음으로 하나님을 찬양하고 매일 성도의 집을 방문하면서 음식을 나누었던 초대 교회와는 매우 다릅니다. 그들은 여러분이 사도행전과 신약성경의 내용을 기억할 때에 느끼는 전율에 대하여 거의 알지 못합니다.

　교회는 아주 빈번히 그러한 상태에 빠져 왔습니다. 그러나 갑자기 무언가가 발생하게 됩니다. 그것은 한 사람 혹은 집단에 일어날 수 있습니다. 성령이 그들 위에 임하여 그들은 완전히 변화를 받는 것입니다. 그리고 그것은 한 지역 전체, 혹은 한 나라 전체, 혹은 여러 나라로 동시에 퍼져 나갈 수가 있습니다. 이것이 바로 부흥의 위대한 역사인 것입니다. 여러분은 그러한 시기에 많은 사람들이 이러한 경험을 하게 되고, 어떤 사람들은 심지어는 그들이 전에 구원을 받았었는지 조차 의심하게 되는 것을 발견하게 됩니다. 그들은 "이 성령의 빛 가운데서 볼 때에 과연 우리는 그리스도인이었던가?"라고 말합니다. 그들은 그리스도인이었지만 이러한 성령의 세례를 받지 않았던 것입니다. 그러나 이제 그들은 성령을 받았고 그것은 동시에 여러 사람에게 함께 일어난 것입니다. 만일 여러분이 부흥 시대의 교회를 묘사하려고 한다면, 여러분은 여러분 자신이 신약성경에서 읽은 것과 매우 비슷한 현상을 말하고 있음을 발견하게 될 것입니다. 여러분은 그러한 시기에 모든 교인이 성령의 세례를 받은 것으로 생각할 수 있습니다. 그러나 문제는 대부분이 성령을 받았지만 모두가 받은 것은 아니라는 점입니다.

　만일 그것이 계속되는 부흥의 역사에서 사실이었다면 초기에 일어났던 사건에 있어서도 사실이었음은 두말할 나위도 없습니다. 하나님께서는 그러한 시기에 교회를 창설하였으며 성령을 부어 주셨던 것입니다. 따라서 저는 여기에 대하여 어떤 어려움도 발견할 수 없습니다. 초대 교회의 대부분의 교인들은 성령의 세례를 받은 것으로 보입니다. 따라서 사도들이 그들에게 편지를 쓰게 되었을 때에 사도들은 그들이 성령을 받았다는 가정하에 행동할 수 있다고 생각했으며, 그에 의해서 어려움도 해결되었던 것입니다.

그러나 "좋습니다. 그렇다면 오늘날에도 동일하지 않습니까?"라고 논쟁하는 것은 매우 위험합니다. 저는 여기에 대하여 시험을 제시하면서 그것이 그렇지 않다고 말하겠습니다. 한 사람이나 여러 사람이 성령의 세례를 받았을 때에, 그것을 아는 것은 별 어려움이 못됩니다. 여러분은 그것이 사실이라고 가정하거나 여러분 자신을 설득시킬 필요가 없습니다. 그것은 우리가 일찍이 고넬료의 집에서 일어난 것을 보았던 것처럼, 그 자체가 스스로를 드러냅니다. 이러한 생명과 경험의 증거가 없는데도 그 모든 것이 사실이라고 가정하는 것은 위험할 뿐만 아니라 죄가 됩니다. 그 이유는 우리가 이 위대한 신약성경의 말씀들을 우리의 수준으로 끌어내리고 있기 때문입니다. 우리는 진정으로 부흥의 상태에 있는 것이 아닙니다. 우리는 이것에 직면해야 합니다. 우리가 먼저 깨달아야 할 것은 이것입니다. 교회가 이것을 깨닫지 못한다면 교회에는 희망이 없습니다. 오늘날의 교회는 신약성경의 기준에 따르려 하지 않고 있으며, 바로 그것이 모든 문제의 원인이 되는 것입니다.

우리는 다시 첫번째 논점으로 돌아가게 됩니다. 우리는 모든 초대 교인들이 성령세례를 받았다고 말할 수는 없지만 그들 대부분은 성령세례를 받았으며, 신약 시대의 교회에서의 핵심은 성령세례를 받았다는 사실을 일상생활에서 나타내 보여 주었던 남녀 성도들이었다고 말할 수가 있습니다.

어떤 사람들은 다음과 같은 질문을 때때로 받습니다. "우리는 이러한 성령세례를 구해야만 하는가?" 하는 것입니다. 물론 그 대답은 제가 방금 설명한 것에 의해서 명확하게 됩니다. 이것이 바로 제가 이러한 것들을 특별한 순서로 배열한 이유입니다. 신약성경의 기준에 도달하려고 항상 노력하는 것이 우리의 의무입니다. 우리는 그 외의 권리를 가지고 있지 않습니다. 우리는 그리스도인의 생활을 우리가 어떠한가에 의하여 판단하지 않고, 신약성경이 어떻게 말하고 있는가에 의하여 판단합니다. 또한 우리 자신에 대하여서도 동일한 방법으로 판단합니다. 이러한 판단의 기준으로서 저는 여러분 앞에 교회와 그리스도인 개인의 규범과 기준을 제시했습니다.

저는 때때로 우리가 매일 아침 베드로전서 1:8의 말씀을 대한다면 큰 유익을 얻을 것으로 생각합니다. 그들은 그들의 눈으로 주 예수 그리스도를 본 적이 없다는 사실을 기억해야 합니다. 그러한 면에 있어서 그들은 우리와 같았습니다. 그들은 팔레스틴에 사는 유대인이 아니었습니다. 그들은 여러 나라에 흩어져 있던 사람들로서 주님을 본 경험이 없는 사람들이었습니다. 따라서 베드로는 사실상 다음과 같이 말하고 있는 것입니다. "예수를 너희가 보지 못하였으나 사랑하는도다 이제도 보지 못하나 믿고 말할 수 없는 영광스러운 즐거움으로 기뻐하니." 필립 도드리지(Phlip Doddridge)는 이 구절에 대하여 다음과 같이 말합니다. "**영광스러운 즐거움**은 주님 안에서 이제 주님과 얼굴을 맞대며 영광스러운 즐거움 가운데 있는 성도들의 바로 그 즐거움을 누리고 있음을 뜻한다."

여러분은 그 말씀의 의미를 격하시켜서는 안 됩니다. 신약성경의 성도들이 그러했으며 여러분과 저도 또한 그러해야 하는 것입니다. 그것을 보고 그것을 깨달았다면 저는 저 자신에 대하여 그렇게 되어야만 한다고 말해야 합니다. 그것에서 부족한 것에 대하여 결코 만족해서는 안 됩니다. 만일 그것보다 부족한 것에 만족한다면 그것은 죄악인 것입니다. 그것은 큰 죄를 저지르는 것입니다. 이것은 증거가 필요 없습니다. 여러분이 신약성경에서 그것을 읽는 것처럼 그것은 명확합니다. 여러분은 계속되는 교회사를 읽으면서 부흥의 역사를 볼 수가 있습니다. 여러분은 그럴 때에 세상이 결코 들어 보지 못한 동일한 경험이 대부분의 평범한 사람들 가운데서 일어나고 있는 것을 발견할 수 있습니다. 여러분은 모든 교인들이 들어 본 위대한 사람들의 생애 속에서 이 경험을 읽을 수가 있습니다.

크든지 작든지 간에 차이점은 있을 수 없습니다. 여러분은 그들이 신약성경의 위치에 이르고, 그러한 생활대로 살며 주 예수 그리스도 안에서 '흔들릴 수 없는 기쁨과 충만한 영광 속에서' 기뻐하였음을 발견할 것입니다. 따라서 여기에서 추론할 수 있는 불가피한 결론은 이것입니다. "나도 그렇게 되어야 한다. 나도 그것을 원한다." 여러분은 그것을 구해야만 합니다. 여러분은 시대가 변하였다는 등의 이유를 대면서 그것을 제외시키려고 논쟁하거나 설명하려고 해서는 안 됩니다. 우리가 이미 여러 번 본 것처럼 신약성경의 가르침은 "약속은 너희와 너희 자녀와 먼 곳에 있는 많은 사람들을 위한 것"이라는 점입니다. 이 모든 것은 오직 초대 교회에만 한정된 것이라는 말은 신약성경 어느 곳에도 없습니다. 그것이 그렇게 제한된 것이 아니라는 것은 역사가 증명합니다. 부흥의 역사가 그것을 증명합니다. 그것이 예외적이라고 말하는 것이 오늘날 무엇이 있습니까? 아무것도 없습니다. 하나님은 동일하시며 성령의 능력도 동일하며 우리의 필요도 동일한 것입니다. 결론적으로 우리는 이렇게 묻습니다. "그것을 구해야만 하는가?" 물론 구해야 합니다.

그러나 어떤 사람들은 이렇게 반문합니다. "우리는 신약성경에서 구하라는 요구를 받지 않고 있습니다." 여기에 대한 대답은 또다시 이중성을 띕니다. 우리는 그러한 요구를 받고 있습니다! 저는 바로 이 문제를 다루고 있는 누가복음 11:13을 언급했습니다. "구하라 그러면 너희에게 주실 것이요 찾으라 그러면 찾을 것이요 문을 두드리라 그러면 너희에게 열릴 것이니." "너희가 악할지라도 좋은 것을 자식에게 줄줄 알거든 하물며 너희 천부께서 구하는 자에게 성령을 주시지 않겠느냐." 또한 여기에는 내가 방금 제시한 논쟁이 일어나게 되는데 그것은 신약성경의 교회의 상태로 볼 때에 그 교인들이 성령을 구할 필요가 없었다는 것입니다. 그들은 이미 그것을 받았기 때문입니다.

따라서 신약성경에서의 강조점은 이미 받은 은사를 적절히 나타내는 데 주어집니다. 부흥이 일어날 때에 여러분은 사람들에게 그 축복을 구하도록 권고할 필요가 없습니다. 그들은 무엇이 일어나고 있는지를 볼 때에 자동적으로 그것을 구하기 때문입니다. 그럴 때에 여러분은 그 결과로서 일어나는 문제를 다루어야만 합니다. 모든 것은 우리로 하여금 한 가지 목적을 추구하도록 강요하는 듯이 보이는데, 그것은 우리가 우리의 모든 존재를 걸고 그것을 구해야 한다는 것입니다.

그러나 그것은 또한 여러 모로 보아서 훨씬 더 어렵게 보이는 다음 문제로 우리를 끌고 갑니다. 사람들은 이런 질문을 합니다. "이 축복은 어떻게 받습니까? 그것은 어떻게 일어납니까?" 이것이야말로 가장 중요한 질문입니다. 이렇게 중요한 이유는 그것에 가짜의 위험이 포함되어 있기 때문입니다 (이것은 이 책의 후속판인 『성령의 은사』에서 자세히 다루고 있음). 만일 가짜의 위험이 없다면 이 문제는 훨씬 더 쉬워질 것입니다. 우리는 성령을 다른 영, 즉 악령과 구별하기 위하여 **거룩한** 영이라고 부릅니다. 악령은 마귀의 지배를 받으며 바울이 고린도 교인들에게 말한 것처럼 하나님의 백성을 속이기 위하여 자신의 모습을 빛의 천사로 바꿀 수도 있습니다. 여러 기관들—심리학 기관이나 악령들—은 성령에 의해서 우리에게 약속된 것을 모방할 수가 있습니다. 따라서 우리는 이 놀랍고 영광스러운 축복이 어떻게 주어지는가에 대하여 특별한 주의를 기울여야 합니다.

이제 이것을 다음과 같이 살펴보도록 합시다. 다시 한 번 신약성경으로 시작해 봅시다. 신약 시대에 있어서 성령이 그들에게 임하는 방법은 베드로가 고넬료의 집에서 설교했을 때에 일어난 것과 같은 것이 명백하지 않습니까? 이것은 전형적입니다. 그러나 다락방에서의 사도들과 그들과 함께 있었던 신자들의 경우부터 시작해 봅시다. "오순절 날이 이미 이르매 저희가 다 같이 한 곳에 모였더니 홀연히 하늘로부터 급하고 강한 바람 같은 소리가 있어 저희 앉은 온 집에 가득하며 불의 혀같이 갈라지는 것이 저희에게 보여 각 사람 위에 임하여 있더니 저희가 다 성령의 충만함을 받고."

다음으로 고넬료의 집의 경우에는 다음과 같습니다. "베드로가 이 말할 때에 성령이 말씀 듣는 모든 사람에게 내려오시니."

만일 여러분이 약간 부정적인 증거를 원한다면, 사도행전 8장에서 선교사 빌립이 설교했던 사마리아 사람들의 경우에서 찾아볼 수 있습니다. 나중에 베드로와 요한도 예루살렘으로부터 내려오게 되었는데 15-16절은 다음과 같습니다. "그들이 내려가서 저희를 위하여 성령 받기를 기도하니 이는 아직 한 사람에게도 성령 내리신 일이 없고 오직 주 예수의 이름으로 세례만 받을 뿐이러라." 여기에 또다시 성령이 그들 위에 **내리시게** 되는 신약성경의 기준이요 형태가 등장합니다. 또한 여러분이 계속되는 교회사를 읽고 제가 여러분에게 여러 경우를 제시할 때에, 그것은 동일합니다. 그러나 당분간은 신약성경에 초점을 맞춥시다.

신약성경의 가르침으로 볼 때에 사도들이 손을 얹음으로써 이 축복을 다른 사람에게 전해 줄 수 있는 능력과 은사를 가졌던 것이 명백합니다. 이것은 사도행전 8:17의 사마리아인들의 경우에 있어서도 명백합니다. "이에 두 사도가 저희에게 안수하매 성령을 받는지라." 또한 사도 베드로는 그가 에베소에서 발견한 제자들에게도 이와 동일한 일을 행하였습니다. 사도행전 19:5-6은 다음과 같습니다. "저희가 듣고 주 예수의 이름으로 세례를 받으니 바울이 그들에게 안수하매 성령이 그들에게 임하시므로." 바울이 그들에게 손을 얹은 결과로 그것이 일어났던 것입니다.

그렇다면 사도 바울 자신의 회개라는 재미있는 경우가 있게 됩니다. 저는 논쟁에 관심이 있는 것이 아니라, 증거를 제시하는 데 관심이 있음을 보여 주기 위하여 여러분 앞에 이것을 제시합니다. 만일 제가 오직 사도들만이 이 능력을 받았다고 말할 수 있다면 그것은 여러 면에서 나에게 매우 편리할 것입니다. 그러나 저는 이와 같은 사실에 직면하게 됩니다. 사도 바울은 다메섹으로 가는 길에 나타나신 주님을 보고 눈이 멀었습니다. 바울은 여기에서 회심하였고 아나니아라고 불리는 사람이 그에게 보내졌습니다. 아나니아는 처음에는 가고자 하지 않았습니다. 그러나 주님께서는 말씀하셨습니다. "가라 이 사람은 내 이름을 이방인과 임금들과 이스라엘 자손들 앞에 전하기 위하여 택한 나의 그릇이라 그가 내 이름을 위하여 해를 얼마나 받아야 할 것을 내가 그에게 보이리라."

그래서 아나니아는 가서 그 집에 들어가 손을 바울에게 얹고 말했습니다. "형제 사울아 주 곧 네가 오는 길에서 나타나시던 예수께서 나를 보내어 너로 다시 보게 하시고 성령으로 충만하게 하신다." 그리고 바울은 성령의 충만함을 받았습니다. 그러나 그것은 사도도 아니었고, 우리가 알고 있는 한 초대 교회의 지도자도 아니었던 아나니아의 손을 통하여 일어났습니다. 그럼에도 불구하고 그것은 일어났습니다.

이제 이 모든 것에 대하여 어떻게 말해야 할까요? 이것은 매우 중요한 점으로서 우리가 이를 수 있는 유일한 결론은 다음과 같습니다. 즉 이 은사는 몇몇 사람에게 주어진 것인데 사도들에게 주어졌고, 또한 사도 바울의 특별한 경우에 있어서 아나니아에게 주어졌던 것입니다. 따라서 우리는 오늘날에는 그것이 불가능하다고 말해서는 안 됩니다. 우리는 그렇게 말할 자격이 없습니다. 그러나 우리는 신약성경의 증거를 놓고 볼 때에, 사도들의 경우와 특별한 사명을 받아서 특별한 보내심을 받은 아나니아의 경우에서는 이것을 볼 수 있다고 말할 자격은 있습니다.

성령으로 세례받은 모든 사람에게 이것이 가능하다고 주장하는 것은 매우 위험합니다. 우리가 알고 있는 바, 심리학적인 방법이나 암시의 능력으로 발생할 수 있는 것을 살펴볼 때에, 이것은 바로 이러한 이유 때문에 지극히 위험하다는 것을 우리는 깨달을 수 있습니다. 저는 어느 누구도 확실하고 특별한 위임을 받지 않은 이상은 다른 사람에게 손을 얹어서는 안 된다고 서슴없이 말하겠습니다. 자동적으로 그렇게 해서는 안 됩니다. 누구나 그렇게 할 수 있다고 말해서는 안 됩니다. 아주 특별한 사명을 받아서 말씀의 빛 안에서 정직하게 자기 자신을 시험해 보지 않은 사람은 그렇게 해서는 안 됩니다.

우리는 신약성경에서도 그 증거를 찾아볼 수 있지만, 역시 중요한 교회의 역사로 돌아가 봅시다. 교회의 역사에서 제가 언급한 것처럼 위대한 부흥이 일어났을 때에 무엇이 발생했습니까? 또는 우리가 읽을 수 있는 많은 사람들에게 어떤 일이 일어났습니까? 저는 토마스 아퀴나스, 파스칼 그리고 몇몇 청교도들을 언급했습니다. 우리는 조나단 에드워즈, 요한 웨슬리, 조지 휘필드, 찰스 피니 그리고 D. L. 무디 등을 언급했으며, R. A. 토레이, 호웰 해리스, 다니엘 로우렌즈 그리고 이러한 하나님의 능력 안에서 쓰임받았던 사람들도 역시 언급할 수가 있습니다. 이러한 경우들에 있어서 그것은 어떻게 일어났습니까?

이것은 매우 흥미 있습니다. 그들이 누군가의 손을 그들 위에 얹음으로써 이 축복을 받았던 경우는 단 한 번도 없었습니다. 흥미 있는 것은 일반적으로 교회나 개인에게 일어난 부흥 — 부흥은 바로 여러 사람이 동시에 성령을 받는 것을 의미합니다 — 의 긴 역사에 있어서 성령이 그들에게 **내리거나** 임하였다는 것입니다. 교회사에 있어서 이것들은 매우 다양하게 일어났는데 이것을 살펴보면 매우 흥미 있습니다. 어떤 경우에는 그것은 사람들이 그것을 전혀 기대하지도 않았고 심지어는 그것을 구하지도 않았는데 일어났습니다.

이것은 바로 성령의 주권을 보여 주기 때문에 중요합니다. 여러분도 역시 이것이 어떤 사람들에게는 무엇이 일어났는지를 깨닫지도 못하는데 일어난 것을 발견하게 될 것입니다. 피니와 같은 사람을 봅시다. 그는 어느 날

회심을 하였고, 다음날 이것이 그에게 일어났습니다. 그는 그것에 대하여 전혀 알지 못하였고, 오직 그것이 그에게 일어났다는 사실만을 발견했습니다. 그는 기도하거나 그것을 구하지도 않았지만, 그것은 그에게 일어났습니다. 이러한 경우는 다른 많은 사람들에게도 일어났습니다.

반면에 여러분은 몇 달 혹은 몇 년 동안이나 이것을 구하다가 절망 속에 거의 포기할 때에 갑자기 하나님께서 은혜로이 그에게 성령을 내려 주심을 발견하게 됩니다. 이처럼 그 다양성은 거의 끝이 없습니다. 우리가 이것을 깨닫는 것은 매우 중요합니다. 개인에게 이러한 경우가 있는 것처럼, 이것은 교회의 더 큰 집단에도 적용이 됩니다. 때때로 여러분은 교인들이 만족을 얻지 못하고 스스로를 시험하여 부족함과 필요성을 깨닫고 교회의 문제와 교회 밖의 회심하지 않은 많은 사람들이 지옥에 갈 것 등의 문제를 보고, 함께 모여 애통하면서 오랫동안 기도를 반복한 후에야 하나님께서 그들에게 응답하시는 것을 발견하게 됩니다.

그러나 교회가 이 모든 것을 깨닫지 못했던 경우도 있었습니다. 약 200년 전에 영국과 미국에서 선교의 필요성을 깨닫게 될 때의 상황이 이러했습니다. 교회는 아무것도 하지 않았습니다. 그러나 하나님께서 갑자기 어떤 사람들을 개인적으로—한 사람은 여기에서, 또 한 사람은 저기에서 서로가 알지 못한 상태에서—다루기 시작하셨습니다. 이러한 한 사람을 통하여 하나님께서는 교회를 일으키셨고 이 축복을 그들 모두에게 부어 주셨습니다.

그러나 내가 강조하고자 하는 점은 긴 교회의 역사를 통하여 개인적이든 집단적이든 간에 이것은 안수를 한 결과로써가 아니라, 성령이 그들에게 임하거나 부어진 결과로 일어났다는 것입니다. 어떤 사람은 방에서 성경을 읽는 동안에 성령이 갑자기 그에게 임할 수도 있고, 또 어떤 사람은 이 특별한 축복을 간구하거나, 혹은 더욱 일반적인 것을 간구하기 위하여 무릎을 꿇고 하나님께 기도하는 중에 갑자기 성령이 그에게 임하여, 비로소 그는 이 놀라운 일이 그에게 일어났음을 깨닫게 됩니다. 이것은 교회에 있어서도 마찬가지입니다.

남아프리카에서의 생활을 보여 주는 앤드류 머레이의 자서전에는 이것에 대한 놀라운 묘사가 실려 있습니다. 어느 날 그가 교회에서 기도회를 인도하고 있을 때에, 갑자기 그는 사도행전 2장에서 묘사된 오순절 날의 사건과 유사한 울리는 듯한 큰 소리를 듣게 되었습니다. 그러자 갑자기 성령이 그들에게 임하여 부흥이 일어나게 되었고, 이것은 교회의 회원들과 그 밖에서도 많은 회개의 역사를 가져오게 되었습니다. 오늘날에 이르기까지 교회의 역사를 통하여 이와 같은 증거는 계속해서 일어났던 것입니다. 저는 지금 여러분 앞에 역사적인 사실만을 제시하고 있습니다. 이 은사를 안수를 통하여 전해 주는 것은 금세기에 있어서의 오순절 운동에 의하여 다시 나타났습니다. 그러나 그 전까지는 그것을 발견할 수가 없습니다. 오히려 여러분은 신약성경에서 규범이 되어 온 듯한 것 - 즉 내가 여러분에게 묘사한 다양한 방법으로 성령이 사람들에게 '임하는' 것 - 을 발견할 것입니다.

따라서 이것은 우리가 기억해야만 합니다. 그것은 수세기를 통하여 성령이 임한 방법으로 보입니다. 저는 사람이 그 은사를 다른 사람에게 전해 주는 은사를 가질 수 없다고 말하고 있지 않습니다. 저는 그것을 배제하는 것이 아니라, 오히려 우리가 그것에 대하여 조심해야 한다고 말하고 있는 것입니다. 만일 주님께서 수세기를 통하여 우리가 고려해 온 방법으로 역사하셨다면, 왜 사람들이 다른 사람에게 손을 얹음으로써 성령이 은사를 전해 주는 것이 갑자기 평범한 일로 되어야 하겠습니까? 특별히 심리학적인 위험과 최면술의 위험과 여러 가지 정신적인 질병의 위험을 고려해야만 하는 오늘날에 말입니다. 여기에 증거가 있는 것입니다.

이제 우리는 '받는다' 라는 특별한 단어를 다루어야 할 때입니다. 이 단어의 의미는 무엇일까요? 우리는 이 주제를 다루면서 '받는다' 는 계속해서 사용된 단어임을 발견합니다. 예를 들면 사도 바울은 로마서 8:15에서 다음과 같이 말합니다. "너희는 다시 무서워하는 종의 영을 받지 아니하였고 양자의 영을 받았으므로 아바 아버지라 부르짖느니라." 또한 바울은 에베소의 교인들에게 다음과 같이 질문하였습니다. "너희가 믿을 때에 성령을 받았느냐?"

이 특별한 단어에 대해서는 많은 혼란이 있는 듯합니다. 저는 이미 이 것을 로마서 8:14-16에서 다루었으므로 여기에서 자세히 다루지는 않겠습니다. 그곳에 잘 요약이 되어 있습니다. 받는다라는 단어와 관련된 위험은 받음에 있어서 마치 우리에게 그것이 완전히 달려 있는 우리의 행위를 너무 지나치게 강조하는 데 있습니다. 여러분은 이 축복을 언제라도 원할 때에는 받을 수 있다는 많은 가르침 - "이 은사는 항상 너희를 위하여 존재한다" - 을 대하게 될 것입니다. 문제는 여러분이 그것을 받지 않았고 취하지 않은 것이며, 언제라도 여러분이 원하기만 하면 그것을 가질 수 있다고 그들이 말하는 것입니다. 따라서 문제는 잘못된 강조에 있는 것입니다.

　이것을 다루는 또 다른 방법은 흔히 사용되고 있는 **믿음으로 취하라**라는 말을 도입하는 것입니다. 사람들은 이렇게 말합니다. "이 약속은 여러분과 여러분 자손과 얼마든지 멀리 있는 모든 사람들을 위한 것이니, 그것을 믿음으로 취하십시오. 여러분이 무엇을 느끼든 못 느끼든 간에 여러분의 감정에 대해서는 걱정하지 마십시오. 여러분은 이 약속을 믿고 있습니까? 만일 그렇다면 그것을 취하고 그로 인하여 하나님께 감사하십시오. 여러분은 지금이라도 그것을 원하기만 한다면 믿음으로 그것을 취할 수가 있습니다. 그것은 믿음에 의한 것이기 때문에 여러분은 그것을 취할 수가 있습니다." '받는다' 라는 단어는 이렇게 자주 설명이 되고 있습니다.

　그들은 자신들의 의도를 지지하기 위해서 성경을 인용하는데 가장 자주 인용하는 구절은 갈라디아서 3:2의 '내가 너희에게 다만 이것을 알려 하노니 너희가 성령을 받은 것은 율법의 행위로냐 듣고 믿음으로냐'와 3:5의 '너희에게 성령을 주시고 너희 가운데서 능력을 행하시는 이의 일이 율법의 행위에서냐 듣고 믿음에서냐'와 3:14의 "이는 그리스도 예수 안에서 아브라함의 복이 이방인에게 미치게 하고 또 우리로 하여금 믿음으로 말미암아 성령의 약속을 받게 하려 함이니라" 등입니다. 또한 그들은 이것을 요한이 요한복음 7:39에서 "이는 그를 믿는 자의 받을 성령을 가리켜 말씀하신 것이라"라고 말한 내용과 결부시켜서 주님의 말씀과 연관지으려고 합니다.

　이것은 내게 있어서 가장 중요한 문제가 되는데 그 이유는 '받는다' 라는 단어가 잘못 이해되고 있다고 저는 확신하기 때문입니다. 이 단어의 의미는 능동적인 것이 아니라 수동적인 것입니다. 저는 그것을 로마서 8:14의 문법을 설명하면서 제시했습니다. 그것은 능동적인 의미가 아니라 수동적인 의미로 받아들여져야 합니다. 이것은 신약성경에서 성령으로 세례를 받은 사람들의 묘사를 통하여 명백히 보여집니다. 오순절 날 아침의 사도들의 경우를 보더라도, 그들은 다락방에서 기도하는 중에 성령의 세례를 받지 않았습니까? 그런데도 여러분은 그들이 취한 것에 강조점을 두고 있습니까? 물론 그렇지는 않을 것입니다. 그들은 성령이 그들에게 주어졌으므로 그러한 방법으로 성령을 받은 것입니다. 그들은 수동적이었습니다. 능동적인 행위는 그들에게 성령을 보내신 주님으로부터 온 것입니다. 이것이 바로 '받는다'가 의미하는 것입니다.

이것은 다른 모든 사람들에게 있어서도 마찬가지입니다. 여러분은 "그들이 그것을 믿음으로 취했다"라고 말해서는 안 됩니다. 그들이 취한 것이 아니라, 그것이 그들에게 일어난 것입니다. 신약성경은 이것이 사람들에게 일어난 것이라는 점을 명백히 하고 있으며, 계속되는 교회의 역사도 이것을 지지하고 있습니다. 사람들은 믿음으로 성령의 세례를 받을 것을 결심하지 않습니다. 결코 그렇지 않습니다. 여러분은 자동적으로 그렇게 할 수가 없습니다. 저는 그렇게 하려고 노력하고 있고, 또 여러 번 노력했던 사람들을 잘 알고 있습니다. 그들은 이 가르침을 듣고, '믿음으로 그것을 취했던' 것입니다. 그들은 이렇게 말합니다. "나는 그것을 틀림없이 가지고 있어. 나는 그것을 믿어. 나는 이것 때문에 하나님께 감사해." 그러나 그들은 어떠한 차이점도 느끼지 못하며 또한 달라지지도 않습니다. 그들은 성령으로 세례받았다는 증거를 보이지도 못하며, 또한 아무도 그들이 성령으로 세례받았다는 사실을 볼 수가 없습니다. 사실상 그들은 성령으로 세례를 받지 못한 것입니다. 따라서 우리가 이것을 잘못 이해하지 않아야 하는 것이 매우 중요합니다.

이제 도움이 되는 한 가지 예를 들겠습니다. 저는 일전에 '받는다'라는 단어와 관련해서 그것을 사용한 경험이 있습니다. 내가 여러분에게 선물을 주기로 결심을 했다고 상상해 봅시다. 그래서 저는 지난 주에 여러분에게 소포를 보냈고 그 소포가 무사히 도착했다는 소식을 여러분으로부터 받기를 기다리고 있습니다. 그러나 저는 그런 소식을 듣지 못했습니다. 그래서 저는 여러분에게 편지를 써서 물어봅니다. "지난 주에 내가 보낸 소포를 받았습니까?" 제가 '받는다'라는 단어로 무엇을 의미하고 있습니까? 저는 지금 "당신은 초인종이 울릴 때에 문으로 가서 큰 의지를 불러일으켜서 우편 배달부로부터 그 소포를 받았습니까?"라고 말하고 있는 것입니까? 물론 그렇지 않습니다. 제가 지금 진정으로 묻고 있는 것은 이것입니다. "우편 배달부가, 내가 지난 주에 당신에게 보낸 소포를 배달했습니까?" 여러분은 수동적인 것입니다. 내가 보내는 사람이고 배달부는 저의 심부름꾼입니다. 여러분은 그저 그것을 받기만 하는 것입니다. 여러분은 그것을 받기 위하여 어떠한 행위를 도입해서는 안 됩니다. 우리가 사용하는 단어는 바로 이것입니다. '받는다' – 이것은 수동적이며 그 행위는 완전히 주는 사람의 편에 달려 있으며, 이 경우에는 주 예수 그리스도 자신이 주체가 되는 것입니다.

받는 사람의 행위와 '믿음으로 취함'에 대한 이러한 가르침이 기계적인 태도로 강요될 때에 이것은 더욱 심각해집니다. 저는 사람들이 "당신은 원하는 때에 언제든지 이것을 가질 수 있습니다. 지금 이것을 원합니까? 그렇다면 모임 후에 남으시오"라는 가르침을 받을 때처럼 신약성경의 가르침과 거리가 먼 것도 알지 못합니다. 모임 후에 여러분은 의자 위에 앉혀져서 편안한 자세로 다음과 같은 말을 듣습니다. "이제 당신은 숨을 쉼으로써 성령을 받아들일 수가 있습니다. 숨을 깊이 들이쉬십시오. 규칙적으로 숨을 쉬십시오. 당신이 숨을 들이마실 때에 당신은 성령의 세례를 당신 속으로 받아들이는 것입니다."

우리는 다음과 같은 간단한 질문을 해야 합니다. 그러한 것을 조금이라도 제시하는 것이 신약성경 속에 있는가? 그러한 것을 제시하는 것이 계속되는 교회의 부흥의 역사 속에 제시되고 있는가? 그 대답은 **전혀 없다**라는 것입니다. 그것은 순수한 심리학인 것입니다. 저는 서슴없이 그렇게 말하겠습니다. 이것만큼 위험한 것은 없습니다. 여러분과 저는 이 선물을 받기 위하여 어떠한 것도 할 수가 없습니다. 전혀 할 수가 없습니다. 그것은 주님의 특권이며, 주님의 주권적 의지 속에 포함된 것입니다. 여러분은 모든 조건을 지킬 수가 있으며 – 저는 그렇게 하기 위하여 많은 것을 시도했습니다 – 숨을 깊이 들이마실 수도 있으며, '믿음으로 그것을 취할' 수도 있으며, 여러분이 들은 모든 것을 시도할 수도 있지만 아무것도 얻지 못할 것입니다.

저는 이러한 환경 속에서는 주님이 여러분에게 축복을 주시지 않을 것이라고 말하는 것은 아닙니다. 주님은 여러분의 잘못된 가르침에도 불구하고 그것을 여러분에게 줄 수도 있습니다. 그러나 이것은 그 가르침이 옳다는 것을 의미하지는 않습니다. 주님은 그러한 가르침에도 불구하고 그것을 여러분에게 주십니다. 여러분이 아무것도 얻지 못할 것이라고 제가 말할 때에, 저는 사람들이 이 모든 것을 시도했지만 아무것도 얻지 못하였다는 것을 의미합니다. 이것은 선물입니다. 만일 이것이 내려오신 주님의 선물이며 주님께서 선택한 때에 선택한 사람에게 그것을 주신다면, 여러분과 저는 그것을 받는 데 있어서 우리의 행위를 강조해서는 안 됩니다.

다시 신약성경으로 돌아가서 그것이 항상 어떻게 일어났는가를 살펴봅시다. 계속되는 교회의 역사를 읽어 보고 그것이 어떻게 계속 일어났는가를 봅시다. 그것이 일어날 때에 그것은 명백하며 사람은 그것이 일어난 것을 알 수가 있습니다. 이것이 바로 바울이 "너희가 믿을 때에 성령을 받았느냐?"라고 질문할 수 있었던 이유입니다. 또한 제가 이미 설명한 대로 사도 바울은 갈라디아서 3장에서 똑같은 것을 말하고 있습니다. 바울은 여기에서 율법과 믿음을 비교하고 있습니다. 그는 그리스도인의 생활에 있어서 모든 것은 우리의 힘씀이나 행위가 아니라, 믿음의 결과로 우리에게 온 것이라고 말합니다. 여러분이 모든 것 — 심지어는 성령의 선물조차도 — 을 가지고 있는 것은 믿음을 통해서입니다. 이러한 모든 것이 가능하도록 하는 것은 믿음의 관계입니다. 그러나 이것은 그것이 모든 사람에게 일어난다는 것을 의미하지는 않습니다. 이것이 바로 사도 바울이 말하고자 했던 것입니다. 바울은 여러분이 원할 때에 "믿음으로 그것을 취할 수 있다"라고 가르치고 있지 않습니다. 바울이 말하고 있는 것은, 그것은 항상 믿음의 영역에 속한 것이지 율법의 영역에 속한 것이 아니라는 점입니다.

아직도 우리가 다루어야 할 약간의 문제와 어려움이 남아 있습니다. 그러나 하나님께서는 누구라도 각자의 마음의 독특한 사항들만을 다루면서 이것을 마무리짓기를 허락지 않으십니다. 제가 여러분에게 남기고자 하는 가장 큰 질문은 이것입니다. 여러분은 믿을 때에 성령을 받았습니까? 여러분은 지금까지 성령을 받은 경험이 있습니까? 여러분은 성령으로 세례를 받은 경험이 있습니까? 이것이 바로 저의 질문입니다. 우리 모두는 경험이 있거나, 혹은 없음을 각자가 정확히 알고 있습니다. 하나님의 사랑이 여러분 마음속에서 퍼져 나간 경험이 있습니까? 성령이 "여러분의 영과 더불어 여러분이 하나님의 자녀"라는 사실을 증거하고 있습니까? 저는 증거를 추론하는 것에 대하여 말하는 것이 아닙니다. 성령 자신이 여러분이 하나님의 자녀라는 사실을 직접적으로 그리고 즉각적으로 알게 하십니다. 이 모든 것들은 증거의 일부가 될 수 있지만, 또 다른 증거도 많이 있습니다.

　주님은 우리를 위하여 그 몸이 부서지셨고 피 흘려 죽으셨습니다. 여러분은 주님 안에서 흔들릴 수 없는 기쁨과 충만한 영광 가운데서 기뻐하고 있습니까?

제 12 장

성령세례를 구함

우리는 성령세례에 관한 연구에서 성령을 주시는 자로서의 주님의 주권에 대하여 고찰했습니다. 이것은 주 예수 그리스도에 의한 세례입니다. "성령이 내려서 누구 위에든지 머무는 것을 보거든 그가 곧 성령으로 세례를 주는 이인 줄 알라"(요 1:13). 이것은 주님의 특권이며 주님께서 행하시는 일입니다. 이 세례는 오직 주 예수 그리스도에 의해서만 베풀어집니다. 이것은 성령 스스로의 행위가 아니라, 주님께서 그것을 쏟아서 우리에게 부어 주시는 특별한 방법으로 주님의 축복된 성령이 우리에게 임하도록 하시는 것입니다.

따라서 우리는 그것이 주님의 선물이라는 깨달음에서부터 시작해야 합니다. 우리는 **요구**나 **취함**과 같은 말을 해서는 안 됩니다. 주님께서 주시며 우리는 오직 받기만 하는 것입니다. 제가 이미 지적한 대로, 이것을 역사적으로 살펴볼 때에 매우 흥미가 있습니다. 때때로 성령은 그들이 아무것도 하지 않았는데도 이러한 방법으로 한 개인이나 집단에게 경이적으로 임하여 기대하지도 않았던 그들을 놀라게 합니다. 이러한 일은 가끔 일어났습니다. 그러나 항상 이와 같지는 않으며 제가 지금 특별히 주의를 집중시키고자 하는 것은 바로 **구함**이라는 또 다른 측면인 것입니다.

제10장에서 우리는 누가복음 11:9, 13의 말씀을 다루었습니다. "구하라 그러면 너희에게 주실 것이요 찾으라 그러면 찾을 것이요 문을 두드리라 그러면 너희에게 열릴 것이니…너희가 악할지라도 좋은 것을 자식에게 줄

줄 알거든 하물며 너희 천부께서 구하는 자에게 성령을 주시지 않겠느냐." 우리는 어떻습니까? 과연 우리는 이렇게 하고 있습니까?

이것은 극히 실제적인 것이지만, 저는 이것이 가장 중요하다고 주장합니다. 만일 우리가 이 위대한 교리요 진리를 단순히 이론적인 고찰로만 그친다면 이것은 우리에게 아무런 소용이 없을 것입니다. 이 교리를 다루는 가장 중요한 목적은 우리의 마음속에 이 큰 축복에 대한 열망을 불러일으키는 것입니다. 이 축복이야말로 우리가 이미 살펴본 것처럼 초대 교회의 특성이요, 진정한 각성과 깨달음을 불러일으킴으로써 이 죄악된 세상에서 교회가 생동력을 가진 진정한 그리스도의 몸의 역할을 수행할 수 있도록 하는 것입니다. 그러므로 우리는 무엇을 해야 합니까?

첫째로 우리는 가능성을 깨달아야만 합니다. 제가 이렇게 시작하는 이유는, 만일 여러분이 이것에 관한 교리를 믿지 않는다면 여러분은 아무것도 구하지 않을 것이기 때문입니다. 오늘날 대부분의 신자는 이러한 상태에 머물러 있습니다. 교회는 오순절 날에 예루살렘에서 단 한 번에 영원히 성령으로 세례를 받았으며 누구든지 거듭날 때에 믿는 자들은 교회 안으로 세례를 받게 된다고 그들은 말합니다.

이것은 완전한 혼동입니다. 그들은 성령이 **임하는 것**에 대하여 더 이상 이야기하지 않으며 성령의 세례를 우리가 이미 살펴본 고린도전서 12:13의 가르침과 동일시하고 있습니다. "우리가…다 한 성령으로 세례를 받아 한 몸이 되었고." 이것은 중생할 때에 일어나는 것이며 그리스도의 몸에 소속되는 것입니다. 그들은 이러한 것들을 동일시함으로써 더 이상 아무것도 구하지 않습니다. 또한 그 속에 모든 것이 포함되어 있으므로 우리가 해야 할 일은 오직 그것에 복종하는 것이라는 가르침이 널리 퍼져 왔습니다. 우리는 이미 가질 수 있는 모든 것을 가지고 있으므로 이제 남아 있는 모든 것은 우리 자신이 이것에 복종하여 그것이 우리 안에서 역사하도록 해야 한다는 것입니다.

이것은 에베소서 5:18을 성령으로의 세례를 다루는 것으로 간주한 데서 온 혼동입니다. 그러나 이 구절은 우리가 이미 살펴본 것처럼 그것을 다루지 않습니다. 이 구절은 성화와 관계된 것입니다. 따라서 저는 다음과 같은 전제에서 시작하고자 합니다. 즉 여러분은 지금까지 여러분이 알지 못했던 어떤 가능성이 있다는 것을 깨달아야만 합니다. 저는 성령으로 세례를 받았다고 주장할 수 없는 사람들에게 말합니다. 여러분은 이 증거에 직면함으로써 시작해야 합니다. 여러분은 제가 이미 제시한 질문들을 여러분 자신에게 물어 보아야 합니다.

이제 저는 그러한 질문들 중의 일부를 다시 한 번 기억해 보고자 합니다. 베드로전서 1:8을 봅시다. "예수를 너희가 보지 못하였으나 사랑하는도다 이제도 보지 못하나 믿고 말할 수 없는 영광스러운 즐거움으로 기뻐하니." 만일 이것이 여러분에게 사실이라면 하나님의 축복이 항상 여러분과 함께 하시길 원합니다. 그러나 저는 그렇게 말할 수 없는 사람들과 자신은 그렇지 않다고 느끼는 사람들에게 말하고자 합니다. 여러분은 어떻습니까? 여러분은 아마 스스로, "그것은 내게 틀림없는 사실이다"라고 말할 것입니다. 베드로 자신이 편지를 쓰고 있는 알려지지 않은 그리스도인들이 바로 그렇다고 가정을 합니다. 그는 "나는 여러 나라에 흩어져 있는 나그네 된 너희들에게 이것이 사실임을 안다"라고 말합니다.

여러분과 저는 신약성경 속에서 신약성경의 교회를 바라보며 그 가운데 있었던 이 놀라운 생활, 능력, 기쁨, 전율 등을 대하면서 "우리도 그러한가?"라고 질문을 하게 됩니다. 우리가 교회사를 읽어 볼 때에, 우리는 그것이 변하지 않는 생활 수준이나 성취된 것이 아니라 오르내리는 한 그래프임을 발견합니다. 우리는 오늘날과 같이 교회가 약하고 무기력하고 비효과적인 시대도 있었던 것을 발견합니다. 또한 우리는 교회가 다시 사도행전 시대와 같은 전혀 다른 영역으로 들어가서 스스로의 모습에도 놀라며 그것이 그들에게 일어날 때까지 과연 그들은 그리스도인이었는가를 의심하게 되었던 개혁과 부흥의 시대도 있었음을 발견합니다.

우리는 이러한 모든 빛 안에서 우리 자신을 점검하면서 만일 우리가 그러한 것을 거의 알지 못한다고 느낀다면 다음과 같이 시작해야 합니다. "나는 이래서는 안 된다. 이러한 상태로 머물러 있을 수는 없다. 나는 다른 가능성이 있음을 알고 있으며 그렇게 되기를 원한다. 나는 이 필요성과 또 이 필요성이 절박함을 안다."

이것이 첫 단계인 것입니다. 이것을 인정치 않고 이것에 반대해서 말하는 사람들이 많이 있습니다. 오늘날에는 현재의 상태에 매우 만족해 있는 사람들이 있습니다. 저는 그들이 어떻게 그렇게 할 수 있는지 이해할 수가 없지만, 그러한 사람들이 많이 있습니다. 그들은 모든 일이 이 나라와 다른 나라에서도 잘 될 것으로 생각하는 듯합니다. 신약성경을 읽고, 또 오늘날과 같은 상태의 교회를 바라볼 때에 어떻게 내가 이해할 수 없는 것을 할 수 있을까? 그러나 할 수 있습니다. 그 첫 단계는 이 필요성과 가능성과 이 필요성의 절박함을 깨닫는 것입니다. 이것은 우리 자신뿐만 아니라, 오늘날에 있어서의 교회의 상황 전체에서 깨달아야 합니다. 이러한 권위, 능력, 거룩한 용감성, 사도적인 증거의 필요성이 오늘날 존재하는 것입니다. 이것은 모든 것 중에서 가장 요구되는 것입니다. 성령세례 이외에 이것을 우리에게 줄 수 있는 것은 아무것도 없습니다. 수세기에 걸친 교회의 역사가 바로 그러했습니다.

두번째로 중요한 단계는 우리의 동기를 살펴보는 것인데, 이것은 오늘날에 있어서 특별히 더 중요합니다. 여러분이 이러한 것들을 다루고 설명할 때에는 항상 그것에 흥미를 느끼는 사람들이 있습니다. 그들은 항상 새롭고 신선한 경험에 흥미를 느끼기 때문입니다. 그들은 이를테면, 항상 경험을 구하려고 세상을 돌아다니다가 어떤 새로운 것을 들으면 그곳에 머무르는 사람들입니다. 이것은 일종의 정신 상태로서 매우 위험한 것입니다. 이러한 사람들은 다양한 예배 의식을 시도하고 각 경험에서 흥미를 느낍니다.

저는 우리가 이미 성경에서 고찰한 바와 같이, 이 모든 것에 대한 교리의 빛 안에서 우리 모두가 그러한 특별한 위험한 경향에서 빠져 나올 수 있다고 믿습니다. 그리스도인의 생활에 있어서의 모든 경험으로 인하여 하나님께 감사드립시다. 그러나 경험에 있어서 중요한 것은 경험 그 자체가 아니라, 그것이 무엇을 의미하는가 하는 것입니다. 우리는 단순히 경험만을 구해서는 안 됩니다. 이것을 반드시 기억합시다.

마찬가지로 우리는 오직 능력에만 관심을 기울여서도 안 됩니다. 특별히 설교자들에게 다가오는 또 다른 유혹이 있는데, 그것은 능력에 대한 욕망입니다. 여러분은 신약성경 속에서 베드로와 같은 사람에 대하여 읽을 수가 있습니다. 베드로는 오순절 날 전까지는 놀라고 소심하고 겁 많은 사람이었지만 그 후에는 담대함으로 채워져서 한 번 설교했을 때에 3천 명이나 회개했습니다. 우리는 "이 능력이야말로 내가 원하는 것이다"라고 말합니다. 그리고 많은 사람들이 이것을 갈망했습니다. 우리는 휘필드나 웨슬리나 종교개혁 시대의 위대한 설교자들에 대하여 읽고 "내가 원하는 것은 바로 이 능력이다"라고 말합니다. 물론 우리는 능력이 필요합니다. 그러나 만일 여러분이 이것만을 분리해서 오직 능력을 소유하는 것에만 관심을 둔다면 여러분은 스스로를 위험한 지경에 몰아넣는 것이 됩니다. 그 위험은 우리가 이미 설명한 바와 같이 모조품입니다. 원수는 항상 자신의 모조품을 도입시킬 준비가 되어 있는데, 그것은 성령에 의해 주어진 것과 매우 흡사합니다. 그러므로 만일 여러분이 이 중추적인 것을 제외한 어떤 다른 면에 집중한다면 여러분은 자신을 위험에 노출시키는 것이 됩니다.

이것은 이미 내가 언급한 것처럼 은사에도 적용이 됩니다. 사람들은 방언으로 말하거나 신유의 은사, 혹은 이러저러한 은사를 갖기를 원합니다. 그들의 모든 관심은 이러한 현상과 은사에 집중되어 있으며, 그들은 항상 이러한 것들에 대해서 이야기합니다. 그들이 읽는 책은 모두 이것에 관한 책이며 그들은 자신들도 그러한 것들을 하기를 원합니다. 이것 역시 이러한 위험의 일부입니다.

우리는 교리에 있어서 명확해야 합니다. 경험을 주시는 분은 성령이십니다. 저는 이 세상에서 그리스도인에게 일어날 수 있는 경험 중에서 성령세례의 경험보다 더 고귀한 경험은 없다는 점을 제시했습니다. 이것을 넘어서는 것은 오직 한 가지가 있는데, 그것은 영광 그 자체입니다. 이것은 베드로가 베드로전서 1:8에서 "말할 수 없는 영광스러운 즐거움으로 기뻐하니"라고 말한 것과 같습니다. 이것은 영원한 영광에 접하는 것이며 사람으로 하여금 성령세례보다 더 이것에 접근시켜 주는 것은 아무것도 없습니다. 이러한 경험을 해 본 모든 사람들은 이것을 공통적으로 증거합니다. 주님께서는 이러한 경험과 능력을 주시며, 또한 주실 수 있는 모든 은사를 가지고 계십니다. 그러나 내가 강조하고자 하는 점은 우리는 주님께서 주시는 것을 주로 구해서는 안 된다는 것입니다.

우리는 무엇을 구해야 할까요? 우리는 주님을 알고 그의 사랑을 알고, 그의 증거자가 되고 그의 영광을 위해 봉사하기 위해 항상 주 예수 그리스도 자신을 구해야 합니다. 이것이 바로 여러분이 신약성경에서 발견하는 것입니다. 사도 바울은 자신의 최고의 야망은 '주님을 더 아는 것'이라고 말합니다. 바울은 더 많은 경험이 아니라 '주님과 그의 부활의 능력과 그의 고난에 참여함'을 더욱 구했던 것입니다. 저는 우리에게 있어서도 이러해야만 한다고 생각합니다. 우리 주님께서는 성령이 자신을 영화롭게 하지 아니하고, 주님을 영화롭게 할 것이라고 말씀하셨습니다. 성령은 주 예수 그리스도를 영화롭게 하기 위하여 보내졌습니다. 사도행전에 친숙한 사람들은 사도행전에는 바로 이러한 일이 일어났음을 발견할 것입니다. 성령이 그들에게 임할 때마다 그들은 주 예수 그리스도에 대하여 증거했으며, 우리가 구해야 할 것도 바로 이것입니다. 우리는 주님과 그 사랑을 아는 것을 구해야 합니다. 여러분은 성령이 우리에게 하신 말씀을 알고 있습니다. "우리에게 주신 성령으로 말미암아 하나님의 사랑이 우리 마음에 부은 바 됨이니."

'부은 바 됨이니'라는 말을 다시 한 번 살펴봅시다. 여러분은 이것을 제한된 이해력으로 받아들여서 "그래요. 나는 하나님을 사랑합니다"라고 말해서는 안 됩니다. 바울은 하나님의 사랑이 우리 마음속에 풍부하고 넘치게 부어졌다고 말합니다. 우리가 구해야 할 것은 바로 이것입니다. 우리는 하나님과 주 예수 그리스도와 구원의 교리를 믿습니다. 좋습니다. 그러나 이 특별한 시점에 있어서 우리가 직면한 문제는 믿음의 문제가 아니라 사랑의 문제입니다. 사랑으로 인도하지 않는 믿음은 매우 의심스런 믿음이며 지적인 동의 외에 아무것도 아닌 것이 될 수 있습니다. 성경은 항상 사랑에 강조점을 두고 있습니다. 하나님에 대한 인간의 관계는 사랑으로 하나가 되는 것입니다. "첫째 되고 주된 계명이 무엇입니까?" 그것은 "주 너의 하나님을 믿으라"가 아니라, "네 마음과 목숨과 뜻과 힘을 다하여 주 너의 하나님을 사랑하라"입니다. 우리도 이와 같습니까? 사람으로 하여금 이렇게 할 수 있는 것은 성령세례 외에는 아무것도 없습니다. 여러분은 믿을 수도 있고, 또 어떤 면에서 어느 정도의 사랑을 가질 수도 있습니다. 그러나 우리 앞에 놓여진 것은 어느 정도의 사랑이 아니라 충만한 사랑입니다. 바울은 로마서 8:15에서 이렇게 말합니다. "너희는 다시 무서워하는 종의 영을 받지 아니하였고 양자의 영을 받았으므로 아바 아버지라 부르짖느니라." '부르짖는다' 라는 낱말에는 깊은 의미가 들어 있습니다. 그것은 인격의 가장 깊은 곳에서 우러나오는 근본적인 부르짖음입니다.

문제는 이것입니다. 우리는 어느 정도까지 우리를 향한 하나님의 사랑을 알며 어떻게 하나님을 사랑하고 있습니까? 우리는 우리의 인격 전체로써 하나님을 사랑해야 하며, 우리로 하여금 이렇게 할 수 있도록 만드는 것은 우리 마음에 부은 바 된 하나님의 사랑 외에는 아무것도 없습니다. 그가 먼저 우리를 사랑했기 때문에 우리는 그를 사랑하는 것입니다. 여러분은 우리를 향한 하나님의 사랑을 믿을 수가 있지만 성령으로 세례를 받았을 때에 오직 그것을 충만히 느낄 수가 있습니다. 또한 그것은 다시 여러분의 마음속에서 하나님을 향한 사랑이 일어나도록 하는 것입니다.

이것이 신약성경적 기독교입니다. 신약성경적 기독교는 단순히 형식적이고 친절하고 올바르고 정통적 신앙과 믿음뿐만은 아니었습니다. 그 특징은 사랑과 열정, 영적인 실체, 생명, 활력, 완전한 포기, 풍성함 등이었습니다. 바로 이러한 것들이 부흥과 각성의 시대의 모든 교회 생활의 요소였습니다. 이것이 바로 우리가 구해야 하는 것입니다. 그것은 경험이나 능력이나 은사가 아닙니다. 만일 주님께서 그러한 것들을 주시기 위하여 우리를 선택하셨다면, 그것에 대하여 하나님께 감사하고 주님의 영광에 따라 그것을 수행합시다. 그러나 은사를 받는 가장 안전하고 유일한 방법은 주님을 사랑하고 주님을 아는 것입니다.

다시 말하자면, 고린도전서 13장을 중심에 놓아야 합니다. 사랑에 집중한다면 이 모든 것들은 올바른 위치에 놓이게 될 것입니다. 그러므로 우리는 이 동기의 질문에 대하여 조심해야 합니다. 교회의 역사는 다시 한 번 우리에게 큰 경고를 주고 있습니다. 하나님의 많은 진실한 종들이 이 점에 있어서 사탄에 의해서 잘못된 인도를 받았습니다. 그들은 옆길로 치우쳐서 은사에만 집중하여 결국 자신의 능력과 모든 것을 잃고 말았습니다. 동기야말로 가장 중요한 것입니다.

이제 세번째로 순종의 문제가 있습니다. 사도행전 5:32의 말씀은 복종에 우리의 시선을 집중시킵니다. 베드로는 다른 사도들과 함께 권위자들에게 설교하고 있습니다. 29-31절에서 그는 이렇게 말합니다. "사람보다 하나님을 순종하는 것이 마땅하니라 너희가 나무에 달아 죽인 예수를 우리 조상의 하나님이 살리시고 이스라엘로 회개케 하사 죄사함을 얻게 하시려고 그를 오른손으로 높이사 임금과 구주를 삼으셨느니라." 또 32절은 이렇게 계속됩니다. "우리는 이 일에 증인이요 하나님이 자기를 순종하는 사람들에게 주신 성령도 그러하니라." 성령은 우리와는 또 다른 증인입니다. "우리는 이 일에 증인이요…성령도 그러하니라." 이것이 바로 두드러지고 눈에 띄는 효과와 영향력과 능력 안에서의 성령의 사역인 것입니다. 그러나 여기에서 흥미 있는 것은 '하나님이 자기를 순종하는 사람들에게 주신 성령'입니다.

여러분은 **순종**이란 단어를 복음을 믿는다는 의미에서 성령에 복종하는 것으로 해석하기 쉽습니다. 저는 그것이 포함되어 있음을 확신합니다. 그러나 그 뜻은 훨씬 더 깊어서, 하나님께서는 오직 자신을 순종하는 사람들에게만 성령을 주신다는 것을 강조하기 위하여 포함될 수 있습니다. 그 구절이 어떻게 해석되든지 간에 요점은 매우 명확합니다. 요한복음 14장에서 16장까지를 다시 한 번 읽어본다면 여러분은 사랑은 순종에 의하여 나타난다는 점을 강조하고 있음을 발견할 것입니다. 이것은 하나님의 선물이며 하나님은 자신을 사랑하는 사람들에게 그것을 주십니다. 또한 그러한 사람들은 하나님께 순종함으로써 하나님을 사랑하고 있다는 사실을 보여 줍니다.

이것을 이렇게 설명해 봅시다. 이것은 필연적으로 사실이 아닙니까? 이것을 인간관계에서 살펴봅시다. 우리는 항상 우리가 사랑하는 사람들을 기쁘게 해 주려고 노력합니다. 이것은 어떤 의미에서 복종입니다. 만일 여러분이 그들에게서 무엇인가를 원한다면 여러분은 그들을 기쁘게 해 주기 위하여 여러분이 할 수 있는 모든 일을 행함으로써 그것을 보여 줍니다. 사람은 무엇인가를 진정으로 원할 때에는 자신의 전인격으로 그것을 보입니다. 만일 여러분이 단순히 하나님으로부터 은사만을 원하고 은사에만 관심이 있다면, 여러분은 하나님께 그것을 구했다가는 그것에 대한 모든 것을 잊어버리고 다시 구하고는 할 것입니다. 그러나 만일 여러분이 진정으로 그를 알기를 원하고 그의 사랑을 알기를 원하고 그를 사랑하기를 원한다면, 여러분은 여러분의 관계를 하나님께 집중시키게 될 것이고, 그것은 여러분을 순종으로 인도할 것입니다. 그리하여 여러분은 하나님을 기쁘게 하고 하나님께 가까이 나아가기 위하여 여러분이 할 수 있는 모든 것을 하길 원할 것입니다.

이것에 대하여 거의 완벽하게 언급한 찰스 시몬의 말을 여기에 인용해 보겠습니다. 그는 이렇게 말하고 있습니다. "이러한 높은 수준의 성화와 확신은 믿은 후에도 계속해서 하나님과 가까이 동행하는 사람들을 위해 보관되어 있다." 그의 말은 옳은 것이며 이것은 기독교회사를 통하여 증명되고 있습니다.

이제 이것을 순종이라는 용어에서 살펴봅시다. 여러분은 진리를 믿으며 그리스도인이며 거듭난 사람입니다. 그러나 여러분은 이렇게 말합니다. "그러나 나는 신약성경과 부흥 시대의 교회사를 읽고 하나님의 위대한 종들을 바라볼 때에, 나는 전혀 다른 수준에서 살고 있음을 느낍니다. 나는 그러한 높은 수준에 있어야만 함을 알고 있으며 또한 원하고 있습니다. 나는 하나님을 알고 내게 있는 모든 것으로 그를 사랑하며 그의 사랑을 알기를 원합니다." 만일 이것이 여러분의 불타는 열망이라면 여러분은 그러한 소원을 나타낼 것이며 하나님을 기쁘게 하기 위하여 여러분이 할 수 있는 모든 것을 하고 하나님의 계명을 지킴으로써 그를 기쁘시게 할 것입니다. "나의 계명을 가지고 지키는 자라야 나를 사랑하는 자니." 사랑은 단순한 감정이 아닙니다. 사랑은 여러분이 봉사를 하거나 책을 읽을 때에 이따금씩 느끼는 어떤 것이 아닙니다. 결단코 그렇지 않습니다. 사랑은 모든 것을 다스리는 열망이며 그것은 항상 순종으로 그 모습을 드러냅니다. 이것에 대하여 성경도 역시 같은 충고와 교훈을 우리에게 주고 있습니다. 여러분은 이것을 부정적으로 보기 위하여 '성령을 슬프게' 하는 것은 피해야 합니다. 왜냐하면 여러분이 성령을 슬프게 할 때에 여러분은 성령을 주신 분을 역시 슬프게 하는 것이기 때문입니다. 어떻게 성령을 슬프게 할 수 있습니까? 불순종함으로 그렇게 하는 것입니다. 성령은 우리 안에 계십니다. 여러분은 성령을 소유하지 않고는 그리스도인이 될 수가 없습니다. "누구든지 그리스도의 영이 없는 사람은 그리스도의 사람이 아니라." 이것은 성령세례가 아니라 중생입니다. 성령은 여러분 안에 거하면서 역사하며 책망하고 질책하고 여러분이 잘못된 일을 했을 때에는 슬프고 불안하게 느끼도록 하십시오. 그럼에도 불구하고 여러분이 계속해서 그것을 무시하고 그 일을 한다면 그것은 성령을 슬프게 하는 것입니다.

한 사람이 거듭난 순간에 성령은 그에게서 역사하기 시작하는 것입니다. 성령은 그 안에서 성화를 이루기 위하여 역사하는 것입니다. 성령은 그를 자극하기도 하고 어떤 충동을 느끼도록 하기도 합니다. 성령은 또한 여러분이 성경을 읽도록 인도하기도 합니다. 그러나 여러분은 이렇게 말합니다. "아니요, 나는 이 소설부터 읽고 싶고 누군가와 이야기하고 싶고 신문을 읽고 싶습니다." 이것은 성령을 슬프게 하는 것입니다. 여러분은 성령께 순종해야 합니다. 만일 여러분이 완전히 성령의 충고를 무시한다면 여러분은 성령을 슬프게 하는 것입니다.

우리 모두는 이것을 알고 있습니다. 여러분은 여러분을 편치 않고 불안하게 만드는 것을 잘 알고 있습니다. 여러분은 마음속에 일어나는 정죄감을 알고 있습니다. 그러나 여러분은 그것을 합리화시키려 하고 설명하려고 하고 "…을 하려고 하는데"라고 말하려고 합니다. 이 모든 것은 성령을 슬프게 하는 것이며 우리가 계속해서 그렇게 하는 한, 우리는 성령으로 세례받지 못할 것입니다. 우리는 우리가 할 수 있는 모든 순종을 해야만 합니다. 다시 말하자면, 여러분은 성령을 슬프게 하거나 성령을 소멸해서는 안 됩니다.

이 둘의 차이점은 무엇입니까? 그것은 다음과 같습니다. '슬퍼한다'는 말은 특별히 우리의 일상 생활에서 조목조목 순종하는 것에 대한 언급입니다. 반면에 '소멸한다'는 말은 그리스도인들이 함께 모여 성령이 그 모임 전체나 개인에게 역사할 때에 그리스도인들이 하는 것을 언급한다는 점에서 다릅니다. 그것은 여러분이 성도들의 모임 가운데 있을 때처럼 혼자 있을 때에도 일어날 수 있습니다. 그러나 이것은 때때로 일어났습니다. 성령이 모임에서 우리를 구체적으로보다는 전체적으로 다루실 때에 여러분은 앞으로 일어날 일에 대하여 근심하기 시작하고 이렇게 말합니다. "만일 내가 이것을 한다면 무엇이 일어날까?" 이것이 성령을 소멸케 하는 것입니다. 그것은 여러분의 영혼에 대한 성령의 일반적인 움직임에 저항하는 것입니다. 여러분은 성령의 은혜로운 영향력을 느끼지만 망설이고 확신치 못하고, 혹은 놀라

기도 합니다. 이것이 성령을 소멸케 하는 것입니다. 이것에 대하여 바울이 데살로니가전서 5:19-21에서 말한 내용을 기억합시다. "성령을 소멸치 말며 예언을 멸시치 말고 범사에 헤아려 좋은 것을 취하고." 성령은 이처럼 예언의 형태로 사람에게 임하지만, 만일 그들이 반응하지 않거나 다른 사람들이 그들로 하여금 반응치 못하도록 한다면, 그것은 성령을 소멸하는 것입니다.

이제 순종의 긍정적인 면을 보도록 합시다. 그것은 여러분 자신과 여러분의 모든 일과 관심과 흥미를 하나님의 손에 맡기는 것입니다. 만일 여러분이 하나님의 자녀임을 믿는다면 여러분은 이렇게 말할 것입니다. "나는 나의 것이 아니라, 값으로 산 것이 되었다." "나는 주님의 것이다. 무슨 일이 일어나고 그 대가가 무엇이든지 간에 나는 주님의 손에 달려 있으며, 그 처분에 대하여 나는 상관치 않는다." 이것이 바로 완전한 순종이며, 이것이야말로 우리 자신을 하나님과 그의 은혜로운 목적에 완전히 포기하는 것입니다. 우리는 순종에 관한 이 모든 것에 매우 조심해야 합니다. 이것을 결코 언급하지 않는 사람들이 있습니다. 그들은 우리가 해야 할 것은 모임에 가서 믿음으로 그것을 취하기만 하면 우리는 그것을 소유한다고 말합니다. 그러나 그렇지 않습니다. 하나님은 이 문제에 대하여 우리를 다루시며 그 핵심은 바로 순종인 것입니다. 여러분이 얼마나 순종하는가에 의해서 열망의 깊이를 보여 주는 것입니다.

다음으로 **기도**의 문제를 다룹시다. 제가 제시하는 것들의 순서에 유의하기 바랍니다. 저는 기도를 네번째 원칙으로 두었습니다. 여러분은 기도로 시작하지 않았지만, 이제 기도에 도달한 것입니다. 다시 말하자면, 여러분은 이제 다음을 깨달은 것입니다. 제가 할 수 있는 모든 것을 할지라도 저는 하나님께 요구할 권리가 없습니다. 저는 어떠한 것도 요구할 수가 없습니다. 저는 하나님으로부터 어떠한 것도 받기를 '주장하지' 않습니다. 이것은 선물이며, 그것에 대한 저의 열망과 소원을 저는 순종으로 나타냅니다. 그러나 그로 인하여 그것을 살 수는 없습니다. 저는 결코 "나는 값을 지불했으니 그것을 내게 주십시오"라고 말할 수가 없습니다.

우리는 때때로 이와 같은 가르침을 받지만, 그것은 모두 잘못된 것입니다. 여러분은 결코 하나님을 그런 방식으로 생각지는 않습니다. 모든 것을 다 한 후에도 여러분은 이렇게 말합니다. "나는 쓸모 없는 종입니다. 나는 오직 하나님의 은혜와 자비와 사랑과 동정만을 의지합니다. 나는 무엇인가를 얻기 위해 하나님께 순종하는 것이 아니라, 내가 하나님을 사랑하고 하나님을 알기를 원하기 때문에 순종합니다." 그러나 제가 할 수 있는 모든 것을 한 후에도 저는 여전히 탄원자입니다. 저는 하나님께 그 은혜를 요구하며 그것이 바로 기도인 것입니다. 저는 이것에 대한 토마스 굳윈의 위대한 말을 어디에선가 인용했습니다. 토마스 굳윈은 에베소서 1장 강해에서 다음과 같은 표현을 사용했습니다. "하나님께 그 은혜를 청구하라." 이것은 현재의 절박하고 끈질기게 간구해야 할 기도를 표현한 한 방법입니다. 케임브리지 대학의 찰스 시몬의 말을 더 인용해 보겠습니다.

> 많은 사람들에게 있어서 성령의 인치심은 단순한 어리석음이다. 그러나 그렇게 생각하는 사람들은 그들이 이해하지 못하는 것에 대하여 악담을 하는 것이다. 우리는 그렇게 하는 사람들을 비난하는 대신에 우리 자신이 그것을 경험할 수 있도록 간구하자.

얼마나 현명한 말입니까? 이것이야말로 오늘날 필요한 것입니다. 이와 같이 성령세례, 혹은 여러분이 더 부르기를 좋아하는 성령의 인치심에 의해 주어진 축복되고 가장 고귀한 확신을 구하는 사람들을 비난하는 사람들이 있습니다. 시몬은 이렇게 말합니다.

> 하나님은 간구하는 모든 사람에게 이 축복을 기꺼이 주신다. 만일 우리가 이 축복을 소유하고 있지 못하다면, 우리는 하나님께서 우리에게 이 축복을 주지 못하도록 하는 어떤 것이 우리에게 있는가를 조사해야 한다. 우리는 이 축복을 받지 못하도록 하는 마음의 완고함을 제거해 달라고 하나님께 간구해야 한다. 우리는 이 축복이 우리의 영혼에 임하는 근거가 되는 약속 위에 살아가야 한다.

이것입니다. 제가 여기에 더 할 수 있는 말은 없습니다.

만일 여러분이 시몬의 자서전을 읽는다면 여러분은 그가 회개하고 거듭 난 후에 성령의 인치심 혹은 성령세례의 큰 축복을 받은 것을 발견할 것입니다. 이 축복은 그의 생애에 있어서 가장 근본적인 경험이었으며 이것은 그를 궁극적인 사역으로 인도했습니다. 그가 말하고 있는 것은 바로 이것입니다. "하나님께서는 구하는 모든 사람에게 이 축복을 주십니다." 또한 이것을 구하는 사람은 오직 거듭난 신자들입니다. 만일 여러분이 이 축복을 가지지 못하고 있다면, 다음과 같은 그의 말에 귀를 기울입시다. "하나님으로 하여금 우리에게 이 축복을 주지 못하도록 하는 어떤 것이 우리 안에 있는지를 살펴봅시다." 이것이 바로 이 축복을 올바르게 보는 길입니다. 하나님께서는 어떤 이유로 인하여 이 축복을 우리에게서 막으셨으며, 이것이 바로 여러분이 원할 때에 그것을 받지 못한 이유입니다. 여러분이 이 축복을 구하기를 시작할 때에, 하나님께서는 어떤 것을 여러분에게 보여 주실 것입니다. 하나님은 여러분으로부터 그 축복을 막았던 여러분 안에 있던 것을 여러분 스스로가 알도록 하실 것입니다. 이 축복을 위해 어떻게 기도해야 할까요? 우리는 약속에 근거하여 간구하는 것입니다. "이 약속은 너희와 너희 자녀와 모든 먼데 사람 곧 주 우리 하나님이 얼마든지 부르시는 자들에게 하신 것이다"(행 2:39). 이 구절을 하나님께 말씀드립시다. 교부들은 "약속을 따라 간구하라"는 위대한 구절을 자주 사용했던 것입니다. 그러나 오늘날 우리들은 결코 이 구절을 들을 수가 없습니다. 왜 그럴까요? 왜냐하면 사람들은 더 이상 진심으로 기도하지 않기 때문입니다. 사람들은 하나님께 간단한 전보만을 보내고 있습니다. 그들은 그것을 높은 영적 수준으로 생각하고 있습니다. 그들은 하나님과의 '씨름'이라든가, '약속을 따라 구하라' 등에 관해서는 아무것도 알지 못합니다.

여러분은 하나님께 나아가서 이렇게 말합니다. "신약에서 '교부들의 약속'과 같이 언급하고 있는 하나님께서 하신 구약의 약속은 무엇입니까? 왜 성령은 '약속의 성령'으로 불립니까? 당신은 이것을 당신의 백성에게 주시기로 약속하셨습니다. 당신은 당신의 독생자가 이 세상에 오셔서 죄를 사하시고 승천하신 후에는 자기 백성에게 줄 은사를 그에게 주신다고 약속하셨습니다. 당신이 그것을 약속하셨는데, 내가 그것을 받지 않을 수 있습니까?"

여러분은 그에게 구하고 강청하고 그의 보좌 앞에 나와서 간구하는 것입니다.

성경을 참되게 해석하는 사람들뿐만 아니라, 이 경험을 알고 있고 또한 그것을 구하는 사람들을 경멸하는 대신에 그들에게 용기를 주기 원하는 사람들이 가르쳤던 방법이 바로 이것입니다. 이 축복을 구하는 방법은 옛 야곱의 "당신을 가게 하지 아니하겠나이다"라는 말을 사용하는 것임을 여러분은 알고 있습니다. "저는 당신을 알기 원합니다. 당신을 사랑하기 원합니다. 당신의 사랑이 저의 마음에 넘쳐 흐르기를 원합니다. 저는 이것이 가능함을 알지만, 아직 이것을 얻지 못했습니다. 당신이 나를 축복하지 않으면 가게 하지 아니하겠나이다." 여러분은 계속해서 이렇게 간구해야 합니다.

저는 하나님께서 특별히 축복하셔서 그의 영광을 위하여 사용하셨던 우리를 앞서간 사람들의 생애를 통하여 이것을 설명할 수 있었습니다. 여러분은 거의 모든 경우에 있어서 그들이 이 축복을 구해야 했던 것을 발견할 것입니다. 그 시기는 다양합니다. 그 시기를 결정하는 분은 하나님이십니다. 우리는 어느 때나 드러누울 수는 없습니다. 휘필드의 생애를 읽어볼 때에 여러분은 그에게 이것이 일어나기 전에 그가 큰 고통을 경험한 것을 발견하게 됩니다. 요한 웨슬리의 투쟁은 몇 개월 혹은 그 이상 계속되었습니다.

D. L. 무디의 생애를 봅시다. 그는 거듭나자마자 시카고에서 그의 사역을 시작하였을 뿐만 아니라, 그것이 매우 성공적이라고 생각했습니다. 그런데 두 명의 숙녀가 집회 후에 그에게 와서 말했습니다. "무디 씨, 우리는 당신을 위해 기도하고 있습니다." 그는 화가 났습니다. 그는 자신이 성공적인 설교자라고 생각하면서 말했습니다. "무엇을 위해 기도한다는 말입니까?"

그들은 말했습니다. "우리는 당신이 더 큰 능력을 가질 수 있도록 기도하고 있습니다." 그는 참으로 화가 났습니다. 그는 자신이 능력 있는 설교자요 모든 것이 잘 되었다고 생각했습니다.

그러나 무디는 그들의 말을 잊을 수가 없었습니다. 그는 드디어 그들이 말한 의미를 깨닫기 시작했고 이 온전한 교리에 대한 통찰력을 가지고 이 축복을 위하여 기도하기 시작했습니다. 그는 계속해서 6개월 동안 시몬이 설명한 방법대로 하나님께서 그를 들어주시도록 간구했습니다. 어느 날 오후 그가 뉴욕 시의 월가(Wall Street)를 걸어가고 있을 때에 하나님께서 갑자기 응답하셔서 성령이 그에게 임하신 것을 여러분은 잘 알고 있습니다. 6개월 동안 그는 "당신을 가게 하지 아니하겠나이다"라는 태도로 계속해서 기도하고 간구하고 갈망하여서 드디어는 그 축복을 쟁취하였던 것입니다.

R. A. 토레이 역시 똑같이 설명하고 가르치고 있습니다. 세계의 많은 사람들이 무디와 토레이, 또한 그들의 위대한 설교는 존경하면서도 이 핵심적인 부분에서 그들을 반대하고 그들의 가르침을 부정하는 것은 참으로 이상한 일입니다. 이것은 A.J. 고든과 A.T. 피어슨의 경우에서도 찾아볼 수 있습니다. 이러한 모든 사람들에게는 동일한 경험이 있었습니다. 저는 이것에 대하여 많은 증거의 목록을 여러분에게 제시할 수가 있습니다.

이 모든 사람들은 기도하고 간구해야만 했습니다. 그들은 '믿음으로 그것을 받거나' 그것을 '요구'하거나 그것을 '주장'하지 않았습니다. 결코 그렇지 않았습니다. 그들은 자신들이 할 수 있는 모든 것을 하면서도, "아직도 모르고 있어. 아직도 이 사랑을 못 느끼고 있어. 아직도 그분을 더 알기 원해"라고 느꼈던 것입니다. 그리하여 하나님께서는 정하신 시기에 그들에게 응답하셨습니다. 주님께서는 그들에게 성령으로 세례를 주셨던 것입니다. 잘 알려진 찬송가의 가사처럼 우리는 기도해야 합니다.

"오 사랑의 주님, 당신은 얼마나 선하신지요!
나 언제나 당신께 내 마음 온전히 바치리이까?
그 구속의 큰 사랑을 증거하기를 나는 목마르게 간구합니다.
나를 위한 그리스도의 사랑을."

여러분은 지금까지 이러한 기도를 진심으로 드려 본 적이 있습니까?

하나님만이 그 사랑을 아시네.
오 그 사랑, 이 비천하고 완악한 마음속에 흘러 넘쳤으면!

여러분은 살과 같은 마음이 아니라, 돌과 같은 마음을 가지고 있다는 것을 깨달은 경험이 있습니까? "돌과 같은 마음!"

> 사랑을 갈망합니다. 사랑을 연모합니다.
> 주님, 사랑만을 내게 주소서.
> 이것만이 나의 것이 되게 하소서!

120년 전에 이 경험을 알고 있었던 윌리엄 윌리암스의 또 다른 기도를 봅시다. 이것은 그의 찬송을 번역한 것입니다.

> 부드러운 예수님, 당신께 기도합니다.
> 당신의 음성 어찌 그리 사랑스러운지요.
> 내 혼란한 영혼에 스며들어
> 세상이 주지 못하는 평안을 남겨 줍니다.
>
> 세상의 모든 혼란한 음성과
> 유혹하는 모든 악한 소리도
> 부드럽고 아름다운 당신의 음성에
> 오직 잠잠해질 뿐입니다.

이것은 다음과 같이 계속됩니다.

> 주님, 당신은 나의 것이라고 말씀해 주셔서
> 내게 확실한 보증을 허락하소서.
> 내 모든 불안을 제거하시고
> 의심이 사라지고 두려움이 잠자게 하소서.
> 당신의 거룩한 음성 듣기를
> 내 영혼이 갈망하나이다.
> 그리하면 슬픔은 사라지고
> 절망도 나를 영원히 떠나리이다.

마지막으로 스펄전이 설교에서 인용한 시를 제시하겠습니다. 그는 저자를 밝히지 않았지만, 그 내용은 이렇습니다.

> **아버지의 사랑 안에 거할 때면**
> **나는 주의 자녀 됨을 누리네.**
> **비둘기 같은 성령 내려 주시어**
> **내 마음에 머물게 하소서.**

기도는 이렇게 해야 하는 것입니다. 이러한 태도로 하나님께 간구하고 마음속의 좌절을 고백해야 합니다. 여러분이 이렇게 한다면, 하나님께서는 여러분의 마음의 소원을 허락하실 것입니다. 하나님께서는 여러분에게 말씀하시고 자신을 나타내 보이시며, 여러분의 마음속에 자신의 사랑을 넘치게 부어 주실 것입니다. 그렇게 되면 여러분은 하나님을 사랑하고 말할 수 없는 영광스러운 즐거움으로 하나님을 기뻐하게 될 것입니다. 오늘날의 교회는 진정으로 이러한 사람들로 채워져야 합니다. 우리들 자신이 이러한 사람이 되도록 합시다. 그리할 때에 우리가 갈망히는 부흥은 시작될 것입니다.

제 13 장

낙심될 때

우리는 성령세례가 오늘날 진정으로 필요하지만, 그것을 구하는 사람들은 항상 동기를 살펴야 한다는 것을 보았습니다. 우리는 단순히 경험이나 능력에만 관심을 기울여서는 안 됩니다. 우리의 갈망은 하나님을 알고 우리를 향한 그의 사랑을 아는 것이 되어서, 그의 왕국이 확장되고 그의 영광이 드러나기 위하여 하나님께서 우리를 사용하시게 되어야 합니다. 이를 위해서는 순종과 함께 기도가 필요합니다.

여기에서 어떤 사람은 이렇게 질문할 것입니다. 그렇다면 이것은 우리가 완전히 순종할 때까지는 기도를 시작해서는 안 된다는 것을 의미합니까? 그렇지는 않습니다. 이것은 오직 마음속에서의 차이입니다. 여러분은 이 두 가지를 동시에 하는 것입니다. 여러분은 결코 완전히 순종할 수가 없습니다. 이러한 경우에 어떤 사람은 전혀 기도하지 않으려고 합니다. 이것은 오직 제가 우리의 마음에 제시되어야 할 지적인 순서를 고려한 것뿐입니다. 하나님을 기쁘시게 하기 위하여 순종할 수 있는 모든 것에 대하여 관심을 가지지 않으면서, 단순히 축복만을 간구하는 사람은 게으른 사람입니다. 저는 모든 그리스도인의 생활에 적용되는 일반적인 언급을 했습니다. 여러분 자신의 순종과 책임은 고려치 않고 오직 간구하기만 하는 것은 이러한 생활에 아무런 소용이 없습니다.

우리는 이제 이 시점에 도달하였지만, 여기에서부터 계속해서 나가야 합니다. 따라서 이제 우리는 신약과 여러 사람의 생애 속에서 자주 보아 온 결과로서 이러한 큰 축복이 있음을 알았기 때문에 우리는 이것을 원하고 이것을 위해서 간구하고 기도하는 것입니다. 다음 원리는 무엇일까요?

이것은 아주 중요한 것인데 저는 이 시점에서 놀랄 준비를 하라는 것 외에 더 적절한 표현을 할 수가 없습니다. 우리는 항상 성령이 능력의 영일 뿐만 아니라, 진리, 거룩 그리고 순결의 영임을 기억해야 합니다(여러분은 성령이 때때로 비둘기와 같이 표현되고 있음을 기억하고 있습니다). 우리는 항상 이것을 기억치 않기 때문에 이제 놀랄 준비를 해야 합니다. 이것은 성령세례를 위한 기도에 있어서 극히 중요한 것입니다.

이제 이와 함께 우리의 마음의 상태를 살펴봅시다. 우리 모두는 죄의 자녀요, 죄 가운데 태어나고 죄 가운데 잉태하였기 때문에 우리가 거듭났을 때에도 우리는 완전해지지 않습니다. 옛 성품에 속하는 잘못되고 악한 것들이 아직도 우리에게 남아 있습니다. 그것은 '옛 사람'이 아닌 옛 성품입니다.

이러한 이유 때문에 우리는 다음의 두 가지를 반드시 기억해야 합니다. 즉 우리가 성령세례를 위해 기도할 때에 우리가 구하는 것은 성령이 우리에게 오셔서 우리의 마음에 넘칠 때까지 채워 주실 것과, 성령이 우리 안에 능력으로 거하셔서 우리로 하여금 하나님 아버지와 성자 하나님의 길을 걷도록 하는 것임을 기억해야 합니다.

이것이 진정으로 우리가 구하는 것입니다. 그러므로 여러분이 성령의 성품과 우리의 마음의 상태를 깨닫는 순간에 여러분은 놀랄 준비를 해야 하는 것도 깨닫게 되는 것입니다. 제가 말하고자 하는 점은 바로 이것입니다. 성령은 이러한 분이기 때문에 그에게 적합하고 그 성품에 맞는 거처를 가져야만 합니다. 성인들은 바로 이를 위해 시험을 받았던 것입니다. 그들이 이 축복의 가능성을 깨닫고 이것을 위해 기도하기 시작했을 때에 상상치 못했던 이러한 모든 일이 그들에게 일어났던 것입니다. 그들은 전에는 결코 깨닫지 못했던 것처럼 그들 안의 죄를 깨닫기 시작했던 것입니다. 그들은 자신들이 기도하기 전보다 훨씬 더 악하다는 것을 깨닫게 되었습니다. 그들은 스스로의 상상을 초월할 만큼 마음의 더러움을 깨달은 것입니다.

그뿐 아니라 그들은 지금까지 그들이 알았던 것보다 더 예리하고 악의에 찬 유혹과 시험을 받고 있다는 것을 발견합니다. 모든 것이 그들을 대항하고 있으며 악이 항상 그들 가운데 있는 듯이 보입니다. 그들은 전생애에서 결코 경험하지 못했던 것과 같은 고통스럽고 혹독한 시련 가운데 그들이 있음을 발견합니다. 물론 그들은 때때로 그들의 구원을 의심하거나 그들이 과연 그리스도인인가 조차도 의심할 만큼 고통을 받습니다.

이것은 그들이 전에는 결코 알지 못했던 것으로서 그들이 성령세례를 갈망하여 간구한 직접적인 결과처럼 보입니다. 이것 때문에 절망감 속에 포기한 사람들이 많이 있습니다. 그들은 무언가 잘못되고 있으며 이 모든 인내의 결과가 그들을 혼동시키며 불행하게 만들고 그들의 이전 어느 생애보다도 더 하나님으로부터 멀어지게 만들고 있다고 느끼기 시작하여 결국 완전히 혼란에 빠지는 것입니다. 저는 여기에는 결코 혼동이 있어서는 안 되며, 오히려 그것은 우리가 원했어야 했던 것이라는 점을 밝히고자 합니다.

저는 이것이 변하지 않는 법칙이라고 말하지는 않습니다. 이러한 일에 있어서는 표준의 형태가 있을 수 없다는 것을 저는 계속해서 지적해 왔습니다. 또한 저는 누구라도 어떤 표준 형태를 제시하는 사람은 신약의 가르침에 위배될 뿐만 아니라, 수세기에 걸친 교회사와 각 개인의 생애에도 위배된다는 점을 계속해서 제시했습니다. 누구라도 여러분에게 어떤 형태나 정해진 방법을 제시하는 사람은 이미 심리학자나 사이비 종파의 편에 서 있는 것입니다. 영적인 영역은 끝없이 다양합니다. 어떤 사람은 이 은사를 위하여 기도하자마자 그것을 받습니다. 반면에 어떤 사람은 몇 달 혹은 몇 년을 고뇌와 시험과 고난 가운데서 지냅니다. 제가 이미 지적한 대로, 우리를 다루는 방법은 오직 주님께서 가지고 계십니다. 그러나 여기에는 많은 하나님의 사람들에 의해서 증명된 어떤 것이 있습니다. 이 축복을 위한 기도를 시작할 때의 즉각적인 결과는 그들의 어려움과 시험과 문제점이 더욱 악화되었다는 것입니다. 무엇보다도 이 축복에 대한 그들의 소원이 흔들리며 무너지기 시작했습니다.

이러한 영적인 문제에 있어서 대가라고 할 수 있는 조지 보웬의 말을 인용하면 이 문제에 있어서 도움이 될 것 같습니다. 그는 미국인으로서 19세기에 인도의 선교사로 오랫동안 있었습니다. 그는 이것에 대하여 다음과 같이 명백하게 말하고 있습니다.

여러분은 성령의 한 개념을 즐겁게 여기면서 성령을 간구합니다. 그리고 성령의 영향이 여러분이 형성하고 있는 관념과 같다고 생각합니다. 예를 들면 여러분은 성령이 여러분에게 위로의 영이 되어 주고 여러분을 영적인 천국의 향취로 감싸주기를 기대합니다. 여러분은 성령께서 축복받은 섬의 시적인 환상이 여러분의 좌측과 우측을 비춰 주는, 속세를 초월한 천상의 영역으로 여러분을 끌어올릴 것으로 생각합니다.

그러나 성령은 진리이며, 따라서 그 진실된 성품을 나타내야 합니다. 그렇지 않다면 성령은 아무것도 아닌 것입니다. 여러분은 성령의 역사를 간구했으며 그것은 취소될 수 없습니다. 그러나 성령이 여러분의 손을 잡을 때에 여러분은 천국을 향한 환희에 찬 도약을 준비하지만, 결국 그것이 여러분을 깊고 어두운 감옥과 같은 상상의 방으로 인도하기 위함이었음을 발견할 때에 여러분은 얼마나 놀랍니까? 여러분은 떨면서 물러서려고 하지만 아무런 소용이 없습니다. 여러분은 오직 성령이 얼마나 단단히 여러분을 붙잡고 있는가를 발견할 뿐입니다. 성령은 여러분이 그러한 숨겨진 영상을 보고, 그것이 얼마나 여러분의 과거의 생애 모습을 잘 나타내 주고 있는가를 보기를 원합니다.

한 가지 보기 흉한 형상은 이기심이라는 것인데, 그 높은 바탕은 완전히 날이라는 비문으로 새겨져 있습니다. 여러분이 여러분의 안내자이신 성령의 강권하심을 따라서 이러한 날들을 볼 때에, 여러분은 여러분의 과거에 있어서 가장 아름답고 가장 신성했다고 여겼던 시간들조차도 그 가운데 포함돼 있음을 발견할 때에 매우 놀랍니다.

탐욕이라고 불리는 또 다른 혐오감을 일으키는 형상이 있는데, 여러분은 '나의 날은 그것에 새겨져 있지 않습니다'라고 크게 말합니다. 그러나 그러한 날이 많이 있습니다. 또한 여러분이 여러분 자신을 천국과 연결시켜 주었던 귀한 날이라고 생각했던 것이 실제로는 성냄, 분노, 악의였던 것입니다. 이러한 가증스런 괴물들은 그들의 자리에서 여러분을 마치 잘 알고 있는 친구인 것처럼 눈짓하고 있습니다. 여러분의 과거는 이러한 발판으로 말미암아 얼마나 더럽혀졌습니까? 여러분의 얼굴은 불신자처럼 보였고 찡그린 얼굴은 여러분이 그를 모르고 있음을 말해 줍니다. 그러나 여러분의 잘못이 무엇이었든지 간에 여러분은 결코 불신자는 아니었습니다. 성령은 여러분이 여러분의 모든 과거에 대한 불신자들의 주장 – 이 주장은 옳은데 – 을 듣도록 강요하십니다.

　근본적인 수치심과 사무치는 슬픔이 여러분의 마음을 점령하고 있습니다. 여러분은 거짓이라는 환상의 반대편에 서서 적어도 나는 거짓말쟁이가 아니며 모든 거짓을 지극히 중오한다고 말합니다. 그러나 하나님의 영은 여러분에게 치명적인 증거를 지적합니다. 여러분이 그 날들을 살펴볼 때에 여러분은 그 중 일부는 여러분이 기도했던 시절을 포함하고 있음을 발견합니다. 드디어 여러분은 겸손하고 낙심하고 양심에 찔린 마음으로 여러분의 진정한 마음이 이러한 깊고 어두운 방 속에 있으며, 무서운 환상 가운데 놓여 있음을 깨닫게 됩니다. 여러분은 성령을 환영했던 생각을 부끄러운 마음으로 기억하고 그의 발 아래 엎드려 여러분의 모든 어리석음을 고려하게 됩니다. 그때에 주님은 여러분을 일으키고 축복된 천국의 열려진 문 안으로 인도하며 여러분은 여러분에게 허락된 한 수레가 성령의 옆에 있는 여러분의 자리를 차지하고 땅 위에 있는 기쁨의 장소로 여러분을 인도하는 것을 발견하게 됩니다.

　이것은 조지 보웬을 포함한 하나님의 위대한 성도들이 이 놀라운 경험을 하기 전에 통과해야만 했던 경험을 훌륭하고 완전하게 요약한 것입니다. 다시 말하자면, 우리는 우리 자신에 대하여 지극히 무지합니다. 우리는 "나는 거듭난 그리스도인이기 때문에 내가 필요한 것은 바로 이 축복입니다"라고 말하면서 간구하지만, 아직도 우리 마음에 있는 은밀한 악을 깨닫지 못하고 있습니다. 심지어는 우리의 기도와 가장 고귀한 소망까지도 이기적입니다. 진리와 거룩의 영이신 성령께서 이러한 것에 대하여 우리의 눈을 열어 주어야 합니다. 우리는 높아지기 전에 낮아져야 합니다. 우리는 그러한 고귀한 경험을 기대하기 전에 우리가 진정으로 어떠한 상태에 있는가를 알아야 합니다. 이것을 아주 정확히 표현한 존 뉴톤의 잘 알려진 찬송을 생각해 봅시다. 그는 여기에서 자신의 경험을 기록하고 있습니다.

　　나는 주께 구했네.
　　믿음과 사랑과 모든 은혜 속에서

더 성장하고 그의 구원 더 알도록
그리고 더욱 간절히 그의 얼굴 구했네.

그는 내게 기도를 가르쳤고
나의 기도에 응답하셨네.
그러나 그것은 나를 인도하여
깊은 절망의 길을 통과한 후였네.

난 그것을 축복된 시간에 구했고
즉시 주님은 응답하셨네.
그리하여 그의 강권하는 사랑의 능력으로
나의 죄 정복하고 내게 자유 주셨네.

이것은 우리 모두가 느끼는 것이 아닙니까? 우리는 이와 같은 것을 들을 때에 "아 그래, 나도 그것을 원해"라고 말합니다. 그리고 우리는 기도를 하는데, 그것은 우리에게 그것이 일어나기를 고대하는 방법입니다.

축복 대신에 그는 내게 알려 주셨네.
내 마음의 숨겨진 죄악을
지옥의 성난 권세가
내 영혼 구석구석 찔렀네.

친히 그 손으로
나의 탄식 가중시키고
내 모든 계획 거스려
내 희망 부수시고 나를 낮추셨네.

"주여, 어찌하여" 나는 울부짖었네.
"당신의 벌레를 죽이려 하나이까?"

"이것이 길이다" 주님 응답하셨네.
은혜와 믿음의 기도 이제 응답하노라.

내가 보낸 이 깊은 시험은
자아와 교만에서 자유 주기 위한 것
세상의 기쁨 부수고
내 안에서 모든 것 구하기 위함이라.

    여기에는 의문이 있을 수 없습니다. 우리는 그리스도인이 되어서 구원받고 죄사함받은 후에도 성경과 성인들의 삶에서 묘사되고 있는 투쟁에 대하여는 아무것도 알지 못하는 낮은 수준으로 이 세상을 살아갈 수도 있습니다. 위대한 사도 바울의 말을 인용해 봅시다. "우리의 씨름은 혈과 육에 대한 것이 아니요 정사와 권세와 이 어두움의 세상 주관자들과 하늘에 있는 악한 영들에게 대함이라."
    이것이 무엇을 의미하는지를 알지 못하고, 또 그것을 결코 경험해 보지 못한 그리스도인들이 많이 있습니다. 그들은 그들의 내부에 있는 악의 깊이를 알지 못합니다. 그들은 어떤 모임에서 결심을 하지만 언제까지나 그렇게 머물러 있으므로 이것이 무엇을 의미하는가 이해하지 못합니다. "더 이상 무엇이 필요합니까?"라고 그들은 묻습니다. 그것은 오직 그들이 자신에 대하여 완전히 무지하기 때문입니다. 그들은 그리스도인임에는 틀림이 없지만, 아직도 어린아이이며 아마도 '그리스도 안의 어린아이'로서 무덤에 묻힐지도 모릅니다. 물론 구원은 받을 것이지만 그것은 사도가 말한 것처럼 '불 가운데서의 구원'일 것입니다.
    그러나 여러분이 그 은혜의 가능성을 깨닫고 이 위대한 성령세례로 인하여 그리스도 예수 안에서 여러분에게 일어날 수 있는 가능성을 깨닫는 순간에 — 즉 여러분이 그 영역 안으로 들어가는 순간 — 사탄은 분명히 부서지기 시작할 것입니다. 사탄은 여러분과 성령의 사이를 이간시키려고 모든 노력을 다할 것입니다. 사탄은 어느 누구도 주 예수 그리스도께로 가까이 가는 것을 원치 않습니다. 사탄은 우리가 어린아이로 남아 있기를 원합니다. 사탄은 우리가 그 상태에 머물러 무지하고 더 이상 아무것도 바라지 않는 상태로 붙잡을 것입니다. 그러나 여러분이 좀더 크고 깊은 어떤 것을 원하고 갈망하는 순간에 사탄은 앞의 두 사람의 경우처럼 여러분을 공격할 것입니다. 저는 더 많은 사람의 경우도 제시할 수 있습니다. 여러분이 여러분을 앞서서 살았고 이 큰 축복을 받은 사람들의 생애를 읽어 보면, 그들 중 대부분은 이 혹독한 투쟁을 통과해야만 했다는 것을 발견할 것입니다. 따라서 저는 여러분에게 쉽고 빠르고 그럴 듯한 어떤 것을 약속하지 않습니다. 오히려 그러한 가르침은 신약에 완전히 위배된다는 것을 보여 주고 싶습니다. 여러분은 구하는 즉시 받을 수는 없습니다.

여러분이 이웃에게 떡을 빌러 가는 사람에 대하여 주님께서 말씀하신 비유―이것은 이미 언급하였지만, 저는 다시 한 번 강조하고자 합니다―를 다시 한 번 살펴본다면, 주님께서는 강청의 원리를 강조하고 있음을 발견할 것입니다. 이것은 분명히 어려움과 싸움과 투쟁을 말하고 있습니다.

저는 이것을 다음과 같이 일반적으로 표현하겠습니다. 제가 제시한 모든 방법으로 이 성령세례를 구하기 시작하는 순간에 우리는 놀랄 만한 일에 대비해야만 합니다. 그러나 우리는 우리가 하나님의 손안에 있다는 것을 깨달아야 합니다. 이 점에 있어서 D.L. 무디의 경험에 근거한 충고를 주는 것보다 더 좋은 것은 없습니다. 이 성령세례를 위하여 기도하던 몇 달 동안에 그는 거리를 걷든지 혹은 무엇을 하든지 간에 이렇게 기도했습니다. "오 하나님, 나의 마음을 준비시키시고 성령의 능력으로 내게 세례를 베푸소서." 그러나 그 순서에 주목해야 합니다. 마음이 올바르지 않으면서 능력을 가지는 것은 위험합니다. 또한 우리는 성령이 우리를 신뢰할 수 없음에도 불구하고 우리에게 능력을 줄 것을 기대할 권리가 없습니다. 그러므로 여러분은 "성령으로 내게 세례를 베푸소서"라고 간구하기 전에 "나의 마음을 준비시키소서"라고 기도해야 합니다. 이것은 매우 중요한 원리입니다.

또 다른 중요한 원리를 살펴봅시다. 그것은 성령께서 여러분을 계속해서 인도하는 것입니다. 이것은 아주 중요합니다. 만일 여러분이 여러분 자신을 하나님의 손에 맡겼다면 성령이 여러분을 인도하도록 허락합시다. 여러분을 인도할 장소를 결정하는 분은 성령이십니다. 조지 보웬이 지적한 것처럼 성령은 여러분이 생각하듯이 즉시 여러분을 천국으로 인도하지는 않습니다. 그는 아마도 여러분을 감옥으로 인도할 것입니다. 무슨 일이 일어나든 그가 우리를 인도하도록 맡깁시다. 그리고 계속해서 나아갑시다. 실망한다고 해서 어리석게도 돌아서서, "이것은 즐겁지 않은데. 아주 불편하군"이라고 말하지 맙시다. 성령이 여러분을 인도할 때마다 그를 따릅시다. 계속해서 순종합시다. 하나님께 축복을 구하면서 동시에 그가 여러분에게 행하시는 것에 반발하는 것은 터무니없는 짓입니다. 하나님께서는 자신이 행하는 것을 알고 계시며 자신의 방법과 계획을 알고 그대로 행하십니다. 하나님은 여러분을 모든 장소로 인도하실 것이며, 여러분에게 이상한 경험을 허락하실 수도 있습니다. 그러나 여러분이 뒤돌아볼 때에 그 모든 것은 궁극적인 목표의 일부분임을 알게 될 것입니다.

이것은 제게 있어서 그리스도인의 생애 중 가장 놀라운 부분 가운데 하나입니다. 우리 모두는 이상을 가지고 있는데 그것은 모두 짧고 그럴 듯하며 쉽고 항상 빨리 끝납니다. 이것은 우리 모두에게 자연적으로 주어졌습니다. 이것은 우리 안에 있는 죄의 결과입니다. 그러나 우리의 생애를 되돌아볼 때에 우리는 하나님께서 우리에게 무엇인가를 하셔야만 했음을 아주 명백히 알게 됩니다. 하나님은 때때로 우리를 들어올리기 전에 완전히 쓰러뜨려야만 했습니다. 우리는 항상 우리의 위치에서부터 시작할 수 있다고 생각하지만, 일반적으로 그렇지 못합니다. 우리는 낮아져야만 하고 겸손해지고 수치를 당해야 합니다. 그리하면 하나님께서는 거의 믿을 수 없는 방법으로 우리를 다루실 것입니다.

이것은 그리스도인의 생애에 있어서 가장 낭만적인 것입니다. 사건이 일어날 당시에는 완전히 우연인 것처럼 보였던 것이 가장 결정적인 결과를 낳을 수도 있습니다. 이 모든 것은 우리를 향한 하나님의 계획과 목적의 일부인 것입니다.

다시 말하자면, 여러분이 이 영역으로 들어가서 하나님의 손안에 있음을 깨닫고 그 안에 여러분 자신을 맡길 때에 여러분은 모든 일에 대비해야만 합니다. 그러나 계속해야 합니다. 이유를 붙이거나 여러분이 이해하지 못한다고 해서 그러한 것들을 거절해서는 안 됩니다. 하나님의 방법은 우리의 방법과 다르며, 하나님의 생각은 우리의 생각과 다르다는 것을 깨달아야 합니다. 만일 여러분이 진심으로 그리고 정직하게 그의 영광을 위하여 이 축복을 구한다면 하나님은 여러분을 그 축복 안으로 인도하실 것입니다. 그러나 하나님은 여러분의 방법이 아닌 하나님의 방법대로 행하실 것입니다. 그러므로 저는 이렇게 말합니다. 하나님이 여러분을 인도하도록 허락하고, 반항하지 말고 여러분의 조건을 제시하지 맙시다.

하나님의 손안에서 인도함을 받는 것은 아주 놀라운 일입니다. 그러나 그것은 그 영역에 대하여 알기 전까지는 두렵고 생소한 것이 될 수도 있습니다. 하나님을 의지합시다. 여러분 자신을 그의 손안에 맡깁시다. 여러분이 원한다면 뉴만과 함께 이렇게 말합시다. "나는 먼 광경을 보기를 원치 않습니다. 한 걸음이면 내게 족합니다." 한 걸음, 한 걸음을 성령이 인도하시는 대로 나아갑시다.

그 다음 원리는 중단하지 않고 계속하는 것입니다. 이것은 아무리 강조해도 지나치지 않습니다. 저는 이 특별한 원리의 중요성을 강조할 때에 대부분의 사람들의 경험에 근거하여 말하는 것입니다. 여러분의 생애를 되돌아볼 때에 여러분은 이것을 발견하지 않습니까?

또한 여러분은 역사적으로 하나님의 성자들의 생애 속에서 이것을 발견하게 될 것입니다. 우리들의 가장 큰 위험은 그것이 일시적이라는 것입니다. 그렇지 않습니까? 우리는 이것을 충동적으로 그리고 일시적인 감정으로 구했다가 뒤돌아보아서 아무것도 우리에게 일어나지 않는 것을 보고 놀랍니다. 여러분은 아마도 때때로 올라가기도 하고 내려가기도 하고, 또 실패하기도 하고 성공하기도 하는 낮은 수준의 지루한 삶을 살다가 책이나 위대한 성인의 생애를 읽고 그 성인이 얼마나 갑자기 높은 수준으로 끌어올려져서 계속해서 그 수준에서 살아갔는가를 볼 것입니다. 그리고 여러분은 즉시 이렇게 느낍니다. "나도 이렇게 되고 싶고, 또 이것을 소유하고 싶다." 그리하여 여러분은 이것을 위하여 기도하고 구하기 시작합니다. 그러나 아무것도 일어나지 않자, 여러분은 며칠 후에 이것에 대하여 완전히 잊게 됩니다. 그것은 설교를 듣거나 여러분이 어떤 경험을 했거나 병, 사고 혹은 어떤 사람의 죽음의 결과일 수도 있습니다.

이 모든 일들은 여러분을 고무시키고 이것을 알기 원하게 만드는 결과를 낳아서 여러분은 진심으로 기도하기 시작합니다. 그러나 여러분은 이것을 지속하지 않고 얼마 후에는 이 모든 것을 잊고 다시 과거로 돌아갑니다. 그리고 여러분은 그런 상태로 몇 달 혹은 몇 년을 살아갑니다. 그리고 다시 무엇인가가 일어나서 여러분은 다시 시작하지만 계속하지 않고 다시 잊어버립니다. 그리하여 여러분은 충동적으로 구하기는 하지만 결코 진실로 받지 못하고 다시 몇 년을 살아갑니다.

저는 이것이 우리 모두가 인식해야 할 가장 중요한 것이라고 생각합니다. 성경에는 이것을 매우 강력하게 제시하는 구절이 많이 있습니다. 우리는 이미 누가복음 11장에서 강청에 대하여 다루었습니다. 주님은 누가복음 18장에서 재판관에게 가서 강청하면서 거절을 당치 않으려고 하는 여인의 이야기에 있어서 다시 이 점을 강조하고 있습니다. 재판관은 드디어 그녀에게 응답했습니다. 그는 "이 과부가 나를 번거롭게 하니 내가 그 원한을 풀어 주리라 그렇지 않으면 늘 와서 나를 괴롭게 하리라"라고 말하였습니다. 주님은 우리로 하여금 하나님께 강청의 기도를 드리도록 격려하기 위하여 이 비유를 사용하셨던 것입니다.

이것은 "구하라, 찾으라, 두드리라"라는 순서에 의해서 표현되는 원리입니다. 정함이 없는 마음과 일시적인 소원은 결코 응답을 받을 수가 없는 것입니다. 또 여러분은 이 주제에 대한 모든 이야기에서 하나님께서 이 기도를 듣고 우리의 간구에 응답하시기 전에 항상 절망의 과정이 온다는 것을 발견할 것입니다. 존 뉴톤과 조지 보웬의 경우가 바로 그러했습니다. 그들은 불평하고 무엇이 일어났는지 의심하여 거의 절망과 포기의 단계까지 갔던 것입니다. 바로 그때에 하나님께서는 그들의 간구에 응답하셔서 그들이 거의 감당하지 못할 정도로 그들을 축복하셨습니다. 이것은 야곱이 씨름하는 이야기에서도 우리가 발견하는 원리입니다. "내가 당신을 가게 하지 않겠나이다." 이러한 사람들이 하나님께서 축복하신 사람입니다.

이것은 "믿음으로 그것을 취하시오" 혹은 "여러분이 구하는 순간에 여러분은 받은 것입니다"라고 그럴싸하게 말하는 가르침과는 얼마나 거리가 멉니까? 그것은 사실이 아닙니다. 그것은 성경이나 하나님의 성도나 백성의 계속되는 역사 속에서도 진실이 아닙니다. 결코 그렇지 않습니다. 하나님께서는 우리가 이것 없이는 살 수 없다고 느끼는 지점까지 우리를 인도하십니다. 하나님께서는 이것에 대한 굶주림과 목마름과 갈망을 보내셔서 여러분이 때때로 단순하게 기도만 하도록 허락하지는 않습니다. "내가 이것을 얻지 못한다면 삶은 가치가 없습니다. 나는 이것을 소유해야만 합니다. 그렇지 않다면 '당신을 가게 하지 않겠나이다.'" 이것이 바로 기도입니다. 만일 여러분이 부흥의 위대한 이야기와 그것이 어떻게 발생하게 되었는가를 다시 읽어 본다면—이것은 반드시 병행되는 것인데—여러분은 그것이 일반적으로 앞의 내용과 같다는 것을 발견할 것입니다. 부흥은 사람들이 그것을 간구하기 시작하는 순간에 오지 않습니다. 개인적인 축복도 또한 같습니다. 우리가 이미 본 것처럼 부흥이라는 것은 동시에 여러 사람에게 발생한 성령세례인 것입니다. 많은 사람들이 몇 년 동안 부흥을 위해 기도했지만 아무것도 일어나지 않았습니다. 그러나 그들은 계속하여 기도했고 결국은 부흥이 왔던 것입니다. 위대한 부흥에 대한 역사를 읽어 볼 때에 여러분은 하나님께서 항상 이러한 방법으로 사람들을 다루셨음을 발견할 것입니다. 즉 하나님께서는 그늘이 부흥이 없이는 모든 것을 잃을 수밖에 없다고 깨닫도록 인도하셨습니다.

그러나 우리는 이것에 대하여 혼동하는 경향이 있습니다. 우리는 부흥이 없이는 아무런 의미가 없다는 것을 깨닫게 될 때에 핵심에 도달하게 되지만, 그것을 구하는 기도에 싫증을 느끼고 "무엇인가를 시작해야만 한다"라고 말합니다. 그리고는 선교 활동이나 다른 활동을 시작하면서 부흥을 위한 기도를 중지합니다. 우리는 우리의 계획을 수행하지만 아무것도 일어나지 않게 되면 지쳐서 무엇을 할지를 모르게 됩니다. 그러면 우리는 다시 낙심하고 다시 기도하기 시작합니다. 그러나 이 모든 것은 일시적입니다. 이것이 바로 문제가 아닙니까?

이것은 개인에게 있어서도 마찬가지입니다. 강청함과 꾸준함, 혹은 긴박함과 하나님과의 거룩한 투쟁이 없다면 우리는 하나님께서 우리의 기도를 듣고 응답해 주시기를 바랄 권리가 없습니다. 우리가 이미 살펴본 것처럼 하나님께서는 응답을 유보함으로써 우리를 준비시키십니다. 하나님께서는 우리가 소망과 희망이 없으며, 따라서 절망 속에서 그에게 부르짖을 수밖에 없음을 깨닫기를 원하십니다.

여러분은 1738년 5월 24일에 런던의 올더스게이트 거리에서 요한 웨슬리에게 일어났던 유명한 사건을 기억하고 있습니까? 그것은 그 며칠 전에 그의 형제인 찰스 웨슬리에게도 일어났습니다. 만일 여러분이 그 두 사람의 생애를 읽어 본다면 여러분은 그들이 너무 절망적이어서 심리적으로 고통을 당하는 지경까지 도달했음을 발견할 것입니다. 그들은 완전히 절망하였고 사태는 전보다 훨씬 더 악화된 듯이 보였습니다. 그들이 육체적으로 그리고 영적으로 완전히 쇠약해졌을 때에 하나님께서는 그들의 부르짖음과 친구들의 기도를 들으시고 그의 축복을 그들에게 부어 주셨던 것입니다.

그러므로 저는 여러분에게 기도를 계속할 것과 여러분이 얼마나 간절히 이것을 구하는가를 점검할 것을 권합니다. 여러분은 제가 말하는 것을 증명하기 위해 자연의 범위로부터 많은 예화를 생각할 수 있습니다. "나약한 마음은 어여쁜 아내를 얻을 수 없다." 물론 얻을 수 없습니다. 나약한 마음은 성령세례의 축복을 결코 얻을 수 없습니다. 만일 여러분이 무엇인가를 진정으로 원한다면 여러분은 계속해서 그것을 구할 것이며 결코 연기할 수는 없을 것입니다. 여러분은 스스로가 귀찮아질 때까지 계속할 것입니다. 만일 우리가 진정으로 이것을 이해하고 진정으로 이것을 원한다면, 우리는 하나님 앞에서 그와 같이 되어야 합니다. 계속 간구합시다. 지속적으로 기도합시다. 끝까지 강청합시다. "당신을 가게 하지 않겠나이다."

또한 여러분은 동시에 인내심을 가져야만 합니다. 이것은 마치 모순인 것처럼 들리지만 그렇지 않습니다. 그 이유는 만일 우리가 인내하지 못한다면 우리의 영혼은 다시 잘못된 곳으로 가기 때문입니다. 한 사람이 절박한 가운데 강청한다는 것이 그가 인내심이 없음을 의미하지는 않습니다. 여러분이 인내심이 없다는 것은 하나님과 함께 인내하지 못한다는 것을 의미합니다. 결코 여러분은 그래서는 안 됩니다.

이 둘의 조화는 이렇게 작용합니다. 여러분의 절박감은 이 축복의 필요성과 위대함을 깨닫는 데서부터 시작됩니다. 그러나 여러분은 이것을 참습니다. 왜냐하면 여러분은 이 축복을 받을 가치가 없으며, 또한 이 축복에 적합치 않음을 알게 되었기 때문입니다. 여러분이 참지 못하게 된 순간에 하나님께 진심으로 말씀드리는 것은 여러분이 이것을 받을 자격이 있으며, 따라서 하나님께서는 여러분에게 그것을 주셔야 하고, 여러분을 이러한 방법으로 계속해서 기다리게 해서는 안 된다는 것입니다. 이것은 인내가 아니며 항상 잘못된 것입니다. 이것은 여러분이 적합치 않으며 더 많이 준비될 필요가 있음을 다시 한 번 증명합니다.

이렇게 인내하지 못하는 것은 항상 사람들로 하여금 포기하도록 만들기 때문에 이것은 매우 중요합니다. 그들은 이렇게 말합니다. "나는 몇 년 동안 투쟁했지만 소용이 없습니다." 그들은 진정으로 하나님께 대하여 적대감을 가지고 있습니다. 그들은 하나님께 이렇게 말합니다. "나는 당신이 말한 모든 것을 행했습니다. 그러나 나는 아직 축복을 받지 못했습니다." 그러나 그 이유는 여러분이 그와 같이 참지 못하고 여러분의 영혼에 안식이 없기 때문입니다. 그러므로 우리는 인내하지 못하거나 낙심해서는 안 됩니다. 이때 드려야 할 기도는 다음과 같습니다.

> 오 주님, 그것이 아무리 힘들다 해도
> 나의 길이 아닌 당신의 길로 인도하소서.

또 다른 찬송가에서는 이렇게 기도합니다.

> 내 주를 가까이 하게 함은
> 십자가 짐 같은 고생이나
> 내 일생 소원은 늘 찬송하면서
> 주께 더 나가기 원합니다.

완전한 복종, 하나님과 그의 사랑을 알려는 열망, 그의 사랑으로 채워지고 그의 종이 되고 그의 영광을 따라서 살려고 하는 소원 — 이것이 바로 기도인 것입니다. 여러분은 이렇게 말해야 합니다. "이것은 나의 길이 아니요, 당신의 길입니다. 나는 알지 못합니다. 나는 나 자신과 나의 이해에 있어서 자신감을 잃었습니다. 이제 나 자신을 당신의 손에 맡깁니다." 절박감과 강청은 반드시 필요하지만 인내하지 못하거나 낙심해서는 안 됩니다.

이제 격려의 부분을 다루어 봅시다. 그리고 이것에 대하여 하나님께 감사합시다. 우리에게는 큰 격려가 주어졌습니다. 성경에는 격려를 위한 놀라운 초청이 제시되어 있습니다. 요한복음 7:37을 봅시다. "누구든지 목마르거든 내게로 와서 마시라." **목마름**이란 단어는 아주 강한 의미를 지니고 있습니다. 이것은 단순히 여러분이 어느 정도의 갈증을 느끼고 그 갈증을 해소시키기 위하여 무엇인가가 있으면 좋겠다고 생각하는 것을 의미하지 않습니다. 그것은 여러분이 그것을 위하여 할 수 있는 모든 수단을 다하는 것을 의미합니다.

"누구든지 목마르거든 내게로 와서 마시라." 이것은 더 이상 살아갈 수 없다고 느끼는 사람을 묘사합니다. 목마름이란 깊은 열망을 의미합니다. 주님께서는 사마리아의 여인에게도 동일하게 말씀하십니다. "네가 만일 하나님의 선물과 또 네게 물 좀 달라 하는 이가 누구인 줄 알았더면 네가 그에게 구하였을 것이요 그가 생수를 네게 주었으리라." 주님은 계속해서 이렇게 설명하십니다. "이 물 – 이것은 우리 옆에 있습니다 – 을 먹는 자마다 다시 목마르려니와 내가 주는 물을 먹는 자는 영원히 목마르지 아니하리니 나의 주는 물은 그 속에서 영생하도록 솟아나는 샘물이 되리라"(요 4:13-14).

이것은 큰 격려가 되는 것입니다. 우리는 이 구절을 읽고 이 제의에 우리의 시선을 집중합시다. 그리스도의 오심과 그의 죽음, 부활의 의미와 그가 우리를 위하여 가능하도록 만든 것을 바라봅시다. 그리고 그의 은혜로운 초청에 귀를 기울입시다.

또 다른 큰 격려가 되는 것은, 우리가 본 것처럼 우리를 앞서 간 사람들의 생애를 읽는 것입니다. 여기에는 한 가지 설명이 필요합니다. 그리스도인의 전기를 읽는 데는 옳은 방법과 옳지 않은 방법이 있습니다. 저는 때때로 이것에 대하여 충고가 필요하다고 생각합니다(저는 부분적으로는 저의 경험에 의해서 말하고 있습니다). 교회사에 있어서 성인들의 생애와 전기를 읽는 가치는 그러한 것들이 우리에게 가능성을 생각케 하고, 무엇이 일어날 수 있는가를 우리에게 보여 주는 것입니다. 우리가 하나님께 감사드릴 것은 그것들이 우리에게 보여 주는 바는 그것이 우리 자신에게 의존하지 않고 하나님의 베푸시는 능력에 의존해야 한다는 것을 보여 주는 것입니다. 그것은 이 축복이 어느 특정한 성인들뿐만 아니라, 모든 하나님의 백성들을 위한 것임을 우리로 하여금 깨닫게 합니다. 그 초청은 여러분과 여러분의 자손과 우리 주 하나님께서 얼마든지 부르시는 모든 사람들을 위한 것입니다. 이것은 큰 격려가 됩니다. 여러분은 여러분과 같은 사람들에게 이 축복이 임하는 것을 보고 격려를 받게 됩니다.

그러나 이러한 이야기와 기록을 읽는 데는 옳지 않은 방법이 있는데 그것은 여러분이 오직 그들의 경험에만 집중하여 그것만 생각하는 것입니다. 그 결과는 여러분이 오직 그들의 경험과 그들의 능력만을 원하게 됩니다. 여러분은 그들이 여러분에게 가르쳐 주는 모든 교훈을 배우지 못하고 있습니다. 여러분은 그들이 경험보다는 거룩함과 하나님 자신과 하나님의 사랑과 하나님에 대한 지식에 더 관심이 있다는 것을 모르고 있습니다. 여러분은 이러한 역사들을 잘못 적용할 수 있으며 오직 경험만을 수집하는 자가 될 수도 있습니다. 그것은 항상 나쁜 결과를 낳습니다. 그보다 더 나쁜 것은 여러분이 여러분 자신의 경험은 갖지 않고 그들의 경험에만 의존하여 사는 위험성입니다. 여러분은 이것을 알고 있습니까? 이것은 참으로 위험한 것입니다.

이것을 다음과 같이 생각해 봅시다. 여러분은 메마르고 건조한 영적 상태에서 누군가가 여러분에게 건네준 전기를 읽을 수 있습니다. 그리고 여러분이 그것을 읽는 중에 여러분의 마음은 뜨거워지고 감동되고 전혀 다른 좋은 감정을 느끼게 됩니다. 그것은 여러분으로 하여금 이 축복을 위하여 기도하게 하고 여러분이 근면한 그리스도인의 삶을 살도록 인도합니다. 그러나 그것은 잠시 동안만 지속합니다. 그러다가 여러분이 또 다른 그러한 책을 읽으면 다시 그러한 일이 일어납니다. 여러분은 그렇게 여러분의 생애를 보낼 수 있습니다. 여러분은 다른 사람들의 경험을 읽음으로써 일시적인 만족을 얻고, 또 그것에 의하여 살아가는 경향이 있습니다.

이것은 매우 흔합니다. 이것은 책을 읽는 것에만 국한되지 않습니다. 이것은 사람들이 경험을 말하는 모임에서도 일어날 수 있습니다. 저는 이것이 선교 모임과 관련해서 가장 위험한 것 중의 하나라고 생각합니다. 사람들은 앉아서 이 놀라운 경험들을 들을 때에 큰 위안을 받지만, 그것이 그들을 변화시키지는 않습니다. 그들은 다른 사람들의 경험에 의해서 살지만, 그들 자신의 깊은 경험은 결코 하지 못합니다. 만일 아주 특별한 경험을 가진 어떤 사람이 그것에 대하여 말한다고 알려지면 그 모임에는 사람들이 가득 찹니다. 많은 사람들은 거기에서 어떤 전율감을 느낄 것입니다. 그러나 문제는 과연 그들은 그러한 경험에 참여해 보았는가 하는 것입니다. 그러므로 우리는 이러한 열망을 불러일으키는 모든 것을 간절한 마음으로 읽어야 하지만, 이것을 옳게 활용해야 합니다. 이러한 것들은 오직 촉진제의 역할을 할 뿐이지, 우리가 그것에 근거해서 살아서는 안 됩니다. 여러분은 촉진제에 근거해서 살지는 않습니다. 만일 여러분이 그렇게 한다면, 여러분은 곧 아주 나쁜 상태에 떨어질 것입니다. 그것은 마치 각성제를 먹으며 사는 사람과 같습니다. 오늘날의 종교적인 세계에 있어서 이러한 사람들은 매우 많은 듯이 보입니다.

이러한 역사의 가치는 여러분 스스로가 그것을 구하도록 인도하는 것입니다. 초청의 말과 격려의 말 다음으로 저는 수세기에 걸친 교회사를 읽을 것을 권합니다. 저는 여러분이 이것을 올바른 방법으로 활용하고 남용하지 않는다는 조건하에서 말합니다. 여러분은 읽고 나서 이렇게 말해야 합니다. "이것은 이 남자와 이 여자에게서 일어났다. 이것은 나에게도 일어났는가? 왜 나에게는 일어나지 않았는가? 이것은 나에게도 일어나야만 한다. 이것은 그들에게 일어났으므로 나에게도 일어날 수 있다. 그러므로 나는 이것을 구해야 한다." 그리하여 그것은 여러분을 더 간절한 기도로 인도할 것입니다.

만일 여러분의 독서와 모임에의 참여가 여러분을 그곳으로 인도하지 않는다면, 여러분은 그것을 남용하는 것이며 그것을 약으로 사용하고 진정한 음식 대신에 촉진제를 먹으며 살려고 노력하는 것입니다.

이 특별한 장을 마치면서 저는 소위 '기다리는 모임'(tarrying meetings)이라고 불리는 것에 대하여 한마디만 하겠습니다. 이것은 논리적으로 이해가 됩니다. 이것은 여러분이 원할 때면 언제나 얻을 수 있는 것이 아니며, 그것을 얻기 위해서는 심지어는 오랫동안의 기도도 필요하다는 것을 깨닫게 되면 기다림의 의미를 이해할 수 있습니다. 이것은 주님께서 "너희는 예루살렘을 떠나지 말고…"라고 제자들에게 말씀하신 사도행전 1장의 내용에 근거합니다.

자, 여기에 완전히 잘못 이해될 수 있으며 과거에 매우 자주 그러하였고 현재도 그러한 견해가 있습니다. 이렇게 말하는 사람들이 있습니다. "그것은 우리와는 전혀 상관이 없는 말입니다. 그것이 의미하는 것은 구약이 이루어지기 위하여 성령이 오순절 날이 이르기 전까지는 아직 오지 않았다는 것입니다. 그들은 특별하게 기다려야만 했지만 아무도 그럴 필요는 없습니다."

이것은 성령세례를 분리된 경험으로 여기지 않는 사람들의 일반적인 설명이었습니다. 그들은 그러한 방법으로 그것을 제거할 수 있다고 생각합니다. 그러나 그들은 참으로 많은 것을 증명하고 있습니다. 저는 이 시대적인 요소를 인정할 준비가 되어 있습니다. 그러나 저는 이 전형적인 가르침이 모든 세대에 적용되도록 설계되었고 거듭난 그리스도인들은 증거하는 능력이 되는 성령세례를 기다려야만 한다는 것을 강조하기 위하여 계획된 것이라고 믿습니다. 그것은 열흘일 필요는 없으며 다양할 수 있습니다. 거듭남과 성령세례 사이에는 차이가 있습니다. 이미 거듭난 사람이라고 해서 자동적으로 성령세례를 받는 것이 아니라, 거기에는 기간이 있습니다. 그것은 한 순간이나 한 시간이 될 수도 있으며, 피니의 경우처럼 하루가 될 수도 있고 무디처럼 6개월이 될 수도 있고 조지 보웬이나 제가 여러분에게 제시할 수 있는 다른 많은 사람들의 경우처럼 몇 년이 걸릴 수도 있습니다.

실제적으로 시간은 관계가 없는 것이며 중요하지도 않습니다. 중요한 것은 우리가 그것을 소유하고, 또한 그것을 소유했다는 것을 알 때까지 기다려야만 한다는 것을 깨닫는 것입니다. 만일 제자들이 성령세례 없이는 주님의 증인으로서의 행동이 불가능했다면 우리에게도 그것은 당연합니다. 주님에 대한 그들의 믿음은 성령세례를 받고 나서야 강하고 확실해졌습니다. 주님께서는 자신을 그들에게 제시하셨고 그들은 주님에 대한 믿음을 가지고 있었지만 성령세례를 받기 전까지는 능력 있는 증인이 될 수 없었습니다. 우리도 역시 그렇습니다. 우리는 우리의 영과 더불어 우리가 하나님의 자녀라는 성령의 확실한 증거가 필요합니다.

그러나 여기에는 또 다른 면이 있습니다. 18세기 말과 19세기 초에 걸쳐서 소위 '기다리는 모임'이라고 불리는 종교적인 단체에서 행해지는 관습이 있었습니다. 이 모임에서 그리스도인들은 함께 모여서 하나님께서 그들에게 성령세례를 베푸실 것을 위해 기도했고, 그것이 이루어질 때까지 기다렸습니다. 그 당시 이것은 미국에서 아주 흔했고, 로렌조 두란드라는 사람에 의해 영국에도 흘러 들어왔습니다. 이것은 주로 초기 감리교인들에 의해 행해졌습니다.

'기다리는 모임'에 대하여 사람들은 어떻게 말하고 있습니까? 저는 이것이 매우 어려운 주제라고 고백합니다. 우리는 그러한 것들을 막을 수는 없지만, 여기에는 엄중히 경고할 필요성이 있는 것도 사실입니다. 하나님께서 그들에게 이것을 베풀어 주실 때까지 계속해서 기도하겠다고 말하는 사람들은 실제적으로 하나님께 명령을 하는 것과 같습니다. 그들은 존 뉴톤이나 조지 보웬과 같은 사람이 지적하는 요점을 놓치고 있는 것입니다. 우리는 하나님께 시간을 한정할 권리가 없습니다. 그렇게 함으로써 여러분은 심리적인 면이나 잘못된 면을 향하여 문을 여는 결과도 될 수 있는 것입니다. 만일 여러분이 비정상적인 음식 등을 먹으며 이러한 태도를 계속하며 분위기를 더욱 고조시킨다면 여러분은 여러분 자신을 심리학적인 영향력이나 심지어는 악한 영의 영향력에 노출시키는 결과를 가져올 것입니다. 또한 그러한 모임은 때때로 영적인 붕괴로 인도하기도 했습니다. 그러므로 저는 다시 강조합니다. 기다리시오! 그러나 "성령세례를 받기까지는 이 모임을 떠나지 않겠습니다"라고 말하면서 시간을 정하고 하나님께 조건을 제시하지 않도록 조심해야 합니다. 그렇게 함으로써 여러분은 여러분 자신을 그러한 다른 영향력에 노출시킬 뿐만 아니라, 어떤 면에서 여러분은 주 예수 그리스도의 주권의 위대한 원리와 원칙을 깨뜨리는 것이 됩니다.

이 은사를 주시는 분은 주님이십니다. 주님은 그것을 주어야 할 때와 우리가 그것을 받기에 적합한 때를 알고 계십니다. 우리가 할 수 있는 것은 그것을 바라고 갈망하고 그것을 위하여 부르짖고 계속해서 강청하는 것입니다. 그러나 무엇보다도 우리는 우리 자신과 그 은혜의 베푸심을 존 뉴톤이 그의 찬송에서 말한 것과 같이 주님의 축복된 사랑의 손에 맡겨야 합니다.

만일 여러분이 이러한 태도로 간구하고 낙망하거나 낙심하지 않는다면 주님께서는 여러분 마음속에 열망을 불러일으키실 것입니다. 주님은 여러분을 업신여기시지 않는 사랑의 하나님이십니다. 만일 여러분이 그러한 열정을 가지고 있다면 계속해서 주님의 인도하심에 여러분을 맡겨야 합니다. 또한 인내하는 동시에 간절한 마음으로 간구합시다. 일단 주님께서 여러분을 이러한 축복으로 인도하기 시작하셨으면 그는 여러분을 이 축복 자체와 그와 연관된 모든 영광으로 인도하실 것입니다.

하나님께서 우리들에게 이러한 영적인 원리들을 이해하고 충족시킬 수 있는 은혜를 베푸시기를 원합니다. 하나님의 사랑을 충만히 알기 원하는 모든 진실한 하나님의 자녀들에게는 이 가능성이 있습니다. 계속해서 간구하고 계속해서 구합시다.

> 오 사랑의 주님, 당신은 얼마나 부드러우신지요!
> 언제나 내 마음 기꺼이 바치리이까?
> 온 마음 당신께 바쳐지도록.

이러한 기도를 계속 드리면 주님께서는 그의 정하신 은혜의 날에 여러분의 마음의 소원을 허락하실 것이고 여러분은 그러한 '말할 수 없는 영광스러운 즐거움'을 알기 시작할 것입니다.

제 14 장

애통하는 자는 복이 있나니

우리는 성령세례라는 극히 중요한 원리를 고려함에 있어서 이것이 이론적인 문제가 아니라는 것을 기억해야 합니다. 이것보다 더 실제적인 것은 없습니다. 저는 긴 교회사를 통하여 하나님께서 두드러지게 사용하신 사람은 성령세례를 받은 사람이라는 것을 증명하기 위하여 많은 증거를 제시했습니다. 그것은 하나님을 기뻐한다는 것이 무엇인지를 알았던 성인들의 생애에 있어서 가장 큰 특징입니다. 여러분은 교리문답의 정의를 기억하고 있습니다. "인간의 궁극적인 목적은 무엇입니까?" 그 대답은 이렇습니다. "인간의 궁극적인 목적은 하나님을 영광스럽게 하고 영원히 하나님을 기뻐하는 것입니다." 이러한 축복을 가장 잘 알았던 사람들은 거듭난 후에 계속해서 성령세례가 발생했다는 증거를 보인 사람들입니다.

그러므로 이것보다 더 긴박한 것은 없습니다. 이것은 의심할 바도 없이 오늘날의 교회에 있어서 가장 필요한 것입니다. 뿐만 아니라 이것은 교회의 각 개인에게 있어서도 가장 필요한 것입니다. 우리는 신약성경에서 우리가 볼 수 있는 그리스도인들의 모습과 비교해서 우리들 자신을 판단해야 합니다. 오늘날 우리가 보는 것이나 뚜렷하게 우리의 밑에 있거나 비교할 가치가 없는 사람들과 우리를 비교해서는 안 됩니다. 우리는 그리스도인으로서 우리가 정통적이라고 확신하고 그리스도의 이름으로 성경의 가르침에 거역하는 말에 대하여 슬퍼하기만 하는 것으로는 충분치 않습니다. 물론 그렇게 해야 합니다. 그것은 아주 간단합니다. 그러나 여러분과 내가 특별히 해야 할 것은 이러한 기준에 근거해서 우리들 자신을 시험하는 것입니다. 다시 한 번 이것을 질문해 봅시다. 우리는 과연 말할 수 없는 영광스러운 즐거움으로 주 예수 그리스도를 기뻐하고 있습니까? 우리는 그렇게 되어야만 합니다.

사탄이 그리스도인으로 하여금 성령세례를 받지 못하도록 막는 것보다 더 원하는 것은 없다는 것을 기억합시다. 형식적인 그리스도인은 사탄을 근심케 하지 못합니다. 형식적인 그리스도인은 사탄의 왕국에 큰 해를 끼치지 않기 때문입니다. 그러나 그리스도인이 성령으로 충만해지면 그는 사탄에게 위협적인 존재가 됩니다.

저는 다음과 같은 질문을 여러분에게 함으로써 이것을 더 고려해 보고자 합니다. 이 축복은 어떻게 주어집니까? 혹은 성령세례는 어떻게 사람들에게 임합니까? 저는 우리가 이미 지적한 것—즉 손을 얹는다거나 자기 암시나 최면술을 불러일으키는 규칙적인 호흡을 이용한 기계적인 방법 등—을 의미하지 않습니다. 저는 과거에 이 축복이 사람들에게 임할 때의 일반적인 분위기를 의미합니다. 이것을 고려해 보는 것은 매우 도움이 되며 교훈이 되며 격려가 됩니다.

여러분은 그것이 일반적으로 다음의 방법들 중에서 하나의 방법으로 일어난다는 것을 발견할 것입니다. 그 하나는 그리스도인이 기도하는 중에 일어납니다. 그는 홀로 기도할 수도 있고 기도회에 참석할 수도 있습니다. 아마도 이것은 성령세례의 축복이 임하는 가장 빈번한 방법일 것입니다. 그러나 제가 강조해야 할 한 가지 흥미 있는 점은 이것이 항상 그리스도인이 이 특별한 축복을 위하여 기도할 때에만 일어나지는 않는다는 것입니다. 사도행전 4:23-31의 사건이 흥미 있고 중요한 이유는 바로 이것 때문입니다. 그들은 또 다른 성령세례를 인하여 기도하지는 않았습니다. 그들은 단순히 그들의 문제를 하나님의 손에 의탁했으며, 그들이 그들의 증거를 계속할 수 있도록 하기 위하여 기도했습니다. 그런데 그들이 그것을 위하여 기도할 때에 하나님께서는 그들에게 이 축복을 내려 주셨습니다. 이와 같은 경우는 가끔 일어났습니다. 그러나 이 축복을 위하여 실제로 기도하는 도중에 갑자기 그것이 일어난 경우도 물론 있습니다. 이것은 우리가 개인적으로 혹은 집단적으로 기도하는 중에 기대하는 것입니다.

또 다른 아주 일반적인 방법은 성경을 읽는 도중에 이 축복이 갑자기 임하는 것입니다. 이것도 역시 우리가 기대하는 것입니다. 성령은 성경의 저자이십니다. 성경을 기록한 사람들을 감화시키고 인도하고 충만케 하실 분은 성령이십니다. 그러므로 말씀과 성령의 임하심 사이에는 필연적으로 이러한 연관이 있습니다. 그리스도인이 전에 몇 번이고 읽었던 성경을 읽을 때에 때때로 이것이 일어납니다. 그는 수백 번씩이나 그것을 읽었고 그럴 때마다 그것을 기뻐하고 즐거워했을 것입니다. 그러나 갑자기 그 성경 구절이 두드러지게 눈에 띄어서 큰 능력으로 직접적이며 즉각적으로 그에게 적용되는 것입니다. 그것은 그 사람이 구원의 방법이나 복음의 진리에 대하여 이미 알고 믿었던 것을 다시 한 번 확인하였다는 것보다는 갑자기 한 구절이 마음에 박히어 직접적으로 말씀하는 것을 의미합니다. 그것은 마치 귀에 들리는 음성이 "이것은 너를 위한 것이다!"라고 말하는 것과 같습니다. 그 구절은 즉시로 그 사람의 영혼에 주어져서 직접적으로 적용이 됩니다. 그것을 받은 사람은 - 우리가 이미 성경과 역사상 많은 사람들의 증거에서 여러 번 본 것과 같이 - 이것을 알며 기쁨과 찬양의 마음으로 채워집니다.

그러므로 만일 여러분이 이 축복을 위하여 기도하며 구하고 찾고 두드린다면, 여러분이 성경을 읽는 순간에 그것이 갑자기 여러분에게 임한다고 해서 놀라서는 안 됩니다. 성령을 발견할 수 있는 곳은 성경입니다. 성경이 그의 것이기 때문입니다. 그러므로 성경에 착념하고 성경을 읽어야 합니다. 전체적으로도 읽어야 하며 구원의 각 면에 대하여 부분적으로도 읽어야 합니다. 언제 어느 곳에서 그것이 일어날지 여러분은 알 수가 없습니다. 이것에 대해서는 엄격한 법칙이 없습니다. 여러분은 이 축복을 고정화시킬 수는 없습니다. 성령은 자유로우시며 '임의로 부는' 바람과 같습니다. 이 특별한 경우에 있어서도 그렇습니다.

때때로 그것은 예배 중에 말씀이 전해질 때에 일어나기도 합니다. 이것은 하나님의 집에서의 예배를 놀랍고 극적이며 특별히 낭만적으로 만듭니다. 우리는 성령이 그의 백성들이 하나님을 찬양하고 예배드리기 위하여 모였을 때에 임해야 한다고 기대할 권리를 가지고 있습니다. 그리스도의 백성인 여러분은 하나님의 집에서의 위험과 손해를 무릅쓴 예배를 무시합니다.

제가 설교단을 향하여 걸어갈 때에 가장 놀라운 것은 무엇이 일어날지를 저 자신도 알지 못한다는 것입니다. 저는 다음의 두 가지 기대에 있어서 얼마나 자주 어긋나는지 모릅니다. 즉 제가 기대했던 것이 일어나지 않는 것이 그렇고, 그보다 더 빈번히 저의 초라한 기대가 잘못된 것임이 밝혀지면서, 즉시 하나님께서 우리를 돌보시고 축복하시는 것입니다. 과거에 하나님의 백성들이 모이고 성경 말씀이 설명되고 들려질 때에 얼마나 자주 그것이 일어났는지 모릅니다. 그것은 성령이 임하시는 방법입니다. 이것에 대하여 다시 한 번 확실히 해야 할 것은 그 해설이 성령이나 성령세례에 대한 것이어야만 할 필요가 없다는 것입니다. 많은 그리스도인 동료들이 지금 이것을 기억할 필요가 있습니다. 어떤 사람들은 만일 그들이 그렇게 하지 않으면 여러분이 결코 성령세례를 받을 수 없다고 믿기 때문에 오직 성령에 대해서만 말하고 설교할 위험성이 있습니다.

그러나 여러분이 사도행전을 읽는다면, 여러분은 사실이 그렇지 않다는 것을 알고 즉시 놀랄 것입니다. 초기 설교자들은 주 예수 그리스도에 대하여 설교했습니다. 성령이 임하신 것은 그들이 주님에 대하여 설교할 때였습니다. 이것은 물론 여러분도 기대하는 것입니다. 주님께서는 "그가 자기를 영화롭게 하지 않고 나를 영화롭게 하리라"라고 말씀하셨습니다. 그러므로 여러분이 진정으로 이 축복을 원한다면 주 예수 그리스도께 집중해야 합니다. 하나님의 사람들이 성경을 해설하고 위대한 구원의 영광 속에서 주님에 대한 진리를 설명할 때에 성령이 임하여 그 메시지에 축복하시고, 사람들이 그것을 들을 때에 그들에게 성령세례를 베푸셨던 것입니다.

그것은 매우 자주 발생했지만 그 방법은 거의 무한합니다. 또 다른 한 방법은 그리스도인이 묵상을 하면서 이러한 것들과 영적인 생활, 교회의 상태 등을 생각하고 그 상태에 대하여 애통해 할 때에 이러한 것을 경험합니다. 즉 성경을 읽거나 기도를 하지 않고 단순히 묵상을 하고 있을 때에 이 축복이 임할 것입니다. 여러분이 전기를 읽을 때에 여러분은 그것이 계속해서 일어나고, 또 계속해서 강조되고 있음을 발견할 것입니다.

그러나 오늘날 우리는 너무 바쁘고 너무 활동적이어서 생각하거나 묵상할 시간이 없기 때문에 이 축복을 잊고 있습니다. 묵상, 그들이 묵상할 때에 갑자기 한 성경 구절이 그들의 마음에 떠올랐습니다. 그들은 그것에 대하여 생각하거나 구하지 않았는데 갑자기 한 성경 구절이 그들의 마음에 떠올라 심겨져서 그들에게 그대로 적용이 된 것입니다. 그리하여 그들이 가장 기대하지 않았던 순간에 그들은 기쁨과 찬양과 감사의 영으로 채워졌던 것입니다.

그러나 제가 마지막으로 강조하고 싶은 것은 때때로 이 축복은 성경과는 별도로 주어졌다는 것입니다. 성령에 의하여 직접적이고 즉각적인 인상이 우리의 영에 형성된다는 의미입니다. 몇몇 선도적인 청교도인들은 성령은 결코 말씀을 떠나서 이러한 축복이나 성령세례, 혹은 인침이나 보증을 주심으로써 오지는 않는다고 말하고 있기 때문에 저는 이것을 강조합니다. 그 점에 있어서 그들은 성경을 넘어서고 있다고 저는 주장합니다. 그렇게 말하고 있는 성경 구절은 없습니다. 나아가서 그들은 수세기를 걸쳐서 성인들이 경험한 것을 부인하고 있는 것입니다.

저는 그들이 이렇게 말하고 있는 이유를 압니다. 성경의 균형을 유지하고자 하는 사람은 항상 두 전선에서 싸워야 하기 때문에 그들은 그렇게 했던 것입니다.

많은 선도적인 청교도인들은 그렇게 해야만 했습니다. 그들은 영국 국교회주의 내의 로마주의자들과 형식주의자에 대항하여 싸워야만 했습니다. 그러나 반면에 그들은 그 당시에 광적인 열광주의자들과도 싸워야 했습니다. 17세기의 역사를 잘 알고 있는 사람들은 퀘이커 교도들, 즉 또 다른 좌파 청교도들의 이야기를 잘 알고 있을 것입니다. 몇몇 열광주의자들은 '내적인 빛'과 성령의 내적인 증거, 그리고 성령의 직접적인 인도하심 때문에 성경 말씀은 전혀 필요하지 않다는 극단적인 주장을 하였습니다. 그래서 이번에는 형식주의자들의 진리에 해를 끼칠 정도의 극단을 다스리기 위하여 대부분의 청교도들은 성경 말씀으로부터 직접 오지 않은 것은 어떠한 것도 결코 믿어서는 안 된다는 또 다른 극단으로 흘렀던 것입니다.

그러나 그것은 성경을 넘어선 것으로 역시 잘못된 것으로 보입니다. 그것은 제가 이미 말한 이유뿐만 아니라, 다음과 같은 이유 때문입니다. 초기 그리스도인들은 오늘날 우리가 가지고 있는 것과 같은 성경을 가지고 있지 않았습니다. 몇몇 사람은 구약성경은 가지고 있었지만, 신약성경은 가지고 있지 않았던 것입니다.

그렇다면 어떻게 축복이 그들에게 내려졌을까요? 우리는 이 특별한 축복을 허락하는 방법의 결정에 있어서 성령의 자유로운 섭리를 제한하는 위험이 있습니다. 그러므로 저는 이 축복이 말씀과는 별도로 신자에게 직접적이며 즉각적으로 임할 수 있다고 주장합니다. 이것을 지지하기 위해서 저는 찰스 하돈 스펄전이 1861년 4월 28일 바로 이것에 대하여 설교한 말을 인용해 보겠습니다. 그는 '충만한 확신'이라는 주제로 설교했습니다. 제가 지금까지 노력했던 것처럼 그는 설교를 다루어 왔습니다. 그는 또한 말씀을 읽는 문제도 다루었습니다. 그러나 다음과 같이 말하고 있습니다.

하나님은 성경 말씀이나 설교자가 없이도 우리의 마음에 말할 수 있는 한 방법을 가지고 계십니다. 하나님의 말씀은 비와 같이 떨어질 수도 있고, 부드러운 풀잎 위에 떨어진 작은 빗방울의 이슬처럼 사라질 수도 있습니다. 우리는 그것이 어떠한지 알지 못하지만, 때때로 깊고 달콤한 적막이 있는 것입니다. 우리의 양심은 '나는 그리스도의 피로 죄씻음받았다'라고 말하고, 하나님의 영도 "그것이 옳다"라고 말합니다. 그럴 때에 우리는 너무나 행복해서 우리의 기쁨을 말하고 싶어합니다. 만일 우리가 천사의 날개를 빌려서 진주 문을 지나서 날아갈지라도 우리는 그 변화를 거의 알지 못할 것입니다. 왜냐하면 우리는 이 세상에서도 천국을 경험했으며 그것은 하늘 위의 천국과 거의 차이가 없을 것이기 때문입니다.

저는 진정으로 여러분 모두가 예외 없이 '나는 너의 구원이다!'라는 성령의 말씀을 듣기를 원합니다. 얼마나 기쁜 찬송이며 얼마나 기쁜 기도입니까! 여러분의 집은 가난한 단칸방일 수도 있습니다. 여러분은 거의 가구도 없는 집으로 돌아갈 수도 있습니다. 식탁 위에는 식량이 없을 수도 있습니다. 그러나 풀잎으로 저녁을 먹을지라도 여러분은 그리스도 안에서의 확신이 없이 살진 소를 먹는 사람보다 얼마나 더 행복합니까! 여러분의 빈궁이 그리스도에 대한 믿음이 없는 사람의 부유함보다 좋은 것입니다. 확신에 의해 성화될 때에 여러분이 당해야 할 모든 슬픔이 하나님에 대한 믿음과 하나님의 사랑으로 축복받지 못한 사람들이 가지고 있는 세상의 모든 기쁨보다 훨씬 우월한 것입니다. 저는 이렇게 말하고 싶습니다. 주님의 얼굴 빛을 내게 비추소서. 그리하시면 더 이상 원치 않겠나이다.

바로 이것입니다. 스펄전은 핵심을 말하고 있습니다. '말씀이 없어도', '설교자가 없어도' 성령은 이슬과 같이 내려오며 임하십니다. 참으로 그는 이것을 승화시켜서 말하고 있습니다. 양심은 이렇게 말합니다. 저는 어린양의 피로 죄씻음받은 것을 알고 있으며 성령도 어김없이 "그것이 옳다!"라고 말합니다. 바로 그것입니다. 그러므로 그것은 말씀이 없이도 즉각적이고 또한 직접적으로 일어날 수가 있는 것입니다.

그리고 이것이 일어나는 데는 몇 가지 방법이 있습니다. 우리는 이미 낙심에 대하여 다루었습니다. 저는 지금 여러분에게 용기를 주기 위하여 이것을 말하고 있습니다.

> 때로는 그리스도인들이 찬양할 때에
> 한 줄기 빛이 그를 놀래고
> 사랑의 주님 날개 펼치사
> 치유의 손길로 우리를 감싸시네.

이것은 우리가 인도된 축복된 생활의 영광입니다. 그러나 무엇이 일어날지는 여러분이 결코 알 수 없습니다. 놀라운 일이 일어나지만 그것이 언제 일어날지—혹 비가 내린 후인지, 아니면 폭풍이 몰아친 후인지—알 수가 없습니다.

이제 "그것이 언제 주어졌는가?" 하는 질문을 고려해 봅시다. 우리는 언제 이 축복을 가장 잘 받을 수가 있을까요? 언제 우리는 그것을 기대할 권리를 가질 수 있을까요? 제가 지금 말한 것 외에도 제게 가장 큰 용기를 주고 위로를 주는 것이 몇 가지 있습니다. 저는 다양성을 다시 한 번 강조하고 싶습니다. 왜냐하면 이 모든 것을 기계적으로 만든 가르침을 저는 슬퍼하기 때문입니다. 만일 여러분이 진실로 성경을 믿고 긴 일반적인 교회사와 하나님의 백성들의 특별한 삶의 역사를 알고 있다면, 여러분은 이러한 방법으로 가르칠 수는 없을 것입니다. 축복의 방법은 참으로 다양하며 하나님의 다루심도 참으로 다양합니다. 일정한 형태로 도식화된 것은 있을 수 없습니다. 사이비 종파의 특성이 항상 그렇습니다. "이것을 하면 얻으리라!" 이것은 성령의 자유로운 역사가 아니기 때문에 저는 이것을 다시 한 번 경고합니다.

그러나 성령이 임하는 몇 가지 선택된 방법은 있습니다. 그 중 하나는 이렇습니다. 만일 여러분이 죄와 여러분의 죄성으로 인하여 진정으로 슬퍼하고 있다면 축복이 가까이 왔어도 놀라지 말아야 합니다. 저는 여러분이 여러분의 죄성으로 인하여 **진정으로** 애통하는 것을 의미합니다. 오늘날 사람들은 얼마나 애통하고 있습니까? 오늘날 우리가 성령세례에 대하여 거의 들을 수 없는 것은 놀라운 일이 아닙니다. 사람들은 심지어는 이 진리의 가르침에 반대하고 있는 것도 놀랄 일이 아닙니다. 사람들은 죄로 인한 애통함을 알지도 못합니다. 우리는 **쉬운 구원**, **쉬운 회개**, **쉬운 결심**의 시대에 살고 있습니다. 그러나 여러분이 오래된 전기를 읽을 때에 여러분은 사람들이 그들의 죄 때문에 슬퍼한 것을 발견하게 됩니다. 존 번연은 18개월 동안이나 영혼의 고통 속에 있었지만 그는 그러한 많은 증인들 중의 한 사람에 지나지 않습니다. 한 사람이 성령의 인도에 따라서 죄로 인한 극심한 비애와 슬픔 속으로 들어가는 것은 일반적으로 성령세례를 위한 전주곡인 것 같습니다.

사도 바울은 로마서 8:15에서 우리에게 이렇게 말합니다. "너희는 다시 무서워하는 종의 영을 받지 아니하였고 양자의 영을 받았으므로 아바 아버지라 부르짖느니라." '무서워하는 종의 영'의 상태가 있는데 그것은 성령의 역사입니다. 성령은, 여러분이 로마서 7장의 사도 바울의 경우에서 보듯이, 한 사람을 떨어뜨릴 수도 있습니다. 그는 완전히 희망을 잃고 무엇을 할 바를 몰랐습니다. 그는 이렇게 말합니다. "내 속 곧 내 육신에 선한 것이 거하지 아니하는 줄을 아노니", "우리가 율법은 신령한 줄 알거니와 나는 육신에 속하여 죄 아래 팔렸도다." 그는 슬픔과 비탄 속에서 **무거움의 영**에 사로잡혀 있어서 "이 사망의 몸에서 누가 나를 건져내랴"라고 부르짖을 수밖에 없었습니다.

이 두려운 종의 영을 경험해 본 사람은 어느 누구보다도 성령세례의 경험을 가진 사람입니다. 무거운 종의 영을 결코 알지 못하는 사람은 성령세례에 대하여 증거할 수가 없습니다. 그들은 모든 것을 가지고 있다고 생각하기 때문에 그러한 일에는 흥미를 느끼지 않습니다. 그것은 그들이 자신들의 위치에 있어서 피상적이기 때문입니다. 그러나 여러분이 더 깊은 양심의 가책과 회개와 영혼의 고통을 느낄수록 여러분은 더 높은 곳으로 인도함을 받습니다. 저는 이것에 대한 많은 예증을 여러분에게 제시할 수 있습니다. 저는 여러분에게 휘필드와 웨슬리가 어떻게 그들의 건강을 해칠 정도의 회개와 양심의 가책의 고통을 경험했는가를 이미 말했습니다. 그 후에야 놀라운 축복의 순간은 찾아왔습니다.

하나님의 영광을 높이기 위하여 어느 특정한 자기 부인의 단계로 인도함을 받는 사람도 역시 이 축복의 단계에 있는 것입니다. 우리가 이미 본 것처럼 성령은 우리를 인도하십니다. 만일 성령이 하나님과 하나님의 영광과 교회를 위하여 여러분을 자기 부인의 단계로 인도한다면 여러분은 그가 여러분을 위하여 무엇인가를 준비하고 있기 때문에 여러분을 인도하고 있음을 확신할 수 있습니다. 여러분 자신의 자기 부인의 행위로 그것을 사는 것이 아니라, 자기 부인의 행위로써 여러분은 순종을 보이는 것입니다. 아브라함이 이삭을 바치려고 할 때에 그는 약속을 받았음을 여러분은 기억하고 있습니다.

이 축복이 임하는 또 다른 통로가 있는데 이것으로 인하여 우리는 역시 하나님께 감사를 드립니다. 때때로 어느 특별한 때에 유혹이나 사탄과 싸웠던 사람들은 그것이 이 축복을 받기 위한 전주곡이었음을 발견합니다. 그것은 혹심한 공격입니다. 사탄은 단순히 사람들을 유혹하는 것으로 끝나지 않습니다. 말하자면 그것은 사탄의 정기적인 일입니다. 그러나 사탄은 광야에서 주님을 시험했듯이 그리스도인들을 시험하고 맹렬히 공격할 때가 있습니다. 사탄은 강한 힘으로 공격하고 영혼에 돌진하여 그것을 추적합니다. 한 영혼이 이러한 사탄과의 투쟁과 시험의 기간을 통과하는 동안에 그 끝에서 이 구원의 능력을 지닌 축복이 기다리고 있는 경우가 때때로 발생합니다.

저는 여러분을 위로하기 위하여 이것을 말하고 있습니다. 만일 여러분이 그 어느 때보다도 사태가 악화되는 위치에 놓여 있고 여러분의 믿음을 위하여 싸워야만 한다고 느낀다면, 저는 여러분에게 "그 싸움을 계속하시오"라고 말하겠습니다. 이 싸움을 계속할 때에 가장 기대하지 않았던 순간에 주님께서는 여러분을 위로하고 여러분에게 보상해 주고 여러분의 마음을 기쁘게 해 주기 위하여 성령을 부어 주실 것입니다.

마지막 것과 연관되며 교회사에 있어서 가장 흥미 있는 또 다른 사실은 이 축복이 큰 시험과 함께 온다는 것입니다. 저는 유혹이나 사탄의 공격을 의미하지 않습니다. 저는 보다 물질적이며 외적인 의미에서의 시험을 말하고 있습니다. 이것은 또한 병이나 사고, 혹은 다른 종류의 질병과 관련이 있습니다. 스코틀랜드의 토마스 찰머스 박사의 전기를 읽은 사람들은 그가 10개월 동안이나 긴 세월을 병상에 누워 지낸 후에 이 축복을 받고 그의 사역이 완전히 변화된 것을 알게 될 것입니다.

때때로 이 축복은 전쟁 혹은 다른 종류의 시련과 관련해서 발생했습니다. 여러분은 한 나라가 큰 시련에 직면하기에 앞서 부흥이 일어난다는 것을 발견할 것입니다. 한국에서는 그들이 1906년에 큰 시련을 겪기 전과 2차대전 후에 부흥이 일어났습니다. 콩고(자이레)에서는 정치적 시련과 대혼란과 큰 시험을 통과하기 전에 괄목할 만한 부흥이 있었습니다.

하나님은 그의 백성에게 이 위로를 주고 그들이 견딜 수 있도록 하기 위하여 위기와 어려움의 때가 오기 전에 이 특별한 일을 그들을 위하여 행하십니다. 저는 사도행전 4:23-31의 특별한 사건도 이 범주에 속한다고 믿습니다. 하나님께서는 은혜로우시기 때문에 시험에 대비하여 당신의 백성을 준비시키십니다. 하나님께서 어느 한 사람에게 특별한 임무를 수여할 때에 이 축복을 주시는 경우도 있습니다. 그 이유는 무엇일까요? 왜냐하면 하나님은 그 사람이 적합치 않다는 것을 알고 계시기 때문입니다. 주님께서는 제자들에게 "예루살렘에 머무르라"라고 말씀하십니다. 이것은 마치 다음과 같습니다. "나는 너희에게 방법을 가르쳤고 너희는 그것을 알고 있다. 그러나 너희는 성령세례를 받기 전까지는 나의 증인이 될 수 없다. 그러므로 그때까지 기다리라." 여러분은 이것을 역사를 통해서 발견할 수 있습니다. 하나님께서는 꼭 사람을 사용하기를 원하실 때에 그를 준비시키고, 그 과정으로 통과시킨 후에야 그에게 이 권세와 능력과 확신을 주십니다. 그런 후에야 그 사람은 하나님께서 그를 불러서 그에게 맡기신 과업을 수행하게 되는 것입니다.

이것은 설교자에게만 적용되는 것이 아닙니다. 이 과업은 그와 같은 사역에 모든 시간을 바치지 않은 많은 하나님의 백성들에게도 부과됩니다. 그러나 하나님께서는 어떤 사람에게 특별한 사역을 계획하실 때에 그를 준비시킨 후에야 이 능력을 부어 주십니다. 여러분도 또한 그것을 기대할 수 있습니다.

이 장에서 제가 마지막으로 지적할 것은 이 축복이 하나님의 백성이 죽어갈 때에 주어졌다는 것입니다. 여러분은 조상들이-약 8, 90년 전까지를 의미합니다-사람들이 죽는 방법에 매우 흥미를 가졌음을 발견할 것입니다. 요한 웨슬리는 "우리 백성들은 편안히 죽습니다"라고 말하면서 자랑했습니다. 참으로 이것은 하나님과 그리스도의 진리를 증거하고 있습니다. 때때로 사람들은 영광에 들어가기 바로 전에 이 인치심과 축복의 세례를 받았던 것입니다.

19세기의 미국에는 에드워드 페이슨이라는 이름의 유명한 설교자가 있었습니다. 그는 평생을 통하여 이 축복을 간구한 경건한 사람이었지만 임종에 가까워서야 그 축복을 받았습니다. 그에 대한 그의 설명은 매우 의미 있지만 그것은 많은 경우 중 하나에 지나지 않습니다. 하나님께서는 이 갈망하는 영혼에게 그가 이제 들어갈 천국의 맛을 보여 주기 위하여 이 신실한 증거자를 성령으로 인치신 것 같습니다. 축복이 임하는 방법은 거의 끝이 없습니다. 우리는 그것을 제한하거나 조직화하거나 심지어는 기계화하지 않기 위하여 조심해야만 합니다.

이제 다른 분야로 넘어가 봅시다. 이것이 언제 일어났는가를 어떻게 정확히 알 수 있을까요? 저는 성령세례의 주요 결과를 말할 때에 이미 부분적으로 그것을 대답했습니다. 그러나 이제 한 가지 면을 강조하겠습니다. 다시 한 번 우리는 이것을 표준화하지 않기 위하여 매우 조심해야 합니다. 우리가 적용할 수 있는 많은 시험이 있는 것입니다. 토마스 휴그톤이라는 청교도에 의해 1664년에 쓰여진 짧은 글을 인용해 보겠습니다. 이 사람은 로마서 8장에 대하여 많은 설교를 하여 거대한 책으로 출판되기도 했습니다. 그는 이렇게 말합니다. "그것이 진실되고 충만하게 될 때에, 그리고 그것이 영혼에 머무르는 동안에는 모든 반대를 고요케 하고 모든 유혹을 물리치며 아무리 큰 의심이나 망설임도 제거하며 마음에 완전한 안식을 줍니다. 이것은 비밀이어서 표현할 수가 없고 확실하며 의심의 여지가 없습니다."

여러분의 심령은 완전한 평강을 누려본 적이 있습니까? 이러한 광휘를 알고 있습니까? 모든 가책과 의심과 주저와 의혹이 사라지고 완전한 평강을 누려본 적이 있습니까? '비밀'스럽고 표현할 수가 없고 확실하며 의심할 여지가 없는 평강을 말입니다.

저는 앞에서 이미 언급한 에드워드 페이슨을 인용해 보겠습니다. 이 축복은 그의 임종 시에 그에게 임했습니다. 그는 그 이후로 오래 살지 못하였지만 그것은 그렇게 일어났습니다. 어떤 사람은 그에게 이렇게 물었습니다. "당신은 화해감을 느낍니까?" 그 당시에는 사람들이 서로에게 그러한 질문을 했습니다. 사람들은 병든 사람이나 죽어가는 사람을 방문했을 때에 사실을 숨기거나 날씨, 정치 혹은 다른 것에 대하여 최선을 다하지 않고, 영혼에 대하여 말했습니다.

우리 그리스도인들에게 무엇이 잘못되었습니까? 복음주의자들인 우리에게 무엇이 잘못되었습니까? 어떤 사람이 에드워드 페이슨에게 물었습니다. "당신은 화해된 것을 느낍니까?"

그는 이렇게 대답했습니다. "그것은 너무 냉랭한 질문이군요. 나는 기뻐하고 승리하고 있습니다. 그리고 이 행복은 하나님 자신만큼이나 오랫동안 지속될 것입니다. 그것은 하나님을 찬양하고 경배하는 것으로 이루어지기 때문이죠." 이것이 바로 시금석인 것입니다. 그는 계속해서 이렇게 말했습니다. "나의 기쁨을 표현할 말을 찾을 수가 없군요. 나는 나 자신을 큰 샘으로 인도하는 기쁨의 강에서 수영을 하고 있는 느낌입니다." 이것은 표현할 수 없는 어떤 주어진 것이며 오직 최상급의 어휘로써만 묘사할 수 있는 것입니다. 무엇보다도 우리가 마음에 기억해야 할 것은 그 다양성과 변화성입니다. 모든 것을 자르고 간소화하고 기록화하는 것보다 여기에서 더 치명적인 것은 없습니다. 성령의 역사의 자유로움으로 인하여 그 방법은 거의 무한합니다. 그러나 이 경험은 일반적으로 영원한 것이 아니라는 것을 말해야겠습니다. 그것은 지나가는 경향이 있습니다.

어떤 사람들의 경우에 있어서는 오직 한 번 그것을 경험하였지만, 그 기억은 일생 동안 그들에게는 가장 놀랍고 영광스러운 것으로 남아 있습니다. 저는 이것을 아주 완벽하게 묘사한 한 사람을 우연히 만났습니다. 그는 목사였는데, 그가 이 경험을 한 지 23년 후에 저는 처음으로 그를 알게 되었습니다. 그 당시는 1904, 5년의 웰쉬 부흥의 때로서, 그는 다른 학생들과 함께 한 신학대학의 학생이었습니다. 그날 아침의 강사는 학장으로서 그는 속죄의 교리에 대하여 강의하고 있었습니다. 그는 성령이나 방언, 혹은 다른 은사에 대하여는 강의하지 않았습니다.

학생들은 다른 날처럼 그날 아침도 강의실에 들어왔지만, 무엇인가 이상하고 특별한 일이 발생했습니다. 저의 친구는 그 강의가 10시경에 시작된 것은 기억하고 있지만, 그 다음에 그가 기억하는 것은 1시가 되기 바로 전에 그가 구석에서 무릎을 꿇고 있었던 것이었다고 제게 말했습니다. 그는 주위를 돌아보고 다른 모든 학생들도 역시 무릎을 꿇고 기도하고 있는 것을 발견했습니다. 그는 그의 마음속에 있었던 기쁨과 다른 동료 학생들의 표정을 기억했습니다. 그들의 얼굴은 이상한 영광으로 빛나고 있었습니다. 무엇이 일어났는지 정확히 알고 있는 사람은 아무도 없었습니다.

성령이 갑작스럽게 그들에게 임하여 저의 친구는 변화되었고 자신도 모르게 의식을 잃고 시간 가는 줄도 모르고 기도하는 중에 자유와 기쁨과 찬양의 영으로 채워졌던 것입니다. 이것은 몇 달 동안 계속되었습니다. 그리고는 사라졌습니다. 그런 지 23년 후에야 저는 이 사람을 만났습니다. 그의 사역은 아주 메마른 것이었습니다. 그는 오직 이 경험에 대해서만 말할 수 있었고 그럴 때마다 그는 당분간 변화되었습니다. 그의 가장 큰 소원은 이것을 다시 한 번 경험하는 것이었지만, 그것은 결코 일어나지 않았습니다.

이 경험의 기억은 이 사람을 메마른 시험의 기간으로 인도했습니다. 그러나 이 경험은 잃어버릴 수 있는 것입니다. 만일 여러분이 성령을 근심케 한다면 여러분은 이것을 잃게 될 것입니다. 여기에 대해서는 의문의 여지가 없습니다. 이것은 많은 사람들에게 일어났습니다. 많은 사람들이 이 축복을 받고 성령의 충만함을 입었지만, 죄에 빠져 기쁨과 평안을 잃었습니다. 영혼의 고통이 그들에게 다시 찾아왔고 그들은 큰 어려움에 빠졌습니다. 그들은 이 축복을 잃었기 때문에 때때로 그들이 그리스도인이라는 사실을 의심할 정도로 유혹을 받기도 하지만, 아직도 그들이 그리스도인이라는 사실을 알고 있습니다.

그러나 저는 이것을 서둘러 말해야겠습니다. 여러분은 그것을 잃을 수 있지만 다시 받을 수도 있습니다. 이것에 대해서 하나님께 감사드립시다. 여러분은 제한 없이 다시 축복을 받을 수 있습니다. 그것은 여러 번 계속될 수도 있습니다. 사도행전 4장에서 우리가 읽을 수 있는 사람들은 2장에서의 사람들—제자들과 이제는 한 무리가 된 다른 사람들—과 같은 사람들입니다. 그들은 오순절 날에 성령으로 채워졌지만 다른 때에도 역시 채워졌습니다. 이것은 같은 사람에게 여러 번 일어날 수 있는 것입니다.

그러므로 이것을 '단 한 번 일어나는 사건'이라고 말하는 것은 잘못입니다. 그것은 반복될 수 있습니다. 만일 여러분이 휘필드의 글을 읽는다면 여러분은 이것이 그에게 여러 번 일어났다는 것을 발견할 것입니다. 그는 항상 높은 영적 수준에서 살았지만 천국으로 변화되는 순간들이 있었습니다. 그는 그곳에 머무르지 않고 다시 돌아왔지만 또다시 그곳으로 인도함을 받았던 것입니다.

이것은 다른 많은 사람들의 경우에 있어서도 같습니다. 만일 여러분이 18세기에 웨일즈 지방에서 일어난 감리교도들의 부흥에 대하여 알고 있다면, 1735년에서 1750년까지의 놀랍고 떨리는 순간이 지난 후에 1751년에서 1762년까지 위대한 설교가인 다니엘 로울란드(Daniel Rowland)의 사역 밑에서조차 메마른 시기가 있었습니다. 그는 위대한 설교가였고 계속해서 큰 권위와 능력으로 설교했지만, 그 시기에는 자유나 풍성함이 없었습니다. 그러나 1762년 말에 이 축복은 기쁨과 찬양의 영과 함께 다시 찾아와 1791년에 로울란드가 죽을 때까지 약간의 공백기와 함께 계속되었습니다. 그런데 주목해야 할 것은 다니엘 로울란드의 죽음의 소식은 또 다른 성령의 흘러넘침과 부흥의 시기로 인도했다는 것입니다.

여러분이 이 축복을 잃었다고 해서 영원히 그것을 잃은 것이라고 당연히 생각해서는 안 됩니다. 만일 여러분이 진정으로 그것을 구하기만 한다면, 이 축복은 반복될 수 있습니다. 여러분이 성령을 거슬러서 죄를 졌다거나 그것은 '단 한 번의 사건'이라고 생각해서는 안 됩니다. 그것을 구하기만 하면 그것은 여러 번이라도 반복될 수 있습니다.

　　이 주장을 몇 가지의 예화로써 실증해 보겠습니다. 미국 찰스톤의 요셉 스미스라는 사람은 그가 잘 알고 있는 조지 휘필드에 대하여 설교하면서 이렇게 말했습니다.

> 그는(Whitefield) 특별한 능력과 제자의 표시인 신유, 방언, 기적, 은사 등 모든 가식을 포기했습니다.

　　요셉 스미스는 그러한 것들을 오직 사도 시대에만 국한된 것으로 여겼던 것입니다. 우리는 그 면에 있어서 그에게 동의하지 않습니다. 그는 자신의 생각이 사실이라고 말하면서 이렇게 계속합니다.

> 휘필드 역시 성령에 대한 이러한 느낌은 모든 사람에게 항상 같은 정도는 아니었음을 인정했습니다. 또한 충만한 확신은 얻어질 수 있는 것으로서 모든 사람이 그것을 얻기 위하여 힘써야 하지만, 그리스도인에 있어서 그것이 필수적인 것은 아니라고 말했습니다.

　　휘필드는 미국과 영국에서의 그의 설교에서 이것을 정기적으로 가르쳤습니다. 다시 말하자면, 여러분은 이러한 축복이 없이도 그리스도인이 될 수 있지만, 여러분은 그것을 구하고 얻기 위하여 노력해야만 합니다. 몇몇 훌륭한 찬송을 쓴 필립 도드리지를 고려해 봅시다. 그는 이 진리에 대하여 이렇게 말합니다.

> 나는 이것을 상세히 설명하는 것이 필요하다고 생각한다. 그 이유는 사탄은 때때로 이 특별한 경험의 중단으로 인하여 모든 사람을 의심케 하고 그 영혼에 격동을 일으키기 위하여 기회를 타기 때문이다.

　　그는 현명한 목사였으며, 이 특별한 경험을 아는 사람들이 그것을 잃은 것처럼 보일 때에 사탄은 그것을 이용하여 그들이 심지어는 그리스도인인가 조차 의심케 하기 위하여 영혼 속에 격동을 일으킨다는 것을 알고 있었습니다. 도드리지는 계속해서 이렇게 말합니다.

> 이러한 것들은 우리의 매일의 양식이 아니라 아버지 하나님께서 때때로 자기의 자녀들의 영혼을 즐겁게 해 주기 위하여, 말하자면 잔치로서 베푸는 풍성한 진미인 것이다.

이것은 일용할 음식이 아니라 하나님께서 그 은혜대로 때때로 그의 자녀에게 베푸시는 생일 잔치와 같은 특별한 잔치라고 도드리지는 말합니다. 그러므로 그것이 사라진다고 해도 여러분이 그리스도인이 아니라고 생각한다거나, 사탄으로 하여금 여러분에게 기회를 타도록 허락해서는 안 됩니다. 이것은 일상 음식이 아니라 하늘의 아버지께서 우리를 향한 사랑으로 준비하신 잔치입니다.

저는 이 장을 윌리암 티프탑트(William Tiptaft)와 함께 엄격한 침례교파의 창시자가 된 필포트(J.C. Philpot)의 말을 인용함으로써 마치고자 합니다. 그는 이렇게 말하고 있습니다.

> 이것(그는 이 경험을 언급하고 있습니다)을 즐기는 사람들은 그것을 가장 귀중한 순간과 특별한 시기로 생각하고 있습니다. 그들은 그 기억을 잊을 수가 없지만, 일단 그 기쁨을 잊게 되면 시험과 황폐함 속에 거의 모든 것이 잊어버려진 것과도 같은 어둡고 비극적인 상태까지 떨어지게 됩니다.

이것이 각기 다른 연령과 환경 그리고 다른 장소와 시간에 있는 하나님의 사람들의 증거입니다. 그들은 모두 그것을 잃을 수도 있지만 다시 얻을 수도 있다고 동의합니다. 한 사람이 이것을 안 후에는 반드시 변화한다는 사실에 대한 보편적인 증거가 있습니다. 그에게 무엇이 일어나고 어떠한 시험이 그를 감싸고 어떠한 황폐함을 그가 경험할지라도, 이것에 대한 기억은 영혼의 닻과도 같아서 결코 잊어버려질 수가 없는 것입니다.

이 모든 것은 이 축복이 임할 수 있는 방법들 중의 일부입니다. 여러분이 그것을 기대할 수 있는 시기와 그 성격과 그 요소는 그와 관련하여 다양합니다. 그러나 이 모든 것은 주 예수 그리스도의 권세 안에 속해 있습니다. 여러분은 그것을 취할 수가 없으며 오직 수동적으로 받는 것입니다. 우리는 오직 그의 얼굴을 구하고, 그의 앞에서 기뻐하고, 그의 영광을 구하고, 우리에게 약속된 모든 약속을 우리에게 인쳐 주시고, 이 축복된 세례를 우리에게 허락해 달라고 나아갈 수 있을 뿐입니다. 그리하여 특별히 오늘날과 같이 악한 시대에 우리에게 능력과 권세와 확신을 채우셔서 우리의 말이 하나님의 말씀으로 전파되고 많은 사람들이 그것을 듣고 겸손히 나아와 구원을 구하고 예수님께서 우리 가운데 계시다는 이 축복된 확신을 가질 수 있도록 하기 위하여 오직 간구하는 것입니다.

제 15 장

교회와 오순절

우리는 지금까지 성령세례를 구하는 방법과 이 축복이 우리에게 임하기 위하여 얼마나 기대해야 하는가에 대하여 다루었습니다. 그러나 저는 이제 때때로 많은 그리스도인들에게 제시되었고, 또한 진정으로 성경을 아는 모든 사람들에게 제시되어야 할 다른 문제를 살펴보길 원합니다. 이 문제는 주님의 축복된 삶과 사역과 관련된 다양한 사건과 성령세례와의 시간적인 관계에 대한 의문을 제기합니다. 저는 특별히 이것과 부활, 그리고 승천과의 관계를 의미합니다.

제가 여러분에게 보여 주고자 하는 것은 이것들이 매우 중요한 것이며 가장 큰 문제는 순서, 즉 시간적 문제입니다. 이제 이것을 이렇게 설명하겠습니다. 지난 7, 80년 동안에 이것에 대한 교회 ─ 특별히 선교하는 사람들 ─ 에서의 전통적인 가르침과 반대되는 가르침이 있어 왔다는 것을 먼저 말해야겠습니다.

여러분은 먼저 금세기에 있어서의 일반적인 가르침이 이와 같았다는 것을 기억해야 합니다. 그것은 오순절 날에 일어난 것을 교회의 구성과도 같이 여기고 있습니다. 그 가르침은 그리스도 교회가 오순절 날에 시작되었으며 그 이전에는 그러한 교회는 없었고, 성령세례의 모든 목적은 교회를 한 형태, 즉 한 기관으로 형성하여 기능을 수행케 하는 것이었습니다.

그들은 오순절 날의 사건에 대하여 그러한 관점을 가지고 제가 이미 지적한 대로 계속해서 우리는 거듭난 순간에 성령세례를 받았다고 말합니다.

성령세례는 단순하게 그리스도의 몸인 교회 안으로 세례를 받는 것을 의미한다는 것입니다.

성령세례는 중생과 함께 일어나는 것이며 경험적이 아니라는 가르침이 금세기에 있어서의 보편적인 가르침이었습니다. 그것과 함께 우리는 교회의 구성으로서의 성령세례와 이 능력에 의하여 기능을 발휘하는 집단과 조직으로서의 교회의 형성에 대하여 생각해야 합니다.

이것은 매우 중요한 문제입니다. 우리는 전에 다른 각도에서 이것을 다루었고 그것은 성령세례에 대한 완전히 잘못된 이해라는 것을 밝혔습니다. 그러나 이제 저는 그것을 특별히 요한복음 20장에 비추어서 밝히고자 합니다. 먼저 현대적 가르침에 있어서의 두 가지 형태를 제시하겠습니다. 그 하나는 이것입니다.

> 다락방에는 모든 증인들이 아직 주님과 각자로부터 분리되어 있는 육체적 집단으로서 모여 있었다. 불과 같은 강력한 성령세례에 의해서 분리된 사람들이 한 결합체가 되었고, 각자가 그리스도에게 연합되어 공동 생활을 나눔으로써 그리스도께서 자신의 사역을 수행하실 수 있는 한 조직체가 되었다.

다른 하나는 이렇습니다.

> 오순절 날에 성령은 신자들에게 개인적으로 거하기 위하여 왔다. 성령이 거하시는 각 개인은 자연히 그리스도의 몸 된 교회에 있어서 그들을 연합하는 협동 사역의 결과를 낳았다. 그날 이후로 죄인이 주 예수 그리스도를 믿을 때마다 그는 이 세례에 동참하여 그리스도께서 머리가 되신 한 몸의 일원이 되는 것이다.

위의 두 가지가 성령세례와 오순절 날에 일어난 사건에 대한 특별한 가르침과 태도에 있어서의 두 가지 전형적인 주장입니다. 그들의 관점은 여러분이 이 세례를 구한 것이 아니기 때문에 여러분이 할 수 있는 것은 더 이상 없다는 것입니다. 여러분은 믿었을 때에, 즉 거듭났을 때에 모든 것을 소유하게 되었고, 이제 여러분이 해야 할 것은 계속해서 여기에 순종하는 것이며 여러분에게 임하는 어떠한 것도 구해서는 안 된다는 것입니다. 제가 이미 말한 것처럼 그것은 부흥에 대한 모든 교리를 배제합니다. 이것이 바로 금세기에 있어서 우리가 종교적 부흥에 대하여 거의 들을 수 없는 이유입니다. 우리는 무수한 선전은 들을 수 있지만 부흥에 대하여는 거의 들을 수가 없습니다. 그것이 바로 오순절 날의 부흥 이래로 교회의 선교하는 사람들 사이의 법칙으로부터 떠나는 출발점이 되었던 것입니다. 그러므로 이것은 매우 치명적인 문제입니다.

그러나 저는 이러한 관점에서 그것을 보고 싶습니다. 만일 제가 여러분에게 제시한 이러한 현대적 가르침이 옳다면 주님께서 제자들 사이에 나타나셨던 부활의 날 저녁에 과연 무엇이 발생하였을까에 대한 의문이 일어납니다. 우리는 요한복음 20:19-23의 설명을 읽을 수 있습니다.

> 이날 곧 안식 후 첫날 저녁 때에 제자들이 유대인들을 두려워하여 모인 곳에 문들을 닫았더니 예수께서 오사 가운데 서서 가라사대 너희에게 평강이 있을지어다 이 말씀을 하시고 손과 옆구리를 보이시니 제자들이 주를 보고 기뻐하더라 예수께서 또 가라사대 너희에게 평강이 있을지어다 아버지께서 나를 보내신 것같이 나도 너희를 보내노라 이 말씀을 하시고 저희를 향하사 숨을 내쉬며 가라사대 성령을 받으라 너희가 뉘 죄든지 사하면 사하여질 것이요 뉘 죄든지 그대로 두면 그대로 있으리라 하시니라.

성령세례에 대한 현대적 관점을 가지고 있는 사람들에게 물어야 할 질문은 "그곳에서 일어났던 것은 무엇인가?" 하는 것입니다. 그들은 물론 필연적으로 대답의 어려움을 즉시 느끼고, 주님께서 숨을 내쉬면서 "성령을 받으라"라고 말씀하셨던 다락방의 사건은 일종의 예언이었다고 설명합니다. 다시 한 번 그 두 저자의 말을 인용해 보겠습니다. 그는 이렇게 말합니다. "이것은 예언적인 숨길로서 상징적이며 암시적이다. 그들은 그때에 성령을 받지 못하였다. 주님께서는 그들이 성령을 받을 때까지 기다리라고 말씀하지 않았는가?"

그들의 설명에 의하면 주님께서는 사실상 다음과 같이 말씀하셨다는 것입니다. "이제 이러한 방법으로 너희는 성령을 받을 것이다. 그러므로 여기에서는 실제적으로 아무것도 일어나지 않았다." 그것은 그들을 격려하고 이것이 실제로 그들에게 일어날 것이라는 확신을 주기 위하여 보여 준 그림이나 극적인 연기에 지나지 않는다는 것입니다. 그러므로 그것이 요한복음 20장에 대한 진정한 해석이요 설명이 될 수 있는가에 대한 의문이 일어납니다.

우리는 이 구절을 어떻게 이해해야 할까요? 여러분은 사도행전 2장에서 우리가 본 것과 관련해서 이것을 이해해야 합니다. 우리 앞에는 이 두 내용의 상호관계가 놓여 있는 것입니다. 그러므로 이 현대적 관점에 대하여 제가 말하고자 하는 첫번째 내용은 사도행전 2장과 관련하여 교회의 구성이나 몸, 혹은 조직의 구성에 대하여 언급하고 있는 구절은 성경에 단 한 구절도 없다는 것입니다.

그러므로 이것은 성경에 도입된 것입니다. 저는 여러분 자신이 사도행전 1, 2장을 다시 한 번 읽어 보고 그 일어난 사건이 한 몸과 조직으로서의 교회의 구성이라고 말하는 어떤 성경 구절이 있는가 찾아보라고 도전해 보고 싶습니다.

그것은 단순히 예비적인 언급입니다. 요한복음 20장으로 다시 돌아가 봅시다. 여러분이 그 내용을 읽는다면 그것이 예언적인 행위임을 암시하는 어떠한 구절도 찾을 수 없다는 저의 주장에 여러분은 동의해야만 할 것으로 생각합니다. 문맥을 그대로 읽는다면, 여러분은 다음을 발견하게 될 것입니다. "예수께서 또 가라사대 너희에게 평강이 있을지어다 아버지께서 나를 보내신 것같이 나도 너희를 보내노라 이 말씀을 하시고 저희를 향하사 숨을 내쉬며 가라사대 성령을 받으라."

만일 주님께서 단순히 이것이 장차 그들에게 임할 것임을 말씀하셨다면, 주님께서는 "예루살렘을 떠나지 말고…기다리라"고 그들에게 말씀하신 사도행전 1장에서 행한 것을 그대로 행하였을 것입니다. 그곳에서 주님은 무엇인가가 그들에게 일어날 것임을 명확하고 솔직하게 말씀하셨습니다. 그러나 요한복음 20장에서는 그러한 암시가 전혀 없습니다. 주님은 단순히 "성령을 받으라"라고 말씀하셨습니다.

이제 이것을 더 자세하게 설명하겠습니다. 만일 여러분이 헬라어 문법과 단어의 뜻에 대하여 권위자들에게 문의한다면 여러분은 그들 모두가 22절의 '받으라'라는 헬라어 단어는 부정과거 명령형이라고 주장하는 것을 발견할 것입니다. 또한 그들은 헬라어 부정과거 명령형은 미래의 뜻이 없다는 데 동의할 것입니다. 이것은 순전히 기술적인 문제이지만 매우 중요한 것입니다.

우리가 비판하고 있는 다른 가르침을 고수하고 있는 너무나 많은 우리의 동료들은 헬라어 원전에 근거해서 그리하는 것입니다. 그러므로 그들의 기초 위에서 그들의 주장을 생각해 봅시다. 제가 여기에서 다시 한 번 여러분에게 도전하고 싶은 것은 헬라어 권위자들은 모두 부정과거 명령형에는 결코 미래의 뜻이 없다는 데 동의하고 있다는 점입니다. 저는 결코라는 말을 강조하고 싶습니다. 그러므로 여기에서 사용된 단어가 우리에게 보여 주고자 하는 것은 주님께서 그들에게 "성령을 받으라"라고 말씀하셨을 때에 그들은 이미 성령을 받았다는 것입니다. 주님께서 사용하신 단어는 그가 제자들에게 예언적인 말을 해서 앞으로 일어날 일을 준비하라는 의미를 불가능하게 만든다는 점을 저는 다시 한 번 강조하고자 합니다. 그것은 오순절에 대한 잘못된 관점을 영원히 제거하기 위하여 충분히 강조되어야 합니다.

그러나 더 다루어야 할 것이 있습니다. 주님께서 그들에게 '숨을 내쉬며', '성령을 받으라'라고 말씀하셨을 때의 '숨을 내쉬다'라는 헬라어 단어는 70인역 구약성경에서 아주 중요한 두 군데에서 사용되었습니다. 첫번째는 창세기 2:7에서 사용되었습니다. "여호와 하나님이 흙으로 사람을 지으시고 생기를 그 코에 불어넣으시니 사람이 생령이 된지라." 또 다른 것은 '죽은 뼈의 골짜기'에 대한 환상을 보여 주는 잘 알려진 에스겔 37:5-9의 내용에서 발견됩니다.

주 여호와께서 이 뼈들에게 말씀하시기를 내가 생기로 너희에게 들어가게 하리니 너희가 살라라 너희 위에 힘줄을 두고 살을 입히고 가죽으로 덮고 너희 속에 생기를 두리니 너희가 살리라 또 나를 여호와인 줄 알리라 하셨다 하라 이에 내가 명을 좇아 대언하니 대언할 때에 소리가 나고 움직이더니 이 뼈

저 뼈가 들어맞아서 뼈들이 서로 연락하더라 내가 또 보니 그 뼈에 힘줄이 생기고 살이 오르며 그 위에 가죽이 덮이나 그 속에 생기는 없더라 또 내게 이르시되 인자야 너는 생기를 향하여 대언하라 생기에게 대언하여 이르기를 주 여호와의 말씀에 생기야 사방에서부터 와서 이 사망을 당한 자에게 불어서 살게 하라 하셨다 하라.

히브리어의 70인역에서 숨을 내쉬다는 뜻으로 사용된 단어는 우리가 다루는 구절에서의 단어와 완전히 일치하며, 이것은 매우 중요한 사실이 됩니다.

유명한 주석가인 매튜 헨리(Matthew Henry)는 요한복음 20:22에 대하여 이렇게 말합니다. "전능자의 숨결이 사람에게 생명을 주고 옛 세계를 탄생시킨 것처럼, 구원자의 숨결은 그의 섬기는 자들에게 생명을 주고 새 세계를 탄생시켰다." 다시 말하자면, 매튜 헨리는 처음 인간의 창조와의 특별한 병행을 본 것입니다. 하나님은 흙으로부터 인간의 몸을 형성하셨지만, 그 속에는 생명이 없었습니다. 하나님이 생기를 불어넣자 인간은 생령이 된 것입니다. 육체는 이제 완성되어 그 안에 생명이 있고, 이것은 매튜 헨리가 지적한 것처럼 주님께서 제자들에게 오셔서 숨을 내쉬며 "성령을 받으라"라고 말씀하셨던 다락방의 사건과 완전한 병행을 이룹니다.

에스겔 37:9의 말씀도 동일한 내용을 지니고 있으며 동일한 의미를 가르치고 있습니다. 뼈와 살이 서로 연결되어 육체를 이룬 후에 생명이 들어왔습니다. 그제서야 비로소 육체는 생기가 나고 완성되었습니다.

만일 여러분이 성경의 가르침을 그대로 받아들인다면 여러분은 반드시 그러한 결론에 도달할 것입니다. 만일 주님께서 어떤 예언적인 것을 행하셨다면 그는 그렇게 말씀하셨을 것입니다. 그러나 주님은 그렇게 하지 않았습니다. 주님은 그곳에서 그 시간에 적용되는 것을 행하셨습니다. 주님께서는 분명히 교회를 구성하셨고 임무를 주셨으며, 교회가 실제적으로 탄생한 것은 그 순간인 것입니다.

저는 교회가 그 이전에 이미 존재하고 있었다고 주장하는 사람들이 있음을 알고 있습니다. 이러한 관점에 대하여 언급해야 할 말이, 교회는 오직 오순절 날에 형성되었다는 다른 관점에 대하여 언급해야 할 말보다 많은 것은 확실합니다. 예를 들면 여러분은 마태복음 18:15-17에서의 주님의 가르침을 기억하고 있습니다.

> 네 형제가 죄를 범하거든 가서 너와 그 사람과만 상대하여 권고하라 만일 들으면 네가 네 형제를 얻은 것이요 만일 듣지 않거든 한두 사람을 데리고 가서 두세 중인의 입으로 말마다 중참케 하라 만일 그들의 말도 듣지 않거든 교회에 말하고 교회의 말도 듣지 않거든 이방인과 세리와 같이 여기라.

주님께서는 그 당시에 적합한 충고를 주고 있으며 교회는 이미 존재하고 있었다고 주장하는 사람들이 있습니다. 저는 그것을 의심스럽게 생각합니다. 그러나 그것이 의심스럽든지 그렇지 않든지 간에, 다른 관점보다도 이 관점에 대하여 말할 것이 더 많이 있습니다. 그러나 요한복음 20장에서 확실한 것은 교회가 그곳에서 한 형태와 조직으로서 형성되었다는 것입니다. 주님께서는 그의 일을 마치시고 그 자신과 피를 천국에 제시하신 후에, 이제 교회의 머리가 되셔서 이곳에서 선택받은 제자들과 사도들에게 오셔서 그들이 이미 주님의 몸이라는 사실을 밝혀 주고 있습니다. 주님께서는 태초에 인간의 창조 때에 일어났던 것과 완전히 일치되도록 우리의 몸에 생명의 영을 불어넣으십니다.

이 해석의 옳음을 증명하는 또 다른 증거가 있습니다. 다음 구절에 주목해 봅시다. "이 말씀을 하시고 저희를 향하사 숨을 내쉬며 가라사대 성령을 받으라 너희가 뉘 죄든지 사하면 사하여질 것이요 뉘 죄든지 그대로 두면 그대로 있으리라 하시니라." 이것은 매우 중요합니다. 주님께서는 이제 한 몸과 조직으로 형성된 교회에 대하여 임무를 주십니다. 주님은 이제 사역을 위하여 그들을 내보내시고 그들에게 권세를 주십니다. 주님은 그들에게 생명을 주셔서 몸이 형성되자 즉시 이 임무를 주십니다.

여러분은 그러한 특별한 순간에 오는 특별한 임무와 명령에 의해서 놀란 적은 없습니까? 저는 이것으로 인하여 몇 년 동안 고민했음을 고백합니다. 저는 이것이 왜 왔는가를 이해할 수가 없었습니다. 오늘날에 있어서 이러한 다른 가르침 때문에 이 모든 것들이 신자들을 혼란케 하고 있다고 저는 생각합니다. 그러나 여러분이 그 구절을 그대로 받아들인다면 어려움은 전혀 없습니다. 여기에 교회가 있습니다. 그것은 몸이요, 주님께서는 머리로 형성되어 있습니다. 머리는 몸에게 임무를 주며 교회가 해야 할 것과 그의 이름과 권세와 능력으로 그것을 행할 것이라는 것을 말하고 있습니다. 여기에서 우리는 요한복음 17:18-19에 기록된 대제사장으로서의 주님의 기도에서 또 다른 면을 볼 수 있습니다. 주님께서는 아버지 하나님께 이렇게 말씀하십니다. "아버지께서 나를 세상에 보내신 것같이 나도 저희를 세상에 보내었고 또 저희를 위하여 내가 나를 거룩하게 하오니." 여기에 다른 면이 있습니다. 주님께서는 아버지 하나님께 기도하시며 이렇게 말씀하십니다. "당신이 나를 보내신 것같이 나도 그들을 보냅니다. 나는 이미 그들에게 임무를 주었습니다." 그러나 주님은 그들을 위하여 기도하고 있습니다.

십자가에서의 죽음과 부활, 그리고 하나님 앞에 그의 피를 제시함으로써 자신의 사역을 완성하신 주님께서는 다시 그들에게 가서 말씀하십니다. "이제 모든 것을 이루었으니 너희는 나의 몸이라. 그러므로 가라. 이것이 너희가 해야 할 일이고 이것이 내가 너희에게 주는 권세와 능력이다."

이것은 또한 마태복음 28장에서 그들에게 가서서 말씀하신 것과 병행을 이룹니다. "하늘과 땅의 모든 권세를 내게 주셨으니 그러므로 너희는 가서 모든 족속으로 제자를 삼아 아버지와 아들과 성령의 이름으로 세례를 주고 내가 너희에게 분부한 모든 것을 가르쳐 지키게 하라 볼지어다 내가 세상 끝날까지 너희와 항상 함께 있으리라." 이것은 오순절 전날의 사건이며 이 모든 구절들은 교회가 이미 존재하고 있었음을 보여 주는 것이라고 저는 주장합니다.

이제 다음으로 넘어가 봅시다. 저는 전에 다음과 같은 것을 인용했습니다. "다락방에는 아직 주님과 각자로부터 격리된 한 육체적인 연합의 개인적 집단이 있었습니다." 이 저자는 교회가 오순절 날의 성령세례의 결과로 한 몸과 조직으로 형성되었다는 자신의 이론에 맞추기 위하여 이렇게 말했습니다. 그러므로 그는 그들을 개인적 집단으로 묘사했습니다.

그는 계속해서 이렇게 말합니다. "그러나 불과 같은 성령세례의 능력에 의하여 분리된 개인은 한 몸이 되어서 그리스도와 연합되었고, 모두가 한 생명을 나누어 그리스도께서 자신의 사역을 수행할 수 있는 한 조직체가 되었다."

그러나 사도행전 1, 2장은 전혀 그렇게 말하고 있지 않다는 것을 저는 이미 지적했습니다. 이것은 매우 중요합니다. 분리된 각 개인이 한 몸으로 동화되었다는 말은 한마디도 없습니다. 오히려 그 반대의 증거가 뚜렷합니다. 만일 여러분이 사도행전 1:13을 읽는다면(이것은 모임 직후로서, 오순절보다 열흘 전날입니다), 여러분은 그들이 감람원에서 주님께서 하늘로 올리우심을 본 후에 예루살렘으로 돌아간 것을 발견할 것입니다. "들어가 저희 유하는 다락에 올라가니"—그리고 그곳에 모인 사람들의 이름이 나옵니다—"여자들과 예수의 모친 마리아와 예수의 아우들로 더불어 마음을 같이 하여 전혀 기도에 힘쓰니라."

누가는 그들이 '마음을 같이 하여'라고 말하는데, 이것은 '한 마음으로' 혹은 '한 성령으로'를 의미합니다. 여러분은 분리된 구성원이라는 다른 묘사를 기억하고 있습니다. 그들은 함께 있었지만, '주님과 각 개인으로부터 분리된' 구성원들의 집단이었습니다. 저는 그들의 주장을 이해할 수 있습니다. 성령세례를 받은 후에 그들은 즉시 함께 융합되었다는 것입니다. 그러나 여러분은 그들이 이미 **하나**였음을 알고 있습니다.

2:1을 보도록 합시다. "오순절 날이 이미 이르매 저희가 다같이 한 곳에 모였더니." 여러분은 Revised Version이나 다른 최근의 번역본에서는 '다같이'(one accord)라는 단어를 찾을 수가 없을 것입니다. 왜 그럴까요? 학자들은 최고본에는 그 단어가 없다고 말합니다. 이것은 결정적인 것이 아닙니다. 어떤 사본에는 있지만 어떤 사본에는 없습니다. 저는 이것을 더 이상 강조하지 않겠습니다. 제가 여러분에게 말할 수 있는 것은 사도행전 1:14에 비추어 볼 때에, 사도행전 2:1에 이 단어가 들어 있는 사본을 인정해서 그들의 번역본에서 그것을 삽입한 흠정역 역자들의 판단이 옳았다는 것입니다.

그러나 이것을 배제하고라도 여러분은 다음과 같은 것을 발견합니다. "오순절 날이 이미 이르매 저희가 다 한 곳에 모였더니." 이것은 1:14의 내용과 같습니다. 그들은 이미 한 마음, 한 성령으로 동화된 상태를 계속 유지했던 것입니다. 요한복음 20장에서 묘사된 것처럼 주님께서 '숨을 내쉬었을' 때에 그들은 완전히 변해 있었습니다. 그 둘이 하나가 되고, 이 큰 사건이 일어난 곳은 바로 그곳입니다. 따라서 그들은 이제 한 마음과 한 성령으로 기다리고 있었던 것입니다.

이것을 더 흥미 있게 만드는 것은 다음과 같은 사실입니다. 여러분은 사도행전 2:46-이것은 물론 성령이 그들에게 임한 다음입니다-에서 다음을 발견합니다. "날마다 마음을 같이 하여 성전에 모이기를 힘쓰고 집에서 떡을 떼며 기쁨과 순전한 마음으로 음식을 먹고." 여기에 흥미 있는 것이 있는데, 그것은 '마음을 같이 하여'(with one accord)라는 낱말이 1:14에서 사용된 낱말과 일치한다는 것입니다.

이러한 다른 관점을 지닌 사람들은 이렇게 말합니다. "사도행전 2:46을 보면 '날마다 마음을 같이 하여'라고 되어 있는데, 이것은 모든 사람이 큰 집단으로 융화된 것을 뜻한다." 그러나 그것은 오순절이 이르기 열흘 전에도 있었고 오순절 날에 이 큰 사건이 일어나기 전의 열흘 동안에도 계속되었습니다. 그것은 주님께서 부활하신 바로 그날 다락방에서 일어났습니다. 그때에 교회가 형성된 것입니다.

어떤 사람은 이렇게 질문할 것입니다. "그렇다면 오순절 날에는 무엇이 일어났습니까?" 이것은 제가 이 문제에 대하여 고려할 때에 이미 대답했습니다. 그때에 일어난 것은 주님께서 일어날 것이라고 약속하신 바로 그것이었습니다. 주님은 결코 교회가 오순절 날에 조직될 것이라고 약속하지는 않았습니다. 주님은 오직 이렇게 말씀하셨습니다(1:7-8). "가라사대 때와 기한은 아버지께서 자기의 권한에 두셨으니 너희의 알 바 아니요 오직 성령이 너희에게 임하시면 너희가 권능을 받고…내 증인이 되리라."

다시 말하자면, 성령세례는 제가 이미 지적한 대로 일종의 능력입니다. 그것은 결코 교회를 형성하기 위한 것이 아니었습니다. 그 목적은 이미 조직되어 있었던 교회에 능력을 주는 것이었습니다. 말하자면 주님은 그들에게 이렇게 말씀하셨습니다. "물론 너희는 나의 몸이지만 이 능력을 받아야만 한다. 그러므로 그것을 받을 때까지 예루살렘을 떠나지 말라."

예루살렘에서의 오순절 날에 교회가 조직체로서 형성되었다는 암시는 어디에도 없습니다. 우리가 알 수 있는 것은 그들이 능력을 받은 것이 그날이라는 것과 교회는 이미 존재했지만 능력이 없었다는 사실입니다. 저는 여러분이 오늘날에 있어서 이것이 매우 중요하다는 사실을 깨달을 것으로 생각합니다. 이것은 누가복음의 마지막 부분에서 주님께서 그들에게 말씀하신 사건의 반복입니다. 그때 주님은 그들에게 성경을 설명하고 다음과 같은 말로 끝맺었습니다. "또 그의 이름으로 죄사함을 얻게 하는 회개가 예루살렘으로부터 시작하여 모든 족속에게 전파될 것이 기록되었으니 너희는 이 모든 일의 증인이라 볼지어다 내가 내 아버지의 약속하신 것을 너희에게 보내리니 너희는 위로부터 능력을 입히울 때까지 이 성에 유하라."

주님은 "너희가 한 몸이 되고 더 이상 분리되지 않을 때까지, 너희가 하나가 되어 한 마음과 한 성령으로 한 몸을 이룰 때까지 예루살렘에 머물라"라고 말하지 않았습니다. 사도행전 1장과 2장을 통하여 볼 때에 주님께서는 계속해서 성령세례의 가장 큰 기능은 증거하는 능력에 적용되는 것이라고 말씀하십니다. '마음에서 넘쳐흐르는 하나님의 사랑'은 큰 확신이며, 이것은 확신 있고 담대한 증거와 설교로 인도합니다.

저는 이것이 요한복음 20:22-23에 기록된 다락방에서의 사건에 대한 유일하게 만족한 설명이 될 것으로 믿습니다. 그러나 여러분이 최종적인 증거를 원한다면 저는 이것을 제시하겠습니다. 그 유명한 사건이 일어난 날에 이 모든 사람들을 예루살렘으로 올라가도록 만든 오순절은 무엇이었습니까? 이것은 교회의 시작을 의미한다고 일반적으로 가르쳐지고 있습니다. 그러나 실제적으로 오순절은 시작을 기념하는 것이 아니고 추수의 마침을 기념하는 절기였습니다. 추수를 기념하는 것은 단을 흔들 때에 50일 전에 시작되었습니다.

다시 말하자면, 이 모든 것이 의미하는 것은 명백합니다. 금세기 동안에 오순절의 기능이 율법을 주신 것을 기념하는 것이라는 가르침이 흘러 들어왔다는 것을 저는 알고 있습니다. 그러나 만일 여러분이 그것을 끝까지 읽어 본다면, 여러분은 그것이 흔들리기 쉬운 기초 위에 있다는 것을 발견할 것입니다. 그것은 성립될 수가 없으며, 최근에 들어온 사상입니다. 그것은 아마도 바리새인이나 유대인들의 가르침일 것입니다. 어쨌든 그러한 가르침과는 달리 그것은 사실과는 전혀 다릅니다.

오순절은 기쁨의 절기입니다. 추수가 끝났으므로 사람들은 기쁨으로 하나님을 찬양하는 절기를 지키는 것입니다. 이것이 바로 우리가 예루살렘에서의 오순절 날에 사람들에게서 볼 수 있는 것입니다. 성령이 그들에게 임하여 그들은 충만케 되었고 그들은 하나님을 찬양하고 하나님의 놀라운 역사를 전파하기 시작했습니다. 이 큰 추수는 말하자면, 그리스도의 완전한 역사에 의하여 완성된 것입니다. 모든 기쁨과 확신과 환희와 담대함은 계속되는 증거로 그들을 인도했습니다. 우리가 이것을 받아들일 때에 이 모든 것은 너무도 기쁘고 완전하게 적용이 됩니다.

저는 가끔 사람들에게 제시되는 또 다른 한 가지 어려움에 대하여 언급하길 원합니다. 여러분은 요한복음 7:37, 39에서 주님께서 명절 마지막 날에 외치며 그 영광된 초청을 던진 것을 기억하고 있습니다. "누구든지 목마르거든 내게로 와서 마시라 나를 믿는 자는 성경에 이름과 같이 그 배에서 생수의 강이 흘러나리라." 여기에 대하여 요한은 이렇게 설명합니다. "이는 그를 믿는 자의 받을 성령을 가리켜 말씀하신 것이라(예수께서 아직 영광을 받지 못하신 고로 성령이 아직 저희에게 계시지 아니하시더라)."

사람들은 이 구절을 이렇게 사용합니다. "오순절 전에 교회가 형성되었다는 것은 불가능하다. 요한복음 20장의 부활한 저녁에 교회가 성립되었다는 것은 불가능하다. 그 이유는 예수님께서 아직 영광을 받지 않았기 때문이다." 이것은 사실을 이해하지 못한 중대한 과오입니다. 여러분은 주님의 영광받으심을 승천에 한정시켜서는 안 됩니다.

만일 여러분이 '영광스럽게 하다'라는 낱말이 나오는 구절을 찾아본다면, 여러분은 주님께서 못박히기 바로 전에 그를 향한 목소리에 의해 영광을 받았다는 것을 명확히 알게 될 것입니다. 요한복음 12장에는 주님께서 기도하실 때에 영광스러운 목소리가 그에게 말한 것을 기록하고 있습니다. "지금 내 마음이 민망하니 무슨 말을 하리요 아버지여 나를 구원하여 이때를 면하게 하여 주옵소서 그러나 내가 이를 위하여 이때에 왔나이다 아버지여 아버지의 이름을 영광스럽게 하옵소서." 이때 다음과 같은 응답이 있었습니다.

"내가 이미 영광스럽게 하였고 또다시 영광스럽게 하리라."

그러나 그것뿐만 아니라 주님은 부활로 인하여 영광스럽게 되었고 그 이전에 죽음으로 인하여서도 영광을 받았던 것입니다. 죽음은 가장 영광스러운 것 중의 하나입니다. 그것은 그의 영광을 가장 위대하게 나타내는 것 중의 하나입니다. 그러나 부활―죽음으로부터 다시 사는 것―은 이 면에 있어서 매우 독특합니다. 그는 거룩한 성령에 의하여 능력으로써 하나님의 독생자로 선언되었습니다.

그러므로 우리는 주님께서 영광받으신 개념을 단순히 승천하신 시간에 한정시켜서는 안 됩니다. 요한복음 20장에 의하면 주님께서 영광받으심은 이미 일어난 것이 확실합니다. 여러분은 17절과 27절의 차이점을 발견했습니까? 17절을 보면 마리아가 주님을 만지려고 하였습니다. "예수께서 이르시되 나를 만지지 말라." 이것은 "나를 잡지 말라"라는 의미입니다. 왜 그럴까요? "내가 아직 아버지께로 올라가지 못하였노라 너는 내 형제들에게 가서 이르되 내가 내 아버지 곧 너희 아버지, 내 하나님 곧 너희 하나님께로 올라간다 하라." 주님께서는 그들에게 가서 말하라고 마리아에게 말했습니다.

그리고 주님은 제자들에게 가서 자신을 나타내셨습니다. 그리고 도마와의 사건에서 다음을 읽을 수 있습니다. "도마에게 이르시되 네 손가락을 이리 내밀어 내 손을 보고 네 손을 내밀어 내 옆구리에 넣어 보라 그리하고 믿음 없는 자가 되지 말고 믿는 자가 되라." 주님께서는 도마에게 마리아에게 말씀하신 것과는 정반대의 행위를 하도록 말씀하십니다. 그 이유는 무엇일까요? 그 대답은 주님께서 이미 아버지께로 올라갔었다는 것이라고 저는 주장합니다. 주님은 마리아에게 말씀하실 때에 올라가려고 했습니다. 만일 이것이 미래의 사건이라면 주님은 제자들에게 메시지를 주었을 것입니다. 왜냐하면 몇 시간 후에 주님은 그들에게 나타나셨기 때문입니다. "내가 하나님께로 올라간다 하라"(Go and tell them that I am ascending). 그러나 주님께서 몇 시간 후에 그들과 함께 하셨을 때에 주님은 올라간다는 것에 대해 언급하지 않았습니다. 그가 이미 올라갔기 때문입니다.

그곳에서 무엇을 했을까요? 주님께서는 하늘의 성소에 자신의 피를 드렸던 것입니다. 히브리서 9장을 읽어 보면 제가 말하는 것을 정확히 알게 될 것입니다. 옛날에 그들은 소와 염소의 피를 땅 위의 성소 안에서 드렸습니다. 주님은 자신의 피를 가지고 하늘의 성소 안에서 드렸던 것입니다. 주님께서는 부활하신 직후에 그렇게 하셨습니다. 사역의 마지막을 완성시킨 후에 그는 돌아와서 제자들에게 말씀하셨습니다. "너희는 나의 몸이요 이제부터 나는 나의 몸 된 교회의 머리이다. 그리고 너희는 그 구성원이다. 너희는 하나로서 이 조직체가 되었으므로 나는 너희에게 이 임무를 준다."

물론 이것은 이 모든 것이 사실임을 증명합니다. 만일 여러분이 이 모든 것의 그림자인 구약의 모형으로 되돌아가 본다면, 여러분은 짐승을 죽여서 피를 흘렸을 때에 그 피는 40일 동안 보관되지 않고 성막이나 성전 안에 드려졌음을 발견할 것입니다. 그것은 동시에 이루어진 한 사건입니다. 주님께서는 오직 영광 가운데 피를 드리기만 하였고, 승천한 후에야 영광을 받으셨다는 생각은 잘못된 것입니다. 그것은 부활한 직후에 일어났고 제가 제시한 이 다른 주장들은 그것이 의심할 바 없는 사실임을 입증합니다.

그러므로 저는 다음과 같은 특별한 언급으로 이 장을 마치고자 합니다. 예루살렘에서의 기다림에 대한 의문으로 인하여 혼란에 빠지고 어려움을 당하는 사람들이 있습니다. 여러분은 이 가르침에 익숙해 있습니다. 우리는 사람들에게 기다리라고 말하는 것은 잘못이라고 들었습니다. 여러분은 사람들에게 성령을 "기다리라"거나 성령세례를 위해 "기도하라"고 말해서는 안 됩니다. 그들은 이렇게 말합니다. "물론 그것은 틀린 것이다. 성령은 오순절 날에 이르기 전에는 올 수가 없으므로 제자들의 경우에 있어서는 그것이 일어나야만 한다. 왜냐하면 만일 성령이 오순절 전에 임한다면 우리가 구약에서 읽은 모든 예언과 맞지 않게 될 것이기 때문이다. 그들은 구약의 예언이 이루어지기 위하여 기다려야만 했다."

그러나 그것은 말하기 좀 이상한 것이 아닙니까? 신약과 구약 중에서 어떤 것이 다른 것을 조정합니까? 그들의 논쟁은 구약이 신약을 조정하며, 그러한 일은 예언자들의 예언에 의하여 일어날 수 없다고 보는 관점에 기인합니다. 그러므로 그들은 열흘 동안 기다렸지만, 지금은 아무도 그렇게 하지 않습니다. 여러분은 원할 때면 언제든지 성령을 받을 수 있습니다.

그러나 여기에 혼란이 일어납니다. 중요한 질문은 이것입니다. 왜 구약에서는 기간이 필요한가? 그 대답은 그것이 무엇이 일어날 것인가에 대한 예언이기 때문입니다. 구약을 조정하는 것은 신약이지, 구약이 신약을 조정하는 것이 아닙니다. 구약에서 하나님께서는 영원 전부터 계획을 가지고 계셨고, 그것의 그림자를 이러한 모양으로 보여 주십니다. 하나님께서 이미 결정하신 것이 장차 일어날 것입니다. 그러므로 여러분은 이 기간을 단순히 하나님께서 선택하신 방법 때문이라고 받아들입니다. 저는 그것으로부터의 제외는 피할 수 없는 것이라고 주장합니다. 즉 여러분은 이러한 능력의 세례를 받지 않고서도, 이러한 높은 확신을 알지 않고서도, 그리고 여러분이 흔들릴 수 없는 기쁨과 충만한 영광을 느낄 수 있기 위해 하나님의 사랑이 여러분의 마음에 넘쳐흐르는 경험이 없이도, 여러분은 그리스도인이 될 수 있으며 그리스도의 몸의 구성원이 될 수 있고 이 조직체의 일원이 될 수도 있습니다.

저는 기다리는 모임을 옹호하는 것이 아닙니다. 오히려 저는 우리가 이 능력, 확신 그리고 마음속에 흘러 넘치는 하나님의 사랑이 우리에게 부족함을 깨달아야 한다는 것을 옹호합니다. 오순절뿐만 아니라 사도행전 4장과 그 이후로 계속해서 묘사되고 있는 바 우리를 제자와 사도들처럼 만드는 것, 그리고 부흥과 각성의 시내에 사람들에게 임한 체험 등을 우리는 깨달아야 합니다. 이것은 하나님께서 특별히 사용하신 사람들에게 항상 일어났다는 것을 나는 교회의 계속되는 역사를 통하여 여러분에게 충분히 제시했습니다. 이것이 바로 증거에 대한 능력과 권위와 절대적인 확신을 주는 것입니다. 이것은 궁극적으로 우리의 주님이요 구세주 대표자로서의 진실된 증거와 행위에 절대적으로 필요한 것입니다.

무엇보다도 나는 여러분에게 요한복음 20:22-23의 놀라운 구절을 다시 한 번 조심스럽게 연구할 것을 권고합니다. 여러분은 이것을 예언적인 것으로 단정지을 수 있습니까? 제가 이미 언급한 선생들처럼 그들은 그 순간에 성령을 받지 못했다고 독단적으로 말할 수 있습니까? 만일 여러분이 헬라어 단어와 언어와 문맥과 병행되는 구절들, 그리고 제가 여러분에게 제시한 모든 것들을 살펴본다면, 여러분은 오직 한 가지 만족할 만한 결론이 있다는 것을 발견할 것입니다.

하나님께서는 그 문제에 있어서 우리 모두에게 은혜를 주시기를 원합니다. 이것은 분쟁이나 누가 옳고 누가 그른가를 증명하기 위한 문제가 아닙니다. 우리 앞에 놓여진 쟁점은 지옥으로 떨어질 불타는 세계와 함께 교회의 나약하고 병든 상태입니다. 우리는 그리스도의 몸으로서 무엇이 필요할까요? 능력입니다. 오순절과 같은 능력입니다. 우리 모두 한 마음과 한 성령으로 다가오는 이때에 성령을 기다리고, 다시 한 번 천국 문을 열고 강력한 부흥의 능력을 지닌 성령을 우리에게 부어 주실 것을 위하여 기도하지 않겠습니까?

제 16 장

부흥에 이르는 길

그리스도인들은 오순절 날의 사건이 그리스도의 탄생, 기적, 십자가에서의 죽음, 육체적인 부활 그리고 승천과 같이 역사적인 사실임을 매주일 상기해야 합니다. 오늘날 이것은 그 어느 때보다도 강조될 필요가 있습니다. 우리의 복음과 구원은 단순한 가르침이나 철학이 아니라, 의미와 목적을 지닌 일련의 행위인 것입니다. 우리는 여기에서 다루고 있는 것에 대한 역사적인 관점을 잊어서는 안 됩니다.

그러므로 우리가 사도행전 2장에서 읽은 사건은 묘사된 그대로 일어난 것입니다. 누가는 역사가였으므로 그의 관심사는 그가 이미 그리스도의 복음에 대한 편지를 보낸 데오빌로에게 주 예수 그리스도의 계속되는 행위와 행동에 대하여 더 설명하는 것이었습니다. 그러므로 그는 여기에서 순전히 역사의 범주에 속하는 것만을 다루고 있습니다.

사도행전 2장의 사건은, 그 기록이 명백하게 보여 주고 있는 것처럼, 초대 교회가 성령세례를 받는 것입니다. 우리는 그와 관련하여 구약에서 약속된 것과 세례 요한의 설교가 나오는 요한복음 1:26, 33의 주제를 기억해야 합니다. 세례 요한은 이렇게 말했습니다. "나는 그리스도가 아니다. 나는 오직 물로 세례를 주지만 다른 이가 계신다. 너희도 그를 모르고 나도 그를 모른 적이 있었지만, 나에게 세례를 베풀라고 하신 이 - 즉 하나님 - 가 나를 부르셔서 내게 임무를 주셨다. 그분이 내게 말씀하셨다. '성령이 내려서 누구 위에든지 머무는 것을 보거든 그가 곧 성령으로 세례를 주는 이인 줄 알라.'"

주님 자신도 이것을 반복하셔서 제자들에게 이미 부여하신 임무를 행하기 위하여 나가지 말고 성령세례를 받을 때까지 예루살렘에 머물러 기다리라고 말씀하셨습니다. 사도행전 2장에서 우리는 실제로 일어날 것이라고 무수히 예언된 그 사건을 읽을 수 있습니다.

이 모든 것은 우리와 무슨 관련이 있습니까? 우리가 주일을 기념할 때에 실제로 우리는 무엇을 하는 것일까요? 그것은 단순히 한 번 일어난 사건을 기념하는 것일까요? 우리는 단순히 위대한 역사적 사건을 되돌아보는 것입니까? 단순히 그것뿐일까요, 아니면 그 이상의 것이 있을까요? 그것은 우리에게 더 크고, 더 깊은 의미를 주는 것일까요?

이 질문에 대한 대답은 순전히 성령세례와 관련된 교리에 대한 우리의 태도에 의해 결정됩니다. 우리가 이미 본 것처럼 이것은 오늘날의 교회에 있어서 가장 긴박하고 필수적이고 핵심적인 것입니다. 불행하게도 이것은 성령과 그 역사에 대한 교리와 관련하여 분쟁의 요소가 되어 왔습니다.

선교적인 관점을 지닌 사람들은 이 한 가지 일을 제외한 성령의 인격과 사역에 대한 교리에 관련하여 실제적으로 모든 것에 동의하고 있습니다. 그들은 성령의 창조 행위, 거룩한 삼위일체에 있어서의 성령의 위치 그리고 여러분이 구약과 예언자들과 브사렐과 같이 성전에서 일하는 사람들에게서 볼 수 있듯이 어떤 사람들에게 특정한 임무를 수행케 하기 위하여 은사를 주시는 사역에 대하여 동의합니다. 그들은 이 모든 것에 대하여 동의하고 있는 것입니다.

그들은 또한 주 예수 그리스도 자신과 관련된 그의 행위, 즉 그리스도께서 세상에 계실 때에 성령이 어떻게 그에게 임하였고, 어떻게 그로 하여금 설교하고 그의 사역을 수행토록 하였는가에 대해서도 동의합니다. 그들은 주님의 죽음과 부활에 있어서의 성령의 역사와, 사람들에게 죄를 깨우치고 거듭나게 하는 위대한 사역에 있어서의 성령의 역사에 동의합니다. 그들은 또한 성결에 있어서의 성령의 역사에도 어느 정도 동의합니다. 여기에는 거의 차이가 없습니다. 그러나 제가 말하고자 하는 것은 성령과 그 역사에 관한 교리에 있어서는 동의하고 있지만, 성령세례에 대한 문제에 있어서는 차

이와 반대가 있다는 것입니다. 그렇다면 오순절 날의 사건이 우리에게 주는 중요성은 무엇일까요 ?

여기에 대해서는 두 가지 주된 관점이 있습니다(우리는 몇몇 사소한 반대나 사소한 차이를 다룰 필요는 없습니다). 그 첫번째 관점은, 우리가 이미 본 것처럼, 오순절 날에 실제로 일어난 것은 그리스도의 교회가 탄생된 것이라고 가르치고 있습니다. 그러므로 그들은 이 사건과 관련하여 그것은 필연적으로 단 한 번 일어난 사건이며, 결코 반복될 수 없고, 우리가 할 수 있는 것은 단순히 이 유일한 사건을 돌아보는 것뿐이라고 말합니다.

그들의 주장에는 혼동을 일으키는 것이 많이 있지만, 저는 가장 보편적인 관점으로 여겨지는 것을 여러분에게 제시하겠습니다. 그들은 그 이후로, 특별히 사도행전 10장에 기록된 고넬료의 집 사건 이후로는 사람이 거듭날 때에 그는 동시에 성령에 의해서 그리스도의 몸 안으로 세례를 받고, 오순절 날에 이루어진 한 몸의 부분이 된다고 말합니다.

이러한 이유 때문에 저는 그것이 고넬료의 집의 사건 이후임을 강조합니다. 사도행전 8장에 의하면 그들은 사마리아 사람들로 인하여 어려움을 겪었고, 사도 바울로 인해서도 문제 가운데 있었습니다. 그러나 고넬료의 집의 경우에 있어서는 베드로가 말하고 있을 때에 성령이 임했습니다. 중생과 성령세례가 동시에 일어난 것입니다. 그들은 사도행전 19:1-7에 기록된 에베소인들의 사건에 대하여 설명을 해야만 했습니다. 그들은 실제로 이렇게 말합니다. "이제 이것은 한 전형이 되었다. 제자들의 경우는 독특하고 특별한 것이었지만, 그 이후로 성령세례는 중생과 동시에 일어나며 실제적으로 동일한 사건이 되었다."

그러므로 거듭난 사람은 세례를 받고 성령을 받고, 또 그리스도인이 받을 수 있는 모든 것을 받은 사람이라는 것입니다. 그러므로 그들은 그리스도인이 해야 할 것은 계속해서 성령 안에서 살고 행하는 것이라고 말합니다. 그는 더 이상의 것을 기대하거나 간구해서도 안 됩니다.

또한 성령세례를 받고 충만해진 그리스도인도 그것으로부터 멀어질 수가 있다고 그들은 말합니다. 그는 죄에 빠질 수도 있고 태만해질 수도 있고 타락함으로 말미암아 이 축복을 잃을 수도 있습니다. 이렇게 하여 그는 성령을 슬프게 하고 소멸하고 대적할 수가 있는 것입니다. 성령은 그를 떠나지 않고 그의 안에 머물러 있지만, 그가 성령을 슬프게 함으로써 그는 성령의 은혜로운 영향력을 경험하지 못하는 것입니다. 그는 어떻게 해야 할까요? 그에게 필요한 것은 그가 이것을 깨닫고 그것을 회개하고 다시 한 번 자신을 드려서 그의 안에 있는 성령께 계속해서 순종하여 살아가는 것이라고 말합니다. 만일 그가 이렇게 하면 그는 잃은 것을 회복하고 계속해서 기쁨과 행복의 길을 갈 수 있을 것입니다.

이것이 성령세례의 의미와 관련하여 가장 보편적인 선교적 차원의 가르침입니다. 여기에서 내가 다시 강조하고 싶은 이 가르침에 대한 가장 중요하고 흥미 있는 결론이 있습니다. 그것은 그러한 가르침이 부흥에 대하여 거의 말하고 있지 않다는 것입니다. 그것은 부흥에 흥미를 가지지 않고 있으며, 또한 가질 수도 없습니다. 이 가르침에는 부흥의 여지가 없습니다. 저는 여러 해 동안 제가 전에 보지 못한 성령의 교리에 대한 책을 볼 때마다 첫째로 개요나 목차를 보고 나중에 색인을 보는 것을 버릇으로 해 왔습니다. 그리고 부흥 부분을 찾았지만 찾을 수가 없었습니다.

저는 여러분도 이 흥미 있는 실험을 해볼 것을 제의합니다. 여러분이 금세기에 출판된 성령의 인격과 사역에 관한 책 속에서 부흥을 주제로 한 장이나 부분을 찾아본다면, 여러분은 그것을 발견할 수 없을 것입니다. 모든 책이 동일합니다. 부흥은 제외되었고, 가능성도 없고 여지도 없으며, 일어날 수도 없습니다.

그 결과로 교회의 활동, 즉 교회가 행하는 방법과 겉모양은 금세기 동안에 다음과 같이 되었습니다. 즉 일이 잘 되지 않을 때에 교회는 사람들에게 부흥을 위하여 기도하라고 하지 않고, 선교 집회를 열 것을 결정하고 하나님께서 그것에 축복해 주시도록 간구합니다. 이것이 교회의 해결책입니다. 이것은 이제 한 본보기가 되었습니다. 사람들은 모임이나 집회나 전도 활동을 통하여 회개하고 믿고 응답한다면 그들은 거듭나고 성령으로 세례를 받을 것이라고 믿고 있습니다. 이제 그들이 해야 할 것은 순종하고 포기하고 복종하여 그들 안에 오신 성령이 충만하여지고 완전히 그들을 소유하도록 하라는 가르침을 받는 것입니다. 이것이 선교적인 가르침의 개요입니다. 회개, 중생 그리고 성결과 관련한 이러한 가르침입니다.

여러분은 항상 우리가 무엇을 해야 하는가에 강조점이 두어진 것을 발견합니다. 그것은 모두 우리의 손에 놓여 있습니다. 더 이상 기대할 것이 없으며, 모든 것은 우리의 포기와 복종에 달려 있습니다. 그리하여 모든 노력은 이것에 두어졌고, 처음의 결단과 아울러 계속되는 복종의 결단에 강조점이 두어졌습니다.

그러나 그와는 다른 한 관점이 있는데, 그것은 옛 선교적 관점입니다. 저는 역사적으로 정확하게 말하고 있기 때문에 그것을 그렇게 부릅니다. 제가 지금까지 다루었던 관점은 100년도 못된 것입니다. 그러나 그보다 앞서서 계속되어 온 다른 한 관점이 있는데, 그것은 수세기를 걸쳐서 교회에서 얻어진 것입니다. 이것을 이렇게 여러분에게 설명하겠습니다. 두번째 가르침에 의하면, 오순절 날에 일어난 것은 주님께서 약속하셨고 선지자들이 예언한 대로 교회가 성령으로 세례를 받은 것입니다. 교회는 이미 형성되어 있었으므로 그것은 능력의 세례였습니다. 우리는 이것을 이미 다루었습니다. 그러나 저는 이것을 여러분의 마음속에 확실히 보여 주기 위해서 그 다음을 여러분에게 보여 주고자 합니다. 이 사람들은 거듭난 사람들이었고, 주님께서는 그들에게 이렇게 말씀하셨습니다. "이제 너희는 내가 너희에게 이른 말씀으로 깨끗하여졌느니라." 그리고 주님은 아버지 하나님께 기도하였습니다. "내가 비옵는 것은 세상을 위함이 아니요 내게 주신 자들을 위함이니이다." 이 구절과 복음서의 다른 여러 구절들은 그들이 모두 거듭났음을 확인하고 있습니다. 또한 교회는 주님께서 제자들에게 성령을 불어넣으시고 죄사하는 권세를 그들에게 주셨던 다락방에서 형성된 것을 여러분은 기억하고 있습니다. 오순절 날에 주님께서는 "너희가 능력을 입히우리라"라고 약속하신 것을 증명하기 위하여 이 능력을 교회에 보내셨던 것입니다.

그 전에 그들은 주님의 명령에 의하여 계속해서 기도하며 기다린 것을 우리는 알고 있습니다. 그리고 오순절 날이 이르자 갑자기 이 놀라운 일이 일어났습니다. 그들이 한 장소에 함께 모여 있을 때에 갑자기 일어난 것입니다. "홀연히 하늘로부터 급하고 강한 바람 같은 소리가 있어 저희 앉은 온 집에 가득하며."

이것은 능력과 불의 세례였습니다. 또한 여러분은 강조된 것을 볼 수 있습니다. 즉 한 사람의 깊은 마음속에서 은밀하게 역사하는 성령이 아니라, 모여 있는 교회에 내려와 그 위에 부어진 성령을 발견하는 것입니다. 이러한 단어들은 발생한 사건을 정확히 보여 줍니다. 급하고 강한 바람 소리는 이 주어진 사실을 강조하고 있습니다. 이것은 중생과 같이 은밀한 역사가 아닙니다. 이것은 교회에 내려온 능력이며, 모인 무리에게 일어난 것입니다. 그리하여 교회는 능력과 권세와 확신과 영광으로 가득 찼음을 볼 수 있습니다.

이것은 부활하신 주님의 사역입니다. 하나님은 세례 요한에게 이렇게 말씀하셨습니다. "성령이 내려서 누구 위에든지 머무는 것을 보거든 그가 곧 성령으로 세례를 주는 이인 줄 알라." 주님이 바로 그렇게 하신 분입니다. 그는 그렇게 하겠다고 말씀하셨고, 또한 그렇게 행하셨습니다.

저는 제1장에서 한 질문을 다시 한 번 해야겠습니다. 이것은 오직 단번의 사건입니까? 그 대답은 그것이 처음으로 일어났다는 의미에서는 그렇지만, 또 다른 한 의미에서는 그렇지 않습니다. 이제 이것을 여러분에게 증명하겠습니다. 무엇이 처음으로 발생하면 여러분은 그 첫번째라는 사건은 반복할 수가 없습니다. 그러나 그 첫번째 사건을 반복할 수는 있습니다. 저는 1935년의 마지막 주일 아침에 웨스트민스터 교회의 설교단에 처음으로 올라갔습니다. 저는 이 특별한 사건을 반복할 수는 없지만, 그 이후로 저는 그와 같은 행위를 수백 번이나 반복했습니다.

우리는 오순절에 대하여 이렇게 설명할 수 있습니다. 우리는 그날에 그곳에 모였던 사람들이 모두 성령으로 충만케 되었음을 볼 수 있습니다. 여기에서 사용된 용어는 이렇습니다. "불의 혀같이 갈라지는 것이 저희에게 보여 각 사람 위에 임하여 있더니 저희가 다 성령의 충만함을 받고 성령이 말하게 하심을 따라 다른 방언으로 말하기를 시작하니라."

그러나 여러분이 사도행전 4장을 읽어 보면, 베드로와 요한이 성전의 미문 곁에 앉은 사람에게 기적을 행한 것으로 인하여 체포된 사건을 발견하게 됩니다. 그들은 체포되었지만 권세자들은 이번에는 그들을 풀어 주자고 결정하고 그들에게 명령했습니다. "도무지 예수의 이름으로 말하지도 말고 가르치지도 말라…관원들이 백성을 인하여 저희를 어떻게 벌할 도리를 찾지 못하고 다시 위협하여 놓아주었으니."

그리하여 베드로와 요한은 그들의 모임, 즉 교회로 돌아가서 그들에게 일어난 것을 보고하는 것을 여러분은 발견합니다. 교회가 그것을 들었을 때에 "일심으로 하나님께 소리를 높여 가로되"라고 기록되어 있고, 그들은 기도하기 시작했습니다. 그들이 기도한 것은 하나님께서 그들의 원수들의 위협을 돌아보아 주시기를 위함이었습니다. "주여 이제도 저희의 위협함을 하감하옵시고 또 종들로 하여금 담대히 하나님의 말씀을 전하게 하여 주옵시며 손을 내밀어 병을 낫게 하옵시고 표적과 기사가 거룩한 종 예수의 이름으로 이루어지게 하옵소서." 다음을 주목합시다. "빌기를 다하매 모인 곳이 진동하더니 무리가 다 성령이 충만하여 담대히 하나님의 말씀을 전하니라."

오순절 날에 일어났던 것과 동일한 것이 동일한 사람들에게 일어났습니다. 다시 한 번 봅시다. "모인 곳이 진동하더니." 이것은 그들의 바깥에서 일어난 것입니다. 그들은 단순히 자신들을 복종시키고 있지 않습니다. 그들은 그렇게 할 필요가 없습니다. 그들은 불순종함 없이 매우 잘 순종했습니다. 그들은 이 권세와 능력을 받기 전에 이미 놀라운 증거를 했습니다. 그들은 망설이지 않고 외쳤습니다. "하나님 앞에서 너희 말 듣는 것이 하나님 말씀 듣는 것보다 옳은가 판단하라 우리는 보고 들은 것을 말하지 아니할 수 없다." 그들은 담대하게 증거했지만 무엇인가 부족함을 느끼고 기도를 드렸고, 하나님께서는 응답하셨습니다. 그리하여 모인 곳이 흔들리고 성령이 그들에게 임했습니다.

건물이 움직인 것은 '급하고 강한 바람' 소리와 같은 것이며, 그들은 모두 성령으로 채워졌습니다. 그리고 같은 결과가 따라왔습니다. "담대히 하나님의 말씀을 전하니라." 그리고 "사도들이 큰 권능으로 주 예수의 부활을 증거하니 무리가 큰 은혜를 얻어"라고 기록되어 있습니다.

저는 여러분 스스로가 사마리아에서 일어난 사건(8장)과 고넬료의 집에서 일어난 사건(10장)을 다시 한 번 읽어 볼 것을 권합니다. 우리는 이 이야기를 이미 자세히 다루었습니다. 우리는 그들의 영혼을 중생으로 인도하는 은밀한 성령의 역사는 읽을 수가 없습니다. 물론 그것은 이미 일어났지만, 그에 더하여 성령이 그들에게 임하였습니다. 그리고 여러분은 베드로와 그와 함께 온 사람들은 오순절 날에 사도들과 다른 사람들에게 일어났던 것과 동일한 것이 이 이방인들에게도 일어난 것을 깨달았음을 기억하고 있습니다.

우리가 사도행전에서 본 것과 같은 증거가 있습니다. 교회사를 보게 되면 이 모든 것은 매우 생생합니다. 교회사의 굴곡은 다음과 같습니다. 교회는 오순절 날에 시작되었지만, 얼마 후에는 많은 능력을 잃고 다소 비능률적이 되었다가 다시 능력을 얻고 그 상태를 유지했습니다. 여러분은 이것을 어떻게 설명하겠습니까? 사실은 이렇습니다. 교회는 세속적이 되어서, 그 진정한 본질과 여건을 잊었던 것입니다. 교회는 많은 헬라 사상과 로마법을 받아들였고 – 콘스탄틴(Constantine)과 같은 사람은 자신에게 도움이 될 것이라는 정치적인 이유로 제국을 교회에 종속시키기로 결정했습니다 – 교회는 제도화되었던 것입니다.

그러자 무엇이 일어났습니까? 어떤 사람들은 관심을 기울이고 근심하며 말했습니다. "우리에게 필요한 것은 또 다른 성령세례이다. 우리는 하나님의 얼굴을 구해야만 한다." 그들은 자신들이 할 수 있는 모든 것을 다하였습니다. 그들은 회개하고 복종하였으며 진심으로 성령께 순종하는 믿음의 삶을 살려고 노력했습니다. 그러나 아무것도 일어나지 않았습니다. 그러나 그들은 계속해서 그렇게 하여서 거의 절망적인 상태에 이르렀을 때에, 그들이 가장 기대하지 않았던 한 순간에 갑자기 무엇인가가 일어났습니다. 그들이 완전히 절망에 빠져 있던 순간에 갑자기 모인 사람들에게 성령이 다시 임하신 것입니다.

이러한 사건은 읽기만 하여도 매우 놀랍습니다. 때때로 어떤 저자들은 실제적으로 급하고 강한 바람과 같은 소리가 들리는 것처럼 묘사를 합니다. 그러나 항상 그렇지는 않습니다. 어쨌든 예외 없이 일어나는 것은 그들이 성령의 임재하심과 능력을 깨닫게 되고, 무엇인가가 그들에게 임하였고, 그들이 자신과 시간을 초월하여 어딘가로 들리워져서 그들이 어느 곳에 있는지 알 수 없는 현상이 일어났음을 깨닫게 됩니다. 저는 방언에 대하여 말하는 것이 아니고, 기쁨과 포기에 대하여 말하고 있습니다. 이것은 때때로 너무 강렬하여서 사람들은 심지어는 정신을 잃을 정도가 되고, 큰 능력과 자유와 권능이 설교 속에 따라오게 됩니다. 이것이 소위 부흥이라고 불리는 것입니다.

이것은 수세기를 걸쳐서 교회에서 일어났으며 제가 강조하고 싶은 것은 그것이 항상 하나님의 역사라는 것입니다. 그것은 사람의 역사가 아닙니다. 사람들은 모든 것을 다했습니다. 그들은 완전히 복종하였지만 아무것도 일어나지 않았습니다. 그들은 매일 밤 기도 모임을 갖기도 했지만 아무것도 일어나지 않았습니다. 그러자 갑자기 무엇인가가 일어나게 되는데, 아무도 그것을 이해하거나 설명할 수가 없습니다. 단 하나의 설명이 있을 뿐인데 그것은 초대 교회에 성령을 보내었으며, 그 건물 위에 성령을 보내어 벽이 흔들리게 하신 하나님께서 다시 그것을 행하셨다는 것입니다. 이것을 행하시고 수세기를 걸쳐서 반복하신 분은 하나님이십니다.

친구들이여, 만일 여러분이 교회사를 읽어 본다면 여러분은 오직 하나의 결론에 도달하게 되는데, 그것은 이것이 교회를 살리시는 하나님의 방법이라는 것입니다. 부흥이 없었다면 교회는 수세기 전에 죽어서 끝났을 것입니다. 이것이 **부흥**의 진정한 의미입니다. 교회나 모임 전체, 혹은 여러 교회나 나라 전체에 동시에 성령을 부으시는 분은 하나님이십니다. 처음에 행하신 것을 다시 행하신 것입니다. 생명이 가버리자 하나님께서는 생명을 다시 보내셨고, 능력이 사라지자 다시 그것을 보내셨던 것입니다. 이것이 1세기로부터 오늘날에 이르는 기독교회의 역사인 것입니다.

다음의 몇 가지 실례를 여러분 앞에 제시하겠습니다. 2세기 동안에는 다음과 같은 것이 있었습니다. 교회는 헬라 사상을 받아들였고, 그 교리에 이상한 것이 없음을 보이는 것을 걱정하였으며, 그 당시에는 흔들렸던 옹호자들은 그러한 사상에 의해서 지배를 받았습니다. 그 결과로 교회는 생명과 능력을 잃었습니다. 어떤 사람들은 이것을 깨닫고 하나님의 얼굴을 구하였으며, 하나님께서는 응답하셨습니다. 저는 지금 소위 몬타니우스주의(Montanism)라고 불리는 것에 대하여 언급하고 있습니다. 저는 거기에 지나친 것도 있었고 어떤 면에서는 잘못된 것도 있었음을 알고 있지만, 어쨌든 교회는 다시 살아나고 다시 능력을 얻었던 것입니다. 교회사를 통하여 가장 지성적인 두뇌의 소유자였던 터툴리안도 이것이 형식적이고 죽어 있는 교회에 대항하는 신약적인 경험임을 보았을 때에 그 운동에 참여했습니다.

3세기에 북아프리카에서 일어난 또 하나의 실례가 있는데, 그것은 도나티스트(Donatist) 운동으로서 콘스탄틴과 로마 제국이 기독교로 개종했을 때에 들어온 형식화에 대항하여 반란을 일으킨 것입니다. 물론 그것은 탄핵되었습니다. 교회는 항상 모든 부흥을 탄핵했습니다. 감리교인들이 200년 전에 탄핵을 받고, 성령이 충만한 사람들이 거의 예외 없이 죽은 형식적인 교회에 의하여 비난을 받았던 것처럼 몬타니스트들과 도나티스트들도 역시 교회에 의해 탄핵을 받았습니다.

중세에 이르러서는 하나님께서 이곳 저곳의 많은 사람들에게 임하셔서 그들을 축복하셨습니다. 중세의 남프랑스에 부흥이 있었고, 북이탈리아의 왈덴시안 교회와 관련된 부흥도 있었고, 독일과 화란의 공동생활의 형제단 사이에도 부흥이 있었는데, 이 모든 것은 종교개혁 이전이었습니다. 종교개혁은 물론 의심할 바도 없는 부흥입니다. St. Paul's Cross에서 설교했던 휴 래티머(Hugh Latimer)와 같은 사람은 확실히 성령으로 충만하고 사도적인 자세로 설교한 사람이었는데 그런 사람들이 많이 있었습니다.

그리고 17세기에 이르러서는 눈에 띄는 운동이 있었는데, 그것은 북아일랜드와 스코틀랜드의 지방적 부흥입니다. 나는 존 리빙스톤이 Kirk-'o-Shotts에서 설교하고 있을 때에 단 한 번의 설교로 수많은 사람들이 회개한 놀라운 사건을 이미 여러분에게 말했습니다. 오순절의 반복과도 같이 성령이 그들에게 임했습니다.

18세기에 미국과 영국의 노스햄프턴에서 천재인 조나단 에드워즈의 사역 아래 일어난 부흥을 여러분 모두가 잘 알고 있을 것입니다. 그것에 대하여 그가 쓴 것을 읽어 보면 부흥이 무엇인가를 알게 될 것입니다. 그것은 자기를 다스리고 복종하기로 결심한 사람에 의한 것이 아니라, 성령의 임하심에 의한 것이었습니다. 사람들이 그렇게 했지만 아무것도 일어나지 않았습니다. 그러자 하나님께서 행하셔서 성령을 보내어 그들을 방문하신 것입니다. 이것이 부흥입니다. 물론 영국에서도 휘필드와 웨슬리의 사역 아래서, 그리고 웨일즈에서는 다니엘 로울랜드스와 호웰 해리스의 사역 아래서 이와 같은 부흥이 일어났습니다. 각 경우에 있어서 아무도 그것을 기대하지 않았던 순간에 갑자기 그것이 일어난 점에 유의해야 합니다. 예를 들면 다니엘 로울랜드스는 몇 달 동안 고통 속에 있었습니다. 그는 진리를 믿었지만 부흥을 믿지 않은 가운데 사역을 하였는데 부흥을 보게 되고, 믿음으로 인한 의를 설교하려고 하였지만 부흥을 느낄 수가 없었습니다. 그런데 어느 주일날 아침에 그의 작은 교회의 예배 시간에 기도문을 읽으면서 그는 '그리스도의 보배로운 피'라는 부분에 접하게 되었습니다. 그가 이것을 읽을 때에 성령이 그와 그의 교회에 임하였습니다. 그는 울었고, 그의 마음은 무너졌고, 부흥이 일어났습니다.

19세기를 살펴봅시다. 여러분은 1857년에 미국에서 시작되어서 1859까지 계속된 큰 부흥에 대하여 읽어 본 경험이 있습니까? 뉴욕 시의 풀톤 가에서 한 사람에 의해 시작된 작은 기도 모임이 몇 달 동안 계속되었지만, 아무 것도 일어나지 않았습니다. 그들은 그들이 할 수 있는 모든 순종을 다 하였지만 아무것도 일어나지 않았습니다. 그러자 부흥이 일어났습니다. 그것은 항상 하나님에 의해서 일어나는 것입니다. 그것은 항상 하나님에 의해 '부어지고', '넘치게 채워지고', 사람들 위에 '임하는' 것입니다. 그러자 교회사를 통하여 가장 큰 부흥 중의 하나가 일어났습니다. 그것은 그곳에 제한되지 않고 1858년 울스터에서 시작하여 1859년에는 웨일즈로, 그리고 전국으로 퍼졌던 것입니다. 얼마나 놀라운 일입니까?

여러분 스스로도 이러한 경우를 읽을 수 있습니다. 여러분은 20세기에 성령에 대하여 쓰여진 책에서는 그것을 발견할 수 없지만, 19세기와 18세기에 대한 책을 읽어 보면 그것을 발견할 수가 있습니다. 부흥의 역사에 대한 스프라그(Sprague)의 책과 같은 것을 사서 읽기 바랍니다.

그리고 1904, 5년에 이것이 웨일즈에서 다시 일어났고, 1906년에는 한국에서 그리고 최근에 이르러서는 1950년에 콩고에서 일어났습니다. 던컨 캠벨(Duncan Campbell) 목사와 관련된 것뿐만 아니라, 이전에도 여러 번의 부흥이 루이스 섬에서 일어났습니다. 이것이 수세기에 걸쳐서 교회사의 이야기를 장식하게 됩니다. 제가 여러분에게 제시하고자 하는 것은 오순절 날의 반복입니다. 교회가 기다릴 때에 하나님께서는 성령을 그 위에 보내십니다.

이제 여러분은 성령세례에 관한 교리의 중요성을 알게 되었습니다. 오늘날 우리에게 있어서 유일한 희망이 되는 것은 오직 이 진리뿐입니다. 여기에 우리를 위한 교훈이 있습니다. 교회는 무엇을 해야 합니까? 물론 교회는 계속해서 순종하는 모든 것을 해야 합니다. 그러나 우리가 거기에서 멈추어야 한다면, 우리는 희망을 잃고 절망하게 될 것입니다. 저는 이것을 설득하기 위하여 20년 이상이나 계속해서 가르친 사역자들을 알고 있습니다. 그들은 순종하였고, 희생하였고, 모든 것을 포기하고 아침 7시마다 특별 기도회 모임을 몇 년 동안 계속했지만 아무것도 일어나지 않았습니다. 만일 이 모든 것이 우리에게 달려 있다면 무슨 희망이 있겠습니까?

그러나 오순절의 메시지는 하나님께서는 이미 행하신 것을 아직도 행하실 수 있다는 것입니다. 이것은 하나님께서 수세기에 걸쳐서 행하신 것입니다. 교회가 해야 할 것은 그 약함과 무능함을 깨닫는 것이며, 능력은 항상 사람이 아니라 하나님께 속한 것임을 깨닫는 것입니다. 교회의 상황을 인간의 능력에 의지하는 것보다 더 위험한 것은 없습니다.

첫번째 단계는 사람은 모든 것을 하였지만, 실제적으로 아무것도 하지 않았다는 것을 깨닫는 것입니다. 교회는 회심자들을 낼 수 있고 선교적인 교회에서는 매주일 계속해서 그렇게 할 수도 있습니다. 그러나 오늘날의 필요성은 그보다 훨씬 큽니다. 오늘날의 필요성은 하나님과 초자연적인 것과 영적인 것과 영원한 것에 대한 보증이며, 그것은 오직 하나님께서 우리의 부르짖음을 은혜로 들으시고, 다시 한 번 우리에게 성령을 부어 주셔서 우리가 초대 교회에 채워졌던 것과 같이 채워질 때에 응답될 수 있습니다. 사람들이 오순절 날에 성령으로 채워지자 하루나 이틀 후에 건물이 흔들리면서 다시 한 번 채워졌습니다. 하나님은 부흥을 통하여 계속해서 교회에 성령을 채우십니다. 이것이야말로 가장 필요한 것이며 우리의 유일한 희망입니다.

그러나 여러분은 그 가능성을 믿어야 합니다. 만일 성령에 대한 여러분의 교리가 부흥에 대하여 부정한다면 여러분은 이러한 것을 바랄 수가 없는 것입니다. 만일 여러분이 성령세례는 오직 오순절 날에 단 한 번 영원히 일어난 것이며 거듭난 사람은 오직 그것의 참여자가 될 뿐이라고 말한다면, 여러분의 마음에는 이러한 성령이 반복해서 임하시는 것이나 성령이 능력과 권위로 교회에 임하시는 것 등을 받아들일 여지가 없게 됩니다.

그러나 하나님께 감사할 것은 그 여지가 **남아 있다**는 것입니다. 오랜 교회의 역사와 함께 성경의 가르침은 이것을 명확하게 보여 주고 있습니다. 여러분과 저는 이것을 믿을 뿐만 아니라 이것을 위하여 끊임없이 하나님께 기도하고, 하늘 문을 여시고 우리에게 성령을 보내 주셔서 능력으로 우리 위에 임하도록 간구하기 위해 불림을 받은 것입니다.

이것은 제게 큰 위로가 됩니다. 저는 여러분에게 어떻게 뉴욕의 풀톤 가에서 처음에 한 사람이 기도하기 시작하여 두세 사람이 모여들었고, 더욱 많은 사람들이 모여들어서 결국 큰 건물로 옮겨야만 했는가를 말했습니다. 그들은 몇 달 동안 기도하였고, 하나님께서는 그들에게 응답하셨습니다. 북아일랜드의 이야기는 이렇습니다. 제임스 멕퀼킨(James McQuilkin)이라는 아주 단순한 노동자가 있었습니다. 그는 혼자 기도하기 시작했습니다. 그리고 친구 하나를 설득시켜 둘이 하게 되었습니다. 그들은 작은 교실에서 몇 달 동안 기도했습니다. 그러자 다른 사람들도 기도하기 시작하였고, 드디어 하나님께서는 그들의 기도를 듣고 응답하셨습니다. 부흥은 항상 이렇게 일어났습니다.

한 사람, 혹은 두 사람, 혹은 한 집단이 이 교리의 진리를 깨닫고 하나님께로 돌아와 기도하기 시작하여, 중단 없이 간절히 기도한 예비 기간이 항상 있었습니다. 그러자 갑자기, 혹은 기도회에서, 혹은 설교 시간에 하나님께서는 성령을 다시 보내셨습니다. 때때로 성령은 우리가 남아프리카의 앤드류 머레이의 이야기에서 보듯이 강하고 급한 바람과 같이 임하십니다.

항상 소리가 있는 것은 아니지만, 영광과 놀라움과 하나님의 권위와 능력과 구원의 확신에 대한 느낌은 항상 있습니다. 그것은 항상 기쁨으로 인도하며, 교단에서든 개인적이든 간에 증거에 있어서 담대함을 주며, 죄를 깨닫고 회개시키는 능력을 줍니다. 항상 일어난 것은 신자들이 다시 부흥되었다는 것입니다. 부흥은 오직 생명을 가진 사람에게만 일어납니다. 그것은 다시 생명을 주는 것을 의미합니다. 능력을 잃은 교회에 다시 능력이 주어집니다. 성령은 처음에 능력을 준 것처럼, 이것을 계속해서 반복합니다. 이것이 부흥이며 하나님은 수세기에 걸쳐서 이 부흥의 연속을 통하여 교회를 살리셨습니다.

제가 처음에 언급한 것처럼 이것보다 더 절실한 것은 제게 없습니다. 나의 친구여, 여러분은 부흥을 믿고 있습니까? 부흥을 위하여 기도하고 있습니까? 여러분은 무엇을 의지하고 있습니까? 조직화된 교회의 힘을 의지합니까? 아니면 성령을 우리에게 다시 부어 주셔서 우리를 부흥시키시고 새롭게 성령으로 세례를 주시는 하나님의 능력을 의지하고 있습니까? 교회에는 또 다른 오순절이 필요합니다. 모든 부흥은 오순절의 반복이며, 오늘날에 있어서 교회에 가장 필요한 것은 이것입니다. 하나님께서 이 절실한 것에 대하여 우리의 눈을 여셔서 하나님께서 그 무한하신 은혜와 사랑으로 다시 한 번 성령의 능력을 우리에게 보내 주시도록 하기 위하여 우리가 하나님을 바라고 기다릴 수 있도록 허락하시길 진정으로 원합니다.

성령세례
Joy Unspeakable

1999년 7월 31일 초판 발행
2014년 6월 30일 초판 5쇄 발행

지은이 | D.M. 로이드 존스
옮긴이 | 정 원 태

펴낸곳 | 사) 기독교문서선교회
등 록 | 제 16~25호(1980. 1. 18)
주 소 | 서울시 서초구 방배로 68
전 화 | 02)586-8761~3(본사) 031)942-8761(영업부)
팩 스 | 02)523-0131(본사) 031)942-8763(영업부)
홈페이지 | www.clcbook.com
이메일 | clckor@gmail.com
온라인 | 기업은행 073-000308-04-020, 국민은행 043-01-0379-646
　　　　예금주: 사)기독교문서선교회

ISBN 978-89-341-0195-6 (03230)

＊ 낙장 · 파본은 교환해 드립니다.